필립 얀시의

별미 성경여행

필립 얀시 · 팀 스태퍼드 지음
전방욱 옮김

요단

필립 얀시의

별미 성경여행

2009년 8월 30일 제1판 1쇄 발행
2023년 7월 26일 제1판 13쇄 발행

지은이 필립 얀시·팀 스태퍼트
옮긴이 전방욱
발행인 김용성
펴낸곳 요단출판사

주 소 07238 서울특별시 영등포구 국회대로 76길 10
기 획 (02)2643-9155
보 급 (02)2643-7290 Fax (02)2643-1877
등 록 1973. 8. 23. 제13-10호

값 19,000원
ISBN 978-89-350-1238-1 03230

이 책의 성경 구절은 개역개정을 인용하였습니다.

StudentBible

Philip Yancy and Tim Stafford

차례

Part 1 율법서

Part 2 역사서

Part 1

율법서

창세기

출애굽기

레위기

민수기

신명기

창세기

서론

일하시는 하나님

모든 것은 창조로부터 비롯된다

하나님이 그 일곱째 날을 복되게 하사 거룩하게 하셨으니 이는 하나님이 그 창조하시며 만드시던 모든 일을 마치시고 그 날에 안식하셨음이니라(창 2:3).

성경은 "태초에 하나님이 천지를 창조하시니라"는 널리 알려진 구절로 시작한다. 하나님은 마치 예술가처럼 우주를 창조하셨다. 어떻게 해야 우리가 이 위대하신 행위를 이해할 수 있을까?

역사상 가장 위대한 화가 중의 한 사람이라고 할 수 있는 미켈란젤로의 경우를 생각해 본다면 이해가 쉬워질 것이다. 그는 창세기의 창조 기사를 그림으로 재현하기 위해 유명한 시스틴 성당의 벽화를 그렸다. 그의 경험으로 미루어 보면 창조는 작업이다.

젖 먹던 힘까지 다 들인 노력

미켈란젤로는 일반 집 지붕의 네 배에 해당하는 넓이의 천정에 그림을 그렸다. 롤러를 가지고 천정을 칠해 본 경험이 있는 사람이라면 그런 일이 육체적으로 얼마나 어려운 것인지를 잘 알 것이다. 더구나 미켈란젤로의 계획대로라면 300여 명이 넘는 남녀의 초상을 상세하게 그려 넣어야 했으니 …. 그것이 엄청나고 어려운 작업이었을 것은 불 보듯 뻔한 일이었다. 그는 크지 않은 키에 작은 붓을 가지고 머리 위쪽의 넓은 공간을 채워 나갔다. 3년 이상의 시간을 그렇게 젖 먹던 힘까지 다 들여 그림을 그린 것이다. 그는 커다란 발판 위에 서서 머리 위로 붓을 움직여야 했으며, 어떤 때는 천정에 바짝 붙은 채로 그림을 그려야 했다. 그리고 가끔은 누워서 그려야 하기도 했다. 그래서 때때로 그의 등과 어깨, 목, 팔에 고통스런 경련이 일기도 했다.

낮이 긴 여름철이면 그는 하루에 17시간씩이나 그림을 그렸으며, 먹을 것과 배설에 필요한 변기만을 가지고 20제곱미터 넓이의 발판 위에서 살았다. 거반 한 달을 옷을 입은 채로 신발도 벗지 않고 발판 위에서 자기도 했으며, 어떤 때는 물감이 눈에 떨어져 눈을 뜰 수도 없는 지경이 되기도 했다. 겨울철의 추위와 여름철의 더위를 무릅쓰고 천정이 그림으로 모두 뒤덮일 때까지 그는 그림을 그렸다. 단순했던 흰색 천정이 그에 의해 생동감 넘치는 하나님의 창조 이야기로 바뀌었다. 아무런 의미도 없던 단순한 물감과 석회가 그의 손에 머무는 동안 전혀 새로운 것으로 변신했다.

생명의 기적

그러나 미켈란젤로도 잘 깨닫고 있었듯이 하나님이 창조하신 것에 비교하면 그의 작품은 보잘것없고, 모방한 것에 불과했다. 시스틴 성당의 둥근 천정 너머로 펼쳐져 있는, 하나님이 창조하신 하늘이라는 무한한 공간을 보며 우리는 그 웅장한 아름다움에 숨을 멈추지 않을 수 없다. 산, 바다, 대륙, 이 모든 것들은 위대하신 조물주 하나님의 창조 작품이다.

미켈란젤로의 걸작보다 더욱 크고 아름다운 하나님의 세계는 비할 수 없이 큰 힘을 기울여야 했던 창조의 소산이다. 유진 피터슨도 지적했듯이 성경은 "하나님이 하늘 보좌 위에 당당하게 앉아 계셨다"든지 "아름다움과 사랑스러움으로 세계가 가득 차 있었다"로 시작하지 않고 "태초에 하나님이 천지를 창조하셨다"는 말로 시작된다. 태초에 하나님은 일을 하셨다. 창세기는 창조적이며, 열심히 일하시는 하나님께 초점을 맞추고 있다. 1장의 31절 가운데 하나님이란 단어는 무려 30번이나 반복된다. 그는 일하심으로써 우리의 관심을 끌고 계신다. 창세기는 그의 창조 행위와 창조에 따른 엄청난 수고를 동시에 알려 주는 이야기라고 할 수 있다.

망쳐놓은 일을 바로잡으시는 하나님

창세기는 인류의 업적에 대해서도 이야기하고 있다. 그러나 그 어조는 갑자기 바뀐다. 고의로 시스틴 성당의 벽화를 훼손한 것처럼, 하나님이 우주의 창조를 끝내자마자 인간이 하나님께 반항함으로 그것을 망쳐버렸다. 창세기 3~11장은 아담과 하와의 원죄, 가인에 의한 고의적인 형제 살인, 대홍수를 유발한 전 세계적인 죄악, 바벨탑 사건에 나타난 인간의 오만 등 잇달아 일어나는 재앙을 묘사하고 있다.

하지만 하나님은 피조물들이 부수어버린 조각들을 회복하기 시작하셨다. 하나님은 자신의 시야를 전 세계에서 한 사람으로 좁히셨다. 그 한 사람은 왕이나 지주(부자)가 아닌, 후손 하나 없었던 극히 평범한 유목민 중에 한 사람, 아브라함이었다.

12장부터 하나님의 역사는 아브라함, 사라, 이삭, 리브가, 야곱, 라헬, 요셉 등 개인을 통해 나타났다. 그 사람들은 완벽하지 않았지만 하나님은 그들을 선택하고 인도하셨다. 하나님은 그들에게 놀라운 일을 약속하셨으며, 창조 사역을 회복하기 위해 개인의 삶 가운데 역사하셨다.

창세기와 요한계시록

많은 사람들은 구약성경이 예수 이전의 '죄악에 가득한 지난 날'을 묘사하고 있다고 말한다. 그러나 그것은 정확한 지적이 아니다. 사실 창세기의 처음 세 장은 성경의 마지막 책인 요한계시록과 연결되어 있다. 그것은 죄와 죽음, 고통 및 증오로 더럽혀진 인생의 비참함에 둘러쳐진 완전괄호와 같다. 우리는 창세기를 보면서 인생이 비참하게 시작하지 않았다는 것을 알 수 있으며, 요한계시록을 보면서 또한 인생이 그같이 끝나지 않으리라는 것도 추측할 수 있다. 구약과 신약은 그 괄호 사이에 자리잡고 있다. 하나님은 아브라함과 모세, 그리고 결국에는 예수를 통해 인간들이 망쳐놓은 일을 바로잡는 데 열중하고 계신다.

본론
우리는 어디에서 왔는가?

창세기는 하나님이 인간을 만드셨다고 말한다

여호와 하나님이 흙으로 사람을 지으시고 생기를 그 코에 불어넣으시니 사람이 생령이 된지라(창 2:7).

진화론자는 여섯 동물이 순차적으로 변한 모습을 보여 주는 괘도를 제시하며 진화론을 주장한다. 한편에는 원숭이가 무릎 아래로 팔을 늘어뜨린 채로 서 있고, 다른 한편에는 피부에 털이 약간 난 구부정한 사람이 서 있다. 이걸 보며 교사가 "이것이 수백만 년의 기간에 걸친 인간의 진화 단계이다"라고 말하자 참다못한 학생이 손을 들고 "저는 하나님이 지구를 만드셨고, 최초의 사람이 아담이라는 성경의 말씀을 믿습니다"라고 더듬거리며 말한다. 그러자 교사는 학생의 말을 잘라버리고 그의 의견을 무시하며 "모든 사람은 종교적 신념을 가질 자유가 있지만 과학은 진화가 사실이라는 것을 증명했다"라고 반박한다.

이와 같은 견해 차이 때문에 창세기의 처음 세 장은 늘 의심받아 왔다. 인류

학자가 '원생인류' 라고 주장하는 뼈와, 성경의 아담과 하와 이야기가 어떻게 조화를 이룰 수 있을지를 생각하지 않고는 선조들의 이야기를 이해하기가 쉽지 않을 것이다.

주안점

진화론과 창조론의 견해 차이는 심지어 법정에까지 비화되었다. 그들이 주장하는 대로 이 견해 차이는 확실히 중요한 문제이다. 그러나 그들의 주장이 우리를 창세기가 우리에게 가르치고자 하는 중심 진리에서 벗어나게 할 수 있다는 것은 유감이라고 하지 않을 수 없다.

다른 무엇보다도 창세기가 증언하고 있는 바는 하나님이 그렇게 하기를 원하셨다는 것이다. 우리는 우연히 여기에 있는 것이 아니며, 우리가 원했기 때문에 여기에 있는 것도 아니다. 우리는 우리의 존재를 하나님께 빚지고 있다. 그리고 이 세상에 존재하는 모든 헬륨 원자, 나선형 우주, 생물도 하나님이 원하시기 때문에 존재하는 것이다. 창세기 1~3장은 "이것은 내 작품이다"라고 표시하는 예술가의 낙관과 동일한 역할을 한다.

하나님은 우리를 선하게 만드셨다

창세기 1~3장은 인간에게 최대의 존엄성을 부여한다. 하나님은 세상의 모든 피조물을 만드신 후에 남자와 여자를 만드신 것으로 자신의 일을 마무리하셨다. 하나님은 사람을 직접 만드셨다. 동물과 달리 사람은 하나님의 모습, 곧 "하나님의 형상"을 닮았다. 사람을 지으시기를 마치고 하나님은 "매우 좋다"고 말씀하셨다.

그러나 그 이후로는 아무도 인간에 대해 만족해하는 사람이 없었다. 우리는 선하게 지으심을 받았으나 처음부터 하나님을 거역했다. 그래서 그 까닭에 그 이후로 고통을 받고 있다. 창세기는 왜 세상이 아름답지만 비극적인지를 이해할 수 있도록 도와준다. 세상은 하나님이 만드셨기 때문에 아름다운 것이다. 그러나 하나님이 이 세상을 우리에게 믿고 맡기셨지만 우리가 하나님의 뜻을 거역했기 때문에 비극적인 결과를 가져오고 만 것이다.

묵상

사람들은 흔히 하나님이 별이나 숲, 노을 등에 그의 영광을 드러내신다고 말한다. 우리는 사람들 안에서 하나님의 예술적 수완을 어떻게 발견할 수 있는가?

아브라함

하나님은 재건하기 시작하신다

내가 너로 큰 민족을 이루고 네게 복을 주어 … 땅의 모든 족속이 너로 말미암아 복을 얻을 것이라 하신지라(창 12:2-3).

몇 세기를 개관한 후에 창세기는 12장에서 극적으로 변한다. 웅장한 세계사를 묘사하는 대신, 위대한 왕이나 부유한 지주도 아닌, 자식도 없는 유목민인 아브라함이라는 한 명의 외로운 개인에게 초점이 맞춰진다. 하나님의 부르심에 응답해 아브라함은 스스로를 문명생활로부터 절연한 채 광야에서 떠돌아다니며 자신의 생애를 보냈다. 우리는 그의 생애에서 양 대신에 소 떼, 텐트 대신에 포장마차 등 몇 가지 소도구만 바꾸어 카우보이 영화를 만들 수도 있을 것이다. 그는 양 떼를 이리저리 이동시키면서 적대적인 지역민들과 옥신각신 싸우고 대결을 벌이며 강인해졌다. 그러나 이런 강인함 때문에 하나님이 그를 선택하신 것은 아니었다. 그 시절 중동 지역에는 그와 같은 강인한 유목민들이 많이 떠돌아다니고 있었다. 그렇다면 무엇이 아브라함을 그렇게 특별하고 중요한 사람으로 만들었을까?

하나님의 새로운 사역 방법

아브라함은 하나님이 단순히 그를 선택하셨다는 사실 하나만으로 성경에서 아주 중요한 인물이 되었다. 대홍수로 인한 심판 후에 하나님은 아브라함을 인류 회복 사역의 시작을 위한 인물로 선택하셨다. 그리고 특별한 경우에 직접 아브라함에게 말씀하셨는데, 그 말씀은 그가 떠돌아다니는 땅에서 그의 민족을 번성하게 하시겠다는 약속이었다. 그러나 그 약속은 믿기 어려운 것이었다. 왜냐하면 아브라함의 아내는 이미 아이를 낳을 수 없었으며, 아브라함도 마찬가지로 아이를 낳기에는 너무 나이가 많았다. 그리고 무엇보다도 그에게는 한 뼘의 땅도 없었고, 앞으로 땅을 갖게 될 어떠한 가능성도 가지고 있지 않았기 때문이다. 그럼에도 하나님은 아브라함에게 자신을 믿을 것을 요구하셨다.

아브라함이 중요시되는 두 번째 이유는 첫 번째 이유로부터 나왔다. 하나님이 그에게 말씀하셨을 때 그는 그것을 받아들였다. 그는 완벽한 사람은 아니었다. 때로 그는 하나님이 그를 이끌어주시는 길에서 벗어나 거짓말을 하거나 자기 방식대로 하나님의 약속을 이루려고 했다. 그러나 그는 삶의 결정적인 순간에는 늘 하나님의 말씀을 듣고 순종했다. 그는 하나님을 위해서라면 자신의 외아들까지라도 희생할 각오가 되어 있었다. 하나님은 그런 아브라함에게 할례라는 표시를 하게 하셨다. 이로써 그의 후손은 영원히 '하나님의 백성'으로 알려지게 되었다.

소박한 진리

아브라함의 생애는 사실적이며, 순탄한 시절과 어려운 시절이 교차하는 매력적인 이야기이다. 그는 신학자가 아니었다. 하나님에 대한 포괄적인 이해는 모세에 가서야 가능했다. 그러나 아브라함의 신앙은 유대교와 그리스도교의 뿌리가 되었다. 그가 하나님과 만난 이야기에서 우리는, 철학자에 의해 만들어진 종교가 아니라 인간이 하나님을 만났을 때 실제로 일어날 수 있는 소박하고 다듬어지지 않은 진리를 발견할 수 있다. 신약에서 아브라함을 80번 이상 인용하고 있는 것이나, 바울이 그리스도인이야말로 아브라함의 진정한 후손이라고 말하고 있는 것(갈 3:6-9)은 하등 놀라운 일이 아니다. 하나님은 아브라함의 생애를 통해 장기적인 계획을 펼쳐가기 시작하셨다. 그리고 2,000년이 지난 후에, 아브라함의 후손인 예수님이 아브라함과 그의 후손에게 하신 하나님의 약속을 성취하기 위해 이 땅에 오셨다.

묵상 하나님은 아브라함에게 그의 집과 가족을 떠나 멀리 떨어진 외국으로 가라고 하셨다. 만약 당신이 그와 같은 입장이라면 당신은 어떻게 반응하겠는가? 하나님이 당신에게 어떤 어려운 일이나 위험이 따르는 일을 요구하신 적은 없는가?

하나님의 심판

파멸을 자초한 도시: 소돔

이 외에 네게 속한 자가 또 있느냐 네 사위나 자녀나 성 중에 네게 속한 자들을 다 성 밖으로 이끌어 내라 그들에 대한 부르짖음이 여호와 앞에 크므로 여호와께서 이곳을 멸하시려고 우리를 보내셨나니 우리가 멸하리라 (창 19:12-13).

재앙을 하나님이 내리신 형벌이라고 할 수 있을까? 홍수나 기근이나 지진은 하나님이 화가 나셨기 때문에 일어나는가? 성경은 "때로는 그렇고 때로는 그렇지 않다"고 대답한다. 창세기에서 몇몇 재앙은 우연히 일어나는 것처럼 보인다. 비록 하나님이 그의 계획을 진행하기 위해 홍수나 지진을 사용하셨지만 그것은 직접적인 징벌이나 경고는 아니었다. 그것의 예로 요셉이 권력을 잡게 되는 동기를 마련해 주는 기근(창 41장)이나 전쟁(창 14장), 강간(창 34장) 등을 들 수 있다.

그러나 소돔과 고모라에 내린 재앙은 확실히 하나님의 심판이었다. 다른 사건과 마찬가지로 성경은 과학적인 근거에 대해서는 거의 말해 주지 않는다. 그렇다면 그때의 사건은 1980년에 있었던 세인트 헬레나 섬의 화산 폭발과 같은 것이었을까?

성경은 이에 대해 이야기해 주지 않는다. 그리고 소돔과 고모라 지역은 현재 사해 바닥에 가라앉아 있어 쉽게 조사할 수도 없다. 성경이 강조하는 것은 어떻게(how) 그것이 일어났는가보다는 왜(why) 그것이 일어났는가 하는 점이다.

집단 강간

소돔은 사악한 곳이었다. 도시 전체가 낯선 사람이 오는 것을 보고는 집단 강간을 할 좋은 기회라고 여길 정도로 성적으로 타락한 도시였다. 그러나 마을의 문제는 동성애나 성적 폭력만이 아니었다. 에스겔 16장 49절은 "소돔의 죄악은 이러하니 그와 그의 딸들에게 교만함과 음식물의 풍족함과 태평함이 있음이며 또 그가 가난하고 궁핍한 자를 도와주지 아니하며"라고 지적한다. 만약 아브라함이 간구했듯이 열 사람의 의인만 있었어도 그 성은 무사했을 것이다. 그러나 그곳에는 열 사람의 의인도 없었고, 하나님은 더 이상 참지 않으셨다.

수년 전에 아브라함은 소돔 왕이 주는 보상을 거절한 일이 있었다(창 14:21-24). 그 이유는 그가 사악한 사회와 어떤 관계도 맺는 것을 원치 않았기 때문이다. 그러나 롯은 소돔 근처의 비옥한 땅에서 얻을 수 있는 쉽고도 성공적인 삶, 즉 번영의 길을 택했다.

롯은 그곳에서 유지가 되었는데, 성문 안에서 중요한 결정을 하는 일이 있을 때에는 그곳 사람들과 함께 참여하기도 했다. 그는 소돔에서의 생활에 뒤얽혀서 마지막까지 떠나기를 주저했다. 소돔이 유황과 불로 멸망할 때 그가 평생토록 애써 모은 소중한 것들도 함께 사라졌다. 그는 그 충격을 견디지 못하고 끝내는 술에 취해 동굴에서 잠들어 버렸다. 그래서 자신의 두 딸이 자신과 관계를 갖는 것조차 알지 못했다. 오늘날 그는 타락한 세상에 마음을 빼앗겨 의로운 심령을 상하게 한 전형적인 예가 되었다.

예수님은 제자들에게 소돔 사람을 단순히 "사악한 사람들"이라고만 하지는 않으셨다. 예수님은 기적을 보고도 그것을 무시한 사람들에게 하나님의 심판은 더욱 엄하다는 것을 경고하셨다(마 11:24). 하나님의 인내에도 한계가 있는 법이다.

묵상
우리 시대에도 하나님의 형벌이라고 할 수 있는 재앙이 있는가? 있다면 그것을 어떻게 알 수 있는가?

많은 약속들

하나님은 아브라함에게 그가 바라는 것을 주시고 … 더 많이 주시겠다고 약속하셨다

또 네 씨로 말미암아 천하 만민이 복을 받으리니 이는 네가 나의 말을 준행하였음이니라 하셨다 하니라(창 22:18).

사람의 본성은 지난 4,000년 동안 거의 바뀌지 않았다. 자식을 바라는 것과 땅을 소유하고자 하는 욕망은 아직도 강렬하다.

약 600만이나 되는 미국 부부 일곱 커플 중 한 커플은 부모가 되고 싶지만 자녀를 가질 수 없는 처지에 놓여 있다. 그들 대부분은 이 때문에 심한 고통을 받고 있다. 둑에 천막을 치고 살거나, 거리에서 자거나, 공원에서 요리를 하는 사람들을 생각해 보라. 아마 주정부가 낮은 이자의 주택융자를 제공한다고 하면 그들은 길거리의 집 대신 진짜 집을 소유하기 위해 어떤 일이라도 기꺼이 할 것이다.

하나님은 아브라함에게 땅과 셀 수 없을 정도로 많은 자손을 주겠다고 약속하셨다. 하지만 인간적으로 봤을 때 아브라함은 이미 칠십오 세나 되었고 자식도 없는, 가진 것이라고는 장막과 가축뿐인 바벨론의 이민자에 불과했다. 이런 그에게 하나님의 약속은 최고로 멋진 것이었으나 현실적으로는 믿을 수 없는 것이었다. 그러나 하나님은 그런 약속을 하셨고, 아브라함은 그 하나님을 믿었다. 그리고 하나님은 그의 믿음을 의로 여기셨다(창 15:6).

천지를 창조하신 하나님은 그 약속을 순탄하게 이루어 주실 수 있었다. 그러나 하나님은 아브라함에게 쉽게 선물을 주지 않으셨다. 약속을 받은 지 25년이 지나 그가 백 세가 되었을 때 드디어 약속이 실현되었다. 하지만 놀랍게도, 하나님은 그의 어린 아들을 희생제물로 바치라고 말씀하셨다. 실제로 그것은 아브라함에게 너무 많은 것을 요구하시는 명령이었다. 그러나 아브라함이 하나님의 명령에 순종하자 하나님은 그의 아들을 되돌려 주셨다.

미완의 약속

아브라함이 죽을 무렵까지도 하나님의 약속은 완전히 실현된 것이 아니었다. 아브라함에게는 기대할 아들이 하나밖에 없었으며, 땅이라고 해야 자신이 묻힐 동굴밖에 없었다. 그는 그때까지 장막에 살았다. 그에게 있는 단 하나의 영구적인 구조물이라고는 모든 것을 약속하신 하나님께 경배드리기 위해 세운 돌 제단뿐이었다.

그 당시의 사람이라면 누구나 바라는 모든 것을 약속하신 하나님은 아브라함이 더욱 큰 비전을 품기를 원하셨다. 그는 자손과 땅에 대한 약속과 더불어 "땅의 모든 족속이 너로 말미암아 복을 얻을 것이라"(창 12:3)는 말씀을 덧붙여 주셨다. 하나님은 아브라함뿐 아니라 그를 통해 전 세계가 축복받기를 원하셨다. 수천 년이 지난 후, 예수님 시대에 와서야 이 말의 완전한 의미가 밝혀졌다(갈 3:6-9, 16-18).

묵상 오늘날에는 하나님이 어떠한 종류의 약속을 하시는가? 그리고 우리의 어떤 소망을 이루어 주시는가?

야곱의 축복: 사기꾼도 하나님의 가족?

성경은 야곱의 교활함을 숨기지 않는다

> 그가 나를 속임이 이것이 두 번째니이다 전에는 나의 장자의 명분을 빼앗고 이제는 내 복을 빼앗았나이다(창 27:36).

왜 교회에 다니지 않느냐고 사람들에게 물으면 "교회에는 너무 위선자가 많다"는 말을 종종 듣게 된다. 그것은 변명에 불과하지만, 그 이면에는 받아들이기 곤란한 진실이 숨어 있다. 지극히 높은 가치 기준을 가진 종교가 어떻게 아주 낮은 가치 기준을 가진 사람들을 용인할 수 있는가?

야곱의 생애를 보면 유사한 질문이 나올 법하다. 성경은 욕심 많고 교활한 그의 성격을 기탄없이 이야기한다. 그는 자신의 쌍둥이 형의 급한 성격을 이용해 장자의 명분을 가로챘다(창 25:29-34). 그리고 어머니와 함께 아버지를 속여 에서에게 주고자 했던 이삭의 축복까지 받았다(그 당시 아버지의 축복은 상징적인 것이 아니었다. 그것은 선서식처럼 지속적인 효력을 나타내었다).

속임수는 화를 불러일으킨다

에서의 옷과 무두질한 양가죽으로 꾸며 입고서 야곱은 천연덕스럽게 아버지를 속였으며 경솔히 하나님의 이름을 받아들였다. 이삭은 눈이 어두워진 탓에 속았지만(창 27:1-40), 그 속임수의 대가는 큰 것이었다. 야곱은 목숨을 건지기 위해 외삼촌 집에서 20년 동안이나 타향 생활을 해야 했다. 외삼촌 라반은 야곱에게 원치 않았던 언니를 아내로 주었고, 목자장으로서의 품삯을 계속 변경하는 등 골탕을 먹였다.

이런 일을 겪으면서 분명 야곱은 형을 속인 것을 후회했을 것이다. 그러나 그 후에도 그는 제 버릇을 버리지는 못했다. 그는 아내들 중 하나를 무시해 질투를 불러일으키게 하는 좋지 못한 남편이었다. 또 두 아들만을 편애해 다른 아들들이 그 형제를 살인할 지경에 이를 정도로 반감을 갖게 했다. 그는 아마도 종교적인 지도자로 적합한 인물은 못 되었던 것 같다.

하나님이 선택하신다

그러나 하나님은 야곱을 선택하셨다. 하나님은 어떤 경우에는 명백한 이유 없이 선택을 하신다. 그분은 장자를 제일로 생각하는 유서 깊은 관례에 반하면서 두 번째 아들, 즉 아벨, 야곱, 그리고 에브라임을 선택하셨다. 실제로 예언에 의하면 야곱이 태어나기도 전에, 이삭이나 그 누구도 그가 선택받을 만한 일을 한 것이 한 가지도 없었다. 그럼에도 하나님은 그를 선택하셨다. 따라서 하나님의 선택은 사람이 어떻게 행동하는가에 구애받는 것이 아니다. 하나님은 그가 원하는 자를 선택하실 뿐이다.

그렇다면 그것을 과연 공평하다고 할 수 있는가? 그 질문은 사도 바울이 로마서 9장에서 한 것이다. 그는 하나님의 무한하신 뜻을 우리가 알 수 없으므로, 우리는 하나님의 선택에 흠잡을 권리가 없다고 결론지었다. 그리고 설령 우리가 하나님의 선택을 이해할 수 없다고 하더라도 우리는 창세기에서 버림받은 모든 형제들인 가인, 가나안, 이스마엘, 르우벤, 에서, 므낫세 등이 상당히 정당한 대우를 받았다는 것을 명심할 필요가 있다. 그들의 자손은 하나님의 보호하심 아래 번성해 큰 민족을 이루었다.

아무도 배제되지 않는다

선택한 백성에 대해 하나님은 무한한 긍지를 느끼셨다. 좋건 싫건 간에 그들은 전 세계를 축복하기 위한 통로가 되어야 했다. 하나님은 처음부터 아브라함에게 "땅의 모든 족속이 너로 말미암아 복을 얻을 것이라"(창 12:3)고 약속하셨다. 그리고 소수를 택하셔서 자신의 축복을 모두에게 주시려고 계획하셨다. 그것이 그가 예정하신 방법이었다. 수가 적고, 결점투성이인 아브라함의 가족은 여전히 그런 결점을 지닌 꽤 커다란 민족으로 번성했다. 그리고 때가 찬 후 그들 가운데서 흠이 없는 예수님이 태어나게 된 것이다. 바울은 우리가 하나님의 지혜에 대해 질문할 자격이 없다고 당연히 기록하고 있다. 우리는 하나님이 왜 하필이면 야곱과 같은 사람을 선택했는지 알지 못할 수 있으나 명백한 것은 그러한 선택이 결과적으로 옳았다는 것이다. 그로 말미암아 전 세계는 '선택받은 백성'에 참여할 수 있게 되었다. 바울은 "너희가 다 믿음으로 말미암아 그리스도 예수 안에서 하나님의 아들이 되었으니 … 너희는 유대인이나 헬라인이나 종이나 자유인이나 남자나 여자나 다 그리스도 예수 안에서 하나이니라 너희가 그리스도의 것이면 곧 아브라함의 자손이요 약속대로 유업을 이을 자니라"(갈 3:26, 28-29)고 썼다. 하나님은 흠이 있는 사람이라도 택해 위대한 일을 성취하고자 하신다. 그가 오늘날 위선자들을 택하신다고 해서 우리가 뭐라 할 수 있겠는가?

묵상

하나님은 왜 야곱과 같이 불완전한 사람을 선택하셨다고 생각하는가? 하나님은 왜 당신과 같은 사람을 택하셨다고 생각하는가?

창세기의 여성

지위는 낮았지만 그들은 다른 사람들에 필적했다

아담이 이르되 이는 내 뼈 중의 뼈요 살 중의 살이라 이것을 남자에게서 취하였은즉 여자라 부르리라 하니라(창 2:23).

전 지구적인 계획에 참여할 아주 창조적으로 노력하는 파트너 구함. 보수 무한정. 막대한 재산을 관리하고 모든 날짐승과 걷는 짐승, 기는 짐승을 보살피고 다스릴 즉각적인 책임이 있음. 협력과 교제를 할 여성에 한함. 아담에게 연락 바람.

하와 이후의 어떤 여성도 그런 기회를 갖지 못했다고 할 수 있다. 죄가 세상에 들어온 뒤로 결혼의 본래 의미는 왜곡되었다. 데렉 키드너가 지적한 것처럼 결혼은, 서로를 사랑하고 소중히 여기는 관계에서 욕심을 채우고 지배하는 관계로 바뀌었다. 본문에서처럼 남자가 여자를 맞이해 배필로 삼았을 때의 자발적인 기쁨을 나타낸 장면은 구약 전체에 걸쳐 찾아보기 어렵다. 보편적으로 하나님의 백성은 이교도인 이웃보다는 여성을 보다 잘 대접했다. 하지만 여성은 주로 남성 이하로 취급되며, 남성의 아이를 낳아주고, 남성의 욕망을 채워 주는 존재에 불과했다. 그러나 창세기의 여성들은 호락호락하지 않았다. 그들은 강인한 성격과 자기 주관을 가지고 있었으며, 기회가 허락하는 한 영향력을 행사하려고 했고, 또 그 영향력을 발휘했다.

그 농담은 그녀를 두고 한 말이었다

아브라함의 배필인 사라는 하나님의 놀라운 약속에 실소했다(창 18:12-15). 그녀는 나이 90에 아이를 갖게 해주신다는 하나님의 말씀을 농담으로 여겼다. 그러나 그녀는 그 농담이 자기를 두고 한 말이라는 것을 깨닫게 되었으며, 하나님의 은총으로 말미암아 아이를 갖는 것이 가능함을 알게 되었다(창 21:6). 비록 신약성경에서는 그녀를 남편에게 순종 잘하는 이상적인 아내로 칭찬하고 있지만(벧전 3:5-6), 그녀는 아브라함에게 자기의 생각을 강력하게 표현했음에 틀림없다. 두 번이나 그녀는 자신의 경쟁자인 하갈을 집에서 광야로 쫓아냈다.

여종에 지나지 않았지만 하갈 역시 자기의 주관을 강하게 드러냈다. 아브라함과 사라의 집에서 처음 추방되었을 때 그녀는 하나님을 직접 만나게 되었다. 하나님은 그녀를 위로하고 위대한 미래를 열어 줄 것을 약속한 뒤 아브라함의 집으로 다시 돌려 보내셨다. 후에 그녀는 강인한 기질을 발휘해 아들을 사막에서 혼자 키워냈다.

보응을 받은 잔꾀

창세기 24장에서 리브가는 낯선 사람의 약대에 물을 길어 주는 어린 소녀로 처음 등장한다. 그녀가 바로 그 다음 날 결혼하기 위해 낯선 사람과 낯선 지방으로 출발을 결심하는 모습에서 우리는 그녀가 자기 주관과 용기를 가졌다는 것을 알 수 있다. 남편 이삭은 그녀를 사랑했고, 아들 야곱도 그녀를 사랑했다. 야곱은 그녀에게서 강인하고 꾀가 많은 성격을 물려받은 것 같다. 그녀는 장자를 우대하는 관습과 남편의 뜻에 도전하여 야곱에게 가부장권을 주려고 시도했다. 유감스럽게도 리브가는 꾀를 부려 자신이 원하는 것을 얻었지만, 이에 대한 보응으로 살아생전 다시는 야곱을 보지 못했다.

야곱의 아내들인 라헬과 레아는 자매 간이지만 몇 년에 걸쳐 야곱의 사랑을 얻으려고 끊임없이 다투었다. 라헬은 그 남편의 사랑을 받을 만큼 눈이 아름다웠다. 반면 레아는 야곱이 처음부터 장가들 마음이 없었다는 사실로 알 수 있듯이 오랜 세월 야곱에게 무시당했다. 그러나 하나님은 그 멸시를 보상해 주기라도 하는 것처럼 레아에게 네 아들을 연달아 주셨다. 라헬은 그때마다 주먹으로 얼굴을 얻어맞는 것과 같은 충격을 느꼈을 것인데, 그것이 아마 레아가 의도했던 보복이었을 것이라고 우리는 상상해 볼 수 있다. 두 자매가 우위를 점하기 위해 다투는 데 자신을 도구처럼 이용한다고 야곱이 느낀 것은 그리 오래지 않은 듯하다. 왜냐하면 레아가 자신의 하녀를 첩으로 받아들이도록 냉정히 요구했기 때문이다(창 30:16).

누가 궁극적인 승자였는지를 가늠하기란 쉽지 않다. 라헬은 끝까지 야곱의 사랑을 받았고, 그녀의 두 아들도 특별한 사랑을 받았다. 그러나 레아의 아들은 그들 나름대로 훌륭하게 성장했고, 특히 유다는 이스라엘의 왕들과 예수님의 조상이 되었다. 라헬이 아니라 자신이 왕의 왕의 대조모가 되리라는 사실을 미리 알았더라면 레아는 무척이나 기뻐했을 것이다.

온실 속의 화초는 아니다

요약해서 말하자면 창세기의 여성은 온실 속의 화초가 아니다. 그들은 강인하고 진취적인 여성들이었다. 워낙 세월이 많이 지났기 때문에 그들이 이룬 모든 것을 입증할 수는 없겠으나, 그들의 강인함과 용기는 여성이 천성적으로 약하다는 모든 이론을 무력하게 한다. 그들은 옳건 그르건 자신들이 지니고 있는 모든 이점을 교묘히 사용했다. 예를 들어 라헬은 그의 아버지가 훔친 드라빔을 찾아 추격해 왔을 때 태연하게 마침 경수가 나와 움직일 수 없다고 말해 아버지를 감쪽같이 속여 넘겼다. 라반이 이성을 잃어버려 생리 중에 있는 여자라도 능히 움직이게 할 수 있다는 것을 깨닫지 못했던 라헬은 침착하게 그 물건 위에 앉아 있었다(창 31:25-35).

용기 면에서, 성격 면에서, 자립적인 면에서, 결단력을 갖춘 면에서 여성들은 능히 남편의 상대가 되었다. 그 당시의 문화권에서 그들은 2등 시민이었지만, 가두고자 하는 속박을 벗어나려고 하는 것이 인간의 본성인 것처럼 그들도 하나님의 도우심에 힘입어 실제 생활에서는 뭇 남성들에 필적했다.

묵상

창조적인 사람들은 그들에게 가해진 제약을 극복하는 길을 찾는다. 당신이 제약을 받고 있다고 생각하는 것은 어떤 것인가? 그런 제약 가운데 당신은 어떻게 하나님의 뜻을 실천할 수 있는가?

가족 간의 갈등

가까울수록 심하게 싸운다

서로 이르되 꿈꾸는 자가 오는도다 자 그를 죽여 …(창 37:19-20).

요셉과 그의 형들은 거의 죽기 직전까지 심하게 싸웠다. 어느 누구도 요셉과 그의 형들처럼 싸울 수는 없을 것이다. 그리고 이들의 경우처럼 매우 가까운 사이에서 분란이 일어나면 상처 위에 소금을 뿌리는 것과 같은 깊은 고통이 생길 것이다.

비슷한 예를 한 가지 들어 보겠다. 에스더 폴린 프리드먼은 그의 동생 폴린 에스더 프리드먼보다 17분 먼저 세상에 나왔다. 이 일란성 쌍둥이는 옷도 똑같이 입었고, 학급도 같았으며, 똑같은 지갑과 빗에, 립스틱 색깔도 같은 것이었고, 동일한 쌍둥이 침대를 썼다. 이들이 처음으로 떨어진 것은 동시에 결혼식을 올리고 나서였다.

중년이 된 에스더 폴린은 "시카고 선 타임즈"에서 앤 랜더즈라는 필명으로 신문 카운셀링을 담당했다. 두 달 후에 폴린 에스더도 "샌프란시스코 크로니클"의 칼럼을 담당하면서 자신의 필명을 애비게일 반 뷰렌이라고 정했다. 앤은 "타임즈"에 여동생 애비의 칼럼이 자신의 것을 많이 모방했다고 공박했다. 이들 사이에 불화가 시작된 것이다. 수천 명의 사람들에게 조언을 해주던 두 여인이었지만, 정작 자신들 사이에 발생한 알력은 팔 년간이나 해결하지 못했다.

마침내 두 사람은 부분적으로 화해했다. 그들은 자신들의 칼럼에서 그들이 "매우 가까운 사이"라고 이야기하기는 했다. 하지만 쓰디쓴 앙금은 남아 있었다. 그녀들이 화장을 하기 시작한 지 17년이나 지나서 새삼스럽게 애비는 앤이 나이보다 늙어 보인다고 꼬집었다.

아버지가 편애하는 자식

가인과 아벨, 이삭과 이스마엘, 그리고 야곱과 에서는 모두 사이가 안 좋았다. 요셉의 이야기도 창세기에서 마지막으로 등장하는 형제 간의 알력과 관련되어 있다. 요셉은 형들이 자신에게 절하는 꿈을 이야기함으로 형들에게 미움을 샀다. 뿐만 아니라 그는 아버지의 귀여움을 독차지했고, 아마도 그것을 형들에게 자랑했던 것 같다. 그래서 형들은 기회를 노렸고, 기회가 오자 철저히 앙갚음을 했다. 바로 요셉을 상인들에게 노예로 팔아 애굽으로 끌려가게 한 것이다. 요셉의 형제 중 어느 누구도 그를 다시 볼 수 있으리라고 생각하지 않았기 때문에 그들은 아버지 야곱에게는 요셉이 사자에게 찢겨 죽임을 당한 것 같다고 적당히 꾸며댔다.

그러나 하나님은 사람들과는 다른 계획을 가지고 계셨다. 하나님은 요셉이 애굽에서의 삶의 여정 중에 몇 가지 꿈을 해석할 수 있도록 하셨으며, 그 꿈 해석을 통해 요셉은 권력을 획득할 수 있었다. 고고학자들이 두꺼운 꿈 해몽서를 발굴한 것만 보더라도 그 당시 애굽 사람들이 꿈을 얼마나 중요하게 생각했는지를 알 수 있다. 요셉은 수직 상승하여 바로의 총리대신이 되었다. 그러나 하나님의 계획은 한 개인의 성공만으로 끝나지 않고 그 이후로도 계속되었다. 왜냐하면 하나님은 가족의 화해를 원하셨기 때문이다. 애굽과 야곱이 사는 가나안 지역에 기근이 나자 요셉의 형들이 양식을 구하러 애굽으로 왔다. 그들은 요셉(그때까지는 동생인 줄 알아보지 못하고 애굽 사람인 줄 알고 있음) 앞에 무릎을 꿇고 양식을 살 수 있게 해달라고 빌었다.

이상한 싸움

이렇게 해서 성경에 나타난 가장 이상한 복수가 시작되었다. 요셉은 팔을 벌려 그들을 환영함으로써 복수를 시작할 수도 있었다. 아니면 그들을 죽임으로써 복수를 끝낼 수도 있었다. 그러나 그는 그 중의 어느 것도 하지 않았다. 그는 거의 2년 가까이 지속적으로 그들에게 여러 가지를 요구하고, 그들을 속이며, 그들을 책망함으로써 교묘한 일련의 게임을 했다. 그 때문에 그의 형들은 공포를 느꼈고, 죄를 자복하게 되었다.

눈에 보이지 않으면 잊혀지리라 생각했는데 이십 년이 지났어도 형들의 기억에서 요셉은 사라지지 않았다. 그들의 고통이 시작되는 순간 그들의 죄가 드러났다. "우리가 아우의 일로 말미암아 범죄하였도다 그가 우리에게 애걸할 때에 그 마음의 괴로움을 보고도 듣지 아니하였으므로 이 괴로움이 우리에게 임하도다"(창 42:21). 요셉에게는 이 연극이 고도의 정신적인 긴장감을 주었다. 창세기는 다섯 번이나 그가 울었다고 기록하고 있는데, 그 중에 한번은 방성대곡해 옆방에 있던 사람이 그 소리를 들을 정도였다.

요셉은 용서하는 데 있어서 갈등을 느꼈다. 그는 그가 사랑하는 형들과 화해하고자 했으나, 그것은 쉽지 않은 일이었다. 그들이 자기 죄를 자복할 때까지 진정한 화해란 있을 수 없었다. 그들의 죄는 뿌리 깊은 상처를 내었고, 마음 깊이 뉘우치려는 노력이 있어야만 그것을 치유할 수 있었다.

쓰라림의 씨앗

이런 점에서 요셉의 이야기는 하나님이 (창세기 3장에서 시작되는) 그의 백성의 죄를 뿌리 뽑으려고 노력하시는 이야기라고 할 수 있다. 그것은 자동적으로 이루어질 수 있는 것이 아니었으며, 궁극적으로는 하나님의 아들의 죽음이 있어야 가능했다.

요셉은 예수를 상징한다(하나님은 그의 백성을 구하기 위해 한 사람을 보내셨다. 그러나 그 사람은 요셉이 형들에게 고난과 배신의 대접을 받은 것처럼 오히려 자기 백성들에 의해 미움을 받고 배척을 당했다). 그러나 모든 사람을 구원하고자 하는 하나님의 계획은 모든 것을 압도한다. "당신들은 나를 해하려 하였으나 하나님은 그것을 선으로 바꾸사 오늘과 같이 많은 백성의 생명을 구원하게 하시려 하셨나니"(창 50:20)라고 요셉은 말한다.

민족의 탄생

요셉은 이스라엘 민족사의 한 단원을 차지한다. 하나님은 아브라함이라는 한 개인을 선택해 인도하시다가 이제 그로부터 출발해 많은 민족을 이루도록 하신다. 하나님은 롯보다는 아브라함을, 이스마엘보다는 이삭을, 에서보다는 야곱을 선택하신 것과는 별개로 그의 형제들 중에서 요셉만을 선택하지는 않으셨다. 오히려 그 형제들이 화해하도록 함으로써 열두 지파로 이루어진 한 가족, 즉 단일 민족을 이룰 수 있는 길을 열어 주셨다.

그러나 이야기가 여기서 끝난 것은 아니다. 이스라엘 백성이 열둘을 통해 번성하고 숫자가 많아지기는 했으나 그들에게는 아직 국가의 기반이 되는 땅이 없었다. 이처럼 창세기는 행복하게 끝나지만, 약간의 미해결점은 남긴다. 그렇다면 언제 하나님이 아브라함에게 약속하신 그 땅으로 요셉의 뼈는 돌아가게 될 것인가? 언제 하나님의 약속은 성취될 것인가?

묵상

당신은 당신과 가까운 사람과 심하게 다투었다가 화해한 일이 있는가? 있다면 어떤 방식을 통해 화해했는가?

출애굽기

서론
마침내 자유롭게 되다

애굽에 사는 노예들이 해방자를 만나다

여호와께서 이르시되 내가 애굽에 있는 내 백성의 고통을 분명히 보고 그들이 그들의 감독자로 말미암아 부르짖음을 듣고 그 근심을 알고(출 3:7).

해방자처럼 민족에게 큰 영향력을 미치는 사람도 드물다. 미국은 특별히 워싱턴과 링컨이라는 두 명의 해방자를 기억한다. 조지 워싱턴은 조국의 독립을 위해 싸웠으며, 그로부터 1세기 후에 링컨은 3백만 명의 흑인 노예를 해방시켰다. 그 노예들에게 있어 링컨은 진정한 해방자였다.

다른 나라에도 해방자는 있다. 인도는 그의 백성을 영국 식민지로부터 독립시킨, 작고 여윈 간디라는 한 사람에게 마하트마(위대한 사람)라는 칭호를 붙여주었다. 또 남미에는 시몬 볼리바르가 있다. 그리고 유대인에게는 이들과 어깨를 견줄 만한 인물로 모세라는 해방자가 있었다.

성경은 전체의 8분의 1에 해당하는 분량을 모세 시대의 이야기에 할애한다(신약 전체와 비교해 볼 때 3분의 2에 해당하는 상당한 분량이다). 그리고 예수님이 모든 사람을 해방시킨 위대한 해방자로 오셨을 때, 신약은 이를 비교하기 위해 모세

때로 거슬러 올라간다(히 3:1-6).

애굽에서의 노예생활

해방자가 나타날 시기가 무르익었다. 창세기는 야곱의 가족 70명이 애굽으로 이주하는 것으로 이야기를 끝맺는다. 그러나 이주한 지 350년 후의 일을 기록하고 있는 출애굽기의 서두는 수십만 명으로 불어난 그들의 조상이, 이제는 손님으로서가 아니라 노예로서 바로의 거대한 건축공사에 강제 동원되는 것으로 시작된다.

지독하게 무자비했던 바로는 모든 유대인 남자 아기의 살해를 명령했는데, 이로부터 역사의 커다란 아이러니가 시작되었다. 모세의 부모는 그를 물이 스며들지 않는 상자에 담아 하숫가 갈대 사이에 숨겼다. 그곳에서 그 작은 아기는 바로의 공주 눈에 띄게 되었다. 유대인을 말살하기 위해 내려졌던 바로의 명령이 결과적으로 유대인을 구출하는 결과를 가져온 것이다.

궁중에서 양육되면서 모세는 최고의 궁중교육을 받을 수 있는 특혜을 누리게 되었다. 그는 전형적인 애굽식 교육과 유대식 양육을 동시에 받으면서 균형 있게 자라났다. 그것은 바로의 공주가 모세를 돌볼 유모로 모세의 어머니를 고용했기 때문에 가능했던 일이다. 이처럼 노예의 자식이었던 모세는 최고의 권좌에서 양육되면서, 지배를 받는 하층민에서부터 지배를 하는 왕족에 이르기까지 한 민족을 이끄는 지도자라는 최종적인 목표를 향해 착실한 준비를 하게 되었다.

그러나 모세에게도 약점은 있었다. 해방자로서의 임무를 수행하기 위해 그는 사막에서 겸손해지는 법을 배워야만 했다. 모든 일을 자기 식대로 처리하려고 했던, 격하고 자존심 강한 성격 때문에 미디안 광야로 도망쳐야 했던 모세는 사십 년 후에야 비로소 지팡이와 당나귀 외에는 가진 것이 아무것도 없는 상태로 하나님께 등을 떠밀려 애굽으로 돌아왔다.

마침내 해방되다

유대인들은 해방이 될 때까지 거의 4세기 동안을 바로의 압박 아래서 시달려야 했다. 우리가 아는 한 그 기간 동안 하나님은 침묵하고 계셨다. 그러나 그분은 그 노예들의 고통을 굽어보고 계셨다.

모세는 지도자로 인정받기까지 만만치 않은 도전을 받았다. 그는 하나님이 그들을 버려두지 않는다는 사실을 증명해야 했다. 결국 그는 노예들의 신임을 얻었으며, 그들이 족쇄를 진정으로 그들 스스로 벗어던질 때까지 그들에게 끊임없이 희망을 불어넣어 주었다. 마침내 하나님은 때가 되었을 때 그 전능함과 위대함을 드러내 잔인한 바로의 무릎을 꿇게 하셨으며, 이를 통해 이스라엘 민족은 진정으로 하나님이 그들을 돌보아 주신다는 사실을 확신하게 되었다.

하나님은 모세를 특이한 방법으로 사용하셨다. 그는 성경에 기록된 바 기적을 일으킨 최초의 인물이었다. 그리고 그는 다른 사람과는 달리 직접 하나님과 대면했으며, 구약의 상당 부분을 집필한 사람이었다. 그러나 무엇보다도 그는 유대 역사에서 그 누구보다도 가장 뛰어난 해방자의 지위를 차지해 왔다. 그는 노예 상태에서 자유로, 애굽에서 약속된 땅으로 백성을 인도했다.

본론
메뚜기의 날

열 가지의 재앙

네게 내가 애굽에서 행한 일들 곧 내가 그들 가운데에서 행한 표징을 네 아들과 네 자손의 귀에 전하기 위함이라 너희는 내가 여호와인 줄을 알리라 (출 10:2).

메뚜기는 줄기에서 줄기로 뛰면서, 잎과 꽃을 소리 없이 갉아먹으며 방랑생활을 하는 것이 보통이다. 오늘날까지도 기후 변화나 음식물 공급 혹은 또 다른 이유가 이들의 밀집 조건인지는 알 수 없지만, 행동의 변화를 불러일으키는 요인이 발생하게 되면 메뚜기는 흥분 상태가 되어 불길한 분홍색을 띠며 다른 메뚜기들을 부르기 시작한다.

그럴 경우 그들은 엄청난 재앙을 유발한다. 수백만 마리가 한꺼번에 모여 이루는 그들의 떼는 하늘을 어둡게 만들고 햇빛을 차단한다. 무차별 폭격을 하는 것같이 메뚜기 떼는 땅 위로 내려앉아 풀이나 나무처럼 보이는 것은 무엇이든지 먹어치운다. 살충제를 뿌리면 수백만 마리를 죽일 수는 있지만 이동하는 메뚜기 떼를 방제하기에는 역부족이다. 한번은 폭 24킬로미터, 두께 5킬로미터, 길이 160킬로미터에 달하는 메뚜기 떼가 홍해를 가로지른 적도 있다. 그 메뚜기 떼는 작물, 가축, 울타리, 심지어는 연장의 손잡이도 먹어치웠으며 5,000제곱킬로미터에 달하는 지역을 유린했다.

왜 열 번의 재앙이 필요했는가?

출애굽기(7-12장)는 간단하지만 생생하게 (메뚜기 떼를 포함한) 애굽에 내린 열 가지 대재앙을 서술한다. 성경은 이 자연적인 현상들이 어떻게 일어났는지에 대해서는 관심을 보이지 않는다. 단순히 무엇인가 초자연적인 현상이 일어났다고만 말하고 있을 뿐이다. 하지만 이런 현상들은 하나님이 전례 없이 능력을 과시하셨기 때문에 발생했던 것이다.

이스라엘 민족은 이제 태동하려는 단계에 있어 그들이 출애굽 하기 위해서는 이러한 능력이 반드시 있어야 했다. 왜냐하면 애굽에서 수세기를 살았던 이스라엘인들이 무리를 지어 급하게 떠나게 하기 위해서는 강한 동기 유발이 필요했고, 또한 애굽인들 역시 수많은 노예들을 자유롭게 가도록 호락호락 내버려두지는 않을 게 분명했기 때문이다.

도전받는 권위

열 가지 재앙은 모세의 권위를 확실하게 세워 주었다. 그는 처음에는 이스라엘 민족이 자신을 믿어 줄까를 의심하며 지도자의 역할을 맡기를 주저했다(출 4:1). 그러나 바로와의 극적인 대결로 말미암아 모든 의구심은 수그러져 버렸다. 결국 그는 백성들을 해방시킬 수 있었다.

하지만 이 사건에서는 하나님 자신도 도전을 받고 계셨다. 왜냐하면 애굽에서는 심지어 뱀과 쇠똥구리의 모양을 한 우상까지 경배의 대상으로 삼는 거짓 신앙이 나라를 지배하고 있었기 때문이다. 그러한 종교적 배경에 견주어 볼 때 재앙은 애굽의 거짓 신들에 대한 하나님의 공개적인 전투 행위였다. 하나님은 "애굽의 모든 신을 내가 심판하리라"(출 12:12)고 말씀하셨다.

이스라엘과 애굽이 하나님의 능력을 깨달을 수 있도록 많은 재앙이 주어졌다고 출애굽기는 기록하고 있다. 그 재앙들은 확실히 그런 역할을 했다. 애굽 사람들은 마침내 하나님의 능력을 깨닫게 되었고, 수많은 노예들이 작별 선물로 주어진 애굽의 많은 보화를 가지고 떠나가는 것을 속수무책으로 바라볼 수밖에 없었다. 이스라엘 백성들도 확신에 차서 그들이 살던 거처와 역사를 등지고, 사막과 새로운 생활을 향해 한 사람, 모세의 뒤를 따라나섰다.

묵상

애굽이 이스라엘 민족을 다스리듯이 소수 민족을 잔인하게 다루는 국가를 알고 있는가? 그러한 정부가 백성을 다스리는 방식을 바꾸게 하는 방법에는 어떤 것이 있는가?

독립기념일

자유를 축하하는 특이한 방식

애굽 온 땅에 전무후무한 큰 부르짖음이 있으리라(출 11:6).

미국은 독립기념일인 7월 4일을 특별하게 경축한다. 그들은 시가행진, 소풍, 폭죽 등으로 국가적인 자부심을 떠들썩하게 표현하며, 정치가들은 "우리는 스스로 독립을 쟁취했다"라며 연설을 한다. 그들은 자신들의 피와 땀으로 나라를 건설했다고 주장하며 미국인임을 대단히 자랑스럽게 여긴다.

유대인에게는 색다른 감동

왁자지껄한 분위기에 깃발을 휘날리는, 자부심에 찬 축하 방식은 신생국으로 하여금 독립을 선포하게 했던 정신의 단면을 보여 준다. 그리고 이러한 정신은 프랑스 대혁명의 날이나 다른 국가의 해방절에서도 나타난다. 그러나 유월절이라고 불리는 유대인의 독립기념일의 경우는 이와 판이하게 다르다.

문화적으로 특이한 유대인의 독립기념일의 축하 방식은 어둡고, 어쩐지 불길한 예감마저 드는 독특한 방식으로, 그것은 이스라엘 민족이 애굽에서 보낸 마지막 밤까지 거슬러 올라간다(출 12장). 유대인들 사이에서는 이 사건을 기념하는 떠들썩한 공식 행사가 없다. 모든 것은 집안에서 가족이나 친척들이 테이블에 둘러앉은 가운데 조촐하게 치러지며, 참석자들은 소량의 음식을 먹은 다음 그들이 해방된 구약의 역사를 다룬 이야기를 듣게 된다. 이처럼 유대인들의 독립기념일은 공식적인 축하 행사보다 오늘날의 예배와 비슷하다.

하나님 한 분이 하신 일

하지만 무엇보다도 중요한 것은, 유대인의 독립기념일은 하나님 한 분이 그것을 주도하셨다는 사실이다. 이스라엘 군인들이 강력한 애굽인을 대적한 것이 아니었다. 유대인 가족들이 유월절 식탁에 둘러앉아 해방을 위해 짐을 꾸리고 있었던 그 캄캄한 밤에 자유는 주어졌다. 하나님이 역사하시는 시간이 다가오자 애굽의 억압자들은 이스라엘 민족을 놓아 주었을 뿐 아니라 제발 떠나달라고 간청했고, 금은보화도 그들에게 듬뿍 주었다. 그래서 유대인들은 겸손과 찬양으로 그 사건을 기념한다. 자신들의 자부심을 표현할 여지는 존재하지 않는다. 이후에 바로가 자신의 마음을 돌이켜 도망치는 이스라엘 민족의 뒤를 전차로 쫓아오자 이스라엘은 자신들이 얻은 자유를 곧 박탈당할 것이라 지레짐작하고서 겁쟁이처럼 떨었다. 그러나 하나님이 다시 개입하셔서 막강한 애굽인의 군대를 직접 무찌르셨다. 애굽으로부터의 해방은 유대인에게는 하나님에 대한 전적인 의뢰를 의미한다. 실제로 하나님은 성경 전체에 걸쳐 자신을 표현하는 방식의 하나로 이 사건을 인용하신다. "나는 너를 애굽으로부터 인도해 낸 하나님이다"

이스라엘 민족의 독립을 이끄신 하나님의 행위는 출애굽기 전체에 걸쳐 나타난다. 광야를 헤매던 이스라엘 민족이 물을 필요로 할 때 하나님은 그들에게 물을 주셨다. 음식이 떨어졌을 때에는 먹을 것을 주셨고, 추적자들이 공격할 때에는 그들을 무찔러 보호해 주셨다. 유대인의 독립기념일은 이처럼 단순하게 이스라엘 민족사 가운데 친히 개입하신 하나님을 기념하는 날이다.

유월절의 새로운 의미

먼 훗날 유월절의 밤은 인류사에서 보다 중요한 의미를 갖게 되었다. 많은 유대인들이 유월절 축제 기간 동안 구별된 양을 드리러 예루살렘으로 가던 어떤 특별한 때에, 한 사람이 모든 인류를 위한 유월절 양으로 선택되었다(고전 5:7). "내가 피를 볼 때에 너희를 넘어가리니"(출 12:13)라는 구약의 말씀이 전혀 새로운 의미를 전달하게 된 것이다.

유대 사람들은 오늘날에도 여전히 유월절을 기념하지만 대부분의 그리스도인들은 그렇게 하지 않는다. 그들은 그리스도가 유월절 양을 대신하신 뜻을 기리는 '성찬식' 또는 '주의 만찬' 이라고 불리는 새로운 예식을 갖는다. 축제의 내용은 대부분 바뀌었어도 바뀌지 않은 것이 한 가지 있다. 그것은 하나님의 전적인 구원을 기념하는 것이다. 주의 만찬도 유월절과 마찬가지로 고통과 피 흘림의 시간과, 자유와 구속의 시간을 기념하는 것이지만 무엇보다 중요한 것은 하나님의 전적인 구원을 기념하는 것이다. 하나님이 모든 영광을 누리셔야 한다.

묵상

당신의 교회에서 하는 '성찬식' 혹은 '주의 만찬식'은 여기에 묘사된 유대인의 유월절과 유사한가? 그것은 어떤 점에서 같고 어떤 점에서 다른가?

언약

모세의 돌판은 어떤 차이가 있는가?

너희가 내 말을 잘 듣고 내 언약을 지키면 너희는 모든 민족 중에서 내 소유가 되겠고(출 19:5).

많은 학자들이 출애굽기 20장 이후의 몇 장을 구약의 중추적인 부분이라고 해석한다. 나팔 소리가 크게 진동하며 연기가 나는 산 아래에서 이스라엘 민족은 대대로 가장 값진 보물로 여겨지는, 언약궤에 놓이게 될 돌판에 쓰인 문서를 받았다. 무엇이 그 돌판을 그렇게 값지게 하는가? 십계명은 하나님이 직접 기록하셨기 때문에 신성하다고 말할 수 있다.

그러나 직접 출애굽기에 있는 율법의 내용을 읽어 보면 그 내용을 모두 이해하기가 쉽지 않을 것이다. 율법은 잘 알려진 십계명으로 시작해, 부모를 저주했을 때 받게 되는 벌, 이를 부러뜨린 데 대한 벌 등과 같이 자율에 관한 규칙과 염소 새끼를 그 어미의 젖으로 삶는 문제와 같이 생활에 대한 문제가 뒤섞여 있다. 그렇다면 여기에 기록된 율법과 규례의 요점은 무엇이란 말인가?

오늘날에는 돌판을 사용해 글을 쓰지는 않기 때문에 "무엇 때문에 돌판이 그렇게 소중한가?"라는 질문보다 "무엇 때문에 한 장의 문서가 그렇게 귀중한가?"

로 바꾸어 질문하는 것이 좋을 것이다. 이스라엘 사회처럼 우리 사회도 굉장히 많은 문서 더미 속에 살고 있다. 그중에서 헌법과 출생증명서, 결혼증명서를 예로 들어 보자.

헌법

국회 도서관에 있는 미국 헌법은, 헬륨 가스로 채운 청동상자 속에 보관되어 전국에서 가장 귀중한 한 장의 문서로 대접받고 있다. 유사(有事)시에는 방화, 방충이 완벽하게 돼 어떤 것도 함부로 그것을 훼손시키지 못하게 하고 있다. 그러나 이 헌법의 가치는 그것을 유지하는 데 드는 비용 때문에 생겨나는 것이 아니다. 그것의 실제적인 중요성은 국회 도서관 아래쪽에 있는 대리석 빌딩, 곧 수많은 법률 사건을 심판하는 대법원에서 드러난다.

하급 법원에서 지루하고 어려운 과정을 거쳐 올라온 각 사건은 이제 최종 결정만을 기다리고 있다. 대법원의 모든 결정은 나라의 법률과 동등한 지위를 누린다. 대법원은 헌법이라는 최종적인 권위에 의지해 결정을 하게 된다. 만약 아홉 명으로 구성된 판사가 어떤 법률을 합헌이라고 결정하면 그 법률은 효력을 갖게 되고, 그렇지 않을 경우 그것은 기각된다(우리나라에서는 헌법재판소가 이 역할을 담당한다 - 역자 주).

이스라엘에게 그 율법은 헌법이나 마찬가지였다. 시내 산(출애굽기, 레위기), 광야(민수기), 그리고 모압 평지(신명기)를 거치면서 상세한 율법이 완성되었다. 분량으로 따지자면 미국의 헌법보다 훨씬 많은 전체 율법은 국가 정책의 기본 방향에서부터 공동생활에서 생길 수 있는 작은 분쟁까지를 포괄한다. 그리고 하나님은 그 안에 정처 없는 순례자들을 위한 문화까지도 배려해 놓으셨다.

이에 반해 다른 민족들은 그들이 섬기던 신들이 변덕스러웠기 때문에 늘 전전긍긍했다. 그들을 노하게 하거나 기쁘게 만드는 것은 도대체 무엇이란 말인가? 율법으로 말미암아 이스라엘 민족은 하나님이 무엇을 원하시는지, 그들과 하나님의 관계가 어떠한지를 정확히 알 수 있었다. 그들은 민족 형성을 위한 신뢰와 안전의 기반을 갖추고 있었다.

출생증명서

쪼글쪼글한 아기의 발바닥 무늬와 우스꽝스러운 필기체 등이 적힌 이 서류는 대부분의 경우 서랍 속에서 잠자기 일쑤다. 그러나 이 서류는 필요할 때는 정말 유용한 문서가 된다. 그것은 이 사람이 운전면허증을 받을 만한 나이임을 증명하는 데, 또한 노인이 되어 이제는 연금을 받을 만한 나이임을 증명하는 데 없어서는 안 되는 소중한 서류이며, 또한 한 나라의 국민으로서의 권리를 주장하게 해준다. 이와 같이 출생증명서는 아주 중요하다.

이스라엘에 있어서 율법은 민족의 탄생을 가능하게 했다. 하나님은 유대인을 열국 중에서 자신의 소유로 선택하셨다(출 19:5-6). 그리고 그들이 다른 민족과는 다른, 즉 그의 계명을 중심으로 하는 모범이 되는 민족이 되기를 원하셨다. 하나님은 순수하고 구별된 민족을 필요로 하셨다.

성경의 다음 몇 책들은 하나님의 선택된 백성인 그의 '가족'에 대한 의무와 보상을 분명하게 설명한다. 만약 이스라엘 민족이 순종하면 병에서 제해 주실 것이고, 그들의 곡식은 풍성하게 자랄 것이며, 아낙네들은 많은 아이를 낳게 될 것이고, 군대는 승리하게 될 것이다. 요약하자면 그들은 전례가 없는 국가적 부와 안전을 누리게 될 것이다(출 23:20-28). 율법은 하나님의 자녀로 태어나는 데 따르는 이점을 정의하고 있다.

결혼증명서

결혼이란, 서류 한 장보다는 더 큰 의미를 가지고 있다. 그것은 사랑과 신뢰, 섹스 등 두 사람이 인생을 나누어 가는 데 필요한 많은 것들을 포함하고 있다. 그러나 법적인 측면에서 본다면, 결혼에는 서류가 필요하다. 이 문서는 사람이 지금껏 가진 것 중에 가장 친밀하고 개인적인 관계를 공식화하고, 법적 효력을 유지하도록 하는 데 꼭 필요하다.

후에 예언자 호세아와 예레미야, 에스겔은 언약을 결혼에 비유했다. 그들은 이스라엘이 하나님을 대하는 태도가 간통에 이르렀음을 지적하며, 원래의 언약으로 돌아와야 한다고 그 민족을 설득했다. 상세하게 기록된 율법은 사실 하나님과 그의 백성 간의 사랑의 관계를 공식적으로 표현한 것에 불과하다.

문서들은 관계를 규정하는 데에는 필요한지 몰라도 그것을 표현하는 데에는 적절하지 않다. 무미건조한 헌법의 조문을 읽어서는 미국에서 산다는 것이 무엇인지 정확하게 알 수 없으며, 주(州) 법정에서 증명서를 공부한다 해도 결혼의 신비에 대해서는 깨달을 수 없다. 같은 방식으로 언약서에 있는 율법과 규례들도 하나님께 속한 민족의 생활을 완전히 알려 주지는 못한다. 그러나 그것을 적용해야 하는 상황이 되면 언약은 하나님이 자신의 백성들에게 무엇을 원하시는지를 알려 줄 수 있다.

묵상

당신은 언약의 성격을 띤 중요한 문서를 가지고 있는가? 만약 당신이 하나님과 언약서를 작성한다면 그것을 어떻게 쓰겠는가?

하나님이 자신을 명백히 나타내실 때

무신론자는 적지만 반항자들은 많다

산 위의 여호와의 영광이 이스라엘 자손의 눈에 맹렬한 불 같이 보였고 (출 24:17).

왜 하나님은 좀 더 개입하시지 않는가? 왜 하나님은 배고픈 자를 직접 먹이시지 않고, 병든 자 모두를 고쳐주시지 않으며, 전쟁을 전부 종식시키시지 않는가? 하나님이 실제로 계신다면 왜 자기 자신을 명백히 나타내시지 않는가?

이와 같은 질문을 하는 사람들은, 하나님이 그 자신을 직접 나타내신다면 모든 의심이 사라질 것이며 모든 사람이 그를 믿기 위해 줄을 설 것이라고 생각한다.

놀라운 반응

출애굽기는 하나님이 스스로를 명백히 나타내셨던 때를 이야기하고 있다. 애굽에 내린 재앙은 그의 전능하신 능력을 드러냈으며, 홍해에서의 유명한 기적은 놀라운 구원을 가능케 했다. 되풀이 되는 기적으로 말미암아 이스라엘 백성들은 매일 아침 양식을 공급받았다. 혹여나 하나님이 계시는지에 대해 의심이 생기면 언제나 존재하는 영광의 구름과 불기둥을 쳐다보기만 하면 되었다. 그때에는 무신론자가 있을 수 없었다.

그러나 여기서는 하나님의 신실하심에 반하는 인간의 불신실함이 놀랍게 대비된다. 하나님이 바로에게 재앙을 내리시는 것을 목도한 이스라엘 백성들은 곧바로 애굽 군대의 전차가 뒤쫓아 오는 기세에 흔들렸다. 홍해를 기적적으로 건넌 지 삼 일 만에 배고픔의 괴로움이 심해지기 시작하자, 그들은 "우리가 애굽 땅에서 고기 가마 곁에 앉아 있던 때와 떡을 배불리 먹던 때에 여호와의 손에 죽었더라면 좋았을 것을 너희가 이 광야로 우리를 인도해 내어 이 온 회중이 주려 죽게 하는도다"(출 16:3)라고 원망했다. 이에 하나님은 40년간이나 만나와 메추라기를 내려 주심으로 응답하셨으나 이스라엘 백성들은 곧 물 부족에 대해 불평하기 시작했다.

심각한 반역

출애굽기 32장은 이스라엘 백성이 최악의 상태에 이르렀을 때를 나타낸다. 아침으로 만나를 먹은 사람들, 언약의 모든 말씀을 지키기로 엄숙히 맹세한 사람들, 하나님이 임재하시는 산 옆에 있던 바로 그 사람들이 금을 녹여 우상을 만듦으로써 무엄하게도 첫 번째 계명을 어겼다.

하나님은 불같이 화를 내며 그들을 '목이 곧은 백성들'이라고 부르셨다. 아마도 모세의 간절한 청이 없었다면 그들은 목숨을 부지하지 못했을 것이다.

이스라엘의 역사를 보면, 하나님이 기적적으로 그의 능력을 보여야 인간의 믿음이 보장된다는 관념이 틀리다는 것을 알게 된다[예수는 후에 "모세와 선지자들에게 듣지 아니하면 비록 죽은 자 가운데서 살아나는 자가 있을지라도 권함을 받지 아니하리라 하였다"(눅 16:31)고 하셨다]. 매일 하나님의 실재하심을 경험하는 사람들임에도 그들에게서 나타나는 이 같은 태도는 인간 본성의 뿌리 깊은 악습을 알 수 있게 한다.

반항자들은 애굽생활을 전혀 경험하지 않은 세대가 자라 그들을 대체할 때까지 40년간 황량한 광야에서 방황하면서 그들의 행위에 대한 보응을 받아야 했다. 시내 산 기슭에서 하나님을 실망시켰던 이스라엘 민족은 분명 약속된 땅에서도 새로운 문화의 유혹에 흔들렸을 것이다. 그들은 세대를 지나면서 거듭해서 하나님을 실망시켰을 것이다. 갈라디아서에서 바울이 확신을 가지고 논의했듯이 옛 언약은 불가불 새로운 언약에 의해 대치되어야만 했다.

묵상

하나님의 존재에 대해 의심해 본 적이 있는가? 그리고 무엇 때문에 당신은 완전히 하나님을 확신하게 되었는가?

이동식 성전

사막에서 보기 드문 광경

마음이 감동된 모든 자와 자원하는 모든 자가 와서 회막을 짓기 위하여 그 속에서 쓸 모든 것을 위하여 거룩한 옷을 위하여 예물을 가져다가 여호와께 드렸으니(출 35:21).

주후 1144년, 프랑스 북서쪽에 있는 마을에 커다란 건물이 세워지기 시작했다. 그리고 곧 이 건축에 대한 열기가 전국으로 퍼져나가 많은 자원 봉사자들이 모여들었다. 모인 이들은 힘을 합쳐 세계에서 가장 아름다운 건물 중 하나인 웅장한 사르트르 성당을 지었다.

50년 후 대화재가 일어나 성당이 전소되었으나, 사람들은 다시 모여 그 성당을 재건했다.

영감을 받은 건축자들

사르트르 성당을 짓기 수천 년 전에 특별한 건축 작품이 이와 유사한 방식으로 조성되었다. 출애굽기의 마지막 몇 장은 이에 대해 상세하게 설명하고 있다. 이제 막 자유를 얻은 노예 종족들은 사막의 삭막한 풍경 속에서 더할 나위 없이 아름다운 이동식 성전, 즉 성막을 짓고자 했다.

하나님은 기술자에게 재주를 주셨고(출 31:1-6), 짠 베실의 색깔 배치나 커튼과 나무틀 사이의 정확한 길이, 금세공의 모양 등에 대해 개별적으로 작업을 지시하셨다. 이스라엘 민족은 하나님의 지시에 따라 열심히, 세심하게 성막을 지었다. 그 건축에는 금 1톤과 은 4톤, 그리고 그동안 아껴둔 귀중한 보석과 진귀한 목재들이 사용되었다.

하나님이 임재하심

성막 건축의 절정은 출애굽기의 마지막 다섯 절에 잘 표현되어 있다. 하지만 그 구절들은 이 주목할 만한 사건을 평범한 어조로 기록하고 있다.

출애굽기 전반부에서 하나님은 모세에게만 자신의 모습을 점진적으로 나타내셨다. 한번은 불타는 떨기나무 속에서, 한번은 바위 옆에서 신비에 찬 모습으로, 한번은 진동하는 산 위에서, 그리고 층층 구름으로 덮인 회막 안에서 나타나셨다. 하나님의 현현은 너무나 큰 두려움과 공포를 불러 일으켰기 때문에 이스라엘 민족은 그들에게 직접 말씀하시지 않기를 간청했다(출 20:19). 모세가 시내 산에서 하나님을 만나고 난 뒤 그 얼굴에서 빛이 나자 모든 사람이 그의 곁으로 가기를 두려워했다(출 34:30). 그러나 성막이 완성된 날 하나님이 그곳에 임하셨다. 그의 영광이 성막에 충만했다. 하나님이 이스라엘 민족에게 임재하신 것이다.

기념물

그때부터 이스라엘의 이동식 성전은 이스라엘인들이 행진을 하거나 진을 칠 때에 그 진영의 정확히 중간에 위치했으며, 그들의 장막이나 개인 소유에 속한 것들은 지성소와 언약궤로부터 방사상으로 배열되었다. 성막은 하나님 중심으로 사는 생활을 실제로 백성들에게 가르쳐 주는 구실을 했다. 제사장은 매일 그곳에서 속죄의 제사를 드렸다. 출애굽기의 약 3분의 1을 차지하는 성막의 이야기는 하나님이 경솔히 모실 수 없는 분이라는 것과 그분의 성품에 대해 가르쳐 준다. 우리는 출애굽기와 레위기, 민수기, 신명기에서 묘사된 의식을 통해 하나님께 가까이 가기 위해서는 두렵고 떨리는 마음으로 다가가야 한다는 것을 알게 된다. 세속적인 사람은 그의 완전성을 직접 경험하지 못한다. 성스러운 하나님은 너무나 압도적이다. 심지어 모세도 하나님의 얼굴을 대면할 수 없었음을 출애굽기는 말해 주고 있다(출 33:20).

그러나 놀랍게도 그렇게 멀게만 느껴졌던 하나님이 가까이 오셨다. 하나님과 사람을 분리시켰던 거대한 심연에도 하나님은 그 자신을 개인적으로 접촉하도록 허용하셨다. 그는 우리에게 스스로 나타나신 바 되었다.

묵상
하나님은 지금 어디에 계시는가?

레위기

서론

불과 함께하는 생활

원자력보다 더 위력 있는 위험한 물질

내가 내 장막을 너희 중에 세우리니 내 마음이 너희를 싫어하지 아니할 것이며 나는 너희 중에 행하여 너희 하나님이 되고 너희는 나의 백성이 될 것이니라(레 26:11-12).

현대인에게는 레위기가 낯설게 여겨질 것이다. 성경의 다른 부분과 달리 이 책에서는 등장인물도, 이야기도, 시도 찾아볼 수 없다. 여기에는 사소한 규칙들과 절차들만이 가득할 뿐이다.

레위기의 복잡한 의식은 핵 기술을 둘러싸고 있는 절차와 매우 흡사하다. 특수한 복장, 정화에 대한 관심, 그리고 중요한 물질을 정확히 다루어야 하는 점에서 원자력 관련 분야에 종사하는 작업자와 구약의 제사장은 공통점이 많다. 따라서 이 유사점을 생각해 보면 레위기를 이해하기가 훨씬 쉬워질 것이다.

방사성 오염물질의 청소

동부 워싱턴 주에 있는 핸포드 플루토늄 분리공장에는 플루토늄과 우라늄-235

가 안전성이 높도록 특수하게 고안된, 세 겹의 플라스틱으로 싼 놋쇠통 안에 보관되어 있다. 방사성물질을 움직여야 할 때에는 특수하게 훈련받은 처리반원들이 흰 방호복으로 온 몸을 감싸고 특수 마스크를 착용한 뒤 차단된 '글러브 박스' 를 통해 그 물질을 다루게 된다.

만약 그 방사성을 띤 물질이 점화되어 사소한 화재라도 발생하면 세척제와 물을 사용해 모든 지역을 철저히 문질러 닦아내야 하며, 주의 깊게 교육받은 작업자들이 특별히 차단된 독성 폐기물 구역에 세척수를 버려야 한다. 그리고 이것에 오염된 사람 역시 노출 부위를 동일한 방법으로 닦아내야 하며, 심할 경우에는 수개월간 격리되어야 한다.

이 복잡한 처리 방식은 쓰라린 경험으로부터 나온 것이다. 초기 수십 년 동안은 아무도 방사성물질의 위험에 대해 알지 못했다. 작업자들은 수작업으로 붓을 사용해 방사성물질을 이용한 최초의 야광시계를 제작했는데, 그들은 붓끝을 더욱 뾰족하게 만들기 위해 그들의 붓을 혀로 핥기도 했다. 그들의 감독자들은 그렇게 함으로써 그들이 성적인 매력을 얻을 것이라고 이야기했다. 그러나 그들은 대신 암에 걸리고 말았다.

핵무기와 핵발전소가 개발됨에 따라 다루어야 하는 방사물질의 양도 증가했다. 원자력을 사용하려면 그 위력에 걸맞는 절차를 채택해야 된다는 것을 과학자들은 점차 깨닫게 되었다.

하나님이 친히 임재하심

레위기는 원자력 발전소 종사자가 읽어야 하는 훈련교본이나 마찬가지다. 그러나 레위기가 다루고 있는 '위험' 은 원자력보다 더욱 강력하다. 레위기는 어떻게 하나님과 함께 살아갈 수 있는지를 상세하게 논하고 있다.

"핵 사고 시 어떻게 하면 생존할 수 있는가?" 따위의 안내서는 한가할 때에 읽으면 지루하기 짝이 없을 것이다. 그러나 운전 중인 원자로 곁에서 읽는다면 당신은 정신을 집중하게 될 것이다. 이 경우와 유사하게, 레위기도 그 뒤에 숨어 있는 멋진 소식, 즉 우주의 창조자인 전능하신 하나님이 작고 보잘것없는 한 부족의 생활에 개입하셨다는 것을 깨닫지 못한다면 지루하기 짝이 없을 것이다. 이스라엘 백성들은 자신들의 생활에 하나님을 단순히 꿰어 맞출 수 없었다. 그들은 하나님께 걸맞도록 그들의 삶과 음식, 성, 경제생활 등을 재구성할 필요가 있었다. 그것은 제사장뿐 아니라 모든 사람을 위해 필요한 것이었다.

이와 같은 작동교본을 무시한다면 치명적인 결과를 가져올 수 있다. 그 예가 아론의 두 아들이었다(레 10장).

오염으로부터의 방제

오늘날 우리는 예수님이 단 한번 자신을 희생제물로 드림으로써 이제는 동물들로 매일 희생제사를 드릴 필요가 없는 시대에 살고 있다. 그는 우리를 대신해 하나님 앞에서 대제사장이 되셨다. 예수님은 원래 오염의 근원이라고 할 수 있는 우리의 죄 많은 본성을 깨끗하게 하셨다. 레위기는 하나님에 대한 기본적인 진리를 사람들에게 가르치려는 데 그 목적이 있다(신약의 히브리서가 이에 대해 자세히 설명한다).

하지만 이제 동물제사가 필요없다고 해서 레위기가 가르치고 있는 원리를 소홀히 해도 되는 것은 아니다. 왜냐하면 이 원리는 여전히 하나님은 "소멸하시는 불"(히 12:29)이라는 것을 증명하고 있기 때문이다. 우리가 자격이 있어서가 아니라 그가 우리를 동반자로 삼기를 원하셨기 때문에, 그는 우리가 그 불과 어떻게 살아야 하는지를 가르치셨다.

우리는 감히 그를 경솔히 대할 수 없다.

본론

희생의 이유

정의: 누군가는 대가를 치러야 한다

이같이 제사장이 그가 범한 죄에 대하여 그를 위하여 속죄한즉 그가 사함을 받으리라(레 4:35).

당신이 만일 범죄를 저질렀다고 가정해 보자. 법정에서 "미안합니다. 다시는 그런 짓을 하지 않겠습니다"라고 말하면 처벌을 면할 수 있는가? 그렇지 않다. 왜냐하면 정의는 당신이 한 행위에 대해 합당한 대가를 지불할 것을 요구하기 때문이다.

그래서 이스라엘 백성들도 하나님과 교제하기 위해 그분이 임재하시는 곳까지는 들어갈 수 없었다. 그들은 그들의 과실을 보상하기 위해 혹은 대속하기 위해 희생제물이 필요했다.

이 희생제물은 상당히 값이 나가는 것들이었다. 부자들은 소나 염소를 봉헌했고, 아주 가난한 자들은 비둘기 한 쌍이나 밀가루로 그것을 대신했다. 그러나 모든 경우에 사람들은 그가 일한 것, 혹은 그가 자신의 농장에서 거둔 것으로 환산하여 대가를 치뤄야 했다.

연기가 되어 올라가다

이러한 희생제사로 매년 막대한 재산이 연기가 되어 하늘로 올라갔다. 수많은 동물들과 목재들을 태우고, 불이 붙은 것을 지키고, 희생제물을 드리는 데 많은 인력이 소모되었다. 이스라엘 진영의 중앙에 회막이 있었기 때문에 하루에 두 번씩 드리는 희생제물의 냄새는 항상 이스라엘 백성들의 머리 위에 머물러 있었다. 그들이 고기를 먹을 수 있는 경우는 매우 드물었지만 하나님께 바쳐지는 구운 고기 냄새는 매일 맡을 수 있었다.

제사는 크게 3종류로 나눌 수 있었다. 보통 속건제와 속죄제가 먼저 드려졌다. 그것의 역할은 사람들을 죄로부터 씻어 주는 것이었다. 그다음 순서가 번제인데, 여기서는 재가 될 때까지 동물들이 전부 태워졌다. 적어도 하루에 두 번 드려지는 이들 희생제사는 하나님 앞의 완전한 헌신을 의미했음이 명백하다. 이들이 마지막으로 드린 제사는 화목제로, 이것은 기본적으로 하나님 앞에서 나누는 가족적인 식사였다(가루는 보통 다른 봉헌제물과 함께 드려졌다).

죄의 용서, 전적인 헌신, 그리고 화목의 봉헌 순서는 그들의 목표가 하나님과 화목하는 데 있다는 것을 보여 준다. 그 목표에 이르기 위해서는 죄를 용서받는 것과 하나님 앞에 완전하게 헌신하는 것이 필요했다.

그러나 레위기는 이것의 기초를 이루고 있는 철학에 대해 설명하지 않는다. 그것은 교본처럼 정확히 하나님이 원하시는 대로 어떻게 희생제물을 드려야 하는지를 말해 주고 있을 뿐이다. 정확한 절차가 규정되어 있는 만큼 정확한 처리가 필요했다. 왜냐하면 하나님께 부주의하게 접근할 수 없기 때문이다. 모든 면에서 그가 하신 말씀을 지키고 그에게 순종하기 위해 당신은 매우 주의 깊게 행동할 필요가 있다.

동물로 정말 속죄할 수 있는가?

피, 제사장, 제사의 전체 개념은 현대인에게는 매우 낯선 것이다. 어떻게 염소를 죽이는 것이 하나님과 인간의 관계를 회복시킬 수 있단 말인가? 동물의 희생이 우리의 죄를 대속하기에 충분하단 말인가? 우리는 역사 전반을 통해 신을 만족시키기 위해서는 희생이 필요하다고 사람들이 본능적으로 느끼고 있었음을 알 수 있다. 세계 도처의 많은 종교가 오늘날에도 이런 희생제사를 드리고 있다.

우리가 깨닫기로는 단 한번의 커다란 희생제사, 즉 하나님의 독생자의 희생이 다른 모든 희생제사를 능가했기 때문에, 동물의 희생제사는 시대착오적인 것으로 여겨진다. 결론적으로 동물의 희생은 인간의 죄를 대속하기에 충분하지 않다. 그것은 충분한 희생제사가 이루어질 때까지 임시방편으로 마련한 것에 불과하다. 동물의 제사는 상당한 비용이 드는 것으로, 그것이 주는 의미는 엄청나게 큰 것이었다. 그러나 우리는 그 비용을 갚을 필요가 없다. 예수님이 모든 것을 대속하셨기 때문이다.

묵상

하나님께서는 희생을 요구하신다고 생각하는가? 레위기에 나타난 하나님의 생각과 당신의 생각은 일치하는가?

눈에 보이지 않는 위험

외과의사가 수술을 준비하는 것처럼 주의를 기울여야 한다

부정하고 정한 것과 먹을 생물과 먹지 못할 생물을 분별한 것이니라 (레 11:47).

불과 백 년 전만 해도 수술은 가망이 없는 병을 치료할 때 마지막으로 고려해 볼 수 있는 수단으로 생각되었다. 그 당시 수술하는 의사들은 병원균에 대해 아무것도 알지 못했다. 그래서 그들은 수술 도중 터져 나오는 피와 고름으로 범벅이 된 수술 가운을 빨지도 않은 채로 계속 입었으며, 예전에 사용했던 낡은 헝겊으로 메스(수술용 칼)를 닦은 다음 그것을 또 사용했다. 그 결과 수술 환자들 중에 절반이 죽었다.

여러 선구자들이 소독법에 대해 우연히 알게 되었으나 처음에는 그러한 사실이 동료 의사들에 의해 경멸당하고 무시되었다. 이그나즈 제멜바이스 교수는 의사들의 손을 씻게 하면 산부인과 병동의 사망율을 격감시킬 수 있다는 사실을 발견했다. 그러나 제멜바이스가 평생 손을 씻어야 한다고 주장했음에도 그의 동료들은 그를 격렬하게 반대했고, 그는 그의 생각이 채택되는 것을 보지도 못한 채 죽고 말았다.

왜 그렇게 지체했는가?

왜 의사들은 소독법을 채택하는 데 그처럼 지체했는가? 대답은 간단하다. 그때까지 병원균이 발견되지 않았기 때문이다. 의사들은 물론 제멜바이스와 같은 선구자들도 왜 손을 씻으면 그런 차이가 나타나는지에 대해 알지 못했다.

그 후 루이 파스퇴르가 현미경을 사용해 미생물을 발견하자 소독법이 타당성을 갖게 되었다(그것은 병원균을 퇴치하는 것이다). 마지못해 그리고 상당한 반대가 있은 후 수술에 사용할 고무장갑에서, 가아제, 마스크 등에 이르는 도구들이 바뀌게 되었다. 무엇인가 눈에 보이지 않는 것이 그렇게 파괴적이라는 것을 깨닫기까지 순탄치만은 않은 과정을 거친 것이다. 오십여 년 동안의 끊임없는 교육과 개혁의 결과, 살균처리는 수술의 일상적인 부분이 되었으며, 대부분의 의사들에게 병원균은 실제적인 것으로 인식되었다.

왜 모든 것에 규칙이 있는가?

의사에게는 병원균이 문제가 되듯이 레위기에서는 부정이 문제가 된다. 11~15장은 어떤 동물을 삼가고, 부정한 피부병과 곰팡이가 핀 의복, 벽, 몸 등을 어떻게 처리할 것인지에 대한 세심한 주의를 서술하고 있다. 학자들은 전염병을 지닌 사람을 격리하는 규칙이나, 돼지고기(많은 기생충을 가지고 있는)를 먹는 것을 금지하는 규칙 등 정한 것과 부정한 것에 대한 규칙이 그들의 배후에 있는 건강을 지키는 습관을 반영하는 것이었다고 지적한다.

다른 사람들은 식사에 대한 율법이 이스라엘 민족과 그 주변의 민족을 구별하는 것이었다고 주장한다. 돼지는 가나안 민족의 경배에서 빼놓을 수 없는 제물이었다. 따라서 이스라엘 민족은 그것을 먹을 수 없었다. 왜냐하면 식사를 함께한다는 것은 중동에서는 호의적인 교류를 의미하는 것이었기 때문에 식사 관습을 달리함으로써 두 그룹은 사회적으로 분리되어야 했다.

다른 학자들은 부정한 것에 대한 규칙이 이스라엘 민족이 본능적으로 적절하지 않다고 생각한 것과 우연히 일치한 것에 불과하다고 주장한다. 하나님은 기어다니는 곤충, 썩은 고기를 먹는 새, 배설물, 그리고 피부병 등을 자연히 거부하는 심성을 주셨다.

조심하는 습관

이들 모든 설명은 그 나름대로 장점이 있으나, 정한 것과 부정한 것의 근저에 있는 것은 종교적인 이유라고 보는 것이 타당하다. 부정하다는 것은 위험하거나 잘못된 것만이 아니며 어떤 때에는 불가피한 것이기도 했다. 실제로 모든 사람은 때때로 부정했다. 그들은 부정할 때에는 회막에서 하나님께 경배를 드릴 수 없었다. 또한 하나님이 임재하시는 곳에 부정한 것을 가져갈 수도 없었다. 그의 성스러움은 그것과 아울러 그것을 가져오는 사람도 파멸하고 말 것이기 때문이다(레 15:31).

그러므로 레위기는 마치 외과의사가 그들의 소독법에 신경 쓰는 것처럼 그들의 삶에 주의를 기울이도록 하나님의 백성들을 훈련시킨다. 그들은 그들이 보거나 느낄 수 없는 것에 대해서도 주의하는 습관을 길러야 했다. 그들이 옳다고 느끼는 것을 그저 하는 것이 아니라 하나님께서 자신을 위해 예비하셨다는 생각으로 해야만 했다. 깨끗하고 절대적이며 변치 않으시는 하나님께 받아들여질 수 있는 것이 무엇인지를 결정할 수 있는, 명백하고도 절대적인 기준이 제시되었다. 외과의사가 병원균에 대해 심각하게 생각하고 그것과 싸우는 것처럼 하나님의 백성은 하나님에 대해 자신을 성별하는 법을 배워야 했다.

부정한 것을 만지기

레위기의 부정한 것에 대한 규칙은 어쩌면, 예수님이 모든 것이 깨끗하다고 선언하셨기 때문에(막 7:19; 행 10:9-16) 시대에 뒤떨어진 것일지도 모른다. 그러나 이들 규칙 뒤에 숨어 있는 교훈은 아직도 타당하다. 하나님께 나아갈 때 부주의하게 나아가면 안 된다. 각 사람은 자신의 생활을 시험하여 하나님의 순수하심을 범하지 않도록 해야 한다.

예수님의 시대까지 서서히 퍼져나간 부정은 돌이킬 수 없는 것 같았다. 설령 그것을 피할 수는 있어도 그것을 제거할 수는 없었다. 부정한 어떤 것이라도 접촉하면 스스로 부정해지게 되어 있다. 특히 나병과 같은 어떤 질병은 위험하고도 부정한 것으로 이중적인 저주가 되었다. 나병으로부터는 전적으로 격리되어야 했다.

그러나 예수님께서 나병 환자를 만지시면 그는 깨끗함을 받았다. 또 하혈로 고통받는 여인이 예수님께 접촉하자 그녀의 병이 치유되었다. 예수님으로 말미암아 최초로 정한 것이 부정한 것을 정복하게 되었다. 레위기의 규칙은 부정한 것을 피하라고 한다. 하지만 예수님과 접하면 부정한 것이 정하게 된다.

묵상

만약 죄라는 것이 피부 표면으로 나타나 작은 녹색 반점처럼 보인다면 사람들이 죄를 더욱 신중하게 생각할 것인가?

국립 법률도서관

인근 민족과의 구별

너희는 너희가 거주하던 애굽 땅의 풍속을 따르지 말며 내가 너희를 인도할 가나안 땅의 풍속과 규례도 행하지 말고(레 18:3).

미국 법률만 모아도 도서관 하나는 채울 수 있을 것이다. 법률가는 특별한 문제를 다룰 때 어느 것을 참조해야 하는지를 알기 위해 자세한 색인을 찾아보기 마련이다. 하지만 아무리 유능한 법률가라 할지라도 모든 연방과 주의 법률까지 속속들이 알고 있지는 못할 것이다.

레위기(출애굽기, 민수기, 신명기)에 쓰인 구약법은 지루하고 장황한 것 같으나 수미일관 같은 문맥으로 쓰였다. 전부 600개가 넘는 이 율법들은 우리가 아는 한, 한 민족을 위한 전체 율법이다. 이것에 대해 법률가들이 받는 인상은 그 율법이 매우 간결하고 단순하다는 것이다. 따라서 누구라도 그것들을 이해할 수 있다.

그 율법들은 특정한 순서 없이 나열되어 있다. 요술을 금지하는 율법 다음에 부적절한 이발법을 금지하는 율법이, 그다음에는 문신을 금지하는 율법이, 그 후에는 딸을 창녀로 만들지 말라는 율법이 뒤따른다. 이렇게 율법이 혼합되어 있다는 사실로부터 우리는 구약적 사고의 중요한 일면을 알 수 있다. 그것은 삶이란 각 부분으로 분석될 수 있는 것이 아니라 전체로서 조망해야 한다는 것이다.

이스라엘 민족에게는 정교분리가 존재하지 않았다. 삶의 모든 면, 즉 정치, 가족생활, 식사, 경제 등에 하나님의 관심이 집중되어 있었다. 십계명(출 20장)조차 이것을 보여 주는데, 왜냐하면 그것은 우리와 하나님과의 관계, 그리고 우리와 이웃과의 관계를 다루는 율법을 포함하고 있기 때문이다. 그들은 분리될 수 없는 것이다.

특징적인 면

그 당시의 다른 나라의 법률과 비교해 보면 구약이 뚜렷하게 앞서가고 있음을 알게 된다(실제로 이들 법률은 우리 시대의 법률에 많은 영향을 미치고 있다).

그 중 몇 가지의 특징을 살펴보자.

* **사람이 재산보다 훨씬 중요하게 다뤄지고 있다.** 예를 들어 다른 사람의 재산에 대한 범죄를 저지른 것은 사형에 해당하는 징계를 받지 않았다. 또한 노예는 재산이 아니라 인간으로 다뤄졌다. 이는 그 당시의 다른 법전과 비

교해 봤을 때 크게 다른 점이다.

* **계급 제도가 없었다.** 많은 고대 국가에서 귀족은 평민과는 상당히 다른 대우를 받았다. 그러나 이스라엘에서는 그렇지 않았다. 모든 사람은 법 앞에 평등했다. 외국인일지라도 명시된 권리를 가졌다.
* **벌은 죄에 상당하는 것이었다.** 잔인하거나 비상식적인 벌은 용인되지 않았다. "눈에는 눈"(레 24:20)이란 원칙은 죄에 대해 방면될 수 있는 특권이 없음을 나타내며, 동시에 복수에도 한계가 있다는 것을 나타낸다.
* **성적인 것도 문제가 되었다.** 대부분의 나라에서는 이웃의 아내와 잠을 잔다 해도 그것을 크게 문제 삼지 않았다. 그러나 이스라엘에서는 성적 부도덕으로 단호하게 처벌되었다.
* **가난한 자와 약자가 보호받았다.** 권력 있고 부유한 자들로부터 그들이 보호받을 수 있도록 특별한 규정이 마련되었다. 예를 들면 다른 사람의 밭에서 이삭을 주울 수 있는 것과 같은 배려는 그들에게 살아갈 수 있는 여지를 마련해 주었다. 19장 9, 13, 14, 32, 33절은 자기 스스로를 방어할 수 없는 다양한 계층을 보호하는 것을 보여 준다.
* **행위와 마찬가지로 태도도 문제 삼았다.** 예를 들어 레위기 19장 18절은 "네 이웃을 네 몸과 같이 사랑하라"는 유명한 법을 포함하고 있다. 율법의 문자 그대로 살아가는 것만으로는 충분하지 않았다. 율법은 서로 사랑하는 관계를 개발하기 위해 의도되었다.

구별되도록 만들어짐

몇몇 율법은 그것이 제정된 이유를 이해하기가 쉽지 않지만(많은 규정들은 단순히 이스라엘 민족을 이교도인 인근 민족과 구별하도록 하기 위해 만들어졌다), 그것이 전체적으로 끼친 영향은 명백하다. 이 율법은 인정이 많고, 언행이 일치하며, 바른 마음을 가진 민족국가를 형성함에 그 목적이 있었다. 이 율법에 의하면 각 사람은 그 이웃, 특히 곤란에 빠진 이웃에 대해 긍정적이며 따뜻하게 행동해야 한다. 그 이유는 하나님이 그들과 함께 사시며, 그가 바르고 자비하신 것처럼 그의 백성도 그래야 하기 때문이다.

묵상 모든 사람은 좌우명을 가지고 살아간다. 당신의 좌우명은 레위기에 나타난 것처럼 가난한 자와 약자들에 대해 많은 관심을 표명하고 있는가?

하나님을 기념함

유대인의 경축일은 한 가지 사실에 초점을 맞춘다

너희의 하나님 여호와 앞에서 이레 동안 즐거워할 것이라(레 23:40).

원시 부족을 연구하는 학자들은 보통 그들의 축제일에 관심을 갖는데, 이는 그것이 부족의 공통가치를 잘 나타내기 때문이다. 만약 인류학자가 미국을 연구한다면 뚜렷하게 눈에 띄는 것은 무엇이 있을까? 그들은 아마도 가족이나 음식 및 선물 등이 많을수록 좋다는 것을 강조하는 크리스마스, 추수감사절, 독립기념일 등과 같은 축제에 대해 관심을 가질 것이다.

이스라엘 민족은 어떠한가? 레위기는 하나님께 초점을 둔 다섯 가지 축제에 관해 기술하고 있다. 하나님께 특별한 희생제물을 드림으로, 하나님이 거처를 정하신 회막에서 축제집회를 가짐으로 각각의 특징은 뚜렷하게 나타난다. 이스라엘 백성들은 서로 선물을 주고받기보다 하나님께 제물을 드렸다.

초막절 동안 모든 사람은 일주일 내내 '하나님 앞에서 즐거워하기 위해' 밖으로 나와 장막을 쳤다. 속죄일과 같은 다른 경우에는 침착하고 진지했다(레 16장; 23:26-32). 그러나 그 축제들의 목적은 항상 하나님께 향해 있었다.

재물보다 중요하신 하나님

이스라엘의 축제 기간 동안에는 아무도 일하지 않았다. 미국도 축제 때는 일하지 않는다. 그러나 그들이 일하지 않는 동기는 미국 사람들의 그것과는 다르다. 이스라엘 농부는 유급 휴가를 갖지 못했다. 오히려 휴일은 그들에게 대가를 요구하는 경우가 빈번했다. 추수 시기와 딱 맞는 날에 축제일이 닥칠 수도 있었으나 그들에게는 일보다 하나님이 더 중요했다. 매주의 안식일도 그런 생각을 강화시켜 주었다. 예배를 드리기 위해서는 일을 멈춰야 했다.

이들에게는 하나님을 섬기는 것이 부자로 사는 것보다 훨씬 중요했다. 이러한 기본적인 믿음은 안식년과 희년에서 더욱 잘 나타난다(출 25장). 7년마다 그들은 전혀 경작하지 않았으며, 땅이 자연적으로 생산한 것에 의지해 살면서 철저히 하나님께 헌신했다. 이것은 우리의 모든 사업이나 공장 등을 1년간 문닫는 것과 같다.

49년(일곱 번째 안식년) 후에는 희년이 왔다. 이때에는 사람들이 경작하지 않고 2년을 지내야 했다. 그리고 이전의 49년 동안 사거나 판 모든 땅은 원래 소유주에게 돌려줘야 했다. 처음부터 땅은 균등하게 분배되었기 때문에, 이는 어떤 지파라도 절대적으로 빈곤하거나 압도적으로 부유할 수 없다는 것을 의미했다. 노예로 팔렸던 자들은 이 해에 모두 해방되었다.

하나님으로부터 오는 축복

열심히 일하고, 풍성한 결과를 누린다는 것은 이스라엘에서는 중요한 문제가 아니었다. 축복은 언제나 궁극적으로 하나님으로부터 오는 것이었으며, 단순히 열심히 일한다거나 영리하게 일을 처리하는 데서만 오는 것은 아니었다. 축제일과 안식일은 많은 것을 베풀어 주신 하나님을 기억하고 찬송하도록 특별하게 구별된 날이다. 하지만 우리가 아는 한 희년이 실제로 행해졌다는 예는 성경에서 찾아볼 수 없다. 그것은 크리스마스 기간 동안 우리가 한 일을 생각해 보면 쉽게 이해할 수 있다. 축제가 본래 가지고 있는 의미에서 상당 부분 퇴색되었다는 사실을 발견하는 것은 그리 어려운 일이 아니다. 레위기에 나타나 있는 축제일 기사는 우리에게 생각할 단서를 제공한다. 안타깝게도 실제 생활은 이상과는 잘 맞아떨어지지 않는 법이다.

묵상

만약 우리가 휴일과 주말을 보내는 모습을 누군가 본다면 그는 우리의 우선 순위에 대해 어떤 결론을 내리겠는가?

민수기

서론
비참한 사십 년

즐거운 모험이 비참한 종말에 다다르다

여호와께서 들으시기에 백성이 악한 말로 원망하매 여호와께서 들으시고 진노하사(민 11:1).

민수기의 서두에서 이스라엘 민족은 위대한 모험을 계속하고 있다. 그 모험은 노예의 사슬에서 자유롭게 된 그들이 약속된 땅으로 향하는 것이었다. 그러나 환희로 시작된 이 책은 울음으로 끝이 난다. 척박한 광야에서 여러 주일, 나아가 여러 해를 지내다 보면 방향감각을 상실하게 된다. 이처럼 이스라엘 민족은 목표를 잃어버린 사람들처럼 행동했다. 민수기는 그 백성들의 원망과 반항의 전 과정을 낱낱이 기록한다.

40년간의 우회

이스라엘 백성은 애굽의 진미를 그리워하면서 제일 먼저 음식 문제로 불평을 했다. 그러나 하나님이 음식을 허락하시자 곧 백성들은 진정되었다. 하지만 그들은 그렇게 적어도 열 번 이상 절망에 빠지거나 공공연하게 반항했다. 그들은 지도자를 헐뜯거나 하나님을 비난하기 일쑤였다. 그리고 그런 그들의 반항심은 제사장들에게로, 군대장관들에게로, 모세의 가족에게로, 그리고 마침내 모세에게까지 번져갔다.

이 책의 원래 히브리 명칭은 "민수기"가 아니라 "광야에서"였으며, 이 숨겨진 책명은 목이 곧은 이스라엘 백성의 성격을 잘 드러내 준다. 불평하는 이스라엘 백성들은 적대적인 민족들에 둘러싸여 뱀과 전갈, 그리고 가뭄이 있는 광야에서 이글거리는 태양 아래로 행진해야 했다. 오늘날 시내 광야를 방문하는 사람들은 모든 백성이 그 땅에서 그렇게 오랜 기간 동안 방황했다는 점을 이상하게 여긴다. 왜냐하면 실제 광야에서의 행진은 두 주일이면 족하기 때문이다. 그러나 이스라엘 백성에게는 40년이란 세월이 걸렸다. 민수기는 방황의 기간을 서술하고, 여행이 시작된 곳, 곧 이스라엘 민족의 신앙이 실패한 바로 그곳(가데스 바네아)에서 끝을 맺는다. 애굽을 떠난 수많은 사람 중에 오로지 여호수아와 갈렙 두 사람만이 약속된 땅으로 들어갈 수 있었다.

매우 다른 종류의 역사

대부분의 고대 역사는 이 책과는 상당히 다르게 서술되어 있다. 그것은 강력한 전사들과 완전무결한 지도자들에 의한 영웅적인 모험담을 이야기한다. 그러나 민수기는 거의 무감각할 정도의 단조로운 어조로 실제 일어났던 사건들을 사실적으로 표현하며, 불평과 불신앙의 초기 징조와 모든 일의 전개 과정, 비극적인 종말을 보여 준다. 결국 이스라엘 민족은 자신감을 상실했을 뿐 아니라 더 나아가 하나님에 대한 신앙까지 잃고 말았다. 그들은 모조리 시나이 반도에 묻히게 되었다.

'광야에서의 방황'을 인용한 부분은 성경의 여러 곳에서 나타난다. 반항의 기간은 유대 민족에게 잊을 수 없는 상처를 남겨 놓았다. 민수기는 정확하게 무엇이 잘못되었는지를 우리에게 이야기해 준다. 사도 바울은 고린도전서에서 그들의 실패를 지적했다. "그들에게 일어난 이런 일은 본보기가 되고 또한 말세를 만난 우리를 깨우치기 위하여 기록되었느니라 그런즉 선 줄로 생각하는 자는 넘어질까 조심하라"(고전 10:11-12).

본론
구별된 사람

이스라엘 민족을 위한 객관적인 교훈

자기의 몸을 구별하는 모든 날 동안 그는 여호와께 거룩한 자니라(민 6:8).

현대를 살아가는 독자들에게는 민수기의 많은 부분이 이상스럽게 보이겠지만, 민수기는 이스라엘 민족의 두 가지 관심사, 즉 정결함과 거룩함에 대해 표현하고 있다. 그들은 하나님께 가까이 나아가기 위해 부르심을 받았다. 그리고 순수함과 성스러움에 대한 필요는 이스라엘 민족의 의식주와 행동에 반영되었다.

상기시키는 자들

하나님은 한 무리의 사람들을 순수함과 성스러움을 상기시키는 자들로 구별하셨다. 오늘날의 전임 목회자와 비슷한 직무를 하는 레위 족속들이 공식적인 종교적 의무를 담당했다(민 3, 4, 8장). 그들은 이동 시에 성물을 챙겼으며, 다른 무리들은 성막의 휘장, 덮개 및 부품들을 운반했다.

민수기는 또한 나실인(민 6장)이라는 구별된 두 번째 그룹을 기술하고 있다. 평신도인 이들은 자신의 순수성을 지키려고 절대적으로 노력했다. 그들은 포도주도 마시지 않았고, 머리카락도 자르지 않았다. 오늘날 미국에 사는 유태인들(Amish)이 그러한 것처럼, 그들은 의복과 행동 양식에서 다수의 사람들과 구별되었다.

그러나 성스러움은 이처럼 특정한 그룹에게만 요구된 것이 아니었다. 모든 이스라엘 사람은 매일의 헌물제사 및 정기적인 축제에 참가했다. 어떤 가족이 소를 가져와 그것을 잡은 후 껍질을 벗기고 쪼개어 제단에서 태우게 되면 그것은 그들이 반성하고 있다는 것을 의미했다. 죄는 심각한 것이었으며, 그들과 하나님 사이에는 커다란 심연이 있었다. 민수기는 예화를 통해서나, 의식 혹은 눈에 보이는 상징을 통해서 거의 매 페이지에 이같은 구별을 하고 있다. 이렇게 이스라엘 백성은 하나님께 다가갈 때 매우 신중해야만 했다.

심연을 메움

이 책에 쓰인 삶의 양식은 캐주얼한 옷을 입고, 약식 예배를 드리며, 하나님과의 '교제'를 이야기하는 오늘날 우리 시대의 것과는 매우 다르다. 신약은 하나님을 우리 아버지시며, 언제 어디서나 교제할 수 있는 분, 그리고 우리 개개의 삶의 사적인 부분에까지 관심을 두시는 분으로 표현한다. 민수기는 아직 이 정도의 친숙함은 아니지만, 그러한 관계의 중요한 초석을 마련해 준다. 그것은 하나님과 사람 사이의 심연이 얼마나 깊고 멀리 떨어져 있는지를 생생하게 보여준다. 우리는 그 심연을 메울 수 있는 길을 마련해 주신 예수 그리스도께 무한한 감사를 드리지 않을 수 없다.

묵상

성별과 정결은 오늘날의 교회에서도 많이 들어 볼 수 없는 말이다. 우리는 하나님을 너무 쉽게 받아들이고 너무 편하게 다가간다고 생각하지 않는가?

발람은 누구의 편인가?

이상한 예언자, 말하는 나귀, 그리고 분노하는 왕

발락이 발람에게 이르되 그대가 어찌 내게 이같이 행하느냐 나의 원수를 저주하라고 그대를 데려왔거늘 그대가 오히려 축복하였도다(민 23:11).

민수기 22~24장은 성경 전체에서 가장 괴상한 이야기를 포함하고 있다. 거기에서는 당나귀가 히브리어를 유창하게 말하고, 예언자보다 더 세세하게 사태를 파악한다. 그 이야기의 중심에는 발람이라는 신비의 인물이 나오는데, 그는 집시와 같은 유목민들과 함께 생활하는 직업적인 주술가였음에 틀림없다. 그는 상당한 명성을 가지고 있었다. 그래서 이스라엘 민족에 의해 위협받고 있던 주변 나라의 왕이 주술로 신들을 그들의 편으로 끌어들이기 위해 그를 고용할 정도였다.

고용된 예언자

민수기가 그에 대해 다양하게 묘사하고 있지만 발람은 여전히 이해하기 어려운 인물이다. 하나님은 발람을 선택해 일곱 번이나 직접 말씀하셨다. 그러나 그는 명성과 멋진 선물에 이끌려 하나님의 뜻과는 다른 예언을 준비했다. 심지어 그의 나귀조차 입을 열어 그를 비난하지 않을 수 없었다(이것은 성경에서 유일하게 동물이 말하는 부분이다). 나귀가 아니었더라면 발람은 그 자리에서 죽고 말았을 것이라고 천사는 나귀를 칭찬했다.

결국 발람은 이스라엘을 저주하기 위해 마련된 엄숙한 자리에 나타났다. 그러나 그는 "하나님이 저주하지 않으신 자를 내가 어찌 저주하며"(민 23:8)라고 반문하면서 오히려 이스라엘 민족을 축복했고 그들의 대적을 저주했다. 그는 이처럼 네 번에 걸쳐 자신을 고용한 발락이 듣기 원했던 것과는 정반대의 이상한 예언을 했다. 그의 위엄 있는 예언은 이런 상황에서 더욱 빛을 발했다. 발람은 마술사에서 기골이 있는 예언자로 변하면서 더욱 대담해진 것 같았다.

예언자 아니면 반역자?

민수기 22~24장은 발람의 태도가 명백히 변했다는 것을 기술하고 있다. 그러나 그에게 일어난 변화는 유감스럽게도 일시적인 것에 불과했다. 민수기 31장 8절을 보면, 발람은 결국 이스라엘의 습격을 받아 피살되고 만다. 우리는 베드로후서 2장 15절, 유다서 11장, 그리고 요한계시록 2장 14절의 노골적인 비난으로 미루어 그가 즉시 배반의 길로 되돌아갔음을 알 수 있다. 이스라엘의 하나님은 자신의 뜻대로 할 수 없음을 알고 난 발람은 이스라엘 민족을 조종할 수 있다고 생각해 다른 민족들이 이스라엘 백성들을 성적으로 유혹하고 거짓 우상에게 경배하도록 했다. 그의 이런 행동으로 말미암아 24,000명의 사람들이 죽었다(민 25:9).

어떤 이들은 발람을 구약의 유다(예수를 판 제자)라고 부르는데, 그런 비유도 가능한 것 같다. 이들 두 사람은 매우 쉽게 진리를 깨달을 수 있는 여건에 있었으며, 주위 사람들에게는 진실하고 신실한 것처럼 여겨졌다. 그들은 얼마 동안은 진정으로 하나님을 섬기는 것 같았다. 그러나 야망과 탐욕으로 말미암아 그들은 하나님과의 관계를 끊었으며, 그를 대적했고, 결국 비극적인 최후를 맞이했다.

대전쟁의 일부

성경의 일곱 책에서 발람에 대해 언급하고 있다. 그의 이야기가 이처럼 중요하게 다루어지고 있는 것은 이 사건이 이교도 문화에 대한 이스라엘 민족의 관계와 관련된 매우 중요한 사건이기 때문이다. 이스라엘 민족이 막 들어가려고 하는 이교도의 땅은 주술과 마술이 국가적으로 권장되는 곳이었다. 그래서 하나님은 아이러니하게도 마술사이며 이교도인 사람을 대변인으로 삼아 그를 통해 그들의 민족과 그들의 거짓 신을 꾸짖으셨다.

묵상

당신 스스로는 마음이 내키지 않았지만 하나님께 쓰임을 받은 적이 있는가?

신명기

서론
개인적인 탄원

사랑했던 사람들과의 마지막 기회

그러나 네가 거기서 네 하나님 여호와를 찾게 되리니 만일 마음을 다하고 뜻을 다하여 그를 찾으면 만나리라(신 4:29).

정치가들은 종종 이런 충고를 듣는다. "만일 당신이 연설을 하려고 한다면 당신은 청중의 각 사람과 개인적인 이야기를 하는 것처럼 해야 합니다." 신명기에서 모세가 한 연설을 제외한다면 프랭클린 루스벨트가 이것을 가장 잘 실행한 사람일 것이다.

1932년 루스벨트가 미합중국의 대통령이 되었을 때 그는 남북전쟁 이래의 가장 커다란 국가적 위기에 직면했다. 대공황을 맞이해 1,500만 명의 사람들이 실직 상태에 있었으며, 200만 명의 사람들이 집도 없이 일자리와 먹을 것을 찾아 나라 곳곳을 유랑하고 있었다. 그리고 한편으로 유럽에서는 전쟁이 발발하려 하고 있었다.

노변정담

루스벨트는 이와 같은 침체된 분위기를 반전시키기 위해 새로운 무기인 라디오로 눈을 돌렸다. 대통령 취임 첫 주에 그는 노변정담과 같은 연설을 했으며, 그러한 연설을 계속함으로써 어려운 시기에 국가를 이끌어 나갔다.

신명기는 위대한 지도자인 모세가 이스라엘 민족에게 노변정담과 같이 따뜻하고 친밀한 어조로 나눈 이야기를 담고 있다. 그 역시 위기의 시대에 국가를 이끌었으며, 그의 인생 말년에 할 이야기가 많았다. 이것은 모세의 국정연설이자, 개인적인 자서전이며, 모든 것이 함축된 눈물 나는 유언이다.

임종 시의 유언

분량에 있어서나, 사람을 감동시키는 힘에 있어서 성경에서 이 연설과 비견할 만한 것은 없다. 모세는 격정적으로 같은 말을 반복하기도 하고, 때로 심한 말을 하기도 하지만, 근본적으로는 부모처럼 애지중지하는 이스라엘 민족에 대한 근심과 사랑을 표현하고 있다. 하지만 그의 연설의 기저에는 슬픔이 깔려 있다. 모세는 자신이 가나안 입성에 참가하지 못한다는 것을 알고 있었다. 하나님이 그에게 그 이전에 죽을 것이라는 사실을 알려 주셨기 때문이다. 출애굽 시절의 모세는 성질이 급하고 말하기를 싫어한 사람이었다. 그러나 40년의 세월을 거치면서 그가 얼마나 달라졌는지를 우리는 신명기에 나타난 그의 진솔하고 유창한 말솜씨에서 엿볼 수 있다.

모세는 이후의 선택에 따라 이스라엘 민족의 모든 역사가 결정된다는 것을 마음속 깊이 느끼고 있었다. 요단 강둑에 서 있는 이스라엘 민족은 이제 막 약속의 땅에 들어가려 하고 있었고, 생애 중 가장 중대한 시험을 거치게 되어 있었다. 그들은 새로운 땅에서 어떻게 대처할 것인가? 하나님과의 언약을 지키게 될 것인가? 아니면 주변의 나라에서 쉽게 접할 수 있는 쾌락 때문에 그것을 저버리게 될 것인가?

광야에서 자란 이스라엘의 2세대들은 감각적 쾌락이나 이방종교, 사치스러운 부유함 등 다른 문화의 유혹에 대해서는 거의 아는 바가 없었다. 문명과는 동떨어진 곳에서 거의 고립된 상태로 살던 그들이 이제 막 유혹으로 가득 찬 땅으로 들어가려 하고 있었다.

세 번의 연설

1~3장에서 모세가 한 첫 번째 연설은 하나님이 이스라엘 민족을 어떻게 다스리셨는지에 대한 이야기를 다시 반복하고 있다. 모세는 애굽의 관개제도, 갑작스런 출발, 독사와 전갈이 있는 무서운 사막, 그리고 하나님의 놀라운 기적들과 같은 상세한 부분을 언급하면서 자신이 목격한 이스라엘의 역사를 회상한다. 마치 그가 죽은 후 어떤 것을 기억해야 할 것인지를 자녀들에게 이야기하는 나이 많은 아버지처럼 그는 개인적인 회상으로 그 이야기를 가득 채우고 있다.

4~26장에 나오는 가장 긴 연설은 이스라엘 민족이 준수하기로 동의했던 도덕적인 시민으로서의 규율에 대해 언급한다. 여기에도 개인적인 어조가 배어 있다. 모세는 교과서처럼 율법을 나열하지 않았다. 대신 율법을 논의하고, 강조하며, 설교했다. 그는 율법과 함께 그 안에 잊을 수 없었던 불복의 교훈과 개인적인 분노를 포함시키고 있다.

27~33장은 죽음을 앞두고 있는 노인의 작별인사로, 모세는 여기서 마지막으로 요점을 말하고 있다. 그는 이스라엘 민족 앞에 놓인 선택을 가능한 한 명백히 표현하려 했다. 그들이 미래를 선택하게 될 때는 아마도 모세가 세상을 떠난 다음일 것이다. 따라서 그들의 운명은 그들 자신의 손에 달려 있었다.

본론

더 강하고, 더 부유하고, 더 지혜롭게

선한 사람에게는 좋은 일만 일어나는가?

또 네 소와 양이 번성하며 네 은금이 증식되며 네 소유가 다 풍부하게 될 때에 네 마음이 교만하여 네 하나님 여호와를 잊어버릴까 염려하노라 여호와는 너를 애굽 땅 종 되었던 집에서 이끌어 내시고(신 8:13-14).

그리스도인도 교통사고를 당하는가? 그들도 암에 걸리는가? 그들도 직장에서 해고를 당하는가? 위의 세 가지 질문에 대한 답은 모두 명백하게 "그렇다"이다. 그러나 그처럼 대답을 한다면 일부 초신자들은 크게 혼란스러워할 것이다. 성경은 하나님이 그를 따르는 자를 돌보아 주시고 보호해 주신다고 약속하지 않았는가? 어떻게 그런 나쁜 일이 일어날 수 있는가?

그런 질문을 받고 당혹해하는 사람들은 종종 하나님이 이스라엘 민족에게 명백히 성공과 보호를 약속하신 구약을 인용한다. 모세는 하나님의 약속을 신명기에서 낱낱이 설명했다. 이스라엘 여자들은 아이를 많이 낳게 될 것이고, 모든 곡식과 포도, 올리브나무의 열매가 풍부하게 생산될 것이다. 그리고 소와 양은 늘어나게 될 것이다. 심지어 모세는 "여호와께서 또 모든 질병을 네게서 멀리"(신 7:15) 하실 것이라는 특별한 약속까지 덧붙였다.

특전

하나님은 이스라엘 민족이 이 특전을 받기 위해서는 단 한 가지 일을 해야 한다고 요구하셨다. 그것은 출애굽기에서 성립된 언약의 동의를 따르는 것이었다. "이 언약은 여호와께서 우리 조상들과 세우신 것이 아니요 오늘 여기 살아 있는 우리 곧 우리와 세우신 것이라"(신 5:3)고 신명기는 이 언약을 반복하고 있다.

하나님은 40년간 시내 광야를 헤맸던 무리와 독특한 언약을 맺고 계셨다. 모세는 그 언약에 대해 필히 이야기해야만 했다. "하늘 이 끝에서 저 끝까지 이런 큰 일이 있었느냐 이런 일을 들은 적이 있었느냐 어떤 신이 … 한 민족을 다른 민족에게서 인도하여 낸 일이 있느냐 이는 다 너희의 하나님 여호와께서 애굽에서 너희를 위하여 너희의 목전에서 행하신 일이라"(신 4:32, 34). 모세는 이스라엘 민족이 언약을 지키기만 한다면 하나님의 복을 받게 될 것이라고 확신했다. 그러나 모세가 여기에서 '한다면' 이라는, 짧지만 아주 중요한 말을 강조하고 있는 것으로 보아 그의 의심과 근심의 실마리가 책 전체에 흐르고 있음을 알 수 있다. 이스라엘 민족이 언약의 말씀을 잘 지킬 것인가? 그들이 순종할 것인가?

성공에 따르는 위험

모세는 사막의 혹독함보다 이스라엘이 번영하게 되는 것을 더 두려워한 것 같다. 왜냐하면 그가 8장에서 그러한 위험성에 대해 말하고 있기 때문이다. 강과 과실나무, 그리고 여러 자원들이 풍부한 약속의 땅에서 이스라엘 민족은 쉽게 하나님을 잊게 될 것이고, 그러면 그들의 성공을 자신들의 노력 때문이라고 생각할 게 분명했다. 그래서 모세는 계속해서 "기억하라"고 강조했다. 애굽에서 노예생활을 하던 때와 하나님이 너희를 구출하신 것을 기억하라. 넓고 황량한 광야에서 겪은 시련과 그곳에서 하나님이 행하신 신실하심에 대해 기억하라. 하나님의 특별한 보화로 너희를 구별하여 부르셨음을 기억하라. 번영한 민족이 된다 해도 시내 광야에서 망명자였을 때 깨달은 것을 잊지 마라.

하나님은 준엄한 어조로 예언하셨다. "내가 그들의 조상들에게 맹세한 바 젖과 꿀이 흐르는 땅으로 그들을 인도하여 들인 후에 그들이 먹어 배부르고 살찌면 돌이켜 다른 신들을 섬기며 나를 멸시하여 내 언약을 어기리니"(신 31:20). 신명기 이후의 책들이 기록하는 바와 같이 하나님과 모세가 걱정했던 것은 현실로 나타났다. 언약은 회복될 수 없을 정도로 파괴되었다. 이스라엘 민족은 번영과 행복을 구가한 것이 아니라 결국 노예 상태와 고통의 나락으로 떨어지게 되었다.

오늘날 우리를 위한 메시지

신명기는 이스라엘 민족이라는 특수한 민족에게 주어진 특수한 언약, 즉 하나님이 파기되리라고 예언하셨던 언약 관계를 강조하고 있다. 그 공식은 간단하다. "선한 일을 하면 복을 받고, 악한 일을 하면 벌을 받게 된다." 히브리서 11장에 보면 예수의 제자들은 그에게 충성을 다했지만, 그들 중 대부분은 가난과 박해 속에 살다가 순교자로 죽었다. 그들에게 약속된 완전한 보상은 하늘나라에서 살 때까지 유예되었다.

'하나님은 왜 그를 따르는 자를 삶의 모든 고통으로부터 면제시켜 주시지 않는가?' 하는 의문에 신명기는 우리에게 아주 중요한 단서를 제공해 준다. 그것은 아이러니하게도 인간은 번영하면 할수록 하나님께 의지하기가 더욱 어렵게 된다는 것이다. 모세의 걱정과 같이 이스라엘 민족은 약속의 땅에서 번영을 누리게 되자 하나님께 덜 신실해졌다. 적어도 광야에서는 매일의 생존을 위해서라도 하나님께 의지해야만 했던 그들이 가나안에서는 얼마 지나지 않아 하나님을 잊어 버렸다. 이것은 원하는 것을 모두 얻고 난 후에 빠질 수 있는 최대의 위험이었다.

묵상 당신이 하나님을 가장 많이 생각하는 때는 언제인가? 일이 잘되어 갈 때인가? 곤란을 겪을 때인가?

누가 법을 필요로 하는가?

이 율법은 사랑을 요구한다

내가 네게 명령하는 이 모든 말을 너는 듣고 지키라 네 하나님 여호와의 목전에 선과 의를 행하면 너와 네 후손에게 영구히 복이 있으리라(신 12:28).

신명기는 출애굽기, 레위기 및 민수기에서 나온 많은 율법들을 문자 그대로 반복하고 있다. 그러나 그렇다고 해서 신명기를 단순한 율법서로 볼 수는 없다. 왜냐하면 이 책에는 사랑의 정신이라는 색다른 특징이 포함되어 있기 때문이다. 신명기의 규칙들은, 자동차 정비교본 같은 것이라기보다는 "어떻게 하면 성공적인 가정을 꾸릴 것인가?"라는 내용을 다루는 지도서와 같다. 자동차를 잘 관리하기 위해서는 그것에 필요한 규칙만을 따르면 된다. 그러나 친밀한 관계를 유지하기 위해서는 더 필요한 것이 있는데, 그것은 바로 사랑이다.

무엇이 신명기를 독특하게 만드는가?

신명기는 동기를 강조한다. 왜 사람들은 율법을 따라야 하는가? 앞선 세 책은 이스라엘 민족에 대한 하나님의 사랑을 거의 언급하지 않았지만, 신명기는 그것에 대해 반복해서 언급하고 있다(신 4:37; 7:8; 10:15; 23:5). 기자는 그의 자식들과 함께 하는 아버지, 그들을 낳아 준 어머니, 또 어린 새끼 위에서 떠도는 독수리로 하나님을 묘사한다.

다시 말해서 하나님은 의무가 아니라 사랑에 기초한 순종을 원하신다는 것이다. 신명기에서 모세는 적어도 15회 이상 이스라엘 민족이 하나님을 사랑하고 그에게 의지할 것을 이야기하고 있다. 하나님은 외적인 확인을 원하시는 것이 아니라 마음으로부터 우러나오는 순종을 원하신다[후에 구약을 요약하면서 예수님은 신명기의 첫째 계명이자 가장 위대한 계명인 "너는 마음을 다하고 성품을 다하고 힘을 다하여 네 하나님 여호와를 사랑하라"(마 22:37; 신 6:5)를 인용하셨다].

금지명령의 재진술

신명기는 또한 율법이 왜 필요한지에 대해 알려 주고 있다. 모세는 직접 그 원리를 진술했다. "여호와께서 우리에게 이 모든 규례를 지키라 명령하셨으니 이는 우리가 우리 하나님 여호와를 경외하여 항상 복을 누리게 하기 위하심이며 또 여호와께서 우리를 오늘과 같이 살게 하려 하심이라"(신 6:24). 다른 말로 표현하면 율법은 이스라엘 자신의 이익을 위해 주어졌던 것이다.

십계명은 대부분 "너는 하지 말지어다"라는 금지의 형태로 주어졌다. 그러나 이들 금지명령은 두 사람 사이의, 또는 한 사람과 하나님 사이의 관계에 존재하는 특권을 보호하고 있다. 예를 들어 "살인하지 말라"는 명령은 "인간의 생명은 성스러운 것이므로 중대한 가치를 지닌다. 따라서 하나님의 형상을 따라 지어진 생명을 존중하고 그것을 보호하라"는 말로 재진술할 수 있다. 다른 계명들은 결혼, 사유재산, 정직함, 하나님을 예배하기 위해 구별된 시간들을 보호하고 있다.

절대 잊지 마라

모세는 더할 나위없이 율법을 강조했다. 그는 "오늘 내가 네게 명하는 이 말씀을 너는 마음에 새기고 네 자녀에게 부지런히 가르치며 집에 앉았을 때에든지 길을 갈 때에든지 누웠 있을 때에든지 일어날 때에든지 이 말씀을 강론할 것이며"(신 6:6-7)라고 말했다.

모세는 이스라엘 백성이 율법을 잊어버리지 않기를 바랐다. 그래서 그는 제사장들에게 7년마다 율법을 모든 백성 앞에서 읽으라고 당부했다(신 31:9-13). 이스라엘의 왕이라면 누구나 율법서를 필사하는 일을 첫 번째로 해야 했다(신 17:18-19).

기념물은 시각적으로 이스라엘 민족의 마음에 율법을 새기도록 도와주었다. 제사장들은 석고로 덮힌 돌판 위에 굵직한 글씨로 율법을 기록했다. 이스라엘 부족들이 요단 강을 건너 새로운 땅으로 행진할 때에 그들은 글씨가 쓰인 돌판 사이를 지났다(신 27:1-8).

이스라엘의 어떤 사람도 하나님이 그들에게 요구하시는 것이 무엇인지 모른다고 변명할 수 없도록 하나님의 율법이 돌판에 새겨졌다. 그러나 역사가 증명하는 것처럼 이스라엘 민족은 율법을 잘 따르지 않았다.

묵상

신명기 5장에 나와 있는 십계명을 잘 읽어 보라. 우리에게도 도움이 되는 점이 있는가? 그것은 어떤 권리를 보호하고 있는가?

파멸의 악취

한 사람만 빼고는 전부 어렸다

네가 모든 것이 풍족하여도 기쁨과 즐거운 마음으로 네 하나님 여호와를 섬기지 아니함으로 말미암아 네가 주리고 목마르고 헐벗고 모든 것이 부족한 중에서 여호와께서 보내사 너를 치게 하실 적군을 섬기게 될 것이니 (신 28:47-48).

오래된 습관은 고치기 어렵다. 그래서 신명기는 그 교훈을 강조하고 있다. 빌 마이너는 1901년 33년 동안 복역했던 샌 퀀틴 교도소를 나왔다. 그것은 그의 세 번째 복역이었다. 전의 두 번째 복역생활 후에도 그가 자유로운 생활을 누린 것은 얼마 되지 않았다.

마이너는 서부의 전설적인 인물로 열여섯 살 때 처음으로 역마차를 털었다. 그는 수많은 서부극에서 들을 수 있는 "손들어!"라는 말을 최초로 사용한 사람이기도 했다. 웰즈 화고(Wells Fargo. 미국 서부 시대의 유일한 역마차 회사 – 편집자 주) 승객들은 그를 신사 강도라고 불렀는데, 그것은 그가 아무도 쏘지 않고, 경칭을 사용하며 예의 바르게 말했기 때문이다. 58세의 나이로 교도소를 나온 빌 마이너의 긴 머리카락은 어느새 회색으로 변해 있었고, 지난날 함께했던 그의 친구들은 대부분 죽거나 어디론가 사라져버렸다. 게다가 20세기라는 새로운 시대가 시작돼 이제 그는 새로운 인생을 살아야만 했다. 그가 강도질할 역마차는 사라져버렸고, 웰즈 화고는 그들의 말들을 처분했으며, 그가 전혀 보지 못한 새로운 운송수단인 증기기차에 투자하고 있었다.

파멸의 암시

마이너는 출감 후 여러 직업을 다 가져봤지만 대부분의 일거리는 전직 역마차 강도였던 그에게는 품위가 떨어지고 지루한 것들이었다. 제 버릇 개 주지 못한다고나 할까? 어느 날 오후 시애틀의 싸구려 극장에서 〈위대한 열차강도〉라는 영화를 보고 그는 자신이 해야 할 새로운 일거리를 발견하게 되었다. 아니, 약간의 방향 전환을 했다고나 할까? 신사 강도였던 그가 60세의 나이에 회색 여우가 된 것이다. 그는 선구자답게 여섯 번 이상의 열차 강도질을 했으며, 마침내 브리티시 컬럼비아에서 추격하던 마운티스의 총에 쓰러지고 말았다.

빌 마이너에게는 세 번이나 새 출발을 할 기회가 있었다. 심지어 세 번째 출감 후에는 그를 전직 강도로 알아보는 사람도 없어 그 어느 때보다 새 출발하기에 좋았다. 그러나 그는 또 다시 친숙한 범죄의 길로 되돌아갔다. 그의 인생은 파멸의 악취를 풍기고 있었다.

신명기의 마지막 장은 여러 해가 흘러 자유를 맛보게 된 빌 마이너나 다른 죄수가 만나게 되는 상황과 유사한 상황을 맞게 되는 이스라엘 민족을 보여 준다. 시내 광야에서의 40년은 복역 혹은 집행유예 기간과 비슷했을 것이다. 그 후에 오랫동안 기다리던 자유의 날이 도래했다.

모세 한 사람만 빼고는 이스라엘 진영의 모든 사람이 어렸다. 그는 과거를 기쁨으로 되돌아보며 앞으로 닥칠 죽음을 예견하면서 백성들에게 호소하고 있었다. 그는 그의 백성을 너무도 잘 알았기 때문에 약속의 땅에 간다고 해서 그들의 고질적인 습관이 바뀌리라고는 생각하지 않았다.

최후의 연주

40년간 모세는 각양각색의 부족들을 이끌어야 했다. 그는 그들의 불평을 들었으며, 그들의 험담을 참아냈고, 폭동을 이겨냈다. 이제 그는 그들의 습관을 반복하지 말라고 경고할 마지막 기회를 맞게 되었다.

신명기의 마지막 장을 읽는다면 모세의 말에서 운명론적 비애를 느낄 수 있을 것이다. 이스라엘 민족이 순종을 실천하는 생활을 하는 것은 빌 마이너가 은행가가 되는 것과 마찬가지로 어려운 일이었다. 그들은 너무 자주 실패했다. 그리고 또 다시 실패할지도 모른다. 그래서 그는 악기의 현을 가다듬었다. 그리고는 그들의 기억 속에서 영원히 떠나지 않을 극적이고도 명백한 교훈을 관현악으로 작곡했다. 여호수아 8장 30~35절에서 나오는 것과 같이 그것은 모세의 사후에 실현되었다.

모든 지파의 대표들이 작은 계곡을 사이에 끼고 있는 두 산봉우리로 올랐다. 확성기의 역할을 한다고 할 수 있는 이 대표들이 이스라엘 민족에 대한 저주와 축복을 크게 낭독했다(11:26-32, 27-28). 이스라엘 민족이 새로운 땅으로 행진할 때에 그들의 귀는 놀라운 축복과 무시무시한 저주의 불협화음을 듣게 되었다.

미래의 공포

모세는 유대 족속의 미래를 황량하게 요약했다. 그가 말한 대로 그들은 "네 마음을 떨게 하고 눈을 쇠하게 하고 정신을 산란하게 하시리니 네 생명이 위험에 처하고 주야로 두려워하며 네 생명을 확신할 수 없을 것이라 네 마음의 두려움과 눈이 보는 것으로 말미암아 아침에는 이르기를 아하 저녁이 되었으면 좋겠다 할 것이요 저녁에는 이르기를 아하 아침이 되었으면 좋겠다 하리라"(신 28:65-67) 하는 상태를 겪게 될 것이다. 그들의 장래에 대한 그의 묘사는 그들의 공포에 비긴다면 약과였다.

이 메시지를 받지 못할 경우를 대비해서 모세는 하나님이 그에게 주신 노래를 이스라엘 민족에게 가르쳤다(신 32장). 그는 국가와 같이 모든 사람이 그것을 암송하게 했으며, 가나안으로 행진해갈 때 그것을 부르게 했다. 그것은 사실상 위로나 희망의 말을 포함하고 있지 않으며, 파멸의 말만을 포함하고 있다.

모세는 약속의 땅이라 할지라도 하나님께 불순종하는 그들 백성의 고질적인 습관을 바꾸지는 못할 것을 알고 있었다. 그들은 광야에서 실패한 것과 같이 약속의 땅에서도 실패할 것이었다. 그는 백성에게 이 말로 고별인사를 결론지었다. "이는 너희에게 헛된 일이 아니라 너희의 생명이니"(신 32:47). 그리고 바로 그날 그는 죽음을 맞기 위해 산으로 올라갔다. 바로 그 자신의 불순종 때문에 그는 가나안 땅으로 건너가는 것을 하나님께 허락받지 못했던 것이다.

이 슬픈 마지막 장면은 모든 사람에게 강력한 인상을 심어 주었다. 여호와께서 대면하여 아시던(신 34:10) 모세라 할지라도 하나님께 대적한 불순종의 책임을 면할 수는 없었던 것이다.

묵상

왜 성경이 이와 같은 실패의 내용을 담고 있다고 생각하는가? 반복된 실패를 경험해 본 적이 있는가? 반복되는 죄나 문제를 경험한 적이 있는가?

Part 2

역사서

여호수아

사사기

룻기

사무엘상 | 사무엘하

열왕기상 | 열왕기하

역대상 | 역대하

에스라

느헤미야

에스더

여호수아

서론

사십 년의 차이

그들은 새로운 희망으로 극심한 열세를 극복했다

두려워하지 말며 놀라지 말라 네가 어디로 가든지 네 하나님 여호와가 너와 함께 하느니라 하시니라(수 1:9).

표면적으로는 40년간 그들이 변한 것은 거의 없어 보였다. 요단 강가에 모여 있는 피난민의 무리는 40년 전과 비슷한 오합지졸이었다. 그들은 크게 한번 혼이 난 적이 있었으며, 다시 한번 그렇게 되지 않을까 하는 두려움으로 가득 차 있었다.

이스라엘 민족은 그 땅의 부족민에 비해 여러 가지로 열세에 처해 있었다. 그들은 전차도 없었으며, 말도 가지고 있지 않았다. 그들이 가진 것이라고는 다만 원시적인 무기와 아직 지도력이 검증되지 않은 미심쩍은 새로운 지도자, 그리고 지루한 행진을 하라는 하나님으로부터 받은 명령뿐이었다.

새로운 정신, 새로운 지도자

그러나 다른 측면에서는 모든 것이 바뀌었다고 할 수 있다. 전설적인 두 전사, 여호수아와 갈렙을 제외하고는 모든 구세대, 즉 겁이 많고 노예근성을 가진 늙은 이스라엘 백성들은 모두 광야에서 죽음을 맞이했다. 신세대는 무엇이건 간에 하나님을 신뢰하기로 결정했다. 민수기에 나타난 구세대 정탐군과는 완전히 대조적으로 여호수아의 신세대 정탐군들은 "진실로 여호와께서 그 온 땅을 우리 손에 주셨으므로 그 땅의 모든 주민이 우리 앞에서 간담이 녹더이다"(수 2:24)라는 보고를 했다.

여호수아서에서는 백성들이 지도자에 대한 반란이나, 하나님에 대한 불평을 한마디도 하고 있지 않다. 이는 민수기에 나타난 실망스런 톤이나 신명기에서 관찰되는 숙명론을 극복하고 새롭게 변신한 이스라엘의 모습을 보여 주는 진정한 복음서이다. 표면적으로는 달라진 것 같지 않지만 40년의 차이는 얼마나 큰가?

새로 지명된 이스라엘 민족의 지도자로서, 여호수아는 두 가지 주된 임무를 맡고 있었다. 첫째로, 그는 하나님이 약속하신 땅을 정복하기 위한 전쟁을 지휘해야 했으며 둘째로, 모든 족속에게 땅을 골고루 나눠 주어야 했다.

지시를 따를 것을 배움

이스라엘 민족은 가나안에서 단 한번 하나님의 지시를 온전히 따랐다. 그리고 그렇게 함으로써 그들의 신앙은 새로운 차원에 도달하게 되었다. 여리고 성의 백성들은 겁에 질린 채 이스라엘 민족의 맹공격을 기다리면서 돌성벽 뒤에 은신하고 있었다. 그러나 이스라엘 민족은 가나안에서의 첫 주일을 어떻게 보냈던가? 그들은 하나님께 돌제단을 쌓고, 할례 의식을 행하며, 유월절 의식을 치뤘다. 그런 방식으로 승리를 쟁취한 군대는 아마 어디에서도 찾아볼 수 없을 것이다.

여호수아서는 하나님이 실제로 의미하신 뜻이 무엇인지를 담아내기 위해 모든 것을 정선한 것처럼 보인다. 여호수아서의 전체 24장은 약 7년에 걸친 기간을 다루고 있는데, 치열한 전쟁에 관해서는 단지 몇 줄만을 할애할 뿐이다(수 10-11장). 이 책의 주요 강조점은, 여리고 성의 정복과 같이 비교적 자세하게 다루어진 사건에서조차 이스라엘 민족은 군사력이 아니라 하나님을 의지할 때 승리한다는 것이다. 이 책은 또한 이스라엘이 하나님의 뜻을 따르지 않을 때 어떤 일이 일어나는지를 몇 개의 부정적인 이야기(아이 성의 전투나 기브온 족속의 속임수 같은)를 통해 보여 주고 있다.

희망의 책

성경은 역사를, 역사 그 자체를 위해서보다는 실제적이며 영적인 교훈을 전하기 위해서 서술한다. 하나님의 인도하심에 힘입어 이스라엘 민족은 전대미문의 성공을 거두었다. 실제로 여호수아서는 "여호와께서 이스라엘 족속에게 말씀하신 선한 말씀이 하나도 남음이 없이 다 응하였더라"(수 21:45)고 결론짓는다.

여호수아서는 신선한 희망을 안겨 준다. 찬송가와 영가의 작사가들은 신대륙(북미)에서 최초의 몇 년간 하나님의 백성들을 사로잡았던 비전을 다시금 품기 위해 여호수아서를 자주 인용했다. 사람들이 하나님을 따른다는 것은 가능하며, 여호수아서는 그 방법을 보여 준다고 하겠다.

본론
전쟁은 언제나 성스러운가?

왜 하나님은 무자비한 전쟁을 명령하셨는가?

여호와께서 여호수아에게 이르시되 그들로 말미암아 두려워하지 말라 내일 이맘때에 내가 그들을 이스라엘 앞에 넘겨 주어 몰살시키리니 너는 그들의 말 뒷발의 힘줄을 끊고 그들의 병거를 불사르라 하시니라(수 11:6).

아이러니하게도 성전(聖戰, 거룩한 전쟁)이란 용어는 가장 사악하고 무자비한 전쟁에 적용되어 왔다. 그리고 그리스도인들은 곧잘 그러한 성전을 일으켰다. 성전에는 비합리적이며, 더 나아가서는 혐오감을 일으키는 그 무엇인가가 있다. 가장 숭고한 종교적 열정을, 인간 심성을 만족시키기 위한 가장 추악한 도구로 사용하는 것이다. 하지만 누구도 구약의 성전을 무시하면서 성경을 읽을 수는 없다. 많은 책이 그 문제를 주제로 다루었으나 짧은 글로는 이 문제의 변죽을 울리기에도 역부족이다.

이스라엘 민족에게 약속된 땅

이스라엘 민족의 전투 방식은 그 당시 잔인했던 전쟁의 양상을 따르고 있다. 동시대의 애굽과 앗수르에서 발견된 고문서는 대량 살상, 고문 및 도시의 처절한 유린들에 대해 기록하고 있다. 하나님은 왜 이런 잔인한 전쟁에 개입하셨는가? 왜 그는 가나안 일곱 민족을 하나의 생존자도 남김 없이 멸하라고 명령하셨는가?

구약은 가나안 족속을 몰아내려 한 것이 갑작스런 변덕에 의해 이루어진 일이 아님을 명백히 밝히고 있다. 하나님은 여호수아보다 400년 전에 이스라엘 민족에게 그 땅을 약속하셨다. 그는 아브라함을 부르시고 선택받은 사람들을 위한 나라를 이루게 하셨다. 그는 그 약속을 자주 되풀이하셨으며(창 12:1-3; 15:15-18; 17:2-8; 26:3, 23-24; 28:13-14), 약속된 땅을 정복하도록 애굽에서 마침내 이스라엘 민족을 부르셨다. 태초부터 가나안은 하나님의 계획의 중요한 부분을 이루고 있었다.

오래 참은 징계

그러나 이스라엘 민족이 이 땅을 차지한다는 것은 가나안 민족이 축출되어야 한다는 것을 의미했다. 어떻게 죄 없는 사람들을 가차없이 축출하거나 죽일 수 있는가? 이 질문에 대한 대답으로 성경은 가나안 사람들이 '무죄'하지 않다는 점을 밝히고 있다. 오랜 세월에 걸쳐 지어 온 그들의 죄악으로 인해 그들은 그 땅에 대한 권리를 상실한 것이었다.

여호수아가 가나안을 정복하기 400년 전에 하나님은 아브라함의 자손들에게 가나안 주민들의 죄악이 아직 관영치 아니함으로 땅을 차지할 수 없을 것이라고 말씀하셨다(창 15:16). 후에 여호수아의 전투가 개시되기 바로 전에 모세는 다음과 같이 말했다. "네가 가서 그 땅을 차지함은 네 공의로 말미암음도 아니며 네 마음이 정직함으로 말미암음도 아니요 이 민족들이 악함으로 말미암아 여호와께서 그들을 네 앞에서 쫓아내심이라"(신 9:5).

역사가들은 이들의 이러한 사악함을 증명하는 증거를 많이 찾아냈다. 가나안 사원들은 창녀를 두었으며, 성적으로 문란했고, 심지어는 사람을 제물로 바치는 일도 저질렀다. 확대된 성기를 나타내는 유적과 장식들이 발굴되는 것을 보면 가나안인들의 도덕적 수준을 짐작할 수 있다.

바알과 그의 아내 아나스와 같은 가나안의 우상들은 대량 학살과 가학적인 행위를 즐기는 신들이었다. 고고학자들은 바알에게 바쳐진 어린이들의 작은 뼈를 담은 항아리를 무수히 발견했다. 새로운 집에 이사하는 가족들은 "집들이 희생"이라는 의식을 치렀으며, 자녀 중 하나를 죽여 회반죽 속에 그 몸을 섞어 벽에 바르기까지 했다. 여러 면에서 가나안은 소돔과 고모라처럼 죄악이 넘치는 도시였다.

성경은 하나님이 이 도시의 죄악상을 얼마까지는 참으셨지만 마침내 심판을 내리기로 결정하셨다고 기록하고 있다. 하나님은 소돔과 고모라에 불과 유황의 형태로 심판을 내리셨다. 가나안에는 여호수아가 이끄는 정복의 형태를 통해 심판을 내리셨다. 후에 하나님은 그의 선택된 백성들이 죄를 짓자 침략자들이 그들을 괴롭히도록 내버려 두셨다. 가나안에게 내려진 심판이 가혹한 것 같지만, 이것은 후에 이스라엘 민족에게 내려진 심판에 비하면 오히려 가벼운 것이었다.

오염의 문제

이스라엘 민족은 기존의 가나안 족속들 사이에서 단순히 새로운 이웃으로 정착해 살 수는 없었다. 그들은, 모세가 십계명을 받는 동안 금송아지를 만들고 있었던 때부터(출 32장) 외부의 감염에 대해 치명적인 취약함을 드러냈다. 특히 그들은 가나안 민족의 특징이었던 성범죄와 우상숭배에 취약했다.

이스라엘의 후기 역사는 하나님이 가나안 족속을 철저히 멸하라고 명령하신 이유에 대한 간접적인 증거가 될 수 있다. 여호수아에서 "그들을 쫓아내지 못하였다"고 하는 구절은 다가올 문젯거리를 암시해 주며, 그 뒤로 이어지는 사사기에는 이 때문에 일어나는 파괴적인 결과가 이야기되고 있다. 이스라엘 민족은 부정한 요소로 가득 차 있는 땅을 깨끗이 하라는 원래의 명령을 거역했으므로 타락하게 되었다.

또 다른 투쟁

이 시대를 돌이켜 보면 우리는 여호수아의 전투를 민족 간 혹은 종족 간의 투쟁, 즉 이스라엘 민족과 가나안 민족 간의 투쟁으로 볼 수 있다. 그러나 성경은 이를 통해 보다 광범위한 투쟁, 즉 하나님을 따르려는 사람들과 그에 반대하는 사람들 간의 투쟁을 나타내려 했다.

하나님은 어떤 집단을 판단하실 때, 노아 시대나 소돔과 고모라를 심판하실 때처럼 그에게 신실한 자에게는 살 길을 주신다. 여호수아서에서도 유대인이 아닌 라합을 구원하신 이야기가 그러한 예로 등장한다. 라합은 직업적인 창녀였으며, 전형적인 가나안인이었음에도 이스라엘의 하나님을 두려워하고 경배하는 여인이었다. 그래서 그녀는 여리고 성이 정복될 때 살아남았으며, 더욱이 이스라엘의 지도자와 결혼해 장차 오실 메시야인 예수의 조상이 되는 영광을 누렸다.

라합은 여리고 성의 모든 사람이 이스라엘 하나님의 심판을 기다리며 40년간 공포에 떨어왔다고 주장했다(수 2:9-11). 만약 가나안에 있던 다른 사람들도 회개하고 하나님께 돌아왔다면 라합처럼 벌을 면할 수 있었을 것이다.

오늘날의 성전

성전에 대한 개념은 매우 명확하다. 그래서 여호수아서에서 하나님이 특수하게 명령하신 전쟁을 오늘날의 어떤 민족적인 상황에 대입하는 것은 불가능하다. 구약에서 하나님은 특정한 목적을 위해 이스라엘 민족이라는 한 민족에게 주된 관심을 쏟으셨다. 그 민족으로부터 마침내 메시야가 출현했을 때 모든 것의 의미는 달라지게 되었다.

예수님을 따르던 사람은 모두 여호수아에 의해 정복된 약속의 땅에 살고 있었다. 그러나 예수님은 자신이 마지막에 네 번에 걸쳐 부탁하신 바와 같이 그의 제자들이 예루살렘을 벗어나 온 세상에 복음을 전하기를 원하셨다. 그는 정복자로서가 아니라 모든 사람, 모든 종족, 모든 나라에 적용되는 복음을 전하기 위해 가라고 명령하셨다.

성전을 합리화하기 위해 여호수아서를 인용하려는 사람은 먼저 예수 그리스도를 바라봐야 할 것이다. 그는 비폭력적인 방법을 선택하셨으며, 실제로 그 때문에 고통과 죽음을 당하셨다. 신약성경의 어느 구절도 종교적인 전사를 합리화하지는 않는다.

묵상

당신은 그리스도인이 전쟁을 옹호하거나 반대하는 것을 들어 본 적이 있는가?

모세의 역할 대신하기

여호수아는 명령을 내렸을 뿐 아니라 그것들을 잘 따랐다

이스라엘 자손이 그들의 경계를 따라서 기업의 땅 나누기를 마치고 자기들 중에서 눈의 아들 여호수아에게 기업을 주었으니 곧 여호와의 명령대로 여호수아가 요구한 성읍 곧 에브라임 산지 딤낫 세라를 주매(수 19:49-50).

모든 이스라엘 백성처럼 여호수아 역시 비천한 환경에서 자라났다. 그는 애굽에서 노예로 태어났으며, 자유를 찾아 모세를 따라 홍해를 건넜다. 그는 전투 사령관으로 성경에 처음 등장한다. 애굽에서 탈출한 직후에 이스라엘 민족이 새로운 적들을 만났을 때, 모세는 그 첫 전투를 여호수아에게 맡겼다(출 17:8-16).

그리고 한 달 뒤 모세가 하나님을 만나기 위해 시내 산에 올랐을 때, 여호수아는 그를 수행했다. 그는 이스라엘의 장막에서 들려오는 이상한 소리, 즉 이스라엘이 금송아지를 섬기는 소리를 모세에게 처음 보고한 사람이었다(출 32:17). 여호수아는 모세가 신임하는 이인자이자, 모든 중요한 위기에서 그를 섬기는 보좌관이었다. 모세는 그의 이름을 '도움' 또는 '구원'을 의미하는 '호세아'에서 '하나님의 도움'을 의미하는 '여호수아'로 바꿨다.

일인자가 되다

가나안으로 들어가기 직전 모세는 그 땅을 정탐할 12명 중 한 사람으로 여호수아를 지명했다. 함께 간 열 명은 죽음의 공포에 사로잡혀 돌아왔으나 여호수아와 갈렙은 군사적 열세에도 불구하고, 하나님은 이스라엘 민족에게 하신 약속을 지키실 것이라는 믿음을 견지했다.

이 정탐여행으로 여호수아는 지도자 수업을 톡톡히 받았다. 왜냐하면 귀로에 수천 명의 성난 이스라엘 백성들이 그를 돌로 치려 했기 때문이다(민 14장). 그러나 그는 단호한 태도를 견지했다. 그리고 그런 그에게 하나님께서 보상을 해주셨는데, 그것은 애굽을 떠난 모든 이스라엘 민족 중에서 그와 갈렙만이 약속된 땅에 들어갈 수 있다는 것이었다. 모세도 그런 영광을 누리지는 못했다. 모세의 죽음이 가까워 오자 하나님과 모세는 이스라엘의 새로운 지도자로 여호수아를 세웠다. 이인자가 일인자가 되는 순간이었다.

여호수아는 순탄하게 지도자의 지위에 오르게 되었다. 실제로 여러 면에서 여호수아의 삶은 모세의 경우와 견줄 만하다. 요단 강을 건너는 기적은 모세가 홍해를 건넜던 일을 정확하게 반복하고 있다. 모세가 불 타는 가시덤불에서 하나님을 만났다면 여호수아는 하나님의 특별한 대리인인 "여호와의 군대 대장"을 만났으며, 그때에도 모세와 같이 자신의 신을 벗었다.

또한 여호수아는 모세와 똑같이 율법을 돌에 새겼다. 모세는 이스라엘을 위한 항구적인 기록물을 남겼으며, 여호수아는 새로운 땅으로 가는 길목에 기념비를 세웠다(수 8:32). 이 두 지도자는 이스라엘 민족을 위해 하나님께 탄원했다. 그리고 그들은 백성들의 결단을 촉구하려고 역사를 회고했다.

균형 잡힌 지도자

바로의 궁전에서 자란 모세는 여호수아보다는 좋은 교육을 받았음에 틀림없다. 우리는 모세에게서 철학적인 경향을 보는 반면 여호수아에게서는 행동주의자이자 실용주의자인 완벽한 전사의 모습을 본다. 그는 명령을 하는 방법과 받은 명령을 다른 이들에게 다시 내리는 방법을 모두 알았던 특별한 재능을 갖춘 사람이었다.

하지만 성경은 영웅의 결점을 적당히 덮어 버리지 않는다. 우리는 성경이 여호수아가 저질렀던 몇 가지 실수를 가차없이 드러내고 있는 것을 볼 수 있다. 광야에서 있었던 어떤 사건에서 그는 경솔하게 행동했다(민 11:26-30). 그리고 아이 성에서의 첫 번째 전투와 기브온 족속과의 속임수 협상에서도 그는 하나님의 충고를 먼저 구하지 않고 충동적으로 행동했다. 아이 성에서 첫 번째 패배를 당한 이후 그는 그답지 않게 공포에 사로잡혀 하나님의 꾸중을 들었다. "일어나라 어찌하여 이렇게 엎드렸느냐"(수 7:10).

그러나 이러한 몇 가지 사건들만 제외한다면 여호수아의 생애는 신앙과 복종으로 특징지을 수 있다. 여호수아는 군사적 행동의 필요성을 경배 및 언약의 갱신과 어긋나는 것으로 보지 않았다. 또한 이스라엘 백성에게 땅을 나눠 주었을 때에 (이 책의 나머지 절반을 차지하는 상당히 관료적인 측면), 그는 다른 모든 사람이 선택한 후에 자신의 분깃을 고르는 지혜롭고 공평한 방법을 사용했다.

성경은 이 단순한 유산을 다음과 같이 기록한다 "이스라엘이 여호수아가 … 사는 날 동안 여호와를 섬겼더라"(수 24:31). 역사를 통해 우리는 이 말썽 많은 민족사에서 어떻게 이런 일이 가능하게 되었는지를 알 수 있을 것이다.

묵상

목회자, 정치가, 교사와 같은 지도자가 은퇴하면 누수현상이 일어난다. 그러나 여호수아는 모세의 은퇴 후에도 효과적으로 집권하게 되는데, 그 이유는 무엇인가?

사사기

서론
해방전사

이들 '사사'는 그들의 영토를 지키기 위해 무기를 들었다

> 여호와께서 그들을 위하여 사사들을 세우실 때에는 그 사사와 함께 하셨고 그 사사가 사는 날 동안에는 여호와께서 그들을 대적의 손에서 구원하셨으니(삿 2:18).

이 책에 등장하는 '사사'는 오늘날로 치면 게릴라나 해방전사라고 할 수 있다. 이들은 외부 침략자들에 대한 군사적인 전투를 벌인 것으로 유명하다. 모든 군사 지도자들과 마찬가지로 이들은 때로 잘못된 행동을 하기도 했다. 그러나 사사기는 율법적인 문제를 다루는 것이 아니라 자유를 위한 전투를 찬양하는 데 그 목적이 있다.

이스라엘의 사사는 분명히 '정공법'(正攻法)을 따르지는 않았다. 사사 에훗은 은밀한 일로 적장을 만나자고 속인 후 칼을 빼어 그의 배를 찔렀다(삿 3:12-30). 그리고 기드온은 한밤중에 기습공격을 해 승리를 거두었다. 그는 적은 수의 군대를 사용해 나팔과 횃불로 적군을 혼란에 빠뜨린 다음 그들끼리 서로 죽이고 도망가게 했다(삿 7장). 또 삼손은 군대를 한번도 이끈 적이 없는 자로서, 그의 전투 수법은 영리한 비행소년의 못된 장난과도 같았다(삿 14-16장).

우수한 무기를 가진 적군이 평원에 진치고 있을 때에는 이스라엘 민족은 대부분 언덕에 숨어 있었다(전차는 저지대를 누빌 수 있었지만 진흙탕이나 가파른 언덕에서는 거의 무용지물이 되기 때문이다). 소수의 이스라엘 백성들은 매복이나 기습하는 방법을 택했다. 그들은 땅을 지키려고 싸우고 있었으므로 모든 협곡을 잘 알고 있었다. 힘이 없는 이들에게는 특별한 전략이 필요했다.

성경에서 가장 추한 이야기

이스라엘 민족의 초기 군사적 영웅에 대한 이야기는 상상력과 모험들로 가득 차 있다. 그러나 이 책을 읽어 보면 이들 모두가 이 정의에 들어맞는다고 이야기할 수는 없을 것이다. 만약 사사기에서 진정한 영웅만을 찾는다면 사사의 반 정도는 무시해야 할 것이다. 하지만 사사기에서 중요한 것은 사사들의 영웅됨이 아니라 이스라엘에 대한 하나님의 역사하심이다.

사사기의 '영웅'들은 모두 한 가지 면에서 결점을 갖고 있었다. 삼손은 유감스럽게도 여자에 빠진다는 약점을 갖고 있었고, 기드온은 전투에는 이겼지만 그의 민족들에게 우상을 숭배하게 했다. 또 무뢰한이었던 입다는 섬겨야 할 하나님에 대해서 거의 무지했던 것 같다.

이 외에도 '비 영웅적인' 행위는 많다. 기드온의 아들인 아비멜렉은 70명의 이복형제를 죽이고 왕이 되었다. 입다와 기드온은 전쟁 시 자신들을 도와주지 않았다는 이유로 동족인 이스라엘인들을 대량으로 학살했다. 그리고 사사기의 마지막 다섯 장은 안타까운 사건들을 묘사하고 있다. 이 부분이 아마 성경에서 가장 추한 이야기(동성애, 우상숭배, 동족상잔, 도둑질, 강간, 살인 등이 난무하는 이야기)일 것이다. 사사기는 최악의 상황으로 전락한다. 이 책을 다 읽고 나면 왜 이런 내용이 성경에 쓰여 있는지 의문이 생길 것이다.

그러나 모든 이야기에는 이면이 있는 법이다. 탐정소설에는 사건이 미궁에 빠지는 부분이 있다. 하나님과 그의 백성에 관한 이야기에서 사사기가 바로 그런 부분에 해당한다. 영웅은 돌발적으로 등장하지만, 인간성은 끔찍할 정도로 타락해간다.

열심이 사라지면

하나님은, 우리가 사사기에서 보는 것보다는 더 좋은 면을 자신의 백성들에게 바라셨다. 하나님은 애굽에서 종살이하는 이스라엘 민족을 구원하셨으며, 그들을 젖과 꿀이 흐르는 땅으로 인도해 주셨다. 그리고 그들에게 신앙에 기초하는 정부 형태를 허락하셨다. 하나님은 하늘에만 계시는 분이 아니라 자신의 백성들과 더불어 살기를 원하시는 분이다.

이스라엘 민족도 초기에는 어느 정도 열심을 내었다. 그러나 그들은 점점 하나님이 지시하시는 방향으로 가기를 거부하고, 대신 자신들의 이웃이 된 이상한 사람들, 곧 성적 문란함과 아이를 바치는 제사를 통해 우상을 숭배하는 사람들과 어울려 살아가려고 했다.

이스라엘 민족은 산지를 차지했으나 이민족들이 골짜기를 차지해 이스라엘 민족은 서로 분리된 채 살아가게 되었다. 그러다 보니 얼마 지나지 않아 서로 제각기 행동하기 시작했다. 심지어 이들의 뒤를 이은 다음 세대들은 민족적 주체성을 상실해 하나님과 함께 바알도 숭배하게 되었다. 한 아버지에서 나온 12명의 형제의 자손이었지만 이들은 서로 싸우기에 바빴다. 그들은 실질적으로 모든 율법을 범했다. 사사기의 마지막 구절은 이러한 사실을 한 문장으로 요약하고 있다. "사람이 각기 자기의 소견에 옳은 대로 행하였더라." 그러나 실상 그들이 옳다고 생각한 것은 옳지 않은 것들이었다.

그들이 살아남은 비결

사사기는 이민족의 침입이 우연한 것이 아님을 설명하고 있다. 그것은 하나님의 심판에서 비롯된 일이었다. 하나님은 이스라엘 민족이 불복종했기 때문에 그러한 고통을 당하게 하셨다. 이들은 모든 일이 최악의 상태로 치닫게 되면 하나님께로 돌아섰다. 그러면 하나님은 사사를 보내 그들을 구해 줌으로써 그들의 간구에 응답하셨다. 그러나 그들은 또 다시 죄악에 빠져들어 갔으며, 이런 악순환은 계속 되풀이되었다. 이스라엘 민족은 자신들에게는 하나님이 항상 필요한 분이시라는 것을 자주 잊기 때문에, 어리석게도 같은 악순환을 반복할 수밖에 없었다.

이스라엘 민족이 생존한 것은 군사적 영웅이나 게릴라 전술 때문이 아니었다. 그것은 그들을 향한 하나님의 끊임없는 사랑 때문이었다. 하나님은 그들을 잊지 않으셨다. 그래서 수도 없이 그들에게 사사를 보내셔서 그들이 새 출발을 할 수 있도록 하셨다. 이렇게 하나님은 그들을 그냥 내버려두실 수 없으셨다. 따라서 사사기의 진정한 영웅은 하나님이시다.

본론
변변치 않은 지도자

하나님은 기드온의 숨은 능력을 발굴하셨다

> 여호와께서 그에게 이르시되 너는 안심하라 두려워하지 말라 죽지 아니하리라 하시니라(삿 6:23).

기드온은 애당초 주저하기를 잘하고 두려움이 많은 사람으로 지도자로서는 적당치 않은 사람이었다. 우리가 사사기에서 그에 대해 처음으로 보는 것은 포도주 틀에서 밀을 몰래 타작하는 모습이다. 공공연히 밀을 타작하면 그것을 탈취하려고 미디안 점령군들이 몰려오기 마련이었다. 미디안 사람들은 이스라엘을 혹독하게 다스렸기 때문에 그들은 작물을 거의 경작할 수 없었다. 그래서 일부 사람들은 동굴에 숨어 살기까지 했다.

기드온은 주의 사자가 전투 명령을 가지고 그를 찾아올 때까지는 영웅적인 구석이라고는 전혀 찾아볼 수 없는 사람이었다. 아마도 그는 주의 사자의 말을 듣고 "제가 어떻게 그런 일을 할 수 있겠습니까?"라고 떨면서 반문했을 것이다.

하지만 실상을 알면 기드온의 의심은 당연했다. 왜냐하면 그의 가족과 마을 사람들은 하나님이 아닌 바알을 섬기고 있었기 때문이다. 그래서 기드온에게는 하나님이 정말 자기와 함께하신다는 증거가 필요했다. 그것도 하나의 증거로는 만족할 수 없었다.

그런데 하나님은 전투 직전에도 마비를 일으킬 정도로 떠는 기드온에게 군대로 모은 32,000명의 군사를 300명으로 줄이게 하셨다. 혹 큰 군대로 전쟁에서 승리하면 자신들의 힘으로 이겼다고 생각할까 봐 그런 지시를 내리신 것이다.

하나님은 기드온의 능력을 알고 계셨다. 그래서 그가 용기를 가지도록 끈기 있게 설득하셨다. 그리고 그를 격려하셨으며, 그에게 지시하셔서 마침내는 그를 변화시키셨다. 밤 사이에 기드온은 강력하고 결단력 있는 장군으로 거듭 태어났다. 그는 나팔과 횃불을 사용해 적에게 겁을 주는 전술을 구사했으며, 그럼으로써 그의 소규모 군대는 다수의 적을 혼란시켜 흩어지게 했다. 그런 후, 철저한 패잔병 소탕작전이 행해졌다. 소규모의 군대는 흩어진 미디안 군대를 소탕했고, 기드온은 승리자로서 자유의 시대를 열었다. 아마 그처럼 놀라운 승리를 거둔 사람은 일찍이 없었을 것이다.

쓸모없는 것

하나님께서 기드온을 선택하신 것은 그리 놀라운 일이 아니다. 하나님은 여성이 열등하게 취급받던 시절(삿 9:54; 19:24)에 선지자로 드보라를 택하셨으며, 무뢰한의 우두머리로서 그 사회에서 쓰레기 같은 존재로 취급당했던 입다를 선택해 지도자로 세우셨다.

하지만 이것이 사사의 경우에만 해당하는 것은 아니었다. 성경 속에서 우리는 하나님께서 종종 쓸모없어 보이는 존재를 사용하시는 것을 볼 수 있다. 이스라엘이 선택된 것은 그들이 뛰어난 민족이어서가 아니었다(실제로 고고학자들은 이스라엘이 가나안을 점령한 후 그 도시의 문화적 수준이 오히려 퇴보했다고 말하기도 한다). 하나님은 능력이 있는 사람이나 자연적으로 '좋은 것'을 찾지 않으셨다. 대신에 무지하고, 그가 베푸신 은혜도 잘 기억하지 못하는 작은 노예 부족을 택하셨다. 이러한 변변치 않은 자들을 택하셔서 위대한 일을 하시기 때문에 우리는 영광이 하나님만의 것이라는 사실을 인정할 수밖에 없다.

몇 천 년 뒤에 바울은 편지에서 이렇게 말했다. "형제들아 너희를 부르심을 보라 육체를 따라 지혜로운 자가 많지 아니하며 능한 자가 많지 아니하며 문벌 좋은 자가 많지 아니하도다 그러나 하나님께서 세상의 미련한 것들을 택하사 지혜 있는 자들을 부끄럽게 하려 하시고 세상의 약한 것들을 택하사 강한 것들을 부끄럽게 하려 하시며 … 기록된 바 자랑하는 자는 주 안에서 자랑하라 함과 같게 하려 함이라"(고전 1:26-31).

묵상

당신은 자신을 지도자라고 생각하는가? 어떤 점에서 그렇다고 생각하는가, 아니면 어떤 점에서 아니라고 생각하는가? 하나님이 당신을 지도자로 만들기 위해서는 무엇을 하셔야 한다고 생각하는가?

삼손: 여자에게 약한 사나이

당대 제일 힘이 셌던 사람, 하지만 그는 자신이 약속한 대로 살지 못했다

내가 딤나에서 블레셋 사람의 딸들 중에서 한 여자를 보았사오니 이제 그를 맞이하여 내 아내로 삼게 하소서(삿 14:2).

삼손은 당대에 제일 힘센 사람이었지만 유감스럽게도 자신의 육체적 욕망을 다스릴 능력이 전혀 없었다. 자신의 집 근처 계곡 건너편에 있는 블레셋 마을에서 마음에 드는 젊은 여인을 보자 삼손은 그녀를 원하게 되었다. 그의 부모는 하나님을 믿지 않는 이방 여인과의 결혼을 반대했지만, 그는 부모의 말을 듣지 않고 자신의 욕망대로 그녀와 결혼했다. 하지만 그 결혼은 수일 만에 끝났으며, 그로 말미암아 많은 사람이 죽게 되었다.

우리가 잘 알고 있는 들릴라는, 사사기에서 삼손을 유혹한 세 번째 여자였다. 첫 번째 여자처럼 들릴라도 그의 집 근처에 사는 블레셋 사람이었다. 수천 명의 사람이 삼손을 잡는 데 실패했으나 단 한 명의 여자가 그를 유혹하는 데 성공했다. 그래서 그는 블레셋 사람들에게 사로잡혀 눈이 보이지 않게 되었으며, 맷돌을 돌리는 일을 하게 되었다. 그러나 그의 마지막은 아이러니하게도 그에게 걸맞는 승리였다. 눈이 뽑히고 놋 줄에 묶인 채로 야유하는 군중들에게 즐거움을 주기 위해 괴물처럼 끌려왔던 그는, 군중들을 덮고 있던 신당의 기둥을 무너뜨림으로써 자신의 생명과 함께 많은 블레셋 사람들을 죽음에 이르게 했다. 삼손의 불 같은 기질로 말미암아 블레셋 사람과 삼손 자신 중 누가 더 고통을 받았는지는 판단하기가 쉽지 않다.

지도자를 원함

하나님이 삼손에게 원하신 바를 생각해 보면, 그의 일생이 특히 비극적이었음을 알 수 있다. 그때는 블레셋 사람들이 왕처럼 군림하고 대다수의 이스라엘 백성들도 그러한 사실에 체념하고 있던 때였다. 강력하고 자신감 있는 지도자가 이스라엘에 더없이 절실하게 필요했던 때에 하나님은 삼손에게 보다 원대한 것을 기대하셨다. 사사 중에 태어나기 전에 천사에게 고지를 받은 사람은 삼손밖에 없었다(삿 13:3). 그는 나실인(민 6장)이라는 특정한 존재로 하나님께 바쳐졌다. 나실인은 포도주를 마시거나 죽은 시체에 가까이 가거나 자신의 머리를 깎을 수 없었다.

그러나 삼손은 그러한 약속을 지키지 않았다. 세 번째 원칙만이 그가 유일하게 지킨 나실인 계율이었다(사실 머리를 그대로 둔다는 이 계율을 지키기는 어렵지 않다).

하지만 하나님은 삼손에게 이처럼 많은 결점이 있음에도 그를 사용하셨다. 그는 사사기에 나오는 기드온, 바락, 입다와 같은 믿음의 영웅들과 동일하게 명예로운 이름으로 성경에 언급되고 있다(히 11:32). 하나님을 위해 살아간다는 것을 거의 인식하지 못한 채 육체적 욕망과 자기 성질에 사로잡혀 살아가면서도 삼손은 하나님이 주신 초자연적인, 육체적인 힘을 가지고 있었다. 그래서 대부분의 경우에 그의 어떤 의도에서라기보다는 우연히 그 힘을 사용함으로써 블레셋 사람을 물리쳤으며, 이스라엘을 안전하게 지킬 수 있었다.

삼손은 가는 곳마다 대형사고를 일으키는, 통제장치가 없는 열차와 같았다. 그러나 하나님은 이러한 삼손의 비극적인 삶을 선하게 사용하셨다.

묵상 당신은 "최선을 다한 삶을 살고 있다"는 말을 들어 본 적이 있는가?

풍전등화

강도, 강간, 살인, 우상숭배로 이스라엘은 자멸의 길을 가고 있었다

이스라엘 자손이 이르되 이 악한 일이 어떻게 일어났는지 우리에게 말하라 하니(삿 20:3).

살다 보면 자신이 지은 잘못에 대해 핑계조차 댈 수 없을 때가 온다. "우리 자신이 가장 큰 적이다"라는 유명한 말도 있다.

사사기의 결말이 바로 그렇다. 사사기의 초점은 내부적인 타락에 맞춰져 있다. 외부의 적은 더 이상 보이지 않는다. 이스라엘 자신이 적인 것이다.

그들은 무려 다섯 장에 걸쳐 추한 자화상을 드러낸다. 자식이 어머니의 은을 훔치는 데서 시작해 부모가 딸들을 납치하도록 허용하는 데까지 이른다. 폭력적이며 목표도 없다. 이뿐 아니다. 그 중간에는 동성애, 윤간, 살인, 우상숭배, 무장강도, 대량 학살 등이 점철되어 있다. 하지만 이런 짓을 행한 사람들은 적이 아니라 바로 이스라엘 백성들 자신이었다. 하나님이 선택하신 백성인, 귀한 이스라엘 민족은 확실히 모든 방향감각을 상실했다.

그러면 누가 그들을 구할 수 있을 것인가?

사사기의 앞부분 열여섯 장은 반복되는 적군의 침입으로 말미암아 이스라엘이 하나님께 부르짖는 사건들을 기술하고 있다. 그들이 부르짖을 때마다 하나님은 그들을 구하기 위해 사사를 보내 주셨다.

그러나 뒷부분 다섯 장은 이와 대조적으로 하나님이 사사를 보내지 않으셨다. 왜냐하면 그들을 죄에서 구해 주는 데에는 군사적 지도자가 필요치 않았기 때문이다. 이들 장에서는 다음과 같은 엄숙한 말이 반복된다. "그 때에는 이스라엘에 왕이 없었으므로 사람마다 자기 소견에 옳은 대로 행하였더라."

"사람마다 자기 소견에 옳은 대로 행하였더라." 이 말은 개인주의와 개인의 자유를 중요시하는 우리 시대에는 그다지 부정적인 것으로 여겨지지 않는 말이다. 그러나 하나님은 우리가 하나 되는 데에 더 큰 가치를 부여하신다. 하나님은 자신의 백성들이 하나님 안에서, 그리고 사랑 안에서 서로 하나가 되기를 원하신다. 그분은 율법을 통해 성전 안에서의 공통된 예배와 서로를 돌보도록 하는 공통적인 가치 기준을 마련해 사람들을 결속시켜 오셨다. 그런데 이것을 이스라엘 백성들은 멋대로 하는 종교와, 각 가족과 집단이 자신들의 권리만을 위해 싸우는 분열된 사회로 바꾸어 버렸다. 그 결과는 이들 다섯 장이 들려주는 우울한 이야기를 통해 확인할 수 있다.

이스라엘 최악의 적

사사기 끝에서 이스라엘은 동족상잔을 일으킨다. 그들은 적들의 관습을 따라 우상을 숭배했으며, 성적 부도덕을 일삼았고, 부모를 공경하지 않았으며, 하나님이 세우신 삶의 원칙들을 무시했다. 사사기의 끝에 이르면 왜 하나님이 이들 이스라엘 민족을 노예 상태에서 구해 주셨을까 하는 의문까지 생긴다. 이제 이스라엘의 최대의 적은 정말 그들 자신이 되었다.

단지 실낱 같은 희망이 보일 뿐이다. 이스라엘 사람들은 베냐민 지파의 윤간에 충격을 받았다. 그래서 모든 지파가 베냐민 지파를 벌하기 위해 한자리에 모여 그 방법을 하나님께 물었다. 그러나 그들은 여호수아가 약속된 땅으로 인도했던 희망에 찬 사람들과는 너무도 수준이 다른 사람들이었다.

묵상

당신의 문제는 환경으로부터 오는가, 아니면 내부적인 연약함으로부터 오는가? 하나님이 도와주실 일은 없는가?

룻기

신비한 사랑의 끈

룻과 나오미는 모든 것을 잃었으나, 서로를 위하는 마음은 남아 있었다

어머니께서 가시는 곳에 나도 가고 어머니께서 머무시는 곳에서 나도 머물겠나이다 어머니의 백성이 나의 백성이 되고 어머니의 하나님이 나의 하나님이 되시리니 … 만일 내가 죽는 일 외에 어머니를 떠나면 여호와께서 내게 벌을 내리시고 더 내리시기를 원하나이다(룻 1:16-17).

젊은 룻과 중년을 넘긴 나오미는 세대 차를 극복한 사이였다. 이들은 고부간이었으며, 인종적, 종교적 배경도 완전히 다른 사람들이었다. 그런데 무엇이 이들을 하나로 묶을 수 있었는가? 그들이 살던 시대에는 남편을 잃은 것은 사실 모든 것을 잃은 것이나 마찬가지였다. 심지어 나오미는 남편에 두 아들까지 잃은 여인이었다. 이들을 보호해 줄 사람은 아무도 없었다. 단지 그들 둘뿐이었다.

적극적인 여성

룻기는 '세상을 등진 두 여인의 이야기'가 아니다. 그보다는 하나님의 도우심을 바라며 자신들을 돌봐 줄 남자를 찾는, 적극적인 여인의 이야기이다.

룻기에서처럼 여성이 직접적으로 적극성을 드러낸 일은 성경에서 거의 찾아 볼 수 없다. 시어머니의 지시에 따라 룻은 친척인 보아스가 타작마당에 있을 때 그 곁에 다가갔다. 그녀는 어둡기까지 기다렸다가 그의 발치에 누웠다. 그녀는 그를 남편감으로 생각하고 있었다. 하지만 잠에서 깬 보아스는 그녀를 발견했을 때 그녀가 원하는 말을 해주지 않았다. 그러나 다행스럽게도 그는 그날 사람들 앞에서 공식적으로 결혼을 약속했다.

하나님이 생각하신 사회는 보아스와 같이, 곤궁에 처한 자를 돕는 사람을 격려하는 사회였다. 그러한 예로 구약의 율법은 곡식을 거두는 자에게 룻과 같은 가난한 사람이 거두어들일 수 있도록 곡식의 일부를 남기도록 했다. 또한 율법은, 도움이 필요한 과부가 있으면 그 남편의 가족 중 누군가가 거두어 주도록 했다. 보아스가 룻을 거둔 것처럼 말이다(룻 4:1-12).

하나님의 임재

룻기의 이 이야기 뒤에는 보이지 않는 하나님이 계신다. 하나님께서 직접적으로 이 사건에 개입하지는 않으셨지만, 룻기에 등장하는 누구도 하나님이 계획하신 대로 삶이 진행된다는 사실을 의심하지 않았다. 나오미에게 사랑을 고백했을 때 룻은 하나님께 맹세했으며(룻 1:17), 보아스의 밭으로 룻이 인도되었을 때 나오미는 하나님을 신뢰하고 있었다(룻 2:20). 또 하나님의 율법은 룻과 보아스가 결혼하도록 했다. 그리고 마침내 하나님이 그들에게 아들을 주셨는데, 이 아이는 나오미에게 커다란 기쁨을 안겨 주었다.

룻기의 마지막 구절은 룻과 나오미의 개인적인 문제보다 폭넓은 하나님의 계획을 보여 준다. 룻은 이스라엘의 적이자 멸시받는 모압 족속의 여인이었다. 그러나 하나님은 그녀를 자신의 가족으로 받아들이셨을 뿐 아니라, 이스라엘의 왕을 낳는 데 그녀를 사용해 룻이 다윗의 고조모가 되게 하셨다. 하나님의 사랑이 이스라엘 민족만을 위한 것이었다고 가르치는 사람에게 룻의 삶은 뚜렷한 반증이 될 수 있다.

사무엘상

서론

참된 지도력이란

생존을 위해 싸우는 이스라엘에겐 지도자가 필요했다

힘으로는 이길 사람이 없음이로다 여호와를 대적하는 자는 산산이 깨어질 것이라(삼상 2:9-10).

위대한 지도력 없이 국가나 조직, 가족이 위대해질 수는 없다. 그러나 어떻게 해야 그것을 얻을 수 있는가? 이스라엘은 존망의 위기에 그와 같은 지도력을 필요로 했다. 사무엘, 사울 그리고 다윗 이 세 사람은 최고의 지위에 도달한 사람들이다. 그들은 모두 존경과 위엄을 받을 만한 매력적이면서도 강력한 인물들이었다. 그러나 이들 중 다윗과 사무엘은 매우 성공적인 지도자가 되었지만, 사울은 처음의 유망함과는 달리 실패로 끝나고 말았다.

생존을 위한 투쟁

이스라엘은 생존을 위해 투쟁하고 있었다. 이스라엘이 애굽으로부터 탈출할 무렵 블레셋이 그 지역으로 이동해왔다. 그들은 지중해 연안의 도시로부터 이스라엘이 거주하는 산지로 점점 더 침투해 오고 있었다. 비록 인구는 이스라엘보다 적었지만 그들은 이스라엘보다 조직이 더 잘 되어 있었으며, 특히 전차와 같은 우수한 무기를 가지고 있었다.

그에 비해 이스라엘에는 중심 지휘부나 정규군이 없었다. 느슨한 열두 지파의 연합체인 이스라엘은 단순히 위기 상황에서만 서로에게 구원을 요청할 뿐이었다. 때때로 영감을 받은 지도자인 '사사'가 나타나 필요할 경우에만 군사적인 방어를 맡았다. 이스라엘 민족은 100여 년간 이런 식으로 지탱해 왔으며, 부족은 변화하기에는 너무 결속력이 적었다. 그러나 그들에게 계속 압박을 가하는 블레셋으로 말미암아 지도력의 위기, 즉 민족의 존립 자체를 위협하는 위기가 발생했다.

왜 사무엘상은 한나로부터 시작하는가?

사무엘상은 전투나, 지도력의 위기로부터 시작하지 않고, 놀랍게도 매우 사적인 가정의 문제로부터 이야기를 시작한다. 질투가 매우 심한 두 명의 아내가 오랫동안 다투었는데, 한 아내가 수태하지 못하는 다른 아내를 괴롭혔다. 아이가 없었던 아내는 자신의 처지에 절망해 하나님께 기도하면서 아들을 낳게 해주신다면 그를 하나님께 바치겠다고 약속했다. 하나님은 그녀에게 사무엘이라는 아이를 주셨다.

한나는 하나님께 한 약속을 지켰으며, 그의 아들 사무엘은 이스라엘 역사상 가장 위대한 지도자 중 하나가 되었다. 사무엘은 하나님의 뜻을 전하는 선지자이자 이스라엘을 위해 하나님께 제사하는 제사장, 그리고 군사 지도자의 역할을 함께 수행했으며, 하나님의 지시에 따라 이스라엘의 초대 두 왕을 선출했다. 사무엘의 강력한 인격은, 비록 그가 15장 말미에 은퇴하기는 하나 사무엘상 전체를 뒷받침하고 있다.

왜 사무엘상은 한나로부터 시작하는가? 그것은 한나의 투쟁이 이스라엘의 투쟁을 축소해 놓은 것이기 때문이다. 그녀는 절망으로 하나님께 호소했으며, 그 결과 그녀의 아들 사무엘이 그의 아버지의 뒤를 이어 농부가 되기보다 성전에서 하나님을 섬기는 사람이 되었다. 한나의 이야기는 쓰라린 고통 가운데 하나님을 만나면 위대한 약속을 얻을 수 있다는 사실을 깨닫게 한다. 역사적으로 더 많은 고통을 겪어야 할 이스라엘 백성에게는 한나의 이야기가 필요했다.

하나님은 스스로 지도자를 선택하신다

한나의 이야기는 하나님의 지도자가 훈련을 통해 되는 것만은 아니라는 사실을 일깨운다. 정상적이라면 엘리의 죽은 두 아들이 국가적 지도자의 위치를 차지했을 것이다. 그러나 하나님은 그들 중 누구도 원치 않으셨다. 오히려 곤경에 처해 자신에게 호소하는 여인을 축복하셨으며, 그녀의 믿음을 보시고 그녀의 아들을 축복하셨다. 하나님은 자신에게 필요한, 청종하는 지도자를 선택하셨다. "나 여호와가 말하노라 … 나를 존중히 여기는 자를 내가 존중히 여기고 나를 멸시하는 자를 내가 경멸하리라"(삼상 2:30).

사무엘은 그 교훈을 결코 잊지 않았다. 사울을 첫 번째 왕으로 기름부었지만, 사울이 하나님께 영광을 돌리지 못했을 때 하나님은 그의 왕위를 빼앗아 버리셨다. 그리고 사무엘을 통해 어린 목자 다윗을 선택하시고 사울을 대신해 왕이 되게 하셨다. 다윗 왕 치하에서 이스라엘은 통일을 이뤄 부유하고 안전한 왕국이 되었다. 이것은 다윗이 천성적으로 지도자의 자질을 가졌기 때문인가? 사무엘상은 이에 대해 다른 관점을 제시하고 있다. 다윗의 성공은 하나님이 그를 선택하셨고, 지속적으로 그가 하나님의 지시에 순종했기 때문에 가능했던 것이다. 궁극적으로 최상의 지도력은 하나님께 속한 것이다.

본론

최초의 왕

다른 모든 나라는 왕을 갖고 있었다. 이스라엘에만 없으란 법이 있는가?

또 너희와 너희를 다스리는 왕이 너희의 하나님 여호와를 따르면 좋겠지마는 너희가 만일 여호와의 목소리를 듣지 아니하고 … 여호와의 손이 너희를 치실 것이라(삼상 12:14-15).

열두 지파가 모여 한 나라를 이루는 것은 쉽지 않았다. 이스라엘은 연합을 어렵사리 이루었다. 미국도 연합은 어려웠다. 미국의 역사는 사무엘상의 이야기를 이해하기 쉽게 해준다.

많은 사람들이 조지 워싱턴을 미국의 초대 대통령으로 알고 있지만 실제로 그 영예는 새뮤얼 헌팅턴에게 돌아가야 한다. 하지만 그가 다스리던 주들이 연합하지 않았기 때문에 그는 그러한 명성을 얻을 수 없었다. 그때에는 주 전체에 영향을 미치는 헌법이 없었으며, 단지 13개의 독립주를 느슨하게 결속시키는 동맹문서(Articles of Confederation)만이 있었을 뿐이다.

포위된 의회

헌팅턴이 취임한 지 2년이 지난 1783년 6월 21일에, 급료를 지급받지 못한 500명의 연방 군인들이 필라델피아의 의회를 포위한 뒤 유리창을 부수고 협박을 가했다. 급료를 지불해야 할 의회가 돈이 없었기 때문이다. 질투심 많은 독립주들은 그들에게 아무것도 주지 않았다. 그래서 군인들에 의해 쫓겨난 의회는 프린스턴, 아나폴리스, 트랜튼, 그리고 뉴욕 시에서 이리저리 헤매며 회합을 가졌다. 그해 6월 조지 워싱턴은 이런 상황을 지적하며 "혁명이 궁극적으로 축복이 될 것인지, 저주가 될 것인지는 아직 결정되지 않았다"고 했다.

말썽은 여기서 그치지 않았다. 쉐이 폭동 때에는 1,500명의 적대적인 농부들이 법정을 점거하고, 재판이 진행되지 못하게 했다. 군대가 재빨리 그들을 해산시켰으나, 연방군은 700명에 불과했다. 결국 쉐이 폭동으로 강력한 중앙정부의 필요성이 대두되어 다음 해 헌법을 기초하는 모임이 필라델피아에서 개최되었고, 그 결과 지금까지 미국인들을 결속시키고 있는 미국 헌법의 기초가 마련되었다. 그리고 워싱턴이 대통령으로 선출되었다.

왜 이스라엘에는 왕이 필요했는가?

이스라엘의 열두 지파는 헌팅턴이 다스렸던 13개 주와 마찬가지로 나라라고 하기에는 뭔가 아쉬움이 있었다. 그것은 그들이 중앙정부를 갖고 있지 않았기 때문이다. 블레셋을 정복한 때부터 그들은 비상시에만 연합했으며, 기드온이나 드보라, 삼손과 같은 고무된 '사사' 들이 등장해 그들의 전투를 지휘했다.

하지만 사무엘의 시대에도 블레셋의 군사적 위협은 사라지지 않았다. 이스라엘은 우수한 지도력을 필요로 했으나, 사무엘은 이미 노인이 되었고, 그의 아들들은 계승자로서 부적격이었다. 이런 상황 속에 이스라엘 열두 지파는 주위 나라들을 둘러보았다. 다른 나라에는 자기네들이 가지고 있지 않은 왕이 있다는 것을 알게 되자, 그들도 왕을 갖고 싶어했다. 그들은 왕이 있으면 두 가지 이점을 얻을 수 있다고 생각했다. 그것은 첫째, 왕이 중앙정부를 다스릴 수 있을 것이며 둘째, 그 아들이 정상적으로 왕위를 계승한다면, 그 지도자가 늙더라도 지도력의 위기를 맞지 않을 것이라는 생각이었다. 그래서 이스라엘 백성들은 사무엘에게 왕을 달라고 요청했다(삼상 8:4-5).

하나님의 뜻에 반하여

그 생각은 모두에게 인기가 있었지만, 하나님과 사무엘의 생각과는 달랐다. 어쩌면 사무엘은 그와 그의 아들이 제외된 데 대해 불만스러웠는지도 모른다. 그러나 하나님이 반대하신 데에는 더 깊은 뜻이 있었다. 이스라엘 민족의 요구는 곧 하나님을 거부하는 것이었다. 하나님은 사무엘을 시켜 왕이 자기의 백성을 억압할 것이라고 경고하게 하셨다. 그래서 사무엘은 징병제와 높은 세금, 그리고 백성을 노예로 만드는 왕의 권력에 대해 경고했다(삼상 8:10-18).

그렇다면 하나님은 왕을 세우는 것을 반대하셨는가? 일부 학자들은 하나님이 자신의 의지에 반하는 것을 들어 쓰시는 놀라운 예로 왕정을 지적한다. 왜냐하면 하나님은 그 제도를 통해 다윗 왕을 등장시키셨고, 그를 통해 왕의 왕인 예수를 보내심으로 자신의 백성을 보호하고 인도하셨기 때문이다.

또 다른 학자들은, 하나님은 왕을 세우는 것을 반대하신 것이 아니라 단지 백성들의 요구 뒤에 숨어 있는 동기를 반대하셨을 뿐이라고 주장하기도 한다(신명기 17장 14~20절은 이스라엘 민족이 마침내 왕을 원했고, 그를 세웠다는 것을 보여 준다). 장로가 말한 대로 그들은 "다른 나라들과 같이"(삼상 8:20) 되었다. 그러나 하나님은 그들이 다른 나라와 같이 되는 것을 원치 않으셨다.

왕은 하나님의 종일 뿐이다

하나님은 그들이 나쁜 동기를 가지고 요구했음에도 왕정을 허락하셨을 뿐 아니라 직접 왕을 뽑아 주셨다. 그는 이스라엘이 여호와를 궁극적인 통치자로 생각하는 한에서(삼상 12:14) 왕정을 수용하셨다. 그래서 이스라엘의 왕은 의회나 법정의 말보다 하나님의 말씀을 청종해야 했다. 그러나 얼마 지나지 않아 최초의 왕인 사울이 하나님께 불순종함으로 내치심을 받았다. 하나님은 그를 비난하시고 다윗을 대신 세우셨다. 인근 국가의 왕은 절대권력을 갖고 있었으나, 이스라엘에서는 하나님만이 절대적이었으며 왕은 그의 종에 불과했다.

묵상

당신은 하나님이 좋지 못한 동기를 가진 사람들의 좋지 못한 요구를 들어 그분 자신의 목적을 위해 쓰시는 것을 본 적이 있는가?

왜 사울은 버림을 받았는가?

궁지에 몰려 실패한 지도자

왕이 여호와의 말씀을 버렸으므로 여호와께서도 왕을 버려 왕이 되지 못하게 하셨나이다(삼상 15:23).

사울은 모든 것을 갖춘 자였다. 큰 키에 잘생긴 외모로 그는 사람들에게 인기가 있었다. 하나님은 그를 이스라엘의 첫 번째 왕으로 선택하셨다. 비밀리에 기름부음을 받은 후에 하나님의 영이 그에게 임했는데, 이는 그의 인격에 전적으로 영향을 준 하나님과의 만남이었다.

당시 사울은 성공적으로 구출 작전을 펴 포위된 성읍에서 사람들을 구출해 냈다. 그는 별다른 노력을 기울이지 않았음에도 공식적으로 왕위에 오르게 되었다(실제로 그는 옹립 도중에 잠적했다). 그는 현명하게도 자신의 적대자들이 벌받지 않도록 관용을 베풀었으며, 대신에 그 자신이 소수 지파 출신임에도 열두 지파를 자신 아래 연합시켰다.

그리고 그는 건장한 청년을 선발해 자신의 군대에서 복무하게 했다. 그중 하나였던 다윗은 뛰어난 장군이었을 뿐 아니라 사울을 결코 적대한 적이 없는 충신이었다. 다윗은 사울의 딸과 결혼했으며, 사울의 장자 요나단은 그의 가장 친한 친구가 되었다. 이는 동맹관계를 공고히 해 사울의 성공을 보장했다.

궁지에 몰려서 타락함

그러나 사울의 삶은 비극적으로 빗나갔다. 사무엘상이 이야기해 주고 있듯이는 그가 왕이 된 지 얼마 지나지 않아 문제의 첫 번째 징조가 나타났다. 그때 이스라엘은 블레셋과의 전투를 준비하고 있었는데, 전투를 앞두고 초조해 있는 상황에 하나님께 번제를 드려야 할 사무엘이 오지 않는 것이었다. 부하들이 흩어지기 시작하자 사울은 더 이상 기다릴 수 없다고 판단해 제사장만이 드릴 수 있는 번제를 자신이 드려 버렸다. 이 사실을 안 사무엘은 사울을 꾸짖었다(삼상 13:13-14). 사울의 조급함은 그의 연약한 믿음 때문인데, 그 때문에 그는 궁지에 몰릴 때마다 하나님의 명령을 타협하려고 했다.

뒤이어 시작된 전투에서 기적적으로 이스라엘이 승리하기는 했지만, 그 전투에서 사울은 어떤 때는 결정을 못하고 주저하거나 또 어떤 때는 무모하게 행동하는 모습을 보였다. 그는 이 전투에서 공격명령을 내리지 않아 이스라엘 군대를 곤경에 빠뜨리기도 했으며, 블레셋 군대에 도망갈 기회를 주기도 했다.

모살

얼마 후에 그는 극도로 긴장된 상황에서, 하나님이 전투에 임하면서 주신 명령을 따르지 않음으로(삼상 15:3) 다시 한번 타협하는 죄를 범했다. 그리고 사무엘은 또 다시 그가 실수하는 현장을 목격했다. 사무엘은 사울이 하나님을 배반하고 있다고 꾸짖었다. 아마도 "왕이 여호와의 말씀을 버렸으므로 여호와께서도 왕을 버려 왕이 되지 못하게 하셨나이다"(삼상 15:23)라는 사무엘의 말은 사울의 나머지 생애 동안 그의 뇌리에 박혀 있었을 것이다.

하나님과 사무엘의 도움 없이는, 사울은 무엇보다도 자신감을 가질 수 없었다. 그리고 그 후, 악령이 그를 괴롭히기 시작했다. 사울은 다윗과 동맹관계를 맺기보다 그를 내쫓았다. 그래서 다윗은 생명을 보전하기 위해 광야로 도망치지 않으면 안 되었다. 마침내 사울은 지도자로서의 능력을 상실한 채 정신병자가 되고 말았다. 그러한 상황에서 그와 그의 군대는 블레셋과의 중요한 전투에서 패배했으며, 그 전투에서 사울과 요나단은 죽고 말았다.

왜 사울은 실패했는가?

사무엘상에서는 사울의 정신을 분석하려고 하지 않는다. 다만 무슨 일이 일어났었는지를 담담하게 기록할 뿐이다. 사울은 세상에서 가장 좋은 조건을 가지고 시작했다. 하지만 그는 무엇이든지 하나님께 순종하겠다고 하는 동기가 강한 사람은 아니었다. 그래서 궁지에 몰리게 되면 원칙에서 벗어난 행동을 일삼았으며, 스스로 하나님의 보호하심을 떠났다. 그는 두려워했으며, 점차 조급하고 시기심 많은 사람이 되었다.

사울의 빈곤한 지도력 때문에 이스라엘은 원래보다 국력이 더 위축되었다. 그래서 사울의 뒤를 이어 다윗이 왕이 되었을 때에는 블레셋에 대해 다시 군사적으로 열세에 있었으며, 북쪽과 남쪽으로 갈라지게 되었다. 사울의 빈곤한 지도력은 이스라엘을 비극으로 이끌고 갔다. 그는 자신만 실패한 것이 아니라 다른 사람까지도 망하게 했다.

묵상

당신이 만일 지도자의 위치에 있다면 궁지에 몰릴 때 어떻게 반응하겠는가? 사울이 약해진 것같이 당신도 약해지겠는가?

하나님의 때

두 명의 지도자가 사투를 벌였고 그중 하나는 싸우기를 거부했다

왕은 내 생명을 찾아 해하려 하시나 나는 왕에게 범죄한 일이 없나이다 여호와께서는 나와 왕 사이를 판단하사(삼상 24:11-12).

1777년 겨울 미 대륙에는 두 군대가 주둔해 있었다. 한 군대는 영국군으로 필라델피아에 있는 안락한 곳에 위치해 있었고, 다른 군대는 미국군으로 밸리포지라고 불리는 북서쪽의 눈 덮힌 언덕에서 야영을 하고 있었다. 한 군대는 엄격한 훈련을 받았으나, 다른 군대는 미훈련된 자원자들이 흩어지지 않게 하는 것조차 상당히 어려운 상태였다. 또 영국 군대는 선박을 통해 갖가지 호화품을 공급받았으나, 미국 군대는 군화도 없어 적군보다는 동상과 싸워야 할 형편이었다.

한마디로, 한 군대는 겨울을 나는 것과 전쟁을 수행하는 데 필요한 모든 것을 갖추고 있었으나, 다른 군대는 풍전등화의 상태에 놓여 있었다. 이런 상황에서 삼 년 이내에 아무것도 갖추지 못한 군대가 모든 것을 갖춘 군대를 패퇴시킬 수 있으리라고 누군들 생각했겠는가?

보잘것없는 미국 군대는 영국 군대를 공격하기 위해 진격할 필요가 없었다. 왜냐하면 전력면에서나 여러 면에서 미국군보다 영국군이 유리했지만, 영국군은 고국으로부터 멀리 떨어져 있었기 때문에 미국군은 그냥 그들보다 더 오래 버티기만 하면 됐던 것이다.

워싱턴은 전술에도 천재일 뿐 아니라, 그의 부하들을 계속 싸우도록 독려하는 데에도 뛰어난 능력을 가지고 있었다. 그해 겨울 밸리포지에서의 혹독한 날씨로 인해 추위와 질병으로 병사의 4분의 1이 죽었다. 하지만 워싱턴은 부하들의 정신적인 지주가 되어 보잘것없는 군대를 하나로 묶어 놓고 있었다. 그것이 승리의 열쇠였다.

두 명의 이스라엘 왕

다윗과 그의 추종자들도 밸리포지의 병사와 유사한 상황에 처해 있었다. 사울은 영국군처럼 호화로움으로 무장한 공식적인 왕이었다. 다윗은 그를 뒤이어 비밀리에 기름부음을 받았으나, 광야에서 살아남기 위해 고군분투하고 있었다. 사울의 군대는 직업군인으로 구성되어 있었으나, 다윗의 군대는 가족과 무뢰한의 떼로 구성된 작은 무리에 불과했다.

두 번이나 사울이 뜻하지 않게 다윗의 수중에 들어갔지만, 다윗은 그를 죽이지 않았다. 왜냐하면 비록 자신을 죽이려는 왕이지만, 그래도 하나님의 기름부으심을 받은 자이기에 그 왕을 죽인다는 것은 하나님의 뜻을 거스르는 것이 된다고 생각했기 때문이다. 그는 자신이 왕이 되기 위해 무력을 행사하지 않았다. 단지 살아남기 위해 싸웠던 것이다.

그러나 그런 상황에서는 생존하는 것조차 쉽지 않았다. 21~31장의 숨은 뜻을 읽을 수 있다면 장대한 드라마가 펼쳐지고 있는 것을 볼 수 있다. 사울은 명백하게 파멸하고 있었다. 다윗이 그보다 더 오래 버텨낼 수 있을 것인가?

처음에 다윗은 외롭고 완전히 취약한 상태로 이리저리 도망을 다녔다. 후에 400명의 무뢰한이 그의 주위로 모였을 때에는 지역 사람들이 그를 두 번이나 배신했다(삼상 23:19; 26:1). 아마도 그들은 사울이 놉 제사장을 죽였던 것처럼(삼상 22:6-23), 자신들도 죽이지나 않을까 두려워했던 것 같다.

아무튼 다윗은 살아남았고 그의 군대를 온전하게 유지했다. 그리고 이웃들을 보호해 줌으로써 대중의 지지도 획득할 수 있었다. 그러나 그는 궁극적으로 왕위를 차지하는 것이 불가능하다고 생각했다. 왜냐하면 "내가 후일에는 사울의 손에 붙잡히리니"(삼상 27:1)라고 절망하기도 했기 때문이다. 심지어 그는 한동안 사울을 피하기 위해 자신의 군대와 함께 블레셋 왕의 용병이 된 적도 있었다.

하마터면 블레셋이 이스라엘과 벌인 대규모 전투에 참여해 동족상잔의 비극을 겪을 뻔하기도 했지만, 간신히 위기를 모면하기도 했다.

시간은 그의 편

광야에서 헤매던 동안 다윗은 필사적이었다. 그는 상황이 매우 나빴던 때에도 자신이 왕이 될 거라는 하나님의 약속을 믿고 있었다. 그는 하나님의 타이밍을 기다렸다. 사람들은 타이밍에 대한 감각을 지니는 것이 지도력에 있어서 필수조건이라고 말한다. 우리는 언제 용감하게 행동할지 그리고 언제 끈기있게 기다려야 할지를 알아야 한다. 그리고 언제 굴복하고 언제 버틸지 알아야 한다. 다윗은 하나님이 모든 일을 이루신다는 사실을 신뢰했기 때문에 타이밍에 대한 중요한 감각을 가지고 있었다.

묵상

무엇이 당신을 초조하게 만드는가? 다윗의 생애를 통해 당신은 인내에 대해 무엇을 배울 수 있는가?

사무엘하

서론
다윗 왕의 생애

양치기에서 왕이 되기까지

내가 너를 목장 곧 양을 따르는 데에서 데려다가 내 백성 이스라엘의 주권자로 삼고(삼하 7:8).

성경에 가득한 여러 강력한 인물 가운데 다윗과 비견될 사람은 없다. 그의 삶은 인상적인 이미지들이 번쩍이는 회오리바람과 같다. 우리는 하프를 타고, 시를 쓰며, 전투에서 싸우고, 미친 척하며, 하나님을 찬양하기 위해 즐겁게 춤추는 그를 만날 수 있다. 그리고 가장 친한 친구가 죽었다는 소식을 듣고 그가 눈물을 흘리는 모습과 밧세바가 목욕하는 장면을 지붕에서 탐심을 품고 응시하는 모습, 그리고 간음과 살인을 저지른 그를 질책하며 손가락을 들이대는 나단 앞에서 자인하는 모습도 볼 수 있다. 또한 우리는 어린 자식의 생명을 구해 달라고 하나님께 부르짖는, 죄책감을 느끼며 고뇌에 찬 그의 목소리를 들을 수 있으며, 살인을 저지른 아들에 의해 예루살렘 밖으로 쫓겨가며 고개 숙인 다윗의 모습을 볼 수 있다.

다윗은 수많은 위기를 만났으나 언제나 회생했다. 그는 하나님에 대해 열정적인 신뢰를 유지했다. 사무엘상 · 하는 그를 흠 없는 인물이나 힘과 용기를 지닌 완벽한 인물로 묘사하지는 않는다. 다윗에게도 뚜렷한 결점이 있었다. 그러나 그는 이스라엘 민족에게 매력적인 사람이었던 것처럼 우리에게도 매력적인 사람이다. 그는 우리 안에 완전히 매력적인 사람으로 살아 있다. 그가 선악 간 무엇을 행했던 간에, 그는 전력을 다했다. 하나님을 사랑할 때에도 그는 온전히 사랑했다.

전쟁의 상처를 치유함

사무엘상이 다윗의 어린 시절과 그의 오랜 방황을 다루고 있다면, 사무엘하는 왕으로서 자신의 백성을 다스리고 통합하며 북돋우는 다윗의 모습에 초점을 맞춘다. 광야에서의 그의 생활은 끝났다. 이제 다윗에게는 왕으로서의 질적으로 다른 지도력이 필요했다.

다윗은 갈갈이 찢긴 나라를 승계했다. 그를 따르는 남부 사람들은 그를 왕으로 인정했다. 그러나 배후에 막강한 장군이 있었던 사울의 아들이 왕좌를 노리고 동족 간의 전쟁을 일으켜 음모와 살인, 반역으로 얼룩진 추한 내란이 뒤따랐다.

비록 다윗의 경쟁자는 제거되었지만 그 후에도 평화를 유지하기는 쉽지 않았다. 다윗이 전쟁의 상처를 아물게 하지 않는다면 북부 사람들의 가슴에는 분노가 사무치게 될 것이었다. 다행스럽게도 다윗은 이 문제를 깨끗하게 해결하는데, 그 모습 속에서 우리는 그의 지혜와 강직함을 엿볼 수 있다. 그는 자신의 옛 주인을 배반하고 자신의 은총을 바랐던 살인자들을 모두 처벌했으며, 상대의 죽음에 대해 진심으로 애곡함으로써 그들에 대한 존경심을 나타냈다. 그렇게 해서 다윗은 드디어 모든 백성의 왕이 되었다. 북부의 지파들도 그의 지도력하에 들어와 그에게 자신들을 복속시켰다(삼하 5:1-3).

다윗이 다음으로 한 일은 예루살렘을 손에 넣는 것이었다. 사람들은 그 일이 불가능하다고 이야기했다. 왜냐하면 산지로 된 예루살렘은 난공불락의 요새였기 때문이다. 그러나 다윗은 그 성을 점령해 새로운 정치적, 종교적 수도로 삼았다. 북쪽과 남쪽의 경계에 자리잡은 예루살렘은 하나님을 믿는 신앙에 기초하는 새로운 국가적 단결을 상징했다.

하지만 그것은 시작에 불과했다. 다윗은 통일 왕국을 이뤄 그들이 꿈조차 꾸지 못한 일을 성취했다. 바로 그 두려운 블레셋 군을 일시에 완전히 패퇴시킨 것이다. 그로 말미암아 늘 주변국들에 위협받던 이스라엘 민족이 안전해졌다. 그리고 국경의 안전이 확보됨에 따라 교역이 증대되어 이스라엘은 부강해졌다(다윗의 아들 솔로몬은 이로부터 대부분의 부를 수확한 것에 불과하다). 다윗은 백성들에게 사랑받는 왕이 되었다.

살인자 및 간음자

그러나 다윗의 통치기간 중에는 아니러니한 비극도 있었다. 사무엘하는 이를 전혀 윤색하지 않았다. 다윗은 나라는 잘 다스렸을지 몰라도 자식들은 잘 다스리지 못했다. 그는 자식을 거의 돌보지 않았고, 그 결과 철없는 아들 압살롬이 반란을 일으켰을 때에는 그가 이룩한 모든 업적이 거의 수포로 돌아가는 것 같았다. 사무엘하는 그의 결점을 감추려 하지 않고 다윗을 살인자이자 간음자이며 잔인한 지도자로 묘사한다.

그럼에도 그는 이스라엘 역사상 가장 위대한 왕이었다. 그가 가장 비참한 처지에 놓였을 때에도 그의 위대함은 드러났다. 그는 적에게 결코 앙심을 품지 않는 사람이었다. 즉 모든 잘못을 전적으로 자신의 것으로 인정했다. 그는 왕이었지만, 자신이 한낱 양치기에 불과했다는 것을 잊지 않았다. 그리고 양치기에서 하나님의 은혜로 왕의 자리에까지 오르게 되었다는 것도 잊지 않았다. 그는 자신에게 이러한 권력을 주신 분도 하나님이시고, 또 빼앗아 가시는 분도 하나님이심을 잘 알고 있었다.

하나님에 대한 사랑과 하나님이 베풀어주신 놀라운 은총에 대한 깨달음으로 다윗은 하나님이 원하시는 이스라엘을 자신의 몸으로 구현해냈다. 모든 진실한 지도자와 마찬가지로 다윗은 업적에 의해서만 아니라 그의 사람됨에 의해 그 나라를 부강하게 만들 수 있었다.

본론
간음과 살인

왕은 마음대로 할 수 있었다. 아니면 적어도 그렇게 할 수 있다고 생각했다

> 다윗이 그 사람으로 말미암아 노하여 나단에게 이르되 여호와의 살아 계심을 두고 맹세하노니 이 일을 행한 그 사람은 마땅히 죽을 자라 … 나단이 다윗에게 이르되 당신이 그 사람이라(삼하 12:5, 7).

최고위층 사람들이 법률을 만드는 것은 고대로부터 내려오는 전통이다(그래서 그들은 법률에 근거해 살지 않아도 된다). 역사상 많은 지도자들이 이 전례에 따라 자신들이 원하는 여자나 돈, 특전 등을 취할 수 있었다.

따라서 아무도 다른 사람의 아내와 동침한 다윗의 권한에 도전할 사람은 없었다. 다윗은 밧세바를 보았고 그녀에게 몸이 달아 사람을 보냈다. 그리고 우리가 아는 한 그의 하인이나 밧세바는 이에 아무런 이의를 제기하지 않았다. 하지만 그녀가 임신하자 문제가 심각해졌다. 그때 밧세바와 결혼할 마음까지는 없었던 다윗은 자신이 곤경에 빠졌음을 깨달았다. 그래서 그녀의 남편 우리아를 전쟁터에서 불러 집에 가서 아내와 동침하게 함으로써 그 아이가 자기 자식이라는 사실을 감추려 했다.

하지만 우리아가 우직하게도 자기의 의무를 다하는 충직한 사람이었기 때문에 다윗의 계획은 수포로 돌아갔고, 결국 다윗은 이런 우리아를 살해했다. 그러나 이에 대해서도 이의를 제기하는 사람은 아무도 없었다. 왜냐하면 왕은 자신이 원하는 것은 무엇이든지 다 가질 수 있었기 때문에 누구도 왕의 행동에 이의를 제기한다는 것은 있을 수 없는 일이었다. 우리아를 죽이기 위해서는 다른 충성스런 부하들도 잃어야 했으나, 다윗은 이 일을 아무렇지 않게 여겼다. 그는 자신의 권력에 힘입어 얼음과 같이 싸늘하고 거만한 최악의 상태에 있었다.

애도의 기간이 끝나고 밧세바가 그의 궁전으로 들어왔으며, 그는 그녀와 결혼했다. 선량한 많은 백성들이 무슨 일이 일어났었는지를 짐작할 수 있었을 것이다. 적어도 그의 하인은 틀림없이 이 일의 전모를 알고 있었을 것이다. 그러나 성경에는 그들 중 누구도 기분 나빠한 사람이 있었다고 기록하고 있지 않다. 다만 "다윗이 행한 그 일이 여호와 보시기에 악했더라"(삼하 11:27)고 기록할 뿐이다.

누가 왕에게 도전할 것인가?

누가 왕에게 도전할 용기와 권위를 가지고 있었을까? 인근 국가에서는 그러한 사람을 찾아볼 수 없었다. 그러나 이스라엘에는 분명히 있었다. 왜냐하면 이스라엘의 궁극적인 왕은 다윗이 아니라 하나님이시기 때문이다. 그래서 하나님은 다윗이 큰 죄를 저지른 후 자신의 대변인인 나단 선지자를 다윗에게 보내셨다.

나단은 권력을 남용한 어떤 부자에 관한 사건을 이야기함으로써 현명하게도 다윗을 함정에 빠뜨렸다. 다윗은 그러한 사건에 대해 어떤 판결을 내려야 할지를 정확하게 알고 있었다. 다윗이 "그 사람은 죽어 마땅하다!"라고 말했을 때 나단은 다윗이 스스로 한 판단을 되먹였다. "당신이 바로 그 사람이다."

이 극적인 장면에서 다윗의 위대함이 드러난다. 그는 자신의 잘못을 들추어낸 나단을 쉽게 죽일 수도 있었다. 그렇지 않으면 대수롭지 않게 웃어버린 뒤 그를 궁정 밖으로 쫓아낼 수도 있었다. 그러나 다윗은 나단에게 "내가 여호와께 죄를 범했노라"(삼하 12:13)고 자백했다. 이렇게 함으로써 그는 하나님이 이스라엘의 진정한 왕이라는 것을 인정했다.

나단과 다윗의 대결은 왕과 선지자 사이의 수세기에 걸친 알력을 단적으로 보여 주는 예다. 구약의 선지자는 왕이 죄악을 행하면 자신의 목숨을 걸고 궁전으로 가서 하나님이 벌주실 것이라는 사실을 전해야 했다. 그러나 태어나면서부터 막강한 부와 권력을 누려 왔던 왕들은 이들의 말을 거의 귀담아 듣지 않았다. 하지만 다윗은 그러지 않았다. 그는 진리와 마주치면 자신의 죄를 회개하는 데 주저하지 않았다.

묵상

무엇이 당신의 결정에 영향을 미치는가? 당신 자신의 욕구인가, 아니면 하나님의 뜻인가? 당신이 최근에 내렸던 결정을 생각해 보고 이 질문에 적용해 보라.

암과 같이 퍼지는 죄

처음에는 다윗에게, 그다음에는 가족에게, 마침내는 국가 전체에까지

내 아들 압살롬아 내 아들 내 아들 압살롬아 내가 너를 대신하여 죽었더면 압살롬 내 아들아 내 아들아 했더라(삼하 18:33).

죄, 많은 사람들이 이것을 교통 범칙금 통지서쯤으로 생각한다. 너무 많이 받으면 경찰이 당신을 체포하거나 당신의 면허를 취소할 것이다. 그러나 여기저기서 받은 한두 장쯤은 문제가 되지 않는다.

하지만 성경은 죄를 암세포보다 더 심각하게 생각한다. 여기저기 한두 군데 암세포가 생겨났다면 그야말로 생사의 갈림길에 서게 되는 것이다. 왜냐하면 암세포는 자라고, 증식하고, 퍼져 나가기 때문이다. 그래서 생명을 구하기 위해서는 대대적인 수술이 필요할지도 모른다.

사무엘하 11~20장은 암이 퍼져가는 것과 같이 악화되어 가는 역사를 다루고 있다. 처음에 다윗은 지상에서 제일 높은 위치에 있었으며, 이스라엘도 그러했다. 내전이 끝나고 다시 평화가 깃들었으며, 이스라엘은 전대미문의 번영기에 들어서고 있었다. 그리고 하나님은 다윗의 자손이 영원히 이스라엘을 통치할 것이라고 약속하셨다. 그런 상황에서 다윗이 더 바랄 것이 무엇이겠는가. 아마도 나머지 생애는 축복의 연속이라고 생각했을 것이다.

암이 자라다

그러나 그러한 축복은 시작도 하지 못했다. 어느 날 밤 다윗은 우연히 밧세바의 아름다운, 벌거벗은 몸을 보게 되었고, 충동적으로 그녀를 궁으로 불러들였다. 그리고 이 일을 무마하기 위해 살인을 저질렀다. 누구도 그것이 추악한 일이 아니었다고 부정하지 못할 것이다. 심지어 나단이 죄를 지적했을 때에는 다윗 자신도 그것을 인정했다. 하지만 어쨌건 그 일은 곧 끝났다. 그는 회개했고, 밧세바와 결혼했으며, 다시는 그러한 유혹에 빠지지 않았다.

그러나 죄악의 결과는 아직 끝난 것이 아니었다. 다윗도 모르는 사이에 죄는 그의 가족 내에서 암처럼 자라고 있었다. 다윗의 장자 암논도 여자 문제를 일으켰다. 자신의 배다른 누이 다말을 꾀어 침실로 불러들이고는 억지로 그녀를 범했던 것이다. 그리고 그런 다음, 그녀를 헌신짝 버리듯이 내동댕이쳤다.

이에 다윗은 분노했지만, 자신이 그러한 죄를 저질렀기 때문에 도덕성을 가지고 그를 꾸짖을 수가 없었다. 그래서 그는 아들에게 아무런 벌도 내리지 못했다. 율법에 따르면(레 18:9, 29) 암논은 추방되어야 마땅했으나 방면되었던 것이다. 다윗은 그 일이 잊혀지기를 바란 듯하다.

냉혈한

그러나 이 일은 단순하게 끝나지 않았다. 압살롬은 누이동생이 겁탈당한 일을 복수하기 위해 만 2년을 기다렸으며, 계획적으로 암논을 살해했다. 이 일로 또 다시 다윗은 슬퍼했으나 이번에도 아들에게 벌은 거의 주지 않았다. 아마도 그는 암논의 죽음을 슬퍼하면서 동시에 자신의 책임을 통감했을 것이다. 3년 후 다윗은 별다른 벌을 내리지 않고 압살롬을 예루살렘으로 돌아오도록 했다. 그로부터 2년 뒤 압살롬이 화가 나서 사형선고를 내리든지 궁으로 그를 받아주든지 하라고 요구했을 때, 다윗은 그에게 입맞춤하고 죄를 완전히 사면해 주었다.

다시 한번 암세포는 없어진 듯 했으나 역시 완전히 제거된 것은 아니었다. 보이지 않게 계속 자라고 있었다. 세월이 흐르면서 점점 거만해진 압살롬은 나이 많은 아버지보다 백성들에게 더 큰 인기를 얻으려고 본격적인 활동을 펼쳐 백성들의 마음을 사로잡았으며, 4년 뒤 인기가 올라가자 쿠데타를 실행에 옮겼다. 이에 완전히 기습을 당한 다윗은 예루살렘에서 광야로 쫓겨났다.

그 충격은 다시 한번 다윗을 각성시킨 듯하다. 비록 망연자실하여 울면서 성을 떠났지만, 그는 현명한 계획을 세울 정도로 지략이 뛰어난 사람이었다. 그래서 압살롬과의 최후의 전투에서 다윗의 군대가 승리해 예루살렘으로 다시 돌아오게 되었고, 압살롬은 전투 중에 죽임을 당했다.

아들을 위해서 울다

압살롬의 패배는 왕으로서 커다란 승리를 의미했지만 아버지로서는 끔찍한 비극이었다. 아버지로서 겪을 수 있는 최악의 사태가 일어난 것이다. 아들이 아버지인 자기를 죽이려고 했으며, 그 와중에 도리어 아들이 죽고 말았던 것이다. 다윗이 아들의 죽음에 눈물을 흘리자, 요압 장군이 이런 왕의 행동은 왕을 위해 싸운 군사들을 모욕하는 것이라고 제지를 해 그때서야 비로소 아들의 죽음에 대한 애도를 그쳤다.

그리고 다윗은 다시 한번 몸을 추스려 흐트러진 왕국의 질서를 점차 회복시켜 나갔다. 그는 자신을 지지했던 사람들에게 그에 맞는 보상을 했을 뿐 아니라 자신을 반역했던 지파의 지도자에게도 화해의 말을 건넸다. 그는 어떤 반역 행위에도 복수하지 않았으며, 일을 명백하고 공정하게 처리했다. 그 후 두 번째 반역이 일어났으나 곧 진정되었다. 암은 점점 쇠퇴하는 것 같았다.

그러나 그것으로 끝이 아니었다. 다윗의 생애 동안에는 더 이상의 반역이 일어나지 않았으나 그가 죽은 후에 왕위에 오른 솔로몬이 자신의 왕위를 노리는 형제를 살해하는 일이 발생했다(왕상 2:25). 그리고 솔로몬의 통치 후에 해묵은 지파 간의 긴장이 재발해 다윗이 그토록 애써 통합하고자 했던 북부와 남부가 세금 문제 때문에 다시 분열됐다(왕상 12장). 이 모든 것은 지도자가 지은 죄로 말미암아 일어난 결과일 것이다. 그의 암은 그 자신만 괴롭힌 것이 아니라, 그가 다스리는 모든 것에 영향을 주었고, 그의 업적을 훼손했다.

묵상

많은 사람들은 어떤 시점에서 그들의 순탄한 생애가 붕괴되는 것을 깨닫는다. 다윗이 했던 것처럼 이를 다시 회복시킬 방안은 무엇이겠는가?

열왕기상

서론
모든 것을 소유했던 사나이

당대에 가장 현명하고, 부유하며, 성공적인 삶을 살았던 사람

> 만일 너희나 너희의 자손이 아주 돌아서서 나를 따르지 아니하며 내가 너희 앞에 둔 나의 계명과 법도를 지키지 아니하고 가서 다른 신을 섬겨 그것을 경배하면 내가 이스라엘을 내가 그들에게 준 땅에서 끊어 버릴 것이요 내 이름을 위하여 내가 거룩하게 구별한 이 성전이라도 내 앞에서 던져버리리니(왕상 9:6-7).

열왕기상 전반부는 수월하게 인생을 산 한 사람에 관해 기술하고 있다. 다윗 왕과 밧세바 왕비의 아들인 어린 솔로몬은 궁정에서 자라났다. 어렸을 때 그는 작곡과 박물학에 재능을 보여 많은 사람들을 놀라게 했다. 그는 1,005곡의 노래를 작곡했으며 3,000개의 금언을 지었다(그들 중 일부는 잠언에 수록되어 있다).

솔로몬은 이스라엘의 왕이 되었으며, 하나님으로부터 지혜라는 특별한 선물을 받았다. 그는 세계에서 가장 현명한 사람으로 여겨져 그를 만나려는 왕과 여왕들이 수백 마일을 여행해 왔다. 그리고 그들은 이스라엘 왕의 지혜와 국가의 번영에 경탄하며 돌아갔다.

최고의 번영기

이스라엘은 솔로몬 왕의 통치하에 황금기를 맞이했다. 지금도 유대인들은 그 시절에 향수를 느끼며 그때를 그리워하고 있다. 왜냐하면 그때에는 하나님이 약속하신 땅의 대부분이 이스라엘의 수중에 있었으며, 나라는 평온했고, 예술과 문화가 꽃피었기 때문이다. 그 시대의 생활상에 대해 성경은 "먹고 마시며 즐거워했으며"(왕상 4:20), "왕이 예루살렘에서 은을 돌 같이 흔하게 하고"(왕상 10:27) 등으로 표현하고 있다.

솔로몬의 모든 치적 가운데 다른 것보다 특히 두드러진 것은 그 당시 세계에서 가장 멋진 건물인 하나님의 성전을 지은 것이다. 그 성전을 완성하기 위해 약 200,000명의 사람이 7년 동안 일해야 했다.

그러나 솔로몬의 통치가 이토록 성공적이었음에도 그의 생애 후반은 타락으로 얼룩지게 된다. 그리고 그의 타락은 왕국의 쇠퇴를 가져왔으며, 결국 열왕기상 후반에 묘사된 것처럼 국토 분할의 비극을 초래했다.

무엇이 잘못되었는가?

어떻게 그런 일이 일어날 수 있었는가? 어떻게 가장 활기차고 부강했던 한 국가가 한 세대도 안 되어 그렇게 비참하게 쇠퇴할 수 있었는가?

열왕기상이 기술하고 있는 것처럼 솔로몬에게는, 그가 가지고 있는 부와 권력을 조절할 수 있는 능력이 없었다. 그는 궁정에 파묻혀 쾌락을 즐겼다. 이스라엘이 최초의 해양 탐험을 했을 때 그는 금과 상아, 원숭이, 공작, 은 등 이국적인 것들을 수집했다. 그는 좋은 삼나무와 상아로 된 성전 바닥을 금으로 덧입혔으며, 군사적으로는 쓸모없는 금으로 방패를 장식했다. 열왕기상은 성전을 7년간 건축한 기사를 아주 자세하게 묘사하고 있지만, 그다음에는 의도적으로 성전의 두 배에 달하는 솔로몬의 궁전을 13년에 걸쳐 건축한 사실을 기술하고 있다(왕상 7:1).

솔로몬의 무절제는 그의 애정생활에서도 드러났다. 첫째로 그는 애굽 바로의 딸과 결혼했다(이는 그가 나라를 방어하기 위해 하나님보다 군사적 동맹에 의존하고 있었다는 것을 보여 준다). 그런 다음 하나님의 특별한 명령을 어기면서까지 모압, 암몬, 에돔, 시돈, 그리고 다른 나라의 공주들과 결혼했다. 그는 전부 700명의 처에 300명의 후궁을 거느렸으며, 그에 따라 궁정의 전체 외관도 바뀌갔다. 궁정은 점차 반유대적이며 이국적인 것이 되어갔으며, 그는 끝내 자신의 아내들을 즐겁게 하기 위해 두려운 일을 저지르고 말았다. 자신의 아내들 나라의 신을 위해 산당을 지어 준 것이다. 그는 하나님을 위해 이스라엘의 가장 큰 성전을 건축했던 사람이었지만, 우상숭배를 할 정도로 타락하고 말았다.

나라에 가득한 불만

건축공사를 뒷받침하기 위해 솔로몬은 이스라엘의 첫 번째 국세 제도를 확립했다. 그는 공사를 하기 위해 인부들을 징발하고는 그들을 실제적인 노예로 부렸다. 그리고 공사비가 늘어나자 약속의 땅 중 북부 성읍 일부를 다른 나라 왕에게 떼어 주었다(왕상 9:10-14). 이에 이스라엘 북부와 남부에서 백성들의 불만이 들끓었다.

하지만 무엇보다도 큰 문제는 이스라엘 백성들을 하나님과 분리시키는 죄악이었다. 전에는 이스라엘 백성들이 그들의 지도자로 하나님을 우러러 보았으나 이제는 예루살렘에 있는 왕으로 그 초점을 바꾸었다. 심지어 솔로몬은 나라의 비공식적인 종교 지도자로 군림했으며, 따라서 그가 타락해갈 때에는 나라도 위태로워질 수밖에 없었다.

솔로몬은 부와 권력, 지혜와 같은 갖가지 이점을 가지고 시작했으나, 열왕기상이 "솔로몬이 여호와의 눈앞에서 악을 행하여 그의 아버지 다윗이 여호와를 온전히 따름 같이 따르지 아니하고"(왕상 11:6)라고 기술하는 것처럼 비극적인 결론에 도달했다.

솔로몬은 일찍이 살았던 어떤 사람보다 더 뛰어나려는 욕망으로 가득 차 있었던 것 같다. 그렇기 때문에 그는 하나님을 자신의 인생의 중심에 모시는 데 실패했다. 그는 역사상 불멸의 명성을 얻었으나 부정적인 면에서도 그러했다. 예수 그리스도는 들에 야생으로 자라는 백합을 가리키며 솔로몬과 영광만을 좇는 그의 노력을 최종 판단하셨다. “솔로몬의 모든 영광으로도 입은 것이 이 꽃 하나만 같지 못했느니라”(마 6:29).

본론
나라가 분할되다

반란이 내전이 되다

항상 전쟁이 있으니라(왕상 14:30).

열왕기상 12장은 이스라엘의 국가적으로 중대한 전환기를 나타내고 있다. 120년간 사울과 다윗, 솔로몬은 통합된 권력에 확장된 국경, 그리고 강력한 왕국을 유지했다. 그러나 솔로몬이 죽은 직후 북부에 잠재되어 있던 적의가 마침내 폭발해 북부 지파들이 그들 자신만의 나라를 세우기 위해 갈라져 나갔다.

한 나라에서 두 나라로

열 지파가 여로보암 밑에서 연합하여 이스라엘이라고 불리는 북 왕국을 세웠다. 유다와 베냐민 두 지파만이 예루살렘에서 솔로몬의 후계자 편에 남아 있었다. 이들 남부 사람들은 나라 이름을 유다라 하고 성전이 있는 예루살렘을 수도로 삼았다. 그때부터 연합국가로서의 이스라엘은 존재하지 않게 되었다. 북부의 반란으로 이스라엘에는 끔찍한 내란이 그치지 않았으며, 무려 50년간이나 남북의 전쟁은 지속되었다. 평화 협정을 맺었음에도 전쟁은 재발했다.

열왕기서는 양 국가의 역사를 기록하고 있다. 북부 이스라엘과 남부 유다 사이에서 장면이 교차된다. 이것은 내전 중에 있던 미국의 역사를 기술하던 방식과 비슷한데, 우선 북부의 사건을 기술하다가, 그다음에는 같은 시기에 남부에서 무슨 일이 일어났었는지를 묘사하는 식이다.

이 책은 우리에게 양국의 모든 역사를 소상히 전하려는 목적을 갖고 있지 않다. 그러려면 왕과 왕비에게 초점이 맞춰져 있어야 한다. 이 책은 하나님과의 언약의 수호자로서 왕과 왕비의 영적인 상태를 기록하고 있을 뿐이다. 왕이 가는 대로 나라도 그렇게 가기 마련이었다. 그래서 이 책은 각 통치자에 대한 업적을 간략하게 요약한 뒤 보통 끝에 한 줄로 그에 대한 평가를 기록했다. 다윗처럼 행한 자는 "여호와 보시기에 정직히 행했다"라고 평가되나, 북방의 여로보암처럼 행한 자는 "이스라엘로 범죄케 했다"라고 평가되었다.

북 왕국: 끊임없는 쇠퇴

북쪽의 지파들은 솔로몬 통치의 월권을 일부 바로잡기 위한 개혁운동의 일부분으로써 독립을 했다. 그러나 아이러니하게도 첫째 왕 여로보암에서 시작된 이스라엘의 역대 왕은 하나님 보시기에 바르게 행하지 못했다. 열왕기서는 모든 북 왕국의 왕을 비난하고 있다.

북 왕국의 왕은 그들의 종교에 우상숭배를 도입했고, 타락한 정치를 펼쳤다. 그들은 최초의 반란을 촉발시킨 모든 강압적인 방법, 즉 과도한 세금, 선지자 억압, 권력 남용 등을 채택해 자신들의 정치에 반영했다. 19명의 왕 중에서 8명이 살해당했거나 자살했으며, 그중 시므리는 단지 7일 동안밖에 왕위에 있지 못했다.

그 가운데 최악의 통치자였던 아합 왕과 이세벨 왕비는 감히 이스라엘에 바알 우상을 들여왔다. 이때가 이스라엘이 가장 영적으로 타락한 시기였으며, 그 결과 악의 상징이 여로보암에서 아합으로 바뀌게 되었다. 오늘날 무자비한 폭군을 히틀러에 비유하듯이 후대의 악한 왕은 '아합'으로 불렸다. 이스라엘이 장래에 멸망할 것은 명백한 사실이었다. 아합과 이세벨 이후 북 왕국은 사실상 없어진 것과 다름없었다.

남 왕국: 기막히게 뒤틀린 역사

개혁운동의 결과 태동한 북 왕국 이스라엘이 재앙으로 치닫는 동안, 남 왕국 유다의 두 지파는 하나님께 보다 신실한 태도를 유지했다. 그중에는 좋은 왕이 적어도 몇 명은 배출되었다. 그리고 다른 나라들이 유다의 약함을 노리고 예루살렘을 강탈하려 했으나 나라는 빼앗기지 않았다.

유다에서도 우상숭배는 성행했으나 북 왕국처럼 심한 것은 아니었다. 예루살렘 성전은 진정한 하나님을 예배하는 믿음의 강력한 상징으로 남아 있었으며, 몇 세대마다 하나님을 두려워하는 신실한 왕이 나타나 선왕이 세운 위험한 우상들을 없애기도 했다. 악한 통치자보다 선한 왕들이 더 오래 살았다.

250년 이내에 북 왕국 이스라엘은 멸망하고 말았다. 유다는 외부의 침입자에 의해 멸망될 때까지 135년을 더 견뎠다. 어떤 의미에서 그들의 운명은 최초의 분할시기에 이미 결정난 것인지도 모른다. 선지자 이사야는 분열이야말로 그들 민족에게 내려진 최악의 재앙이었다고 상기시킨 바 있다(사 7:17).

묵상
당신은 가족이나 교회, 학교 내에서 지도자가 제대로 그 역할을 하지 못해 분쟁이 극도로 악화되는 것을 본 적이 있는가? 있다면 그럴 때 노골적인 분쟁 외에 어떤 대안이 있을 수 있겠는가?

대결

1:850

엘리야가 모든 백성에게 가까이 나아가 이르되 너희가 어느 때까지 둘 사이에서 머뭇머뭇 하려느냐 여호와가 만일 하나님이면 그를 따르고 바알 이 만일 하나님이면 그를 따를지니라(왕상 18:21).

성경에서 이보다 더 극적인 장면은 찾아보기 힘들 것이다. 악의 세력과 선의 세력이 정면충돌했다. 〈스타워즈〉 같은 영화에서 볼 수 있듯이 신화를 만든 사람들은 우주적인 대결을 꿈꿔 왔다. 그러나 열왕기상 18장의 사건은 그렇지 않다. 그날에, 광야의 선지자인 엘리야는 홀로 왕과 수백 명의 기세등등한 제사장들과 맞대결을 했다.

엘리야는 이미 3년 전에 등장했다. 그는 갑작스럽게, 아무도 모르는 곳에서 유령처럼 나타나 풍족한 사마리아의 지붕 덮힌 길을 활보했다. 검은 약대 털옷을 입은 그의 모습은 흰색의 면으로 된 제복과 뾰족한 모자를 쓴 바알의 사제들의 모습과는 대조적이었다. 그는 재앙에 대한 단순하고 인기 없는 예언을 했다. "내 말이 없으면 수 년 동안 비도 이슬도 있지 아니하리라"(왕상 17:1). 이는 바알이 날씨를 좌우한다고 믿고 있는 바알의 추종자들을 향한 직접적인 도전이었다.

엘리야는 이 메시지를 전하고는 사라졌다. 엘리야 자신만이 비를 내릴 수 있는 능력을 가지고 있었기 때문에, 3년 동안 그는 이스라엘의 수배범이 되었다. 그는 18장에서 사마리아로 되돌아왔다.

엘리야의 대결

이스라엘은 기로에 서 있었다. 다른 왕들은 이스라엘의 종교에 우상숭배를 도입했으나 아합 왕과 이세벨 왕비는 한술 더 떴다. 그들은 진정한 하나님에 대한 모든 경배를 폐하려고 했다.

그들에게는 엘리야 선지자가 적합한 상대역이었다. 그의 이름은 '여호와는 나의 하나님이시라'는 뜻이었다. 그는 진정한 하나님이 누구인지를 결정하게 될 궁극적인 대결을 제안했다. 열왕기상은 놀리며 비꼬는 듯한 어투로 제사장들의 필사적인 행동을 자세히 기록하고 있다. 결국 그것은 대결이 되지 못했다. 하나님이 막강한 힘을 극적으로 드러내셨다.

이스라엘의 모든 선지자 가운데 엘리야가 가장 화려하다. 그는 침체와 자기 의심의 시기에 고난을 겪었으나, 위기의 순간에 뛰어난 용기를 발휘했다. 갈멜 산 상의 기적은 앞으로 진행될 본격적인 드라마의 서막에 불과했다. 엘리야는 성경의 역사상 가장 많은 기적을 일으킨 사람으로, 하나님은 엘리야를 통해 북 이스라엘에게 경고를 발하고 계셨다.

이스라엘의 진정한 영웅

열왕기서는 하나님의 기름 부음을 받은 지도자의 역사를 기록하는 것으로 시작한다. 그러나 통치자와 제사장들이 타락해가자, 이제는 엘리야와 같은 선지자들에게 더 관심을 두기 시작한다. 그들은 이제 이스라엘의 진정한 영웅으로 등장한다.

이스라엘 역사에서 선지자들은 단순한 설교자나 시인이 아니었다. 그들은 말과 행동으로 하나님의 능력을 나타내는 통로였으며, 선악 간 투쟁의 최전선에서 활동했다. 시간이 지남에 따라 선지자의 중요성은 점점 커져 때로는 왕보다 중요하게 부각되기도 했다. 그래서 왕 중에는 더러 기록이 남아 있지 않은 왕도 있었지만, 선지자가 한 메시지는 남아 있었다.

광야의 소리

그들이 궁정에서 종사하든지, 혹 광야에서 방황하든지 간에 진정한 선지자는 하나님께만 충성했다. 그리고 그들은 왕에게 아첨만 하는, 왕에게 고용된 거짓 선지자를 꾸짖기도 했다.

모든 선지자가 문서화된 메시지를 남긴 것은 아니었지만(예를 들어 엘리야와 엘리사도 그러지 않았다), 남아 있는 선지서들은 구약의 열일곱 권의 책을 형성하고 있으며, 그 대부분이 열왕기상 · 하에 묘사된 기간 내에 일어난 일들을 기록하고 있다.

선지자는, 세상에서 자신의 뜻을 성취하기 위해 역사 안에서 일하시는 하나님을 이야기한다. 때로 하나님은 잠잠하신 것처럼 보이기도 하지만, 때로는 서서히 신비스러운 방법으로 일하시기도 한다. 그리고 때로는 자신의 힘을 펼쳐 보이기 위해 극적으로 개입하시기도 한다. 하나님이 그러한 일을 행하실 때, 선지자는 갈멜 산의 엘리야처럼 사건의 중심에 있게 된다.

묵상

오늘날에는 누가 '선지자'의 역할을 하고 있는가?

열왕기하

서론
이스라엘의 대전

약속의 땅이 피비린내 나는 전쟁터로 변하다

여호와께서 이르시되 내가 이스라엘을 물리친 것 같이 유다도 내 앞에서 물리치며 내가 택한 이 성 예루살렘과 내 이름을 거기에 두리라 한 이 성전을 버리리라 하셨더라(왕하 23:27).

열왕기하는 약속의 땅에 있었던 암흑 시대를 기록하고 있다. 우선 북 왕국 이스라엘이 외부 침입자들의 수중에 떨어졌다. 그리고 그다음으로 남 왕국 유다가 정복당했다.

유다 역사에서 이 두 사건이 의미하는 바를 파악하려면 우리 시대에 일어났던 대전(大戰)을 상기해 보는 게 도움이 될 것이다. 1918년 역사상 가장 많은 피를 흘린 전쟁(제1차 세계대전)이 끝났다. 지구 상의 모든 나라가 편을 갈라 싸운 결과 9백만 명의 병사들이 죽음을 맞이했다. 생존자들은 이 대전의 잔인성과 파괴에 비견할 만한 일은 다시 일어나지 않을 것으로 생각했다. 그래서 그들은 이 대전을 '모든 전쟁을 끝내기 위한 전쟁' 이라고 불렀다.

그러나 채 20년이 지나지 않아 아돌프 히틀러라고 하는 사람이 제2차 세계대전을 다시 일으켰고, 그 결과 서구 런던에서부터 동양 일본까지 전운이 온 세계를 휩쓸었다. 이 전쟁은 미래의 불길한 조짐을 나타내는 원자폭탄의 버섯구름으로 막을 내렸다.

역사의 두 가지 치욕

어떤 일이 더 일어나건 간에 20세기는 이와 같은 제1차 및 제2차 세계대전이라는 두 가지 치욕으로 영구히 얼룩지게 되었다. 예술, 문학, 과학과 의학의 진보와 같은 다른 것들은 이들 전쟁의 배후에 파묻히게 되었다.

열왕기하가 전하고 있는 것처럼 신정국가 이스라엘에서도 이와 유사한 일이 일어났다. 두 번에 걸친 외부 국가의 침략으로 커다란 치욕이 그 땅을 뒤덮었다. 유다의 장구하고 혼돈스런 역사 가운데 이 두 번의 침입은 대전으로 기록될 만하며, 이로 인해 나머지 것들은 그 빛을 상실하고 만다.

북 이스라엘이 먼저 멸망하다

열왕기상이 서술하고 있듯이 왕국은 이미 둘로 갈라졌다. 후속편인 열왕기하는 점증하는 비극을 묘사한다.

제일 첫 번째 장에서부터 당신은 북 왕국에서의 절박한 위기를 느낄 수 있다. 왕들은 모두 하나님의 말씀에 불순종했다. 국내 정치는 음모와 피비린내 나는 반란으로 얼룩졌다. 엘리야와 엘리사 선지자는 왕에 대한 비난의 강도를 높이며, 기적도 자주 일으켰다.

이스라엘 역사상 제1차 세계대전에 비할 수 있는 앗수르와의 전쟁은 열왕기하 15~18장에 기록되어 있다. 그 시대에 관한 다른 기록을 보면 치열한 전쟁이 있었음을 알 수 있다. 이스라엘의 수도인 사마리아는 포위되었음에도 2년 동안이나 버텼다. 그러나 마침내 아사 직전의 생존자들이 항복했고, 이스라엘 민족은 포로가 되어 잡혀갔다.

약속의 땅에는 단지 이스라엘의 두 지파만이 남아서 작은 남 왕국 유다를 지키고 있었다. 앗수르의 산헤립 왕은 예루살렘의 모든 관문으로 침투해 유다까지 멸망시키려고 했다.

기록에 의하면 산헤립은 46개 성읍을 함락시켰으며, 약 200,150명의 남녀노소를 잡아갔고, 말과 노새, 가축, 그리고 재산들을 실어 갔다. 그리고 그는 히스기야 왕을 '새장에 든 새'라고 조롱했다.

잠시 동안의 회복

작은 국가 유다가 어떻게 그런 맹공격을 견뎌낼 수 있었을까? 어쨌거나 '새장 속의 새'(히스기야)는 국가를 상당히 재부흥시켜, 유다는 이후로도 135년간이나 더 지속될 수 있었다. 그러나 유다는 북 왕국 이스라엘의 멸망을 보면서도 그 안에 담긴 극적이면서도 객관적인 교훈을 깨닫지 못했다. 히스기야의 뒤를 이은 대부분의 왕들은 하나님께 순종하는 데 실패했고, 그 결과 바벨론이라고 하는 다른 외부 침략자가 당대의 '제2차 세계대전'을 일으켜 예루살렘을 정복했다.

열왕기하는 황량한 이야기로 끝을 맺는다. 예루살렘의 폐허 속에서 포로가 된 이스라엘 백성들은 이방인의 노예가 되었다. 하나님의 집인 성전 자체도 폐허가 되었으며, 그 안에 있던 보물들은 노략되어 바벨론으로 실려 갔다. 주전 600년경 이국에 분산되었던 이스라엘 민족은 25세기가 지나서야 다시 연합해 나라를 이룰 수 있었다.

선지자들은 계속적으로 하나님께 등을 돌린 나라에게 어떤 일이 일어날 것인지에 대해 분명하게 경고했다. 그러나 역사 자체의 명백한 교훈보다 더 충격을 줄 수 있는 것은 없다. 그때부터 유대인들은 그들의 역사를 돌아보며 잊을 수 없는 오점을 상기했다. 그것은 모든 것이 풍비박산되었던 앗수르와 바벨론의 암흑 시대였다.

본론

후계자

누가 위대한 엘리야의 뒤를 이을 것인가?

> 건너매 엘리야가 엘리사에게 이르되 나를 네게서 데려감을 당하기 전에 내가 네게 어떻게 할지를 구하라 엘리사가 이르되 당신의 성령이 하시는 역사가 갑절이나 내게 있게 하소서 하는지라(왕하 2:9).

엘리야와 같은 선지자가 떠나려 한다면 누가 감히 그의 자리를 대신하려 하겠는가? 엘리야는 후계자를 선택할 시기가 오자 자기와는 다른 종류의 사람을 찾았다. 그가 세운 사람은 그의 가장 친한 친구이자 농부인 엘리사였다.

비슷한 이름, 그러나 다른 스타일

두 사람의 이름은 약간 다른데, 이는 또한 그들의 스타일이 다르다는 것을 나타내고 있다. '여호와는 나의 하나님' 이라는 뜻의 엘리야는, 극적인 힘의 대결에서 보았듯이 왕과 바알의 제사장들을 상대했다. 그리고 그는 사람들과 멀리 떨어져 살면서 정의와 회개의 필요성을 역설했다.

그러나 '하나님은 구원이시다' 는 뜻을 가진 엘리사는 엘리야와 약간 달랐다. 그는 사람들과 함께 살았으며, 가난한 자와 소외되고 고통받는 자들을 사랑했다. 그리고 희망과 하나님의 은총을 믿었다. 그래서 가난한 과부로부터 외국의 왕에 이르기까지 모든 사회계층이 엘리사를 가까이했다. 그는 정탐꾼으로, 기적을 일으키는 사람으로, 왕의 조언자와 선지자 학교의 향도로, 그리고 혁명에 기름을 부은 자로 다채로운 삶을 살았다.

엘리사는 많은 곳을 여행했으며, 그의 대머리와 보행용 나무 지팡이는 그의 트레이드 마크가 되었다. 그가 행한 기적의 소식이 퍼져 그는 50년 동안 전국에서 가장 유명한 인물이 되었다. 엘리사가 임종의 자리에 있을 때에는 이스라엘 왕이 그의 옆에 무릎을 꿇고 앉아 마지막 충고를 구하기까지 했다.

국민과 국가에 봉사함

엘리사의 공적은 대개 두 가지로 나눌 수 있다. 성경 역시 그러한 방향으로 그것을 분류하고 있는데, 한 부류의 이야기는 도움이 절박했던 사람들과 관련이 있다. 엘리사는 고통받고 궁핍한 사람들에게 깊은 관심을 보였다. 그래서 음식을 공급하거나, 질병을 치료하고, 심지어 죽은 소년을 되살리는 등 기적을 행함으로 그들을 도왔다. 그리고 그는 왕과 장군 등 유력자보다는 가난하고 억압받는 사람들에게 보다 친절하게 대했다.

또 다른 종류의 이야기는 국가와 관련이 있다. 북 이스라엘은 아합 왕의 타락으로 신음하고 있었다. 정치적으로 이스라엘은 이웃 국가인 아람(오늘날 시리아라고 알려진 지역)의 영향권 아래에 있었는데, 이따금씩 아람이 국경을 넘어 침공해 오곤 했다. 때때로 엘리사는 침공을 예견해 이스라엘 군대를 도와주었다. 두 번에 걸쳐 그가 예언한 기적이 일어남으로 이스라엘 군은 불가능한 상황을 타개하고 적군을 패주시켰다. 그러나 그는 왕의 변덕에 맞추는 '궁중 선지자'가 되는 것은 거부했다. 적어도 한 번 이상 그는 이스라엘 왕을 모욕했으며(왕하 3:13-14), 심지어는 왕을 축출하려는 의도가 명백한 혁명을 이끄는 장군을 지지한 적도 있었다.

사라져가는 혈통

엘리사의 삶에서 일어난 사건(나아만의 치료, 불의 전차, 과부의 기름 등)은 가장 친숙한 구약의 이야기가 되었다. 어떤 의미에서 엘리야와 엘리사는 선지자 혈통의 마지막 계승자였다. 그들 이후의 선지자들은 인상적인 능력을 과시하기보다는 하나님의 말씀의 위력에 더욱 의지하는 모습을 보인다.

엘리야와 엘리사는 그들의 메시지를 전달하기 위해 말씀과 극적인 사건 모두를 사용했다. 모든 사람들, 특히 때로는 조언을 구하기 위해 선지자들을 찾고, 때로는 그들을 죽이려고 했던 왕들도 그들의 능력을 알고 있었다. 매우 아이러니한 일이지만 당시에 자신들이 역사의 중심이라고 생각했던 왕이나 정치 지도자들은 모두 사라졌지만 이스라엘의 선지자의 이야기와 그들이 전했던 말은 계속 살아남아 오늘날에도 강력한 메시지를 전달하고 있다.

묵상

하나님이 자신의 메시지를 전달하기 위해 매우 다른 성격의 사람을 이용했다는 사실을 엘리야와 엘리사를 통해 알 수 있다. 위의 예로 볼 때 당신 자신은 어떤 선지자와 비슷하다고 생각하는가?

왜 우상에게 맥을 못추는가?

왕국의 패망을 자초한 이상한 악습

바알의 목상을 헐며 바알의 신당을 헐어서 변소를 만들었더니 오늘까지 이르니라(왕하 10:27).

우상과 마주치지 않고는 거의 구약성경을 읽어나갈 수 없을 정도다. 왜냐하면 성경에서 가장 많이 언급되는 화제가 우상숭배이기 때문이다. 왜 이스라엘인들은 애굽에서 그들을 구해낸 하나님을 버리고 목상과 청동상을 택했는가? 무엇이 그들의 마음을 끌었을까?

오늘날 우리에게는 우상숭배가 상당히 이상스럽게 비칠 것이다. 그것은 영화에나 나오는 이국적인 기둥처럼 보일 것이며, 사람들은 더 이상 그것을 믿는 사람이 없다고 생각할 것이다. 그렇다면 왜 구약성경에 기록된 것처럼 그 우상들은 이스라엘 백성들의 마음을 유혹하게 되었을까?

오늘날 우상에 대한 반응

실제로 아프리카나 아시아와 같은 지역에는 아직도 우상이 남아 있다. 그곳 사람들에게 그 우상들이 미치는 영향을 살펴보면 구약성경에 기록된 우상숭배에 대해 다소나마 이해가 될 것이다. 그러한 예로 인도의 각 도시와 마을에는 그들이 숭배하는 신이 있는데 그 수가 1,000개가 넘는다. 그리고 주요한 도시의 대로에는 이동시킬 수 있는 우상이 서 있기도 하다.

독실한 힌두교인들은 우상숭배가 삶에 주술적인 차원을 더해 준다고 생각한다. 그래서 그들은 신이 모든 사건, 예를 들어 계절풍이나 홍수, 질병 및 교통사고 등을 통제한다고 믿으며 어떤 수단을 써서라도 이들 위력적인 신을 만족시키려고 한다.

이 경우 신을 만족시키는 방법은 신의 성격에 따라 달라진다. 경우에 따라서 신은 두렵고 파괴적일 수도 있다. 일부 인도인들 중에는 뱀 형태의 우상을 숭배하거나 천연두의 여신을 숭배하는 사람도 있다. 인도에서 가장 큰 도시인 콜카다(캘커타)는 잔인한 여신 칼리를 숭배하고 있는데, 그것은 허리에 섬뜩한 머리들을 화환처럼 달고 있다. 그래서 이를 숭배하는 자들은 칼리가 기분이 나빠지면 사람들을 잔인하게 벌줄 것이라고 믿는다.

덜 경건한 힌두교인들은 다른 방식을 택한다. 그들은 신을 행운을 가져다주는 부적쯤으로밖에 생각하지 않는다. 택시 기사들은 차의 계기판에 원숭이 모양의 작은 우상을 올려놓고 때로 그것을 꽃으로 장식하기도 한다. 그들에게 그렇게 하는 이유에 대해 묻는다면 그들은 우상에게 행운을 기대한다고 이야기할 것이다[그러나 당신이 인도의 교통상황(교통사고를 막기 위한 것임)을 알고 있다고 말하면 그는 웃음으로 얼버무리려 할 것이다].

행운의 부적 혹은 사악한 제사

우상숭배는 고대 이스라엘 민족에게도 이와 유사한 영향을 미쳤다. 일부 이스라엘 백성들은 인도의 택시 기사와 같은 방식으로 우상을 생각했다. 그래서 그들은 농사일이나 군 생활 또는 생활의 여러 부분에 있어서 성공을 가져다준다면 어떤 종교든지 택해 이 신에서 저 신으로 생각 없이 옮겨다녔다.

이스라엘 민족은 참 하나님이 요구하신 삶에서 벗어날 수 없었다. 왜냐하면 하나님이 이스라엘을 제사장 왕국으로, 특별히 구별된 진기한 소유로 선택하셨기 때문이다. 우주의 주인으로서 그분은 편리한 신앙이 아닌 전적인 헌신을 원하신다. 그는 행운을 가져다주는 부적이 아니다.

그러나 이스라엘의 우상은 콜카타의 사악한 여신처럼 사악한 형태를 띠고 있는 경우가 많았다. 예를 들어 바알 신화는 술취한 것과 방탕한 것을 찬양하고 있다. 그래서 추종자들은 성전에서 창녀들과 성관계를 갖거나, 어린아이를 제물로 드림으로써 그를 숭배했다.

바알을 숭배한다는 것은 자신들에 대한 하나님의 특별한 관계를 전적으로 부인하는 것으로, 선지자들이 종종 지적했듯이 간음 행위와 비슷한 범죄였다. 바알 숭배는 하나님을 섬기는 것과 공존할 수 없었다.

무엇이 이들을 유인했을까?

왜 바알과 다른 우상들이 이스라엘을 그처럼 유인했을까? 도시를 멍하니 바라다보는 시골 농부처럼 이스라엘인들은 광야에서 40년간 방황한 뒤 더욱 발전된 문명을 가진 도시로 들어가게 되었다. 그들은 원래 땅이 없는 유목민과 방랑자들이었다. 그러다 농업사회로 정착하는 과정에서 풍요을 보장해 주는 가나안의 신 바알을 만나게 되었다. 다른 말로 이야기하면 그들은 주술을 통해 지름길을 찾으려 했던 것이다.

이와 유사한 경우로 그들은 강력한 군대가 국경을 위협했을 때 자신들이 믿고 있는 종교가 자신들에게 군사적인 성공을 가져다주지 못한다고 생각되면 양다리를 걸쳐 다른 나라 군대가 섬기는 우상도 같이 섬겼다. 하지만 우상은 신앙과 희망을 의탁할 만한 능력을 가지고 있지 않다.

하나님이 그것을 뿌리 뽑기 위해 왕국을 분열시키셔야 할 정도로 이스라엘의 우상숭배는 심각했으나 분열 후에도 북 이스라엘과 남 유다는 그것에 잠식되어 갔다. 열왕기하는 양 왕국의 붕괴를 가져올 주된 원인으로 우상숭배를 명백히 비난하고 있다. 역사는 마침내 징계가 내려졌다고 기록하고 있다. 앗수르와 바벨론의 침공 이후에 이스라엘 민족은 다시는 우상숭배를 할 수 없었다.

묵상

우상숭배는 나무나 돌로 된 모양을 섬기는 것만을 의미하지 않는다. 돈이나 다른 사람, 혹은 명예 같은 것이 우상이 되기도 한다. 당신이 섬기고 싶은 유혹을 받는 '우상'은 무엇인가?

역대상

서론
족보

이들 사실로 말미암아 이스라엘 백성은 하나님의 계획에서 자신들의 위치를 깨달을 수 있었다

땅의 어느 한 나라가 주의 백성 이스라엘과 같으리이까 하나님이 자기 백성을 구속하시려고 나가사(대상 17:21).

개척 시대에 많은 미국 가정은 두꺼운 검정 가죽으로 싸인 성경을 대물림했다. 그것은 집의 유일한 책으로서 읽는 것 이상의 의미를 가지고 있었다. 그것은 가족의 비망록과도 같은 역할을 했다. 책의 각 장에는 결혼, 출생, 죽음과 같은 각종 중요한 사건들이 기록되어 있었다. 이렇게 성경은 한 세대에서 다음 세대로 대물림되었으며, 그것을 통해 가족은 자신들의 과거를 추적할 수 있었다.

역대상도 그와 유사하다. 그것은 이스라엘의 민족사이자, 특히 이스라엘의 가장 위대한 왕인 다윗에 대한 기록이라고 할 수 있다. 실제로, 얼핏 보아도 역대상은 사무엘하와 열왕기상에 기록된 다윗의 일생을 개작한 것 같다. 다윗의 일생 중 가장 극적인 에피소드인 골리앗과의 대결, 밧세바와의 간음과 같은 이야기들은 이 기록에서는 빠져 있다. 대신에 다윗이 성전 건축을 위해 준비했던 일이 커다란 비중으로 다루어지고 있으며, 긴 명렬표와 족보가 이 책의 반 이상을 차지하고 있다.

하지만 바로 이러한 이유 때문에 사람들은 역대상을 읽지 않는다. 우리는 대부분 어떤 조직이나 족보보다는 인간의 삶에 더 관심이 많다.

다윗의 지속적인 영향

그러나 역대상은 개인으로서의 다윗의 영욕보다는 그의 후기 업적에 더욱 관심을 갖고 있다. 그가 다스렸던 나라는 영감을 받은 개인의 집합체만으로 이루어진 것이 아니었다. 그것은 아브라함의 자손에게 주신 하나님의 굳은 약속에 기초해 세워졌다. 하나님은 그들과 함께하겠다고 약속하셨으며, 민족의 지도적인 위치도 약속하셨다. 그리고 그들로 말미암아 다른 민족이 축복을 받게 될 것이라고도 약속하셨다. 이들 약속은 성전과 왕정 제도에서 가장 뚜렷한 영향력을 발휘했다.

왜 이름을 나열하고 있는가?

역대상의 처음 아홉 장은 아담으로부터 시작하는 이스라엘의 족보를 훑고 있다. 기자는 성경의 다른 곳에 있는 것보다 더 자세한 가족의 계보를 기록하고 있다. 이 기록은 이스라엘 민족이 하나님의 선택받은 백성이라는 그들의 위치를 깨닫게 해주었다. 하나님은 그들이 따르고 경배해야 할 독특한 방법을 마련해 주셨다. 역대상은 선택받은 백성이 얼마나 구별되어야 하는지를 이스라엘 민족에게, 또한 우리에게 상기시킨다.

본론

슬플 때의 희망

하나님의 약속을 다시 깨달을 필요가 있었던 민족

네가 만일 그를 찾으면 만날 것이요 만일 네가 그를 버리면 그가 너를 영원히 버리시리라(대상 28:9).

역대상은 다윗이 살았던 수세기 후의 이스라엘 민족을 위해 쓰였다. 그 당시 이스라엘은 엄청난 슬픔을 겪어야 했다. 그리고 다시는 다윗에 필적할 만한 왕이 나타나지 않았다. 바벨론이 예루살렘을 정복하고, 파괴하며, 그 백성들을 포로로 데려가기까지 이스라엘은 계속 타락했다.

포로가 되고 반세기가 지난 후에 이스라엘 민족의 소수가 그들의 고향으로 되돌아왔지만 완전히 패배한 그 당시에 그들은 자신들의 정체성을 상실했다. 그들은 더 이상 자치를 할 수가 없었다. 그들에게는 다윗의 뒤를 이을 만한 왕이 없었으며, 그들의 동족은 중동에 널리 흩어져 있었다. 따라서 역대기는 이들에게 이스라엘의 과거와 미래를 연결시켜 주기 위해 저술되었다.

족보에 아홉 장을 할애하고 난 뒤 역대상은 다윗의 일생을 기록한다. 그러나 기자는 이스라엘 민족을 격려하기 위해 다윗의 개인적인 죄와 실패를 기록하지 않았고, 또한 왕이 되기 이전의 삶도 기록하지 않았다. 오직 미래의 세대를 위해 다윗이 남겨 놓은 업적만을 강조하고 있다.

경배의 중요성

다윗은 이스라엘의 통치 기반으로써 경배를 가장 중요시했다. 그래서 예루살렘을 정복하자마자 언약궤를 그곳으로 옮겨 놓은 뒤 성전을 건축할 준비를 했고, 제사장들과 레위 족속이 그곳에서 봉사하도록 했다. 그는 하나님을 찬양하기 위한 성가대도 조직했다. 그에 대해 하나님은 그로부터 대를 이을 지도자가 나올 것이라고 약속하셨다(대상 17:10-14).

다윗의 시대는 번영하고 안정된 시대였으며, 무엇보다도 하나님께 헌신적이었던 이스라엘 역사의 전성기였다. 되돌아온 난민들은 그 영광을 회복할 수 있을까? 새롭게 출발하기 위해 그들은 어떤 자원을 사용할 수 있을까? 역대상은 아직도 그들이 지니고 있는 유산을 강조한다. 그들은 예루살렘을 가지고 있었으며, 예전의 부지에 신축한 성전을 가지고 있었다. 그리고 그들에게는 경배에 필수적인 제사장과 레위 지파가 있었다. 간단히 말해서, 그들은 하나님의 나라에서 하나님의 백성이 되기 위해 재기하는 데 필요한 자원을 가지고 있었다.

또한 가장 중요한 하나님이 그들에게 계셨다. 다윗이 항상 그랬던 것처럼 그들은 그분께 경배하면서 새로운 힘을 얻을 수 있었다. 이전에 그들을 위대하게 하셨던 하나님은 그들을 다시 한번 위대하게 하실 수 있었으며, 다윗의 자손 가운데서 새로운 지도자를 세우실 수도 있었다. 상심한 백성은 옛 기초, 곧 불변의 하나님과 그들을 선택하신 하나님의 신실하심에 기초해 새롭게 시작할 수 있었다.

묵상

이스라엘 민족처럼 당신이 커다란 인적, 물적 피해를 입는다면 당신은 무엇을 의지하겠는가?

역대하

서론
희망의 시간

난민의 무리에게 희망을 회복케 함

> 내 이름으로 일컫는 내 백성이 그들의 악한 길에서 떠나 스스로 낮추고 기도해 내 얼굴을 찾으면 내가 하늘에서 듣고 그들의 죄를 사하고 그들의 땅을 고칠지라(대하 7:14).

1960년대 초에 "흑인의 자부심"(Black Pride)이라고 알려진 운동의 열기가 미 대륙을 휩쓸었다. 이 운동은 법적인 권리 이상의 것이 200년 이상이나 억압되어 왔다는 사실을 흑인 지도자들이 깨달으면서 시작되었다. 머리를 땋는 것에서부터 역사에 이르기까지 흑인 문화의 모든 것이 대다수의 백인 문화에 의해 뒷전에 물러나 있었다.

그러나 점차 시간이 지남에 따라 흑인의 유산이 극적으로 재발견되었다. 그래서 교과서를 출판하는 회사들은 델라웨어 강 건너 조지 워싱턴을 배로 건네준 흑인 병사나 수혈의 원리를 완성시킨 과학자, 흑인 대학을 세운 교육자 등 흑인 미국인의 이야기를 포함하는 신간을 발행했다.

이처럼 흑인의 자부심 운동은 소수 종족이 여러 방면에서 커다란 기여를 했다는 사실을 모든 미국인에게 일깨웠다. 그리고 흑인들은 그들이 알지 못했던 유산들을 깨닫기 시작했다. 영웅들이 발굴되었으며, 모든 부문에서 흑인들이 새로운 빛으로 과거를 조명하기 시작했다.

격려의 말이 필요함

이스라엘 민족에게도 절대적으로 과거를 새롭게 조명해야 할 시기가 있었다. 그들의 조상은 쇠사슬에 묶여 매를 맞으며 외국으로 끌려와 노예로 부려졌다. 그리고 바벨론에서는 하나님과의 언약이나 약속된 왕의 혈통, 예루살렘의 멋진 성전과 같은 이스라엘의 과거를 거의 알지 못하는 새로운 세대가 자라났다.

포로가 된 이스라엘 민족이 마침내 고향으로 돌아가도 좋다는 허락을 받았을 때 이스라엘에는 폐허 더미만이 그들을 기다리고 있었다. 이스라엘의 황금기에는 수많은 사람들이 예루살렘과 성전의 위용을 보기 위해 수천 마일을 여행했지만, 그들이 돌아왔을 때에는 예전의 그 성전의 돌 하나도 제자리에 박혀 있지 않았다. 멋지게 조각된 기둥들은 조각나 있었고, 금과 상아는 벗겨졌으며, 성전 기명은 빼앗겼거나 파괴되었다.

심지어 수도 밖에 있는 어떤 마을은 전체가 사라진 곳도 있었다. 그리고 기본적인 종교적 관습이 마지막으로 지켜진 지도 이미 70년이 지나 유대 문화는 소멸할 위험에 처해 있었다.

역대기는 바로 이러한 상황 중에 돌아온 난민을 위해 쓰였다. 낙심한 사람들에게 기자는 이스라엘의 번영기에 대해 자세히 이야기한다. 그는 이스라엘 민족의 과거의 일을 말함으로써 자부심을 회복시키고, 미래에 희망을 주고자 했다.

새롭게 조명된 역사

역대기는 처음에 아담으로부터 시작하는 역사를 서술하고 있다. 대부분의 인물은 낯이 익은 편이나 역대기는 옛날이야기를 새로이 조명하고 있다. 기자는 사실만을 되풀이하기보다 빛나는 희망의 말, 격려의 말을 이제 막 자유의 몸이 된 난민에게 전달하려고 했다.

어떤 사람들은 성경의 다른 역사서와 비교했을 때 역대기는 '표백된 역사'라고 꼬집기도 한다. 왜냐하면 이 책은 다윗이나 솔로몬의 실수와 같은 이스라엘의 커다란 잘못에 대해 거의 언급하고 있지 않기 때문이다. 아마도 난민들은 그들 국가가 겪은 최근의 어두운 부분에 관해서는 많이 들었을 것이다. 그러한 잘못을 숨김없이 드러내는 사무엘서와 열왕기서가 이미 시중에 널리 유포되어 있었을 것이다.

이뿐 아니라 역대기는 혼란스러웠던 북 왕국 이스라엘과 남 왕국 유다가 벌인 내전에 대해서는 무시하고 있다. 북쪽의 흩어진 10개 지파에 대한 것은 아무것도 남아 있지 않으며, 이 책은 그들에 대해 지면을 거의 할애하지 않는다. 반면에 역대기는 국가가 원래 가지고 있었던 이상 안에서 자부심을 회복시키고자 노력한다.

머나먼 희망

역대하의 3분의 2 이상이 남 유다에서 선정을 베푼 여덟 명의 왕의 이야기로 채워져 있다. 역대기는 황금기를 가져왔던 언약을 상기시키면서 이스라엘 민족과 하나님의 특별한 관계에 초점을 맞추고 있다. 그것은 각 왕에 의해 주도된, 특히 하나님이 임재하시는 곳인 성전에 주안점을 둔 종교개혁 운동을 재서술한다. 과거에 하나님이 그들 가운데서 살아 계셨다면 그분이 다시 그러시지 말란 법은 없지 않은가?

본론

위대한 개혁자들

용감한 사람들: 유다의 영웅적인 왕들

너희가 여호와와 함께 하면 여호와께서 너희와 함께 하실지라 너희가 만일 그를 찾으면 그가 너희와 만나게 되시려니와 너희가 만일 그를 버리면 그도 너희를 버리시리라(대하 15:2).

1954년 미국의 존 에프 케네디 상원의원은 자신이 적어도 6개월 동안 병상에서 보내야 한다는 사실을 알게 되었다. 외과 의사들이 지나간 전쟁의 상처를 고치려고 하던 참이었다. 그는 어떻게 이 시간을 선용했을까?

케네디는 이 무료한 시간을 이용해 미국 역사상 가장 용기 있는 사람들을 다뤄보기로 생각했다. 그래서 그것을 모아 책으로 만들었는데, 그것이 바로 『용감한 사람들』(*Profiles in Courage*)이라는 책이다. 이 책은 퓰리처상을 수상했으며, 베스트셀러가 되었다. 그리고 케네디는 용감한 사람들을 연구하는 가운데 그들을 본받게 되었다.

남 유다에서의 용감한 사람들

역대하는 남 유다 왕국의 『용감한 사람들』이라 할 만한 책이다. 다수의 왕은 용기를 시험받는 데서 실패했다. 그러나 몇몇 왕은 예외적으로 견뎌냈으며, 역대하는 그들을 주로 다루고 있다.

하지만 이 책은 케네디가 생각했던 것과는 다른 용기를 기록하고 있다. 유다는 참 하나님을 경배하는 데서 점점 더 멀어지고 있었고, 그러한 경향에 맞서 싸우며 모세의 율법으로 백성들을 돌아오게 하기 위해서는 커다란 용기가 필요했다. 따라서 이러한 왕들은 군사나 정치적인 힘 때문이 아니라 하나님에 대한 신실함 때문에 다른 사람들과 구별되었다. 여기 기술되는 모든 위대한 개혁자들은 어려운 시기에 이 일을 떠맡은 사람들이었다. 그들은 적어도 일시적으로 하나님으로부터 그들의 나라가 일탈해 가는 것을 막았다.

아사: 죄악을 없애버림(대하 14-16장)

아사는 죄로 가득 찬 거의 무정부 상태에 가까운 나라를 물려받았다. 그는 예루살렘에서의 거창한 축제를 통해 전국을 연합시키는 신속한 부흥운동을 주도했다. 그러나 그는 말년에 완고해졌다. 그는 하나님의 선지자를 투옥했으며, 전쟁과 질병으로 얼룩진 삶을 살았다. 그는 많은 선한 일을 했지만 국가를 위기로부터 구할 만큼 용기가 많았던 사람은 아니었다.

여호사밧: 조직가(대하 17-20장)

아사가 백성을 고무시켰다면 여호사밧은 그것을 조직화했다. 여호사밧은 뛰어난 대내 정책을 실행한 것으로 유명하다. 그는 국민들에게 율법서를 교육시켰으며, 전국적인 재판제도와 강력한 군대를 조직했다. 그러나 이상스럽게도 그는 대외 정책에서는 자신의 현명한 판단능력을 발휘하지 못했다. 그러한 예로, 이웃하는 이스라엘의 가장 사악한 왕, 아합과 잘못된 동맹관계를 맺은 일 등을 들 수 있다.

요아스: 성전을 새롭게 하다(대하 23-24장)

요아스는 일곱 살의 나이로 왕좌에 올라 40년을 통치했으며 선한 일을 많이 이루었다. 역대하는 그가 성전을 수리해 이전의 영광을 회복하려 한 것에 주로 관심을 두고 있다.

여호야다: 수렴청정(대하 23-24장)

요아스 왕은 여호야다라는 제사장 없이는 찬사를 받기 어려웠다. 왜냐하면 여호야다가 어린 요아스를 그를 죽이려는 왕비로부터 구해냈으며, 극적인 혁명을 주도했기 때문이다. 그는 매우 나이가 많아 죽었을 때 열조의 무덤에 장사되는 보기드문 영광을 누렸다. 그러나 여호야다가 죽은 뒤에는 모든 것이 퇴보했다. 그가 죽은 후 장래가 촉망되던 소년 요아스 왕이 그의 아들을 죽이게 되는데, 이는 이스라엘의 역사상 가장 커다란 범죄의 하나로 기록된다. 이로써 왕국의 진정한 힘은 어린 왕에게서가 아니라 늙은 제사장에게서 나왔다는 것이 확실해졌다.

히스기야: 기억해야 할 날(대하 29-32장)

역대하는 다른 어떤 개혁자보다 히스기야의 통치에 많은 부분을 할애한다. 그는 거대한 종교 축제를 열었으며, 온 이스라엘과 유다 사람을 모아 축제에 참여하게 했다. 비록 몇몇 지파의 비웃음을 사긴 했지만 그는 그 축제를 통해 이스라엘이 하나 되어 여호와를 찬양하게 했다. "예루살렘에 큰 기쁨이 있었으니 이스라엘 왕 다윗의 아들 솔로몬 때로부터 이러한 기쁨이 예루살렘에 없었더라"(대하 30:26)고 성경은 기록하고 있다.

요시야: 완전한 개혁가(대하 34-35장)

요시야는 유다의 모든 왕 중에서 개혁을 가장 중요하게 여긴 왕이었다고 할 수 있다. 율법서(아마도 신명기)가 발견되었을 때, 요시야는 그의 왕국이 하나님의 뜻으로부터 얼마나 벗어나 있는지를 깨닫게 되었다. 그래서 그는 옷을 찢고, 통곡하며, 유다를 하나님께 되돌리려고 했다. 그러나 어리석은 전쟁으로 말미암아 요시야가 죽게 되면서 유다는 항구적인 변화의 계기를 상실하게 되었다. '선왕 요시야'로 알려진 그가 죽었을 때 나라 전체가 슬퍼했다. 예레미야 선지자는 그를 추억하며 애가를 짓기도 했다.

묵상

이들 왕의 신앙은 한 사람의 신앙이 다른 많은 사람의 신앙에 영향을 미칠 수 있음을 보여 준다. 당신이 잘 아는 강력한 지도자를 생각해 보라. 무엇이 그들로 하여금 다른 사람들을 격려하고 행동하게 하는가?

전장에서 얻은 교훈

유다는 무엇 때문에 어떤 전쟁에서는 이기고 어떤 전쟁에서는 패배했는가?

너희는 마음을 강하게 하며 담대히 하고 앗수르 왕과 그를 따르는 온 무리로 말미암아 두려워하지 말며 놀라지 말라 우리와 함께 하시는 이가 그와 함께 하는 자보다 크니(대하 32:7).

일생을 평화롭게 통치한 왕은 유다에 없었다. 역대하의 많은 부분이 전쟁을 묘사하고 있다. 이것이 이 책이 주장하는 전쟁철학이다. "아무리 상황이 곤란할지라도 겸비하며 하나님께 전적으로 의뢰하라. 자신이나 강한 이웃의 전투력을 의지한다면 패배하고 말 것이다."

선지자를 청종할 것

이러한 예로 역대하 12장은 남 유다 최초의 왕이 마주한 심각한 위기에 대해 서술하고 있다. 르호보암의 통치 5년에 애굽의 대군단이 전차와 성을 부수는 기계를 앞세우고 쳐들어왔다. 포위된 상태에서 르호보암은 선지자로부터 희망적인 말을 듣기를 원했다. 그러나 그는 "여호와께서 이같이 말씀하시기를 너희가 나를 버렸으므로 나도 너희를 버려 시삭의 손에 넘겼노라"(대하 12:5)는 책망만 들었다.

하나님은 유다의 잘못을 벌하기 위해 애굽의 군대를 사용하셨다. 최초의 침공 이후 공식이 성립되었다. 비 도덕적인 왕이 나라를 타락시킬 때마다 하나님이 침략군들을 보내 징벌하셨다.

유다의 왕들은 종종 선지자의 고언(苦言)을 무시했다. 그러나 앞에서 예를 든 첫 번째 경우에 르호보암은 회개하고 스스로 겸비해 더욱 커다란 재앙으로부터 나라를 구했다.

그릇된 길과 바른 길

위기의 순간에 하나님에 대한 신앙만을 의지한 왕은 거의 없었다. 대부분의 왕들은 이웃 국가에 왕궁의 보물을 보내 도움을 청했다. 그러나 그럴수록 유다는 이전보다 더욱 국력이 약한 상태가 되었다. 역대하는 왕이 하나님께로 돌아섰을 때와 같은 바람직한 시기를 강조한다.

여호사밧은 바람직한 반응을 보인 가장 전형적인 예다. 그는 모든 국민을 공동 기도회로 모이게 했다(대하 20:4-28). 그리고 전투가 임박했을 때 군대 앞에 성가대를 앞세워 하나님을 찬양하게 했다. 그 전투에서 유다의 적군은 자신들끼리 서로 싸웠으며, 결과적으로 여호사밧의 군대는 커다란 승리를 거두고 개선할 수 있었다.

히스기야의 신앙

왕이 선지자의 충고를 따른 가장 훌륭한 예는 히스기야의 통치 시기에 있었다. 성경은 그 사건을 세 곳, 즉 역대하 32장, 열왕기하 18~19장, 그리고 이사야 36~37장에서 기록하고 있다. 당시 유다의 상황은 절망적이었다. 강력한 앗수르가 유다의 27개 성읍을 점령했고, 예루살렘을 포위하고 있었다.

히스기야는 이사야 선지자와 함께 겸비함으로 기도했다. 그러자 하나님이 앗수르의 군대를 쫓아내는 기적을 행하셨다.

역대하는 파멸의 땅을 물려받은 첫 번째 독자들에게 주는 교훈으로 이와 같은 사건을 강조하고 있다. 역사를 돌이켜 보면 그들이 과거에 무엇을 잘못했는지를 알 수 있다. 즉 그들은 자신들의 나라가 하나님께 의지하는 것을 잊고 있었던 것이다. 나라를 다시 세우기 위해서는 과거에 승리를 가져다주었던 단순한 믿음을 다시 배울 필요가 있었다.

묵상 오늘날 하나님을 전적으로 믿는다는 것은 어떤 의미인가?

에스라

서론
재출발

바벨론으로부터 귀환한 사람들에게는 뜻밖의 좋은 소식이었다

제사장들과 레위 사람들과 나이 많은 족장들은 첫 성전을 보았으므로 이제 이 성전의 기초가 놓임을 보고 대성통곡했으나 여러 사람은 기쁨으로 크게 함성을 지르니(스 3:12).

에스라는 50년 전에 막강한 바벨론 군대에 의해 방화, 약탈되어 덤불로 뒤덮인, 유령이 나타날 것과 같은 폐허의 도시에 되돌아온 포로들로부터 이야기를 시작한다. 예루살렘은 재출발할 수 있을 것인가?

시편 126편은 귀환한 포로민의 감정을 노래한다. "우리는 꿈꾸는 것 같았도다 그때에 우리 입에는 웃음이 가득하고 우리 혀에는 찬양이 찼었도다." 바사 제국이 강력한 바벨론을 정복한 뒤 바사의 고레스 왕은 모든 유대인에게 그들의 땅으로 돌아가도 좋다고 허락했다.

하나님과의 재출발

포로생활 중에 한 시인은 다음과 같은 시를 썼다. "예루살렘아 내가 너를 잊을진대 내 오른손이 그의 재주를 잊을지로다"(시 137:5). 이들 돌아온 포로민들은 수십 년 후에도 고향을 잊지 않았던 소수의 사람들이었다. 그들은 바벨론에서 그들이 세운 집과 기업보다는 영적인 유산에 더 가치를 두었다. 그들은 하나님이 그의 백성에게 주신 땅에 살면서 하나님을 경배하기를 원했기 때문에 그런 기회를 얻기 위해서는 어떤 희생이라도 치를 각오가 되어 있었다. 그 땅에 도착했을 때 그들이 첫 번째로 해야 할 일은 하나님의 집인 성전을 재건하는 일이었다.

관용심이 많은 바사 제국(자신들이 다스리는 각 지역에서 고유의 종교를 장려하는 공식적인 정책을 사용함)은 심지어 하나님의 때를 기다리며 바벨론 신당에 조심스럽게 간직되어 있었던 금, 은 기명들을 되돌려주기까지 했다. 귀환한 포로민들은 새로운 성전의 기초를 놓았으며, 이때 그들이 통곡하던 소리는 멀리서도 들릴 정도였다(스 3:13). 성전은 그들이 하나님을 만나는 장소를 의미했으며, 그것은 하나님과의 재출발을 상징하고 있다.

재출발의 문제

하나님은 길을 열어 놓으셨으나, 포로민들은 그것을 따르기 위한 결정을 해야 했다. 에스라서는 세 부분으로 나뉘는데, 각 부분마다 그들 앞에 등장한 문제들을 다루고 있다. 첫 번째는 포로민들이 귀환하자마자 주변의 이웃들이 어떻게 적대적이 되었는지를 서술하고 있다. 도와주겠다는 거짓 제안이 거절당하자 이들 이웃들이 노골적인 적대 행위를 시작했다. 그들은 성전 재건이 진행되지 못하게 했다. 학개와 스가랴(그들의 메시지는 그들의 이름을 딴 책에 기록되어 있다)가 성전 재건의 관심을 다시 불러일으킬 때까지 성전은 폐허 속에서 20년간이나 방치되어 있었다.

두 번째 문제는 5장과 6장에 서술되어 있다. 유대인이 겪어야 했던 이때의 곤란은 바사 왕의 도움으로 극복할 수 있었다.

그리고 세 번째는 마지막 네 장에 기록되어 있는데, 여기서는 지금과는 다른 문제가 발생했다. 에스라가 예루살렘에 도착한 것은 첫 번째 무리가 도착하고

80년이 지난 후로, 성전은 이미 그가 도착하기 50년 전에 세워졌다. 그러나 '새로운 시작' 이 다시금 가혹한 시련에 처하게 되었다. 유대인들이 그들 주위의 적대적인 민족들과 섞이기(그리고 신앙을 타협하기) 시작했던 것이다. 이에 에스라는 깊은 성경적 신앙과 죄에 대한 순수한 슬픔에서 우러나온 지도력으로 급진적이면서도 고통스러운 해결책을 요구했다.

에스라는 예수에까지 다다른다

에스라서는 이스라엘 역사상 전적으로 새로운 시기(국가보다는 교회와 같았던 시기)를 소개한다. 포로로 잡혀가기 전의 이스라엘 민족은 적군과 싸우는 데 그들의 에너지 대부분을 소비했다. 그러나 이제 그들은 죄와 타협하는 영적인 싸움에 힘을 기울여야 했다.

돌아온 소수는 바사 정부의 허락하에 성전을 지을 수 있었다. 그들은 정치적인 독립은 잃었으나, 그들의 종교, 특히 구약성경과 성전 경배에 온전히 집중하게 되었다. 그들은 죄로 말미암아 했던 포로생활을 다시 반복하는 것을 두려워했다. 사실 그들은 대수롭지 않게 영적인 타협을 저질렀다. 그러나 하나님의 선지자가 경고를 하면 그 말을 청종했다.

번영하는 바벨론 대신 폐허가 된 예루살렘을 선택한 귀환 포로민들은 정부에 도움을 청하기보다는 하나님을 바라보았다. 아직도 그들은 그 이전보다 더욱 간절하게 선지자들이 약속했던 강력한 메시야를 꿈꾸고 있었다. 이 꿈과 하나님의 율법을 따르고자 하는 그들의 강력한 결심은 에스라의 예언 후 450년이 지나서 예수 시대까지 지속되었다.

본론

진실한 사람, 에스라

그는 하나님의 말씀을 다른 사람에게 설교하기 전에 먼저 자신에 적용했다

에스라가 하나님의 성전 앞에 엎드려 울며 기도하여 죄를 자복할 때에 많은 백성이 크게 통곡하매 이스라엘 중에서 백성의 남녀와 어린 아이의 큰 무리가 그 앞에 모인지라(스 10:1).

에스라는 일처리를 잘했다. 그는 예루살렘 귀환 여행을 위해 바사 왕의 후원을 얻어내는 외교적 수완과, 유대 족장들이 여행에 동참하게끔 확신시키는 세일즈맨으로서의 자질, 그리고 길고 복잡하며 위험하기까지 한 여행을 성사시키는 조직적인 비결을 터득하고 있었다.

동시에 에스라는 하나님께 의지하는 제사장이었다. 그는 금식과 기도를 위한 날을 구별했다. 그리고 구약의 율법들을 알았고, 그에 따라 생활했으며, 하나님과의 깊은 관계를 맺는 통로로써 그것을 사용했다. 무엇보다 그는 성경를 공부할 때 다른 사람에게 적용하기 전에 먼저 그것을 자신에게 적용했다(스 7:10).

강력한 부정적 반응

에스라의 무리는 포로들이 최초로 귀환한 지 80년 만에 예루살렘으로 돌아왔다. 그러나 4개월도 지나지 않아 유대 지도자들이 나중에 도착한 에스라에게 가장 민감한 문제에 관한 조언을 구했다.

그들은 이스라엘 민족이 우상을 숭배하는 이웃과 결혼하고 있다고 에스라에게 이야기했다. 그 소식을 들은 에스라는 평정을 잃고, 옷을 찢으며, 기가 막혀 주저앉았다(스 9:3). 그의 비통에 찬 회개의 기도는 커다란 무리를 심히 통곡하게 했다. 그때 그곳에서 그들은 결혼을 파하기로 결심하고 여인들과 자식들을 멀리 보냈다. 감정적인 면에서도 실제적인 사람이었던 에스라는, 조직을 수술하기로 했고 그것이 어찌 행해지는가를 감시했다.

왜 에스라는 이들의 결혼에 대해 그렇게 부정적으로 반응했을까? 어떻게 그는 자식을 아비로부터 떼어내고, 가족들을 이산시킬 수 있었을까? 어떤 사람들은 그가 인종주의에 사로잡혀 이스라엘로부터 비유대인을 축출해낸다는 인상을 받을지도 모른다.

그러나 인종적인 순수함은 에스라의 관심사가 아님을 우리는 알 수 있다. 왜냐하면 이미 라합이나 룻처럼 유대교로 개종한 비유대인이 있었고, 에스라 6장 21절을 보면 하나님을 찾는 국외자들이 환영을 받았다는 것을 살펴볼 수 있기 때문이다. 에스라의 관심은 국제결혼이 미래 이스라엘의 생존을 위협할 신앙의 타협을 초래할지도 모른다는 우려에 있었다.

마지막 기회를 상실하다

그 당시의 결혼은 개인적인 문제에 국한된 것이 아니었다. 그것은 가문 간의 정치적, 종교적인 연합을 의미했다. 이스라엘의 이웃은 하나님이 가장 싫어하시는 우상을 섬기고 있었기 때문에, 잡혼이 이루어진다면 이스라엘 백성들은 우상숭배로 이끌릴 수밖에 없었다. 에스라는 하나님이 백성의 마음에서 독점적인 위치를 차지해야 한다는 것을 알고 있었다. 율법은 잡혼을 금했다(출 34:15-16; 신 7:3-6). 사도 바울 역시 비 그리스도인과 결혼한 그리스도인들에게 이혼하지 말라고 하면서도(고전 7:12-16), 에스라와 마찬가지로 그리스도인들에게는 "믿지 않는 자와 멍에를 함께 메지 말라"(고후 6:14)고 권한 바 있다.

에스라의 기도를 보면 그가 율법의 사소한 전문적 사항보다는 백성들의 진심에 대해 관심을 가지고 있었음을 알 수 있다. 에스라는 그의 백성들이 예전에 하나님이 그들을 바벨론에게 포로로 주셨을 때와 동일한 죄에 빠져드는 것을 보았다. 오랜 기간 동안의 포로생활을 통해 그들이 얻은 교훈은 아무것도 없었는가? 그들은 재출발할 수 있는 좋은 기회를 놓치려 하고 있었다.

묵상

에스라는 잡혼을 민족의 신앙의 타협으로 보았다. 오늘날의 우리 역시 신앙에 부정적인 영향을 미칠 수 있는 다른 종류의 타협을 하고 있지는 않은가?

느헤미야

서론
행동하는 사람

그는 성벽 건축에 착수했으며, 탁월한 지도력을 발휘했다

너희는 그들을 두려워 하지 말고 지극히 크시고 두려우신 주를 기억하고 … 싸우라(느 4:14).

느헤미야서에서 우리는 위대한 지도자의 개인적인 면모를 엿볼 수 있다. 그의 스타일은 확실하다. 그는 기획가였으며, 실용적인 지도자였다. 이것이 세계사에서 가장 위대한 제국 중 하나였던 바사 제국에서 그를 최고 위치에까지 오를 수 있게 한 이유였던 게 분명하다.

그러나 그의 마음은 권력보다는 그곳에서 멀리 떨어진 작고 황량한 예루살렘에 있었다. 자신의 백성들이 겪고 있는 어려움에 대해 들었을 때 그는 자신의 관직뿐 아니라 모든 것을 걸고 왕에게 그 사실을 직고했다. 그런 다음 왕의 허락을 받고 예루살렘에 와 무너진 성벽을 둘러보았다.

포로민들이 예루살렘에 돌아온 것은 추방된 지 거의 백 년이 되어 가는 때였다. 성전은 재건되었지만 이스라엘 백성은 그 도시에 거의 거주하고 있지 않았다. 대부분의 유대인들이 예루살렘 성보다는 주변의 마을이나 성읍에서 살고 있었다. 그들은 다양한 외국인들과 뒤섞여 살았으며, 따라서 정체성을 잃을 위기에 처해 있었다. 이들이 이렇게 된 데에는 도시에 성벽이 없었던 게 한몫했다.

성벽이 왜 중요한가?

다른 관심사에 비해 성벽을 재건하는 것은 그다지 중요해 보이지 않는다. 그러나 멕시코와 미국 사이에 국경이 없다고 한번 생각해 보라. 그래서 사람들이 마음 내키는 대로 경계를 넘어 양쪽 편에 살 수 있다고 한다면 점차 멕시코와 텍사스의 구분은 없어지고 말 것이다.

성벽이 없었기 때문에 유대인들은 이민족의 문화에 쉽사리 동화될 위험성을 갖고 있었다. 그 당시에 성벽이 없는 도시는 강도 떼의 주된 습격 대상이 되었다. 그래서 안전을 염려하던 유대인들은 예루살렘 주변의 작은 마을에서 다른 민족들 사이에 흩어져 살게 되었다. 그러다 보니 자연스럽게 이민족과 결혼을 하게 되었으며, 말과 문화를 잃어버렸고, 무엇보다 중요한 그들 자신의 종교를 잃어버리게 되었다. 만약 그들이 성벽을 건축한다면 예루살렘을 진정한 유대인의 도시로 만들 수 있고, 그것을 안전하게 지킬 수 있으며, 오고 가는 사람도 통제할 수 있게 될 것이다.

지도자를 고대함

하지만 무엇 때문에 그들은 100년 동안이나 무너진 성벽에 대해 아무런 조치도 하지 않고 있었을까? 그것은 먼저 당시 강력한 정치가들이 지역적인 반감을 이유로 유대인들을 패망한 상태로 두기로 했기 때문이다. 그리고 또 다른 이유를 들자면 아마도 느헤미야와 같은 지도자가 없었기 때문일 것이다. 이 책의 대부분을 채우고 있는 그의 회고록에서 그는 감동적인 연설, 기도, 조직, 하나님을 전적으로 신뢰함, 문제에 대한 신속하고도 명확한 반응, 이기적이지 않은 태도 등 지도자로서의 뚜렷한 자질을 보여 주고 있다. 아마도 바사 궁정에서의 경험이 그를 훈련시킨 것 같다. 복잡한 건축 계획을 세우고, 맹렬한 반대를 누그러뜨리는 일쯤은 그에게 아무것도 아니었을 것이다.

하지만 느헤미야는 단순히 일을 관리하는 사람만은 아니었다. 그는 하나님의 사람이었다. 그는 기도 없이는 행동하지 않았으며, 행함이 없이 기도하지도 않았다. 그는 이룩한 모든 일에서 하나님의 역할을 인정했으며, 그분을 신뢰하는 것을 잊지 않았다. 그리고 그는 세상적인 지위를 원하지 않았다. 만약 그랬다면 바사를 떠나지 않았을 것이다.

본론
말씀에 사로잡힌 사람들

에스라는 성경 두루마리를 읽으며 나무로 만든 연단에 서 있었다

그러나 우리가 당한 모든 일에 주는 공의로우시니 우리는 악을 행하였사오나 주께서는 진실하게 행하셨음이니이다(느 9:33).

이 광경을 마음속에 그려 보라. 광장에 새로 마련된 나무단에 에스라가 오르고 그것을 온 회중이 숨을 죽이며 지켜본다. 그가 책을 열자 그들이 일어선다. 그들은 손을 높이 들어 하나님을 찬양하고, 다시 허리를 구부려 땅에 얼굴을 댄다. 에스라는 책을 읽기 시작한다. 그를 도와주는 사람들이 군중 속을 돌며 하나님의 말씀이 이야기하는 내용을 해석하고 그것을 설명한다. 사람들은 주의 깊게 듣는다. 연이어 이상한 소리가 군중으로부터 퍼져 나간다. 통곡소리다.

에스라가 읽은 율법서는 아주 오래된 것이었으나, 그날은 무엇인가 새로운 일이 일어났다. 바로 유대인들이 성경에 사로잡힌 사람들로 변화된 것이다. 그들은 새롭게 건축된 성벽의 돌처럼 단단한 재료로 다시 만들어지고 있었다.

이스라엘 역사를 통해 볼 때, 그들은 율법 외에도 다른 두 가지 원천으로부터 힘을 얻었다. 하나는 성전으로, 그곳에서 그들은 하나님께 경배했다. 그곳은 하나님을 만나는 장엄하면서도 아름다운 건물이었다. 다른 것은, 맨 처음에는 모세, 그다음에는 여호수아, 사사, 그리고 마지막으로 다윗과 그 후손과 같은 왕들로 나타난 지도자였다.

실망을 주는 실물

그러나 이들 실물들은 그들을 타락에서 구하지 못했다. 성전은 그 장엄함에도 불구하고 대다수의 유대인들에게는 아무 의미 없는 상징물이 되어 버렸다. 그들은 심지어 성전 안에 우상을 두기도 했다. 그래서 하나님은 바벨론 사람들이 성전을 불태워 파괴하는 것을 허락하시고야 말았다.

포로생활에서 돌아온 유대인들은 먼저 성전을 건축했지만(에스라 1~6장을 보라), 이것은 더 이상의 자기 보장책은 될 수 없었다. 그들은 결코 성전 건물을 하나님에 대한 전적인 헌신을 의미하는 것으로 바라볼 수 없었다.

지도자들은 어떠했는가? 수백 년의 역사 속에서 등장한 어떠한 왕도 하나님의 마음에 들어맞지는 못했다. 대부분의 왕은 말로만 다윗의 자손임을 주장하는 악당에 불과했다. 포로생활 후에 이스라엘 백성들은 자신들의 왕을 갖지 못했다. 그래서 그들은 모든 권력을 자신에게 집중시키고자 한 바사 왕의 통치를 받으며 살았다.

말씀의 능력

이제 그들은 하나님의 말씀을 의지했다. 8장에서 보듯이 무수히 모인 사람들은 더 이상 성전이나 왕을 바라보지 않았다. 보석과 왕관의 장엄함으로부터 단순한 성경 두루마리를 읽기 위해 나무단 위에 있는 한 사람에게로 초점이 바뀌었다. 그러나 그가 읽은 말씀, 곧 모든 사람에게 주의 깊게 설명된 말씀은 그것을 듣는 백성들에게 큰 영향을 미치며 그 능력을 드러냈다. 이스라엘 백성들은 하나님을 찬양하며, 자신들의 죄를 통회하고, 행동을 바꾸며, 하나님과 새롭게 언약을 맺었다.

이때부터 유대인들은 말씀에 사로잡힌 사람들이라고 불리게 되었다. 그들은 외국의 영토에서 살았으며, 따라서 그들의 정치적 지도력은 한정될 수밖에 없었다. 그들의 성전은 중요한 것이었지만, 다시는 하나님의 임재를 보증하는 곳은 될 수 없었다. 점차로 그들은 하나님의 말씀을 연구하며 그것에 순종하는 데 애를 쓰게 되었다. 에스라의 뒤를 이어 성경을 전문적으로 연구하는 율법학자들이 새로운 지도자로 나타나게 되었다. 이스라엘인들은 정부나 예배 의식에서가 아니라 하나님의 기록된 말씀을 의지하는 데서 독특한 힘을 얻을 수 있었다.

묵상

당신의 삶에서 하나님의 말씀이 능력으로 나타낸 예를 찾을 수 있는가? 그것은 당신을 어떻게 변화시켰는가?

에스더

용기 있는 사람

다른 사람들이 수수방관할 때 영웅은 행동한다

규례를 어기고 왕에게 나아가리니 죽으면 죽으리이다(에 4:16).

영웅은 어떤 점에서 다른가? 위대한 일을 한 영웅들에게 어떻게 그런 일을 할 수 있었냐고 물어보면 그 반응이 겸손하다는 것을 알게 된다. "다른 사람도 나와 같은 일을 했을 거예요. 나는 그때 그 장소에 있었을 뿐인 걸요."

다른 사람들이 공포에 질려 있을 '그때' 영웅다운 사람들은 신속하게 행동한다. 진정한 영웅은 위기를 느낄 때 그것에 맞서 행동하는 사람이다. 이러한 용기 때문에 에스더는 위대한 여인으로 평가받고 있으며, 성경의 한 부분을 차지하게 되었다.

목숨을 건 왕후

용모가 아름답다는 '우연' 때문에, 그리고 이전 왕후의 폐위라는 '우연' 때문에 에스더는 세상에서 가장 권세가 강했던 왕의 왕후가 되었다. 하지만 모든 것이 순조롭다고 생각되던 그때 위기의 순간이 찾아왔다.

그 위기의 순간은 여러 차례에 걸쳐 그녀에게 다가왔다. 에스더의 민족인 유대인은 바사 제국에서 성공을 거둔 소수 민족으로, 다른 민족들과 동화되지 않은 채 함께 살고 있었다. 다른 민족들은 그들의 성공과 분리주의를 시기했다. 그래서 앙심을 품은 총리대신 하만은 그들을 전멸하기로 결심해 정부가 주도하는 민족살해 법령을 공포했다.

에스더 왕후가 이것을 중지시킬 수 있을까? 그녀에게 그런 능력은 있었을까? 만약 그렇게 하려고 한다면 그녀는 목숨을 걸어야 했다. 그녀는 여자가 자기의 뜻을 거스리는 것을 절대 용납하지 않는 왕의 무력한 성적 노리개에 불과했다. 그녀는 왕이 부를 때에만 왕 앞에 나아갈 수 있었다. 그런데 한 달 동안이나 왕은 그녀를 부르지 않았다. 그러나 그녀만이 유대인 중에서 유일하게 왕에게 접근할 수 있는 사람이었다.

에스더의 삼촌인 모르드개는 그녀의 독특한 입장을 설명해 주었다. "네가 왕후의 자리를 얻은 것이 이 때를 위함이 아닌지 누가 알겠느냐"(에 4:14). 에스더는 이에 행동으로 응답했다. 그녀의 용기 있는 행동은 전통적인 영웅의 이미지와 부합된다. "규례를 어기고 왕에게 나아가리니 죽으면 죽으리이다"(에 4:16).

우연이었나, 하나님의 계획이었나?

비록 간접적이기는 하지만 에스더서는 유대인에 대한 하나님의 관심을 보여준다. 에스더는 '우연히' 새로운 왕후로 선택되었다. 그리고 왕은 '우연히' 잠이 오지 않아 읽을 거리를 뽑아들었는데, 그때 '우연히' 에스더의 삼촌 모르드개가 했던 선행을 기록한 역대일기를 읽게 되었다. 그리고 악한 하만은 '우연히' 위기를 조장했던 것이다. 에스더의 용기와 함께 이들 '우연한' 일들은 한 민족이 말살될 뻔했던 끔찍한 사건을 유대인을 보호하는 방향으로 바꾸어 버렸다.

과연 이 모든 것들이 단순히 우연에 불과했던 것인가? 아니면 그 배후에 하나님이 계신 것인가? 에스더서는 이에 대해 직접 언급하지 않는다. 하나님은 한 번도 언급되지 않고 있으며, 때로는 고의로 무시된 것 같기도 하다. 그러나 유대

교인이건 그리스도인이건 간에 믿는 사람들은 의심할 수 없다. 모든 삶은 하나님의 뜻에 따라 좌우된다. 우연히 일어나는 것은 아무것도 없다. 이들 '우연'은 유대인들을 구하기 위한 하나님의 계획의 일부였다.

하나님은 자기 백성을 사랑하시기 때문에 태초부터 선택하셨고 보호하셨다. 그들의 적들조차 유대인들의 '행운'을 알고 있었다(예를 들어 에스더 6장 13절을 보라). 에스더서는 유대인에 대한 하나님의 변함없는 사랑을 기록한 놀라운 이야기의 한 부분에 해당한다. 비록 때로는 하나님의 뜻을 거스리기도 했지만, 이 작고 종종 배척받는 소수 민족은 수백 년 동안 생존해 왔으며, 번영해 왔다.

하만에서부터 히틀러에 이르기까지 앙심을 품은 지도자들은 유대인을 배척했다. 일찍이 유대인처럼 배척받은 민족도 없었으며, 그처럼 역경을 극복하는 능력을 보여 준 민족도 없었다. 그리고 오늘날 그처럼 자신들의 조상과 연속성을 지닌 민족도 찾아볼 수 없다. 그들은 독특하고 위대한 민족으로 남아 있다. 어떻게 그럴 수 있었을까? 에스더는 적시적지에 '우연히' 있었던 개인의 용기와 하나님의 절묘한 타이밍이 어우러져 선택된 백성을 구한 사실을 기록하고 있다.

Part 3

시가서

욥기

시편

잠언

전도서

아가

욥기

서론

선한 사람에게 나쁜 일이 일어날 때

그는 고통을 받지 말았어야 했는데 고통을 받았다

네가 내 종 욥을 주의하여 보았느냐 그와 같이 온전하고 정직하여 하나님을 경외하며 악에서 떠난 자는 세상에 없느니라(욥 1:8).

어떻게 그런 일이 일어날 수 있는가? 욥이라고 하는 무죄한 사람에게 갑자기 온 세상이 무너져 내린 듯한 비극이 벌어졌다. 그것은 불공평의 극치였다.

먼저 도적들이 그의 소유를 훔치고, 그의 종들을 죽였다. 그다음 하늘에서 불이 내려와 그의 양들을 태웠으며, 대풍이 집을 무너뜨렸고, 그의 자녀들을 죽였다. 마지막으로 욥 자신도 끔찍하고 고통스러운 질병에 걸렸다. "왜 내가 이러한 고통을 당해야만 하는가?" 그는 울부짖었다.

우주적인 경쟁

욥기는 독자가 중심인물보다 훨씬 그 내용을 잘 알고 있기 때문에 탐정소설을 읽는 것과 같다. 제일 첫 장은 욥이 제기한 질문에 대한 답을 제시하고 있다. 그는 그러한 고통을 받을 아무런 일도 하지 않았다. 독자인 우리는 그것을 알고 있지만 욥이나 그의 친구들은 아무도 그 사실을 알지 못한다.

욥은 영문도 모르는 채, 천상에서 제안된 일이 지상에서 벌어지는, 우주적인 시험에 참여하고 있다. 이 극단적인 신앙의 시험으로 지상에서 가장 선한 사람이 최악의 재난을 겪게 되었다. 사탄은 욥과 같은 사람은 하나님이 선한 것으로 공급해 주시기 때문에 하나님을 사랑할 뿐이라고 주장했다. 그러니 그러한 좋은 것들을 빼앗긴다면 욥의 믿음도 부나 건강과 함께 사라져버릴 것이라고 사탄은 하나님께 도전했다.

하나님의 명예는 욥의 태도에 달려 있었다. 욥은 그의 삶이 산산이 부서지더라도 하나님에 대한 믿음을 계속 지킬 것인가? 그렇지 않으면 하나님을 배반하고 말 것인가? 이것이 욥기의 핵심 질문이다.

욥의 아내도 그에게 악담을 퍼부었다. "당신이 그래도 자기의 온전함을 굳게 지키느냐 하나님을 욕하고 죽으라"(욥 2:9). 그의 친구들은 그에게 더욱 잔인했다. 그들은 욥이 벌을 받고 있으며, 그가 그의 삶에 벌어진 비극에 대해 전적으로 책임이 있다고 주장했다. 그러나 욥은 하나님이 사랑과 공의를 나타내는 분이라는 것을 믿기 어렵게 하는 증거들이 나타났음에도 그러한 하나님을 계속 믿었다. 우리로서는 상상도 할 수 없는 일을 이루기 위해 그는 분투했다.

시험받는 욥

장황한 달변인들의 연설로 가득 찬 법정 드라마라고 생각하는 것이 이 책을 이해하는 데 도움을 줄 것이다. 욥기에서 대부분 욥은 피고석에 앉은 채로 친구들의 장광설을 듣고 있다. 그는 완벽한 반론을 펼 수 없었다. 왜냐하면 고통을 당하는 것이 죄 때문이라는 그들의 주장이 설득력 있는 것처럼 보였기 때문이다. 그러나 그는 마음속 깊이 그들이 틀렸다는 사실을 알고 있었다. 그는 당하고 있는 고통을 받을 만한 일을 저지르지 않았다. 거기에는 다른 설명이 필요했다.

슬픔에 빠진 모든 사람들과 마찬가지로 그는 감정적인 기복을 나타냈다. 그는 울부짖었고, 폭발했으며, 애원했고, 자기연민에 빠져들었다. 그는 친구들의 말에 동의하다가도 입장을 바꿔 그들의 의견에 모순이 되는 말들을 늘어놓았다. 그리고 때로는 빛나는 희망 섞인 말을 하기도 했다.

욥이 원하는 것은 자신의 비참한 운명을 설명해 줄 수 있는 인자가 나타나는 것이었다. 그는 하나님과 얼굴을 맞대고 만나기를 바랐다. 하지만 욥의 소망대로 하나님이 사람의 모습으로 나타나셨으나, 마침내 말씀하신 하나님 앞에 욥이나 그의 친구들은 무엇을 말해야 할지 몰랐다.

우리가 욥처럼 느낄 때

우리도 살다 보면 욥과 같은 처지에 놓일 때가 있을 수 있다. 우리를 둘러싸고 있는 세계가 힘없이 무너지는 것 같고 나에게 아무런 의미를 주지 못할 때가 있을 것이다. 심지어 하나님도 멀리 계시며 잠잠하신 것 같을 때가 있다.

커다란 위기를 맞이하는 그러한 순간, 우리는 각자 시험대 위에 오르게 된다. 어떤 의미에서 우리는 욥이 겪었던 그와 같은 경쟁의 주인공이다. 이 책은 아주 솔직하게 그러한 과정의 각 단계를 기술하고 있다. 욥의 삶은 커다란 고통을 겪어야만 하는 모든 사람의 표본이 된다.

본론
상처받는 사람에게 말하지 말아야 할 것

욥의 친구들은 상태를 악화시킬 뿐이었다

너희는 아무것도 아니로구나(욥 6:21).

방부제 냄새가 희미하게 나고, 주위에 나지막한 소리가 가끔씩 들리는 병실에 당신은 앉아 있다. 친구의 예후는 비관적이다. 친구가 하는 이야기 속에서 당신은 불안과 걱정, 그리고 혼란된 감정을 느낄 수 있었다. 자, 이제는 당신이 이야기를 할 차례다. 방안의 모든 사람들이 당신의 반응을 주시하고 있다.

고난을 받는 사람에게 무엇을 이야기할 것인가? 욥기는 장마다 예를 열거하고 있다. 절망에 빠진 욥을 찾아온 세 친구들은 장황한 충고를 늘어놓았다. 그러나 유감스럽게도 그들은 해서는 안 될 말을 하고 말았다. 그들의 주장은 욥을 더욱 악화시켰고, 마침내 하나님은 그들을 못마땅히 여기셔서 그들의 말을 일축하셨다.

누가 욥의 친구였는가?

욥기의 기록 연대와 기록 장소에 대해서는 거의 알 수 없지만, 그 이야기에 의하면 욥은 동방의 매우 부유한 '족장'이었던 것 같다. 인근 지대에서 온 그의 세 친구도 그와 마찬가지로 부자였으며, 존경받는 자들이었다. 그들은 욥을 처음 본 순간, 비통해하며 소리질러 울었으며, 칠 일 칠 야를 그와 함께 조용히 앉아 있었다(욥 2:12-13).

욥이 마침내 침묵을 깨자, 각 친구들은 욥의 난처한 처지에 대해 현란하게 이야기했다. 전부 세 번에 걸쳐 엘리바스, 빌닷, 소발이 차례로 이야기하고, 이에 대해 욥이 각각 대답한다. 처음 주장을 시작한 엘리바스는 강력한 어조로 이야기하며 그럴듯한 논지를 편다. 그다음으로 빌닷은 간단하고, 약간 동정심이 모자란 듯하게, 그리고 소발은 정열적이며, 불과 같은 성격을 나타내는 어조로 자신의 주장을 전개한다.

친구들은 감정을 점점 강도 높게 드러내는 것 같다. 첫 번째 대화의 사이클(4-14장)에서 그들은 자신들이 욥보다 옳은 관점을 가지고 있다는 생각을 관철시키려 했다. 그리고 또 다시 대화의 사이클이 반복되자(15-21장) 그들의 어조는 보다 심각하고 위협적인 것으로 바뀌었다. 결론을 맺는 말(22-25장)에서 욥의 친구들은 그를 직접 비난하고 있다.

고난에 대한 엉터리 이론

욥의 친구들은 사랑과 공의의 하나님을 믿고 있었다. 그들의 주장은 사실로부터 추론한 것이다. 그들은 공평하신 하나님이라면 무죄한 사람에게 그렇게 많은 고난을 겪게 하시지는 않을 것이라고 주장했다. 그들의 주장의 대부분은 결국 간단한 이론으로 요약할 수 있다. 그것은 욥이 하나님이 벌하실 만큼의 어떤 커다란 죄를 지었다는 것이다. 세 사람 모두 선한 사람은 잘되고 악한 사람은 고통을 받는다고 믿고 있었다. 따라서 이들에게 고통은 숨겨진 죄를 드러내는 것이었다.

"하나님은 순전한 사람을 버리지 아니하시고 악한 자를 붙들어 주지 아니하시므로"(욥 8:20)라고 그들은 말했으며, "회개하라. 그러면 하나님이 너를 용서하시고, 회복시키실 것이다"라고 훈계했다. 그들의 말은 욥으로 하여금 이렇게 답하게 했다. "너희는 거짓말을 지어내는 자요 다 쓸모 없는 의원이니라"(욥 13:4). 욥은 사랑의 하나님을 믿었으며, 그 자신이 무죄하다는 것도 잘 알고 있었다. 마침내 자신의 모습을 드러내신 하나님 역시 엘리바스에게 한 다음과 같은 말로 세 명의 친구들을 꾸짖으셨다. "내가 너와 네 두 친구에게 노하나니 이는 너희가 나를 가리켜 말한 것이 내 종 욥의 말 같이 옳지 못함이니라"(욥 42:7).

비록 성경이 사람의 죄로 말미암아 일어나는 고통을 열거하고 있으나, 욥기는 이 이론을 모든 경우에 적용할 수 없다는 것을 보여 준다. 사람의 고통에 대한 합리적인 이유를 찾아내는 것은 우리의 몫이 아니다. 하나님은 자신을 위해 그 지식을 남겨 놓으신다.

묵상

당신이 겪은 가장 '불공평'한 일은 무엇인가? 그 일을 겪고 난 뒤 하나님을 생각하는 당신의 방식은 어떻게 달라졌는가?

조용했던 친구가 마침내 입을 열다

홀연히 나타난 엘리후가 고난에 대해 새로운 시각을 제시하다

내가 자세히 들은즉 당신들 가운데 욥을 꺾어 그의 말에 대답하는 자가 없도다(욥 32:12).

욥기에서 이 장면이 나오기까지는 욥과 그의 세 친구만이 표면에 나타난다. 점점 가열되던 논쟁이 마침내 중지되고, 그들은 교착 상태에 빠졌다. 욥은 끔찍한 징벌을 받을 만한 죄를 저질렀다는 사실을 인정하지 않았고, 그의 세 친구도 고난에 대한 그들의 생각을 바꾸지 않았다.

이때 갑자기 새로운 목소리가 등장했다. 연소자였던 엘리후는 줄곧 조용히 듣고만 있었으나 더 이상 자신을 억제할 수 없었다. 그래서 먼저는 자기의 정당성을 주장하는 욥에 대해, 다음에는 욥의 질문에 대답하지 않는 세 친구에 대해 불끈 화를 내었다. 그는 그들이 했던 말로 네 사람 모두를 반박했다.

엘리후는 옳은가?

엘리후는 욥의 치열한 자기변호에 충격을 받았다. 그리고 하나님은 결코 불공정하실 수 없다고 주장했다. 이해하지 못할지라도 고통을 받아들여라, 하나님을 원망하지 말고 오히려 찬양하여라, 하나님은 의심할 바 없이, 특히 자연에서 그분의 지혜와 완전함을 드러내신다는 것이 그의 주장이었다.

그는 욥의 고통에 대해 새로운 설명을 시도했다. 하나님이 징계하기 위해서가 아니라 욥을 정화하기 위해 고통을 주셨다는 게 그의 주장이었다. 실제 하나님은 사람을 보다 낫게 하시기 위해 고난을 허락하기도 하신다.

엘리후는 어디서 왔는가? 그는 누구인가? 그의 주장은 전적으로 옳은가? 그는 신비로 가득 싸여 있다. 아무도 그의 주장에 대꾸하지 않는다. 욥기는 엘리후가 가치 있는 관점을 피력했는지에 대해 어떤 단서도 제공하지 않는다.

일부 독자는 그의 말이 욥의 세 친구의 엉터리 주장과 하나님 자신의 말씀을 연결해 주는 역할을 한다고 해석해, 그의 말이 하나님의 말씀을 위해 길을 예비한 것으로 보기도 한다. 그리고 또 어떤 사람들은 그가 한 말이 욥의 세 친구가 한 말보다 그럴듯하게 들리지만, 전혀 사실이 아닌 충고를 반복하는 것이라고 생각하기도 한다.

하나님은 등장하셨을 때 욥의 친구들을 질책하며 욥에 대해서도 부드럽게 꾸짖으셨다. 그러나 엘리후에 대해서는 아무 말씀도 하지 않으셨다. 엘리후는 신비스러운 인물로 남아 있다.

묵상

엘리후의 주장이 그럴듯하게 들리는가? 고통을 당하는 다른 사람에 대해 엘리후와 유사한 주장을 하는 친구들을 어떻게 생각하는가?

고난에 대한 욥기의 교훈

고통의 문제와 욥기

하나님은 곤고한 자를 그 곤고에서 구원하시며 학대 당할 즈음에 그의 귀를 여시나니(욥 36:15).

'하필이면 왜 내게 이런 일이?' 끔찍한 고난이 닥쳐오면 사람들은 대개 이런 질문을 하게 된다. 교통사고나 암 선고, 관절염과 같은 만성질환을 겪게 되면 사람들은 왜 하나님이 고난을 주시는지에 대한 질문을 강력하게 제기한다.

그러나 오랜 세월에 걸쳐 고난받는 그리스도인들은 욥기를 읽음으로써 도움과 위로를 얻을 수 있었다. 이 책은 왜 선한 사람이 고난을 받는지에 대한 뚜렷한 이론을 제시하지는 않는다. 그럼에도 우리는 욥기로부터 고난의 문제에 대한 다음과 같은 교훈을 얻을 수 있다.

욥기의 원리

1. **일부 고난은 사탄에게 원인이 있다.** 1장과 2장은 하나님이 욥의 문제를 일으키신 게 아니란 점을 분명히 하고 있다. 그분은 그것들을 허락하셨을 뿐, 실제로 고통을 준 것은 사탄이었다.
2. **하나님은 전능하시며 선하시다.** 욥기의 어느 부분에서도 하나님이 무력하거나 선하지 않다는 증거는 찾을 수 없다. 어떤 사람들은 사람의 고난을 막기에는 하나님이 무력하고 약하다고 이야기한다. 이신론자들이라고 불리는 다른 사람들은, 하나님은 세상을 돌보는 데에만 관심이 있으시며, 개인적인 문제는 등한시한다고 이야기한다. 그러나 욥기에서 하나님의 능력은 의심받지 않는다. 단지 하나님의 공정성만이 문제가 됐을 뿐이다. 욥기서 끝에서 하나님은 자연으로부터 장엄한 실례를 사용하시면서 자신의 능력을 증명하셨다.
3. **고난이 반드시 죄로부터 비롯되는 것은 아니다.** 성경은 현세에서조차도 '뿌린 대로 거둔다' 는 일반 원리를 지지하고 있다(갈 6:7; 시 1:3; 37:25). 그러나 누구도 특정한 사람에 대해 이런 일반적 원리를 적용할 권리는 없다. 욥의 친구들은 설득력 있게 이 원리를 적용해 보려고 애썼다. 그러나 마지막 판단을 내리실 때에 하나님은 "너희가 나를 가리켜 말한 것이 내 종 욥의 말 같이 옳지 못함이니라"(욥 42:7)고 명백하게 말씀하셨다. 구약성경은 아벨(창 4장)이나 우리아(삼하 11장)처럼 그들 자신의 잘못이 없이 고난을 받은 사람들의 실례를 여럿 들고 있다. 그리고 예수님도 고난이 죄를 내포한다는 개념에 대해 강력한 반증을 제시하셨다(요 9:1-5; 눅 13:1-5).
4. **하나님은 죽음 뒤에 있을 최후의 심판에서 공정하게 판단하신다.** 구약의 대부분의 인물들과 마찬가지로 욥의 친구들도 내세에 대한 믿음을 확실하

게 갖고 있지는 않았다. 따라서 그들은 하나님의 공정하심(그가 사람을 인정하느냐, 부인하느냐 하는)이 현세에 나타난다고 생각했다. 성경의 다른 부분은 하나님이 죽음 뒤에 심판하신다는 교훈을 가르치고 있다.

5. **하나님은 인간들의 의심이나 실망을 비난하지 않으신다.** 그래서 하나님은 욥의 고민에 찬 반응을 꾸짖지 않으셨다. 다만 그의 무지를 꾸짖으셨을 뿐이다. 욥은 자신의 고통을 유순하게 받아들이지 않았으며, 고민 중에 하나님께 부르짖었다. 그래서 그의 강력한 불평 때문에 하나님이 아니라, 친구들의 비난을 들어야 했다(15장 1~16절을 보라). 그러나 아이러니하게도 그의 고통에 찬 주장 때문에 욥은 하나님의 칭찬을 들었으며, 반면에 경건한 그의 친구들은 호된 비난을 받았다.

6. **아무도 고통에 대한 분명한 이유를 알 수 없다.** 욥이나 그의 친구들은 충분한 이유를 댈 수 없었다. 욥은 하나님이 불공평하시며, 그를 대적처럼 취급하신다고 결론지었다. 그의 친구들은 욥이 지은 죄 때문에 하나님이 고난을 주시는 것이라고 계속해서 이야기했다. 그러나 그들은 천상에서 벌어지는 실제 투쟁에 대해 알지 못했으며, 뒤늦게 자신들이 매우 좁은 안목을 가지고 상황을 파악하고 있었다는 것을 깨달았다.

7. **하나님은 전적으로 침묵하시지는 않는다.** 엘리후는 욥에게 꿈과 환상, 과거의 축복, 심지어는 자연계에 나타나는 하나님의 일상적인 역사에 대해 확신에 찬 어조로 상기시킨다(욥 33장). 하나님은 또한 그의 지혜와 위력의 증거를 자연계에 나타내신다. 비록 침묵하시는 것처럼 보일지라도 우리는 그에 관한 증거를 찾을 수 있다. 현대의 한 작가는 그러한 진리를 아래와 같은 말로 표현했다. "빛이 있을 때 알아둔 것을 어두울 때 기억하라."

8. **선한 동기에서 나온 충고도 때로는 상황을 악화시킬 수 있다.** 욥의 친구들은 그들의 우월감과 동정심을 직선적으로 표시하려는 사람들의 전형적인 모습을 나타낸다. 그들은 경건한 말을 반복하며 신학에 대해 욥과 논쟁한다. 그의 대답은 이렇다. "너희가 참으로 잠잠하면 그것이 너희의 지혜일

것이니라"(욥 13:5).

9. **하나님은 믿음을 원하신다.** 하나님은 욥의 고난의 이유로부터 그의 반응으로, 중심이 되는 문제의 초점을 옮기신다. 의아하게도 하나님은 고난의 문제에 대해서는 어떤 설명도 하지 않으셨다. 심지어 욥에게조차 고난 뒤에 숨어 있는 이유(1장과 2장에 기록되어 있는 경쟁)를 설명하지 않으셨으며, 대신 욥의 반응에 주목하셨다. 내기가 걸린 진짜 문제는 모든 상황이 악화되었을 때에라도 욥이 믿음으로 하나님을 계속 신뢰할 수 있는가 하는 것이었다.
10. **고난은 보다 좋은 선을 위해 사용될 수 있다.** 욥의 경우를 보면 하나님은 사탄과의 중요한, 어쩌면 우주적인 대결에서 승리를 거둘 때까지 매우 큰 고통의 시간을 지내게 하셨다. 반추해 보면 우리는 욥이 하나님을 계속 믿음으로써 얻게 된 유익을 발견할 수 있다. 종종 욥은, 아무런 죄 없이 사셨지만 커다란 고통과 죽음을 겪어야 했던 예수 그리스도의 구약판으로 비유된다. 예수 그리스도의 끔찍한 죽음은 결국 완전한 승리로 바뀌었다.

수천 년이 지난 오늘날에도 욥의 질문은 여전히 유효하다. 고통을 받는 사람들은 무관심하게 보이는 하나님께 부르짖으면서 욥이 했던 것과 같은 말을 하기도 한다. 그러나 욥은, 하나님은 우리의 부르짖음을 듣지 못하시는 분이 아니며, 눈에 보이는 것에 상관없이 온 세계를 주관하시는 분임을 확신하고 있었다. 하나님은 욥의 모든 질문에 대해 대답하지는 않으셨으나, 직접 나타나심으로 욥의 의심이 사라지게 하셨다. 욥은 하나님이 그를 돌보시고, 세상을 다스리신다는 사실을 깨달았다. 그것으로 충분했다.

묵상

욥기에서 얻은 이 원리는 당신이 당신이나 다른 그리스도인의 고난에 대해 겪고 들은 것과 일치하는가?

하나님이 욥에게 말씀하시다

마침내 욥은 그가 요구했던 것을 얻었다

무지한 말로 생각을 어둡게 하는 자가 누구냐(욥 38:2).

불과 며칠 사이에 욥은 대부분의 사람이 일생 동안 겪는 것보다 더한 비극을 경험했다. 그는 기와 조각을 가지고 몸을 긁으며 자신이 태어난 날을 저주했다. 그는 부인의 빈정거림과 친구들의 두서없는 말들 때문에 의연하게 고난을 겪을 수 없었다. 아무것도, 그 누구도 그를 도와주지 않았다.

이 모든 것을 겪으면서도 욥은 하나님께 등을 돌리기를 한사코 거부했다. 그에게는 요구 조건이 하나밖에 없었다. 그는 개인적으로 하나님의 말씀을 듣기를, 창조주로부터 직접 설명을 듣기를 원했을 뿐이다.

마침내 욥은 그의 소원을 이루었다. 장엄함과 아름다움 때문에 우리가 인용하기 좋아하는 말씀으로 하나님은 욥에게 대답하셨다. 아이러니하게도 엘리후가 욥에게 왜 그가 하나님으로부터 직접 대답을 들을 수 없는지를 설명하고 있을 때 하나님이 스스로 나타나셨다.

원하던 메시지가 아니었다

욥은 기다란 질문 목록을 가지고 있었으나, 질문은 욥이 아니라 하나님이 하셨다. 하나님은 "너는 대장부처럼 허리를 묶고 내가 네게 묻는 것을 대답할지니라"(욥 38:3)는 말로 시작하셨다.

프레드릭 뷰크너는 이를 다음과 같이 요약한다. "하나님은 설명하시지 않는다. 그분은 폭발하신다. 그는 그 자신이 누구인지를 욥에게 묻고 있다. 만약 욥이 듣기를 원하는 종류의 이야기를 그에게 설명한다면 그것은 아인슈타인에게 무명조개에 대해 설명하는 것과 같다." 하나님은 세계를 움직이는 방법에 대해 욥이나 다른 어떤 사람의 충고도 필요로 하지 않으신다.

하나님의 응답은 고난의 문제에 대한 설명이라기보다 자연에 관한 강의에 가까웠다. 그분은 하나하나 그에게 커다란 자부심을 느끼게 했던 피조물에 대해 설명하신다. 간단히 말해 하나님은 욥에게 묻고 계신다. "너는 나대신 우주를 움직이고자 하느냐? 타조나 산양 혹은 눈송이를 네가 생각해낼 수 있느냐?"

놀랍게도 고난의 문제에 대해서는 일언반구도 언급되지 않고 있다. 그러나 어찌 되었든 욥은 실제적으로 만족하고, 다른 한편으로는 부끄러움도 느낀 것 같다. 그는 "무지한 말로 이치를 가리는 자가 누구니이까 나는 깨닫지도 못한 일을 말하였고 스스로 알 수도 없고 헤아리기도 어려운 일을 말하였나이다"(욥 42:3)라고 고백했다.

욥은 시험을 통과했다

욥은 어둠 속에서 무서운 고난을 견뎌냈다. 그가 가장 하나님을 필요로 했을 때 하나님은 침묵을 지키셨다. 그리고 그것이 책의 1장, 곧 서두에서 시작된 경쟁의 정확한 요점이었다. 사탄은 욥이 "틀림없이 주를 향하여 욕할 것이라"고 하나님께 호언했다. 하지만 그는 시합에서 패배했다. 모든 상황이 악화되었는데도 욥은 하나님을 저주하지 않았다. 그는 자신이 겪은 모든 것이 믿음에 반하는 때에도 공평하신 하나님에 대한 믿음을 저버리지 않았다.

하나님은 욥의 생각을 바로잡아 줄 말씀도 하셨다. 욥이나 특히 욥의 친구들은 어떻게 하나님이 세상을 다스리고 계신지를 판단하는 데 필요한 증거를 얻을 수는 없었다. 그러나 하나님은 주로 욥을 칭찬하셨다. 하나님은 그를 '나의 종'이라고 부르셨으며, 세 친구들에게는 욥에게로 가서 용서를 빌라고 말씀하셨다(욥 42:7-8). 훨씬 뒤에 있는 일이지만 우리는 에스겔서에서 하나님이 가장 의로운 사람의 예로 욥을 들고 계신 것을 볼 수 있다(겔 14:14).

욥기는 놀라운 구절로 끝난다. 경건함과 판에 박은 문구를 내뱉던 욥의 친구들이 욥에게 용서를 빌었고, 고난을 당해 분노하며 하나님께 부르짖었던 욥은 예전 소유의 두 배를 갖게 되었다. "욥이 늙어 나이가 차서 죽었더라"(욥 42:17).

묵상

당신이 만일 욥의 경우에 처한다면, 당신은 하나님으로부터 어떤 답변을 구하겠는가? 욥에게 주신 하나님의 답변에 당신은 놀라지 않겠는가?

시편

서론
가슴으로부터의 부르짖음

기쁨과 슬픔의 노래

주는 나의 은신처이오니 환난에서 나를 보호하시고 구원의 노래로 나를 두르시리이다(시 32:7).

심금을 울리는 듯한 노래가 여기 성경의 중심에 자리잡고 있다. 시편은 구약 시대 사람들의 내적인 사고와 기도를 표현하고 있으며, 아직도 유효한 우리의 필요를 직접적으로 이야기하고 있다.

우리는 여기서 우리의 모든 감정과 정서에 맞는 시를 찾을 수 있다. 시편은 가장 깊은 슬픔을 다루며, 고난과 부정과 같은 가장 어려운 질문을 하나님께 제기하고 있다. 그들의 목소리는 즉각적이며, 참신하다. 그들은 하나님께 화려한 수식어를 바치지 않는다. 대신에 하나님께 부르짖거나 그 앞에서 기뻐 외친다.

이들 시편을 읽게 되면 당신은 더 이상 구약성경를 무미건조하다거나 율법에 얽매여 있다고 생각할 수 없을 것이다. 구약의 하나님이 소원하거나 비인격적인 존재라고 느낄 수도 없을 것이다. 거의 모든 시편에서 철학적 원리로서가 아닌, 활동력 있고 강하시며 사람들을 사랑하는 주관자이신 하나님, 삶을 변화시키시는 하나님의 실제적인 임재를 느낄 수 있다.

어떻게 시편들이 묶이게 되었는가?

시편에 있는 약 절반가량의 시가 다윗에 의해 지어졌으나 적어도 시편 중의 한 작품은 그가 태어난 지 500년 후에 쓰였다. 수많은 시인과 작가가 이 시들을 썼으며, 시편의 3분의 1가량은 원작자를 정확히 알 수 없다.

그렇다면 시편들은 어떻게 하나로 묶이게 되었을까? 그것은 성전 예배에서 찬송가로 사용하기 위해 편집된 것으로 여겨진다. 일부 시편은 개인의 경험에서 비롯되었으나 집회를 위해 채택되었다. 음악가(영장)를 위한 지시가 첨가되었으며, 시편의 의미가 모든 사람에게 적용되도록 의미를 확대하기 위해 몇 소절이 첨가된 경우도 있다.

시편은 수세기에 걸쳐 여러 사람의 시와 기도를 종합한 것이기 때문에 상당한 변이를 보인다. 그러나 독자들은 전편에 흐르고 있는 내적인 통일성을 발견할 수 있으며, 따라서 각 시가 수백 년이나 시간적인 차이를 갖고 기록된 것이라는 점을 별로 의식하지 못한 채 한 시에서 다른 시를 연속적으로 읽을 수 있다. 어떤 이는 시편을 단일한 주제를 표현하는 책이라는 의미에서 '성경 중의 성경'이라고 부르기도 한다.

또 어떤 이들은 시편을 수세기에 걸쳐 지어진 성당에 비유하기도 한다. 각 첨탑과 창은 그 설계자의 개인적인 천재성을 나타내고 있지만, 모든 부분이 서로 조화를 이루고 있으며, 그 조화는 단지 양식에 대한 생각이 같기 때문에 생긴 것만은 아니다. 전체 성당이 동일하신 하나님을 경배하기 위해 지어진다는 같은 목적으로부터 조화를 이루어내는 것과 마찬가지로 백여 가지의 정서와 경험 속에서도 시편은 그의 백성을 돌보시는 강력한 사랑의 하나님에 대한 변하지 않는 신앙을 드러내는 데서 아름다운 화음을 이뤄내고 있다.

실재하는 원수들

시편에는 하나님만이 아니라 조소하며 해악을 일삼는 원수들도 나온다. 그들은 거의 모든 시에 등장한다. 어떤 시편 기자에게 있어서 하나님을 믿는다는 것은 때로 하나님보다 더 뚜렷하게 나타나는 악의 세력과의 투쟁을 의미했다.

시편 기자는 "하나님, 당신은 어디 계십니까? 왜 당신은 나를 돕지 아니하십니까?"라고 자주 묻는다. 하나님에 대한 그들의 사랑에도 불구하고 그들은 종종 버림받고 학대받고 배반당한 것처럼 느낀다. 그들은 하나님과의 친밀함에도 불구하고 자신들이 안전하지 않다는 것을 깨닫게 된다. 그들의 기도에 포함되어 있는 기쁨과 찬양은 별다른 문제가 없기 때문에 나온 것이 아니라, 위대하신 하나님이 그런 문제들을 극복하게 해주신다는 깊은 확신에서 우러나온 것이다.

예수님은 십자가에서 죽어가면서 두 번씩이나 시편의 말씀(시 22:1; 31:5)을 인용하셨으며, 그의 삶을 설명하려고 한 그의 제자들 역시 다른 어떤 책보다도 시편을 많이 인용했다. 아마도 그들은 예수님의 삶의 의미를 숙고하기 위해 시편을 자주 묵상했던 것 같다. 시편에서 그들은 위대한 왕 다윗과 같은 아주 훌륭한 사람들도 고뇌를 느끼고 버림받은 것처럼 생각했다는 것을 알 수 있었다.

믿음에 따라 살아간다는 것은 쉽지 않다. 다윗도 그랬고, 예수님도 그러셨다. 일찍이 쓰인 것 중에서 가장 아름답다고 할 수 있는, 이들 힘 있는 찬양과 경배의 시편은 곤경을 벗어나기 위한 어떤 주술적인 방법을 제시하지 않는다. 삶의 실제적인 문제와 투쟁, 그리고 낙담이 이들 시에서 뚜렷하게 나타나고 있으나, 거기에는 이스라엘의 힘과 산성이 되시는 하나님 안에서의 기쁨과 안전이 보다 감격적으로 표현되고 있다.

본론

죽음 뒤의 삶

죽으면 모든 것이 끝나버리는가?

> 이는 주께서 내 영혼을 스올에 버리지 아니하시며 주의 거룩한 자를 멸망 시키지 않으실 것임이니이다(시 16:10).

죽으면 그다음에는 어떤 일이 일어날까? 사람은 누구나 그 대답을 듣고 싶어 하며, 시편 기자도 예외는 아니었다. 그들은 효과적인 의약품이 없는 시대, 그리고 백병전이 벌어지는 시대에 살고 있었다. 시체는 널려 있었다. 그러나 아무리 익숙하더라도 죽음은 여전히 신비스럽고 겁나는 것이었다.

이스라엘 민족은 죽은 사람이 가는 흑암에 찬 장소를 '스올'이라고 불렀다. 거기에 도달한다면 삶은 완전히 끝나는 것이다. 시편 기자는 전혀 그곳에 가고 싶지 않았으며, 따라서 하나님의 도우심을 바라는 기도 중에 죽음에는 어떤 좋은 점이 있는지를 묻지 않을 수 없었다. "흑암 중에서 주의 기적과 잊음의 땅에서 주의 공의를 알 수 있으리이까"(시 88:12). 스올은 매우 낮은 곳으로, 그곳은 계획이나 경배나 하나님과의 관계의 단절을 의미했다(시편 30:9; 88:5; 146:4). 살아 있는 자가 아니라 죽은 자들만 가득 차 있는 곳이 스올이었다.

죽음을 압도하는 하나님의 능력

그러나 일부 시편은 보다 낙관적인 관점을 가진다. 그들은 하나님의 권위를 확신하고 있었기 때문에 막연하지만 실수없이 죽음을 압도하는 하나님의 능력을 표현하고 있다. 예를 들어 하나님은 스올에도 계신다(시 139:8). 그는(그리고 그만이) 사람을 그곳으로부터 구속할 수 있다. 베드로와 바울이 죽은 자 가운데서 예수의 부활을 확실히 지적한 구절(사도행전 2장 27절, 13장 35절에서 인용된 시편 16

편 10절을 보라)처럼 하나님은 '거룩한 자' 로 썩지 않게 하신다.

만약 하나님의 능력이 스올로부터 어떤 사람을 구속할 수 있다면, 죽음 뒤의 삶은 어떤 것과 같을 거라고 그들은 생각했을까? 여기서는 천국의 개념을 명확히 알 수는 없고 단지 암시만 느낄 수 있을 것이다. 시편 기자의 생각은 하나님의 얼굴과 그의 존재에 중심을 두고 있다. 하나님만이 변하지 않는 분이시다. 우리가 죽음과 삶 어디에 속해 있든지 그는 거기 계신다. 그는 그를 사랑하는 사람에게 궁극적으로 보답하신다.

시편 16편 8~11절, 17편 15절, 49편 15절, 73편 23~26절에서는 하나님의 얼굴을 기대하고 있다. 그러나 죽음 뒤의 삶에 대한 명확한 관점을 갖기 위해서는 구약의 이사야 26장 19절 및 다니엘 12장 1~3절과 신약의 고린도후서 5장 1~10절을 읽어 봄이 바람직하다.

묵상

죽은 다음에 일어날 거라고 생각하는 일을 적어 보라. 그것은 당신에게 두려운 것인가? 희망을 주는 것인가?

십자가의 노래

가장 훌륭한 사람도 때로 고난을 받는다

내 겉옷을 나누며 속옷을 제비 뽑나이다(시 22:18).

표면적으로 구약은 옛날 영화에 나오는 장면과 비슷하다. 이스라엘 민족은 선한 사람이며, 그들을 둘러싸고 있는 악한 사람들과 싸운다. 이스라엘 백성은 궤도를 벗어나 우상을 숭배하고, 그들의 악한 이웃들처럼 행동하기도 한다. 그러나 그들은 하나님께 귀의하고 필연적으로 대승을 거둔다. 그리고 이야기마다 결국은 행복하게 끝이 난다. 하나님은 그들의 편이시다.

그러나 시편 22편과 다른 몇 군데의 시에서는 이런 '선한 사람' 이야기가 전혀 들어맞지 않는다. 위대한 왕이자 '하나님의 마음에 합한 사람'인 다윗이 지은 이 시에서 그는 하나님으로부터 구원을 얻지 못하는 끔찍한 고난을 이야기하고 있다. 이것은 폭력 장면과 같다. '선한 사람'의 적들이 개 떼처럼 그를 둘러싼 채 으르렁대고 있다. 그리고 그는 무력하며 지쳐 있다. 그가 할 수 있는 것이라곤 하나님께 부르짖는 것뿐이다.

시편 기자는, 처음에는 자신의 비참함을 외치다가, 그다음에는 하나님의 훌륭한 성품을 찬양하다가 다시 비참함을 호소하는 식으로 이리저리 방황한다. 시 전체는 하나님께 대한 기도이다. 밤낮으로 부르짖지만 하나님은 침묵으로 일관하신다(시 22:2).

누가 받은 모욕인가?

그다음 22절에서 시는 애통에서 환희로 극적인 전환을 맞이한다. 어떻든 하나님은 고난받는 자를 구원하셨으며, 그는 크게 흥분해 다른 사람에게 이 사실을 이야기하고 있다. 하지만 그는 구원받은 자신의 행운보다 더 많은 것을 기대하고 있었다. 그래서 이 구원이 전 세계에 넘쳐 흐를 것과 하나님의 도우심에 관한 이야기가 후손에게 전해질 것을 예언한다. 전 세계가 하나님을 경배할 것이다.

어떤 사람은 시편 22편을 다윗의 고난을 시적으로 과장, 형상화한 것이라고 평가한다. 그러나 예수와 신약성경의 기자들은 이것에서 더 큰 의미를 찾았다. 예수님은 십자가에서 죽어갈 때 이 구절을 크게 외치셨다(마 27:46). 그리고 그 후 그의 제자들은 예수님의 삶과 고난을 설명하기 위해 이 시편 및 이와 유사한 시편에 주목했다.

그 시편들 가운데서 제자들은 어떤 진리를 발견했다. 그 진리는 속죄의 고난이다. 만약 선한 사람이 언제나 이기는 것이 아니고, 하나님이 실제로 그들을 버리시는 것처럼 보인다면(만약 위대한 지도자이자 하나님의 진실한 사람인 다윗 자신이 이 고통을 알고 있었다면) 아무도 예외가 될 수는 없다. 그래서 이 고난은 중요하다. 왜냐하면 고난 다음에(그리고 고난 때문에) 승리와 능력, 그리고 세계의 구원이 가능하기 때문이다. 이 진리로 말미암아 예수의 제자들은 왜 예수와 그를 따르는 사람들이 고난을 받아야 했는지를 깨달을 수 있었다.

예언의 성취

시편 22편은 또한 신약성경 기자들로 하여금 예수의 삶을 구약의 성취로 보게 했다. 유대인들은 다윗처럼 전투에서 그의 백성을 승리로 이끌, 다윗의 자손인 전사로서의 메시야를 기대했다. 하지만 그들은 시편 22편에서 다윗이 다른 유산, 즉 고난을 통한 승리를 남겨 놓았다는 것을 발견했다. 메시야는 자신을 따르는 사람을 고난 중에 인도하신다. 이사야는 이를 그의 유명한 "고난의 종" 구절에서 더욱 명쾌하게 표현하고 있다(사 42:1-9; 49:1-7; 50:4-9; 52:13-53:12). 시편 22편은 다윗의 시대를 벗어나서 적용되는 말씀으로 예수님께서 그것을 완벽하게 성취하셨다.

묵상

당신은 친구나 가족이 고난을 겪은 뒤 선한 결과를 얻은 것을 본 적이 있는가?

살아 계신 하나님을 위한 노래

시편은 노래로 불리거나 선포되어야 했다

새 노래로 그를 노래하며 즐거운 소리로 아름답게 연주할지어다(시 33:3).

19세기의 도시에 사는 가난한 사람들에게는 영국 교회의 문턱이 너무 높다고 생각한 윌리엄 부스는 복음을 들고 거리로 나섰다. 그리고 군복과 계급으로 특징지을 수 있는 구세군을 조직했다.

그러나 야유하는 사람들과 술꾼들이 못살게 굴었기 때문에 구세군은 안전하게 복음을 전할 수가 없었다. 그래서 지역 책임자였던 찰스 윌리엄 프라이는 자신의 세 아들과 함께 경호대를 조직해 골치 아픈 일이 벌어질 때마다 자신들이 반주하기 위해 가지고 다녔던 금관 악기들을 연주했다.

부스의 떠들썩한 지지자들은 하나님을 찬양하기 위해 손풍금, 종, 사냥 나팔, 벤죠, 탬버린, 북과 같은 악기들을 갖고 다녔다. 이들의 연주를 듣고 어떤 지도자는 "금관 악대의 소리는 그들의 마음으로부터 울려나오는 것 같았다"라고 이야기했다.

구세군의 신병들은 전통적인 찬송가 이 외에도 신나는 유행가 가락에 새 가사를 붙여 연주하기도 했다. 이렇게 해서 "여기 좋고 오래된 위스키가 있소"(Here' s to Good Old Whiskey)라는 노래가 "어둠의 요새에 불어닥친 폭풍우"(Storm the Forts of Darkness)가 되었다. 하지만 부스는 이런 경향을 못마땅하게 생각했다. 그러다 어느 날 저녁 "그의 이름을 송축하라, 그가 우리를 자유케 하셨다"(Bless His Name, He sets Me Free)는 아름다운 번안곡을 듣게 되었고, 곧바로 그 곡명을 물었다. 당황한 연주자는 "내 이름은 샴페인 찰리"(Champagne Charlie is My Name)라는 곡이라고 대답했다. 이에 부스는 "왜 악마들만 이런 좋은 곡조를 사용해야 하는가?"라고 반문하며 교회 노래에 유행가의 번안을 허용했다고 한다. 곧 400명의 밴드는 유행가 곡조에 기독교적인 가사를 붙여 연주함으로 전 영국을 사로잡았다.

최상의 음악

다윗과 그의 백성도 그 정신을 좋아했었던 게 분명하다. 다수의 시편은 즐겁게 불러야만 했다. 현대 교회의 집회는 시편에서 볼 수 있는 "기뻐 노래하라, 크게 외쳐라"는 표현과는 거리가 좀 있는 것 같다. 그들의 악기는 나팔, 비파, 수금 등이었으며, 때로 그들은 춤도 추었다. 시편 기자의 생각으로는 세계는 하나님이 주시는 기쁨을 담기에 너무 작은 것 같았다. 새로운 노래가 불려야 했다. "온 땅이여 여호와께 즐거이 소리칠지어다 소리내어 즐겁게 노래하며 찬송할지어다"(시 98:4).

역대상 15장 16절과 23장 5절은 다윗이 성전에서 봉사할 4,000명의 직업 음악가들을 지명했다고 기록하고 있다. 그들은 할 수 있는 한 집회에 어울리는 최상의 음악을 드렸다. 그러나 누구도 그 소리가 정확히 어땠는지는 알 수 없었다. 하지만 학자들은 그것이 매우 부드럽고 영혼을 진정시키는 소리였을 것으로 추정한다. 음악가들은 즉흥적으로 연주했다. 사용된 대부분의 악기로 보아 신나고 리듬감이 있는 소리였을 것으로 추측된다.

각 세대의 그리스도인들은 전통적인 음악과 아울러, 때로는 경건한 장로들에게 충격을 줄 수도 있는 방식의 '새로운 노래'를 발견했다. 구세군, 60년대의 예수 운동, 80년대와 90년대의 크리스천 록 뮤직 등이 그러한 부류다. 그러나 다윗은 놀라지 않았던 것 같다. 오히려 그는 즉흥적으로 춤을 춰 그의 아내를 놀라게 했다(역대상 15장 29절을 보라). 사람이 하나님을 알게 될 때, 그들은 환희의 노래를 부르는 삶을 살지 않을 수 없게 된다.

묵상

하나님께 노래할 때 당신은 어떤 감정을 느끼는가? 어떤 종류의 노래가 그런 감정에 어울리는가?

왕에 걸맞은 결혼

시편에 왜 이런 시가 포함되어 있는가?

하나님이여 주의 보좌는 영원하며(시 45:6).

진심으로 올려 드리는 기도시(詩)의 중간에 갑작스럽게 결혼시(詩)가 등장한다. 시편 45편은 왜 여기에 포함되었는가? 이 시에 나오는 좋은 말(1절)이란 하나님의 친절하심이 아닌, 신부를 맞이하려고 하는 왕의 위엄이다. 시편의 대부분이 마치 어제 쓰인 것처럼 하나님과의 친밀함을 생생하게 표현하고 있지만 보좌나 홀, 왕의 예복 등은 옛날 헐리우드의 사극을 생각나게 한다.

이 시가 왜 시편에 포함되어 있는지를 이해하려면 우선 성경 시대의 왕이 어떤 존재인지를 알아야 한다. 이 시대의 왕은 상징 이상의 실권을 가지고 있었다. 요즘으로 치면 그는 대통령과 최고 사령관 및 대법원장의 역할을 모두 행했다고 볼 수 있다. 불공정하거나 사악한 왕은 백성의 목숨을 빼앗을 수도 있었다. 반면에 현명하고 성공적인 왕은 백성을 번영하게 했다.

따라서 이스라엘 민족이 훌륭한 왕을 원했다는 것은 그들이 번영하기를 바랐다는 것과 같은 의미가 된다. 왕이 멋진 옷으로 차려입은 것을 보면 그들은 자신의 성공을 보는 것처럼 기뻐했다. 그리고 그들의 왕이 행복하고 다복한 결혼을 한다면, 그것은 미래에 안정된 지도력을 약속받는 것이었다. 왕이 잘되면 하나님의 백성도 잘된다는 것을 의미했다.

다윗에게 하신 약속

다윗은 이스라엘이 기억하는 최초의 훌륭한 왕이었다. 하나님은 다윗에게 그의 '집'이 영원히 보존되리라고 말씀하셨다(삼하 7:16). 이는 이스라엘이 영원히 보전된다는 것을 의미했다. 하나님이 아브라함과 모세에게 약속하신 다른 축복들과 다윗의 백성이 이 약속을 결합시켰을 때 그들은 작고, 가난하며, 전쟁에 찌들렸다 할지라도 민족의 위대한 장래를 예견할 수 있었다.

그러나 다윗의 후손은 이러한 희망을 무산시켰다. 이스라엘은 왜소했으며, 늘 외적에게 둘러싸여 있었다. 이들은 점차 성경의 찬양과 약속에 합당한 삶을 살아갈 다른 왕을 기대하게 되었다. 이들은 그를 '기름부음 받은 자'라고 불렀으며, 왕을 언급한 시편들을 읽으면서 미래에 나타날 통치자를 기대했다.

세월이 지나고 이스라엘의 모든 왕이 실망을 안겨 줌에 따라 이스라엘의 기다림도 점점 커져갔다. 사람들은 "이스라엘의 위로"(눅 2:25)를 기다렸다. '기름부음 받은 자'는 메시야 혹은 그리스도(헬라어)라는 말의 의미이다.

'기름부음 받은 자'가 예수로 구현되었을 때에 사람들은 비로소 시편 45편 6~7절(시편 2편과 110편 등)의 이상스러운 묘사를 이해할 수 있었다. 히브리서 1장 8~9절에서 인용된 이 구절은 유대인이 오랫동안 대망했던 왕이 평범한 사람이 아니라는 것을 나타낸다. 6절이 암시하는 바와 같이 왕은 하나님을 나타내고 있다. 결국 왕의 결혼에 대해 말하고 있는 이 시편은 하나님과 사람의 결합에 대해 이야기하고 있는 것이다.

묵상

당신은 하나님을 생각할 때 주로 당신을 사랑하는 아버지의 모습을 떠올리는가 아니면 제왕다운 왕의 모습을 주로 떠올리는가?

진실한 고백

이스라엘이 영웅을 기억하는 방식은 독특했다

하나님이여 내 속에 정한 마음을 창조하시고 내 안에 정직한 영을 새롭게 하소서(시 51:10).

미국인들이 그들의 마음에 에이브러햄 링컨을 간직하고 있는 것처럼, 이스라엘 백성들은 그들의 마음에 다윗을 간직하고 있다. 두 사람은 모두 어려운 시대에 용기와 지혜, 그리고 깊은 신앙을 가지고 국가를 이끌었다.

그러나 그들이 기억되는 방식에는 근본적으로 차이가 있다. 예를 들어 에이브러햄 링컨이 간음 현장에서 붙잡혔다고 하자. 미국 독립기념일을 축하하는 행사에 사적으로 그가 하나님께 속죄를 드린 행위가 포함될 수 있을까? 그럴 가능성은 거의 없다. 미국은 그 영웅의 결점을 덮어 주려고 할 것이며, 심지어 흠없는 정직함에 관한 이야기를 꾸며내기까지 할 것이다.

그러나 다윗의 경우에는 감추는 것이 거의 없다. 오히려 그 반대다. 시편 51편은 죄를 저지른 것이 발각되었을 때 다윗이 보인 고뇌에 찬 반응을 보여 주고 있다. 시편의 배경이 된 이야기, 즉 간음과 음모, 그리고 살인의 지저분한 이야기는 사무엘하 11~12장에서 숨김없이 드러난다. 이스라엘 역사상 가장 위대한 왕 다윗이 가장 최악의 왕처럼 행동했다.

다윗은, 나단 선지자가 자신의 면전에서 자신을 꾸짖을 때까지는 자신의 죄악에 대해 아무것도 생각하지 못했던 것 같다. 그러나 그는 눈물에 젖은 고백을 했고(이 시는 그 고백의 하나이다), 그의 행적과 함께 이것들은 성경에 기록되었다. 이들은 다른 사람의 고백을 이끌어내기 위해 이것을 예배 때 사용한 것 같다.

다윗의 위대한 유산

모든 국가는 영웅을 가지고 있다. 이스라엘은 영웅의 실패가 포함된 영웅담을 만들었던 유일한 국가였다. 그의 실수를 공개적으로 고백하는 데 있어 다윗은 동시대의 모든 지도자 가운데서 아마도 유일했던 것 같다.

이스라엘은 궁극적으로 그의 군사적인 성취보다 하나님께 헌신했다는 면에서 다윗을 기억했다. 이스라엘은 미래의 시대에 '다윗의 자손' 이 와서 그들을 구해 주리라고 기대했다. 진실로 그들은 강력한 지도자, 하나님의 인도를 믿는 겸손한 지도자를 원했다.

묵상

실수를 저질렀을 때 당신은 어떤 행동을 하는가? 실수를 덮으려고 하는가 아니면 공개적으로 고백하는가?

과거를 기억함

과거는 미래에 대한 희망을 줄 수 있다

곧 여호와의 일들을 기억하며 주께서 옛적에 행하신 기이한 일을 기억하리이다(시 77:11).

결혼한 사람은 어떻게 사랑을 시작하게 되었는지를 기억한다. 결혼기념일은 매년 결혼식날을 상기시킨다. 결혼반지는 둘 사이의 서약을 기억하게 하며, 결혼사진은 '둘이 하나 된' 순간을 생각나게 한다. 사랑이 시작할 때를 기억하면서 부부는 미래를 위한 새로운 희망을 찾곤 한다.

반면에 망각은 불화를 낳는다. 만약 어떤 사람이 결혼기념일을 잊어버린다면 부부 사이에 불화가 뒤따르게 될 것이다.

결혼기념일

시편도 기억한다. 사정이 악화되면 시편은 과거, 특히 모세의 영도하에서 이스라엘 민족이 시작하게 되었던 커다란 구속사건을 자주 언급한다. 하나님은 애굽의 종살이로부터 이스라엘 민족을 해방시키셨고, 홍해를 건너게 하셨으며, 삶의 방향을 제시해 주셨고, 약속된 땅으로 그들을 인도하셨다. 그리스도인에게 십자가가 중요하듯이 이 기적적인 구속은 유대인에게 매우 중요한 것이었다.

이스라엘 민족에게는 또한 유월절이라는, 그들이 반드시 기억해야 할 '기념일' 이 있었다. 매년 봄에 맞게 되는 이 유월절은 애굽에서의 탈출을 그들에게 상기시켜 주었다. 부활절이 유월절과 같은 주일에 들어 있는 것은 결코 우연의 일치가 아니다. 두 날은 모두 종살이로부터 해방된 날이다.

하지만 이스라엘 민족은 긍정적인 것만을 기억하지는 않았다. 실제로 그들은 초기에 그들이 저지른 잘못에 대해 가차없이 솔직했다. 하나님이 얼마나 멋지고 변함없는 분이신지를 기억함과 동시에 그들은 자신들이 얼마나 반항적이고, 불평에 차 있었고, 배은망덕했는지를 기억했다. 그러나 그들에게는 축하할 만한 한 가지 커다란 행복의 이유가 있었다. 그것은 하나님이 그들에 대한 사랑의 약속을 지키신다는 것이었다.

절망의 시대에 갖는 희망

시편 77편은 '기억'의 시라 할 수 있다. 그것은 깊은 절망으로 시작한다. "주께서 영원히 버리실까 다시는 은혜를 베풀지 아니하실까 … 하나님이 그가 베푸실 은혜를 잊으셨는가 노하심으로 그가 베푸실 긍휼을 그치셨는가"(시 77:7, 9). 남편에게 이런 질문을 하는 아내를 생각해 보라.

그다음은 생각이 의도적으로 과거를 향한다. 홍해 기슭에서의 당황스러움을 잊었는가? 그것보다 최악의 상황이 있을 수 있겠는가? 그러나 그 성난 물결에서 그들은 하나님의 능력을 느낄 수 있었다. 그분은 그들을 안전하게 인도하셨다. 그분은 또 다시 이 같은 일을 하실 수 있는 분이시다.

역사적인 시편(77, 78, 105, 106편)은 우리로 하여금 이스라엘 민족과 마찬가지로 역사를 회고하게 한다. 결혼한 부부가 과거를 회고하듯이 우리는 하나님의 기사(성경 전체에 걸쳐 있는 그의 위력적인 승리, 백성을 향한 사랑의 약속과 증거 등)를 회고할 수 있다. 그리고 우리는 개인적으로 하나님의 역사를 우리 안에 적용할 수 있다. 축복이나 뜻하지 않은 은혜를 경험하지 못할 사람은 없을 것이다. 회상을 통해서 우리는 담대히 미래로 나갈 수 있으며 하나님의 도우심을 신뢰할 수 있다.

묵상

당신이 용기를 얻기 위해 과거의 일을 한 가지 기억한다면, 그것은 어떤 것이겠는가?

생태계

창조물들은 하나님을 찬양한다

여호와여 주께서 하신 일이 어찌 그리 많은지요 주께서 지혜로 그들을 다 지으셨으니(시 104:24).

1962년 생물학자 레이첼 카슨은 살충제(특히 DDT)의 영향을 추적하는 내용의 『침묵의 봄』*(Silent Spring)*이라는 책을 출판했다. 그때는 DDT가 거의 무작위적으로 해충을 죽이는 기적의 화합물로 인식되던 시대였다. 하지만 카슨은 이 화합물이 먹이연쇄를 따라 어떻게 새와 같은 커다란 동물도 죽일 수 있는지를 밝혀냈다. 만약 노래를 부를 새가 더 이상 존재하지 않는다면, 우리는 불행하게도 '침묵의 봄'을 맞이할 수밖에 없게 된다.

카슨이 이런 사실을 책으로 밝히기 전에는 생태학은 전문가에게나 알려진 분야였다. 그러나 카슨의 책이 출판되자 보통 사람들도, 각 생물들이 서로 얽혀 있는 생태계의 미묘한 균형 등 생물학자만이 알고 있었던 것에 관심을 가지기 시작했다.

'쓸모없는' 생물의 가치

생태학은 비교적 신생 학문이었으나, 그 아이디어는 오래된 것이었다. 우리는 시편 104편으로부터 생태학의 기본 원리를 배울 수 있다. 이 시는 산양이나 사자, 악어(리워야단)와 같은 생물들까지 등장하는 등 자연계의 다양성을 나타낸다. 목자이자 농부였던 이스라엘 백성들은 야외의 생활을 낭만적으로 이상화하지는 않았다. 양을 치는 사람 중 누구도 양을 부드럽고 복슬복슬한 애완동물로 생각하지 않았다. 그러나 시편 104편을 쓴 시인에게는(특히 하나님께는) 누구에게나 '무익'한 생물도 고유의 가치를 갖고 있다.

기자는 어떻게 해서 세계가 조화를 이루고 있는지, 그리고 만물이 적절한 역할을 담당하고 있는지를 알고 있었다. 날이 밝으면 사람들이 일을 하러 나오기 때문에 야생동물은 밤에 먹이를 잡는다. 그리고 비가 내리면 사람을 위한 작물과 짐승을 위한 초목에 영양이 공급되고, 새들이 깃들이는 장소를 마련해 주는 숲에 물이 공급된다.

생태계는 하나님의 솜씨

시편 기자에게는 자연계의 구조가 아주 민감하고 복잡한 기계와 같은 것이 아니다. 친밀하고 자상한 하나님이 창조세계를 돌보시기 때문에 만물이 어울리는 것이다. 자연에서 동물들이 살 수 있는 이유는 그들의 서식처가 적절한 먹이를 보유하고 있기 때문이 아니라 하나님께서 '적절한 시기에' 때를 따라 먹이를 공급하시기 때문이다. 생명을 유지하려면 그를 의지해야 한다. 기후, 바람, 구름, 물의 공급, 지구의 안정성 자체도 그에게 의존한다. 시편 기자는 자연의 복잡성과 아름다움을 단순히 찬탄하고 있지는 않다. 그 안에서 그는 하나님의 솜씨를 발견한다. 현대인은 생태계를 생각할 때 인구과밀이나 쓰레기 매립장, 유류 유출, 독성 화합물 등이 지구를 오염시킨다는 두려운 선입관을 가지고 있다. 그러나 시편에는 그러한 공포가 나타나지 않는다. 왜냐하면 산업화 이전의 문명에서는 인구과밀이나 오염이 문제되지 않았기 때문이다. 그러나 흥미롭게도 이 시편은 하나님이 땅을 깨끗케 해주실 것을, 하나님의 뜻에 거슬려 완전성을 망치는 죄인들을 소멸해 주실 것을 바람으로 끝을 맺고 있다. 하나님이 지으신 땅이 아름다워지려면 사람들의 마음이 순수해져야 한다.

묵상

자연계는 당신에게 어떤 영향을 미치는가? 또 당신은 자연계에 어떤 영향을 미치는가?

열두 번째 선수

그는 홀연히 나타나서 각광을 받았다

너는 멜기세덱의 서열을 따라 영원한 제사장이라(시 110:4).

1922년 1월 22일, 텍사스 주 달라스에서는 텍사스 에이앤엠 팀이 남서부 지역에서 최초로 열린 미식축구 게임에서 고군분투하고 있었다. 다나 바이블 코치는 그의 러닝백들이 상처를 입고 한 명씩 경기장 밖으로 실려 나오는 것을 속수무책으로 바라보고 있었다. 중간 휴식시간쯤 되었을 때 그에게는 단 한 명의 후보선수밖에 남아 있지 않았다.

무슨 다른 수가 있겠는가? 그는 아직 순회 팀의 일원으로 편성되어 있지도 않은 몸집이 작고 호리호리한 한 선수를 떠올렸다. 그는 바이블 코치에게 이런 이야기를 한 적이 있었다. "제가 필요하시다면 언제든 대기하고 있을게요." 바이블은 전령을 보내 신인 선수인 킹 질을 찾아 후반전을 준비하게 했다. 이날 텍사스 에이앤엠 팀은 기적적으로 승리했으며, 그때부터 '열두 번째 선수'라는 전통이 생겨났다.

뿐만 아니라 그 이후 학생회로부터 '열두 번째 선수'들이 나와 텍사스 에이앤엠 팀을 돕게 되었다. 대부분의 대학에서 미식축구 선수는 따로 길러지게 마련이었다. 그러나 '열두 번째 선수'의 전통을 가진 텍사스 에이앤엠 팀은 미식축구 선수가 '홀연히' 나타날 수도 있다는 사실을 상기시킨다. 도움을 주는 사람이 꼭 정식 유니폼을 입고 나타나는 것만은 아니다.

신비로운 인물

열두 번째 선수와 같이, 단 세 번밖에 언급되지 않은 베일에 싸인 인물이 무척 중요한 역할을 한 경우가 성경에도 등장한다. 창세기 14장 18~20절에서 멜기세덱은 아브라함이 존경을 표한 제사장으로 홀연히 나타났다. 그리고 다시는 등장하지 않았다. 그러나 시편 110편은 이스라엘이 대망했던 정복왕 메시야로 그를 다시 언급하고 있다. 그리고 신약성경 히브리서는 멜기세덱의 중요성에 대해 한 장 이상을 할애하고 있다. 왜 그렇게 그를 강조하는가? 그것은 이스라엘이 강력한 리더십을 바라고 있었기 때문이다.

미국 정부가 삼권분립의 정부를 가지고 있는 것처럼 이스라엘 역시 선지자, 제사장, 그리고 왕이라는 세 부류의 중요한 지도자가 있었다. 선지자는 진리를 말하고 하나님의 공의를 드러냈다. 그리고 왕은 나라의 우두머리로서 공의를 실행했으며, 제사장은 제사를 통해 그의 백성을 하나님께로 이끌었다. 그들은 백성에게 하나님을 나타냈으며, 하나님께로 백성을 인도했다. 하나님이 주신 이스라엘의 율법에 의하면 왕과 제사장은 서로 다른 족속에서, 즉 제사장은 레위 족속에서, 왕은 유다 족속에서 배출되어야 했다. 정상적으로 왕은 제사장이 될 수 없었다.

완전한 리더십

그러나 메시야는 완전한 지도자, 즉 바르게 다스리는 완전한 왕이자 하나님의 진리를 드러내는 바른 선지자, 그리고 하나님과 사람을 화해시키는 완전한 제사장이어야만 했다. 하지만 제사장과 왕이 서로 다른 족속에서 나와야 한다면, 그는 어떻게 한꺼번에 세 가지 역할을 떠맡을 수 있는가? 그것은 하나님의 율법을 어기는 것 아닌가?

시편 110편은 이에 대한 해답을 제시하고 있다(그리고 히브리서 7장은 이를 부연하고 있다). 풋볼 선수가 반드시 체육관 출신일 필요가 없는 것처럼 멜기세덱의 예도 제사장이 반드시 적법한 족속에서 나올 필요는 없다는 것을 말해 준다. 멜기세덱은 레위 족속이 아니었음은 물론 이스라엘 민족도 아니었다. 그는 성전이나, 구약의 율법에 대해서도 무지했는데, 그도 그런 것이 이것들은 그의 시대 이후에 출현했기 때문이다. 그러나 그의 영적인 힘은 아브라함을 감동시켰다. 멜기세덱은 그리스도가 가지는 종류의 리더십을 보여 주었다. 그는 제사장이자 왕이었다.

시편 110편에 나타난 간단한 찬송은 구약과 신약 사이를 연결시켜 준다. 그것은 메시야가 다윗의 후손이면서도, 다윗보다 위대할 것이라는 사실을 암시한다. 그리고 메시야의 뿌리를 멜기세덱에 연결시킴으로써, 제사장이자 왕으로서 그의 정당성을 입증한다.

묵상

영적인 지도력이 유래하는 '적법한 통로'는 무엇이라고 생각하는가? 하나님이 그러한 통로 밖에 있는 누군가를 통해 당신을 인도한 일이 있는가?

하나님의 율법에 대한 사랑

성경은 어떻게 이러한 시편을 낳았는가?

내가 사랑하는 주의 계명들을 향하여 내 손을 들고(시 119:48).

윌리엄 셰익스피어에 관해 쓰인 수많은 책을 보면, 그에게 베일에 싸인 연인이 있었음을 알 수 있다. 그의 '어둠 속의 여인'은 끝없는 상상을 불러일으킨다. 그는 26편의 열정적인 시를 그녀에게 헌정했으나, 우리는 그녀의 이름조차 알지 못하고 있다. 많은 책들이 그 여인을 추정하고, 특정한 여인이 그 여인일 것이라고 '증명하기 위해' 노력했다.

하지만 그에 대해 우리가 확신할 수 있는 건 단 한 가지이다. 그것은 그녀가 셰익스피어를 사로잡았다는 사실이다. 그 어떤 사랑도 그의 소네트(정형시 중에서 가장 대표적인 시의 형식)가 표현하고 있는 것처럼 격정적인 감정을 표현하는 경우는 드물다. 그녀의 독특한 "검은(거무스름한) 아름다움"에 의해 어쩔 수 없이 포로가 된 셰익스피어는 그녀의 사악한 마력으로부터 벗어나기 위해 그녀를 잊으려고 고심한다. 그러나 그는 불가항력적으로 빠져들어 간다.

> 나의 생각과 말은 미친 사람의 것과 같소 …
> 왜냐하면 나는 당신에게 충실하리라 맹세했고,
> 당신을 눈부시다고 생각했었소.
> 마치 지옥처럼 검고, 밤처럼 어두운 당신

하지만 이런 들뜬 감정을 소네트로 표현했다는 것은 정말 이해하기 어렵다. 소네트에는 규율이 있다. 정확히 14행이 되어야 하며, 운율 구조가 정확히 약강 5보격의 운으로 구성되어 있어야 한다. 그런데 어떻게 격동하는 폭풍우가 그렇게 작고 잔잔한 연못에 반영될 수 있는가? 그러나 시는 그것이 가능하다는 것을 명백하게 증거한다. 그 규율은 거친 감정을 중심으로 전개되고 있다.

율법에 대한 사랑

시편 119편도 이런 이상한 점을 갖고 있다. 셰익스피어의 소네트처럼 감정적인 이 시도 매우 규칙적인 형태를 갖고 있는데, 각 연의 각 행이 히브리 알파벳의 순서로, 즉 A가 첫째 연에, B가 둘째 연에 배열되는 식으로 히브리 알파벳의 22자 모두가 배열되는 글자 유희적인 구조를 갖는다.

그러나 그 주제는 아주 놀랍다. 시편 119편은 하나님의 율법에 대한 길고도 열정적인 연애시다.

도대체 어떻게 율법과 사랑에 빠질 수 있단 말인가? 대부분의 사람들은 율법이 필요하다고 인정하면서도 그것을 못마땅하게 생각한다. 이 시편처럼 연방 마약남용 금지법에 대해 연애시를 쓰는 사람은 없을 것이다.

하지만 '율법' 이라고 번역된 이 말은 단순히 규율만을 의미하지는 않는다.

그것은 하나님의 기록된 계명 전체를 의미한다. 시인은 불확실성, 적들, 그리고 고통으로 가득 차 있는 인생을 바라다본다. 그러나 진창에 빠진 후에 밟게 되는 포장도로처럼 하나님은 삶에 대한 믿을 만한 지표를 주셨다. 하나님의 율법을 따른다는 것은 시편 기자에게는 예속이 아니라 자유였다. "주께서 내 마음을 넓히오면 내가 주의 계명들의 길로 달려가리이다"(32절).

죽음의 문턱에서

시편 119편은 상아탑에서 쓰인 것이 아니다. 시인은 죽음에 임박해 있었다(87절). 그래서 "악인들이 나를 멸하려고 엿보오나"라고까지 기록했다. 그러나 그는 이러한 위험한 상황에서 하나님의 지혜를 구할 줄 알았다. 그러면 그 교훈이 너무나 가치가 있어서 그를 고통 중에도 감사하게 했다. "고난 당한 것이 내게 유익이라 이로 말미암아 내가 주의 율례들을 배우게 되었나이다"(71절).

시편 기자는 하나님의 율법을 먼지 낀 두툼한 법률 서적쯤으로 여기지 않았다. 그는 그 안에서 사랑으로 가득 찬 하나님의 음성을 듣고 있었다. "주의 인자하심이 땅에 충만하였사오니 주의 율례들로 나를 가르치소서"(64절), "주의 증거들로 … 내 마음의 즐거움이 됨이니이다"(111절).

하나님의 율법은 시인의 삶에 하나님의 사랑을 나타내는 통로였다. 율법은 상황을 깨닫는 지혜를 제공해 사람이 범죄하는 것을 막아 주며, 새로운 삶이 넘치게 한다. 그래서 그가 감사함으로 이런 글을 썼다는 것은 하등 이상할 것이 없다. 하나님의 말씀에서 그는 지시 이상의 것을 찾았다. 그는 거기서 하나님 자신을 발견했다.

묵상

이 시편 기자처럼 당신의 삶이 걷잡을 수 없이 어긋나간 경험을 한 적이 있는가? 하나님의 율법은 당신이 어떻게 자신감을 회복하도록 했는가?

저주

슬픔 속에 표현되는 가혹한 감정

네 어린 것들을 바위에 메어치는 자는 복이 있으리로다(시 137:9).

이른바 '저주의 시편'은 우리에게 충격으로 다가온다. 그중 가장 유명한 예가 시편 137편이다. 이 시는 바벨론 포로생활 중에 쓰인 것으로 수사가 화려한 애가에서 시작해 바벨론 어린아이의 머리를 깨뜨리는 자는 누구나 하나님이 축복해 주실 것을 소원하는 것으로까지 감정이 격앙되어 간다.

아마도 많은 사람에게는 이러한 시가 성경에 속하기에는 너무 가혹한 것이라고 생각될 것이다. 그리스도인들은 원수를 사랑하고, 그들을 박해하는 사람들을 위해 기도해야만 하지 않는가?(마 5:44) 구약성경에서조차 적들은 불친절하게 취급되어서는 안 되었다(출 23:4). 그런데 어떻게 이런 격한 생각이 하나님의 세계와 부합할 수 있는가?

정의를 바라는 탄식

이 질문에 답하기 위해서는 먼저 선고 도중 범죄의 피해자가 증언하는 것을 허용하는 판사가 점점 많아지는 법정을 예로 들어야 하겠다. 살인자에게 자식을 잃은 어머니는 사형선고를 요구하면서 거칠게 말을 퍼붓는다(심지어는 보복하려는 행동을 보이기도 한다). 그러나 법정은 그녀의 말을 경청할 필요가 있다. 그녀는 무엇을 완전히 상실했는지를 알고 있는 유일한 사람이다. 그녀는 범죄에 의해 자신이 철저하게 유린된 것을 홀로 경험하고 있는 사람이다.

저주의 시편은 재판관인 하나님에 대한 '피해자의 증언'이다. 그들은 언제나 그들이 요구하는 처벌이 마땅한 것이라고 생각한다. 예를 들어 시편 109편에서는 "그가 … 가난하고 궁핍한 자와 마음이 상한 자를 핍박해 죽이려 했기 때문이니이다 그가 저주하기를 좋아하더니 그것이 자기에게 임하고”(16-17절)라며 어떤 사람에게 악담을 하고 있다.

시편 137편도 유사한 고뇌를 겪고 쓴 것이다. 국가로서 바벨론은 예사로 살인을 저질렀는데, 이는 벌을 자초하는 것이었다. 하나님이 무죄한 자의 탄식을 들으신다고 성경은 기록하고 있다. 그들을 괴롭힌 사람에게는 벌을 내리겠다고 하나님은 약속하고 계신다.

원수를 사랑하라고 가르치신 예수님도 정의에 대한 이런 생각을 바꾸신 것은 아니다. 예수님은 사람이 죽으면 후에 하나님이 정의를 물으실 것이라고 가르치셨다(마태복음 25장 31~46절을 보라). 그러나 구약의 이스라엘 민족은 죽음 뒤의 삶에 대해 잘 알지 못했다. 그래서 정의는 그들의 면전에서, 곧 이 세상에서 살아가는 동안에 이루어져야만 했다. 그들은 저주의 시편에서 그러한 정의를 요구했다.

원수를 위한 용서

어찌 된 것인가? 우리의 원수들을 용서하고 그들을 사랑하는 것이 우리의 의무가 아니던가? 어떻게 저주의 시편이 그것과 양립할 수 있는가?

이에 대해 세 가지 사실을 말해야겠다. 첫째로, 이 저주의 시편에 용서가 전혀 나타나지 않는다고 해서 그 시를 썼던 사람들이 완전히 무자비하다고는 말할 수 없다. 가장 강력한 저주의 시를 썼던 다윗은 그의 숙적 사울에 대해 상당한 자비심을 보였다. 저주의 시는 고뇌의 다듬어지지 않은 탄식이다. 그 시들은 사람이 느끼는 바를 꾸밈없이 반영하고 있다. 그들의 삶은 때로 원수에 대한 저주와 연민이 평형을 이루고 있다.

둘째로, 이 시들은 예수님이 하나님의 아들로서 사람들을 대신해 죽음으로 모든 죄를 대속하기 훨씬 이전에 쓰였다. 오늘날에도 많은 사람들은 강간범이나 아동 학대자, 대량 살인자들을 용서해야만 하는 경우에 원수를 용서하라는 예수님의 가르침을 받아들이기가 어렵다고 생각한다. 우리는 예수님이 그들의 죗값을 치루셨기 때문에 그들을 용서할 수 있는 것이다.

셋째로, 저주의 시는 용서의 길을 마련해 주고 있다. 완전한 적대감을 느껴야만 진정으로 용서할 수 있다. 전문적 지식을 사용해 느슨하게 범죄인을 놓아주는 판사는 자비롭다고 할 수 없다. 아마도 그는 범죄의 희생자에 대해서는 동정심을 느끼지 않고 있는지도 모른다. 진정한 자비란 희생자 자신이 마음을 바꿔 그들에게 상처를 준 사람들을 용서하고 자유롭게 놓아 주는 것이다.

희생자 예수

저주의 시는 폭력과 부정의의 끔찍함을 표현하고 있다. 이 문제의 심각성을 깨닫지 못한다면, 자비를 구하는 모든 사람에게 값없이 주어지는 하나님의 용서의 깊이를 이해할 수 없을 것이다. 하나님은 법률적 지식으로 사람을 놓아 주시는 분이 아니다. 그분은 희생자의 탄식을 들으시며, 더 나아가 그 고통과 함께하신다. 예수 안에서 하나님은 매를 맞고, 저주를 받으며, 죽임을 당한 희생자였다.

신약성경은 실제로 예수님에 대한 유다의 배반을 언급하면서 저주의 시를 두 번 인용했다. 이들 시는 가혹한 부정의를 말하고 있으며, 예수님은 극도의 부정의로 고난을 받았다. 그러나 마지막 말은 예수님 자신이 하신 것이었다. “아버지 저들을 사하여 주옵소서 자기들이 하는 것을 알지 못함이니이다”(눅 23:35).

우리가 예수님의 예를 따른다면, 우리는 우리의 원수들을 생각할 때에 저주의 시를 입에 담아서는 안 될 것이다. 이 시들은 다른 시들과 마찬가지로 우리가 편리하게 써먹기 위해 존재하는 것이 아니다. 그러나 이 저주의 시들은 혹독하게 고난받은 많은 경험을 상기시켜 주며, 그것을 읽음으로써 정의를 위해 싸울 수 있게 한다. 그리고 그것은 우리에게 용서를 상기시킨다. 하나님은 희생자의 그러한 탄식을 듣는 동시에, 그들이 겪는 고통을 함께 겪으시며 또 다른 한편으로 그 고통을 주는 자를 용서하는 분이시다. 우리도 그처럼 용서할 수 있다.

묵상

당신이 겪은 최악의 부정의는 무엇이었는가? 당신은 저주의 시에서 표현된 분노를 느꼈는가? 당신은 용서할 수 있었는가?

즐겨 쓰인 시편들

* 어려운 시기에 도움을 요청하는 탄원시: 5, 17, 25, 31, 61편
* 절망했을 때의 기도시: 39, 42, 43, 55, 73, 77, 86, 88, 102, 130편
* 용서와 도움의 기도시: 6, 32, 38, 51, 143편
* 선하신 하나님 안에서의 안식시: 4, 11, 23, 27, 63, 67, 91, 115, 121, 125, 139편
* 하나님의 분노에 대한 이스라엘의 고뇌에 찬 탄식시: 44, 74, 80, 85편
* 외침과 찬양으로 경배하는 시: 33, 47, 66, 81, 95, 96, 98, 149, 150편
* 개인적으로 축복하시는 하나님을 찬양하는 시: 18, 30, 34, 40, 92, 103, 107, 113, 116, 118, 146편
* 이스라엘을 축복하시는 하나님을 찬양하는 시: 68, 77, 100, 108, 124, 126, 129편
* 엄위하신 하나님을 찬양하는 시: 8, 24, 29, 46, 50, 90, 93, 114, 145편
* 하나님의 율법을 찬양하는 시: 19, 119편
* 전쟁과 보복의 시: 35, 58, 76, 79, 83, 109, 137편
* 이스라엘 민족의 역사에 관한 시: 78, 105, 106편
* 자연에 관한 시: 19, 65, 104, 147, 148편
* 메시야에 관한 시: 2, 16, 22, 45, 69, 89, 110, 132편
* 예루살렘과 성전에 관한 시: 48, 84, 87, 122편
* 악한 자와 바른 자의 운명에 관한 시: 1, 15, 37, 49편

잠언

서론
비상한 감각

가장 실제적인 책

지식을 불러 구하며 명철을 얻으려고 소리를 높이며 은을 구하는 것 같이 그것을 구하며 감추어진 보배를 찾는 것 같이 그것을 찾으면 여호와 경외하기를 깨달으며 하나님을 알게 되리니(잠 2:3-5).

교육용 텔레비전 프로그램인 〈세서미 스트리트〉(Sesame street)는 많은 사람들이 교육에 대해 갖고 있던 생각들을 바꾸어 놓았다. 그 프로그램은 교육과는 전혀 상관없어 보이는 재미있는 이야기들을 다채롭게 편집해 방송으로 내보내는 것으로 유명하다. 하나의 예를 들어 보겠다. 만화에 보면 “레터 비”[Letter B, 비틀즈의 “렛잇비”(Let it be)와 놀라울 정도로 유사한 발음의 제목이다]라는 노래를 부르는, 인형으로 만든 록 스타 비틀즈가 등장한다. 그다음 장면에는 빅 버드가 우연히 B라는 글자로 이름이 시작되는 자기 아저씨, 엉클 버드에게 편지쓰는 것을 도와달라고 불평꾼 오스카에게 부탁하는 장면이 나온다. 5분 뒤에는 “B-b-boy, B-b-bathtub, B-b-bicycle” 등과 같은 다양한 낱말의 조합이 챈트와 함께 나오며, 이때 만화글자 ‘B’가 화면에 크게 부각된다.

〈세서미 스트리트〉는 아이들을 가르치는 것이 언제나 그들을 앉혀 놓고 내용을 외우게 하는 것만은 아님을 보여 주고 있다. 빅 버드, 쿠키 몬스터, 불평꾼 오스카 등을 보면서 아이들은 글자 B만 아니라 색과 모양, 그 외의 것을 힘들지 않게 배우게 된다.

〈세서미 스트리트〉에서 ABC를 배우는 것과 마찬가지로 잠언에서는 지혜를 배울 수 있다. 대부분의 잠언은 짤막한 농담을 빠르게(그리고 언뜻 보기에는 비 논리적으로) 전개해 나가는 것 같다. 〈세서미 스트리트〉가 눈을 즐겁게 해주듯 잠언은 몇 가지 기억할 만한 낱말로 삶을 요약하는 식의 '간결, 감가, 기지' 를 사용해 우리의 귀를 즐겁게 해준다. 그러나 이 텔레비전 프로그램처럼 잠언도 무질서한 형식 뒤에 궁극적인 목적을 숨기고 있다. 그러므로 잠언을 이해하려고 노력한다면 삶의 여러 가지 미묘하고 실제적인 의미들을 깨달을 수 있다.

아버지의 충고

잠언이 아마도 성경에서 가장 실제적인 책일 것이다. 그것은 단순한 지식을 쌓는 강의실에서가 아니라 일상생활에서 필요한 교육이다(잠언 1장 20~21절은 이것을 시적으로 표현한다). 이 책은 유복한 가정에서 자라면서 들을 수 있는 충고이며, 세상에서 성공적으로 살아갈 수 있는 실제적인 방법에 관한 친근감 있는 충고이다. 그리고 큰 문제뿐 아니라 작은 문제도 다루고 있는데, 예를 들면 '아침에 너무 일찍 그리고 자주 이웃을 방문해 많은 것을 꾸러다니는 것은 좋지 못하다' 는 등의 충고가 그것이다.

잠언에 쓰인 지혜의 목적을 설명하고 있는 앞의 아홉 장은 아버지가 아들에게 주는 형식으로 열다섯 번이나 "내 아들아"라고 하는 아버지의 목소리가 나타난다. 어떤 충고, 예를 들어 결혼 이외의 성행위에 대한 급박한 경고나 나쁜 무리에게 휩쓸리지 말라는 경고는 특히 젊은 사람에게 적절한 것 같다. 그러나 잠언의 중심 메시지는 노소를 막론하고 모든 사람에게 적용된다. "지혜를 간절히 구하라." 그것은 현명한 삶의 길을 찾기 위해 마음과 귀를 기울이라는 탄원이다.

선행의 보람이 선행 자체만은 아니다

조금만 주의를 기울인다면 잠언의 일반론에도 예외가 있음을 확인할 수 있다. 예를 들어 잠언 28장 19절은 "자기의 토지를 경작하는 자는 먹을 것이 많으려니와 방탕을 따르는 자는 궁핍함이 많으리라"고 기록하고 있다. 그러나 열심히 일하는 농부가 가뭄 때에 굶주릴 수도 있고, 일확천금의 꿈을 꾸는 사람이 복권에 당첨돼 거금을 벌 수도 있다.

잠언은 단순히 삶이 일반적으로 진행되는 원칙을 이야기하고 있을 뿐이다. 원칙을 안다고 해도 예외적인 경우를 걱정할 수는 있을 것이다. 그리고 예외적인 경우를 염두에 두고 살아간다고 해도 재앙을 피할 수는 없을 것이다.

하나님을 경외하며, 도덕적이고 근면하며 현명한 삶을 살아간다면 많은 보상을 받는 것이 일반적인 원칙이다. 잠언의 실제적이며 신앙심 깊은 지혜를 배운 사람은 단잠을 잘 수 있을 뿐 아니라 성공을 하며, 자신의 가족과 친구를 도울 수 있게 된다. 성공적으로 보이는 어리석은 사람과 비웃는 사람은 궁극적으로는 자신의 삶의 방식에 대한 대가를 치루게 될 것이다.

잠언에 나타난 실제적인 충고들은 대부분 하나님을 언급하고 있지 않으며, 거기에 나타나는 성공에 대한 관심 역시 상당히 세속적으로 보이는 것도 사실이다. 그러나 그 책을 전체적으로 이해한다면 삶의 방식에 관한 잠언의 가르침이 삶의 모든 부분에 영향을 미치시는 하나님에 대한 경외(잠 1:7)에 근거하고 있음을 분명히 깨닫게 된다. 잠언은 다수의 사람들이 바른 길을 선택하지 않는다는 사실을 솔직하게 시인한다. 아무 생각 없이 하나님 없는 삶을 살아가는 것이 어쩌면 더 쉬울지도 모른다. 그러나 잠언처럼 살아가기를 선택한 사람들은 성공과 안전, 그리고 그 이상의 것을 얻게 될 것이다. 그들은 하나님을 알게 될 것이다. "여호와 경외하기를 깨달으며 하나님을 알게 되리니"(잠 2:5).

본론

하나님과 '성공의 비결'

잠언은 하나님보다 성공에 더 관심이 많은가?

여호와를 경외하는 것이 지혜의 근본이요(잠 9:10).

서점에는 '비결' 에 관한 책이 많이 있다. 그것들은 각각 몇 가지 단순한 원칙을 제시하면서 그것만 따르면 성공할 수 있다고 우리에게 약속한다. 잠언이 고대의 '비결' 에 관한 책은 아니었을까? 언뜻 보면 그것은 하나님보다 성공과 번영에 더 관심을 둔 것처럼 보인다. 잠언의 많은 부분은 하나님에 대한 사랑이 없는 사람에 의해서도 인용될 수 있다.

그러나 서로 관련되지 않은 단편의 조합보다는 한 권의 책으로서 잠언을 바라본다면 성공적인 삶의 '비결' 이 하나님과 분리될 수 없다는 점을 발견하게 될 것이다. 일부 잠언은 삶의 엄연한 사실(예를 들어 뇌물은 효과적이며, 그것으로 친구를 만들 수도 있다는 사실)을 인식하고 있지만, 이 책은 일순간이나마 그러한 얄팍한 수법을 써서 구원에 이를 수 있다고는 인정하지 않는다. 잠언에는 사람의 죄에 대한 깊은 관심과 하나님에 대한 전적인 의존이 보다 중요하게 표현되어 있다. 살아가는 데 있어 가장 근본적인 도구인 지혜는 하나님을 경외하는 것으로 시작해서 마침내 그분을 알게 되는 것이다.

잠언에서 여호와 혹은 하나님이란 말은 100번 이상 언급되었으며, 따라서 잠언에 나오는 하나님의 위치를 철저하게 공부한다면 책 전체의 내용을 실질적으로 이해할 수 있을 것이다.

* 하나님과 지혜와의 관계에 대한 잠언: 1:7; 2:5-9; 8:22-31; 9:10; 22:17-19.

* 죄에 대한 잠언: 15:8; 16:6; 20:9; 24:11-12; 28:9, 13.
* 하나님을 신뢰하라는 잠언: 3:5-12; 14:26-27; 16:20; 18:10; 19:21; 21:31; 29:25-26; 30:5-9.
* 하나님의 축복에 대한 잠언: 10:22, 27, 29; 15:16.
* 특별한 문제에 관해 다룬 잠언: 11:1; 17:3; 19:3; 20:12; 21:3; 28:5.

묵상

성공을 위한 당신의 계획은 무엇인가? 당신의 계획이나 생각은 하나님의 뜻에 기초하고 있는가?

말의 위력

현명한 사람이 주는 혀에 대한 권고

칼로 찌름 같이 함부로 말하는 자가 있거니와 지혜로운 자의 혀는 양약과 같으니라(잠 12:18).

당신이 아는 사람 중에 가장 지혜로운 사람은 누구인가? 아마 당신은 나이 드신 분들이 가장 지혜롭다고 생각할 것이다. 그리고 당신이 생각한 그 사람은 인생의 우여곡절을 다 겪은 사람일 것이다. 솔로몬이 바로 그런 사람이었다. 그는 인생에서 깊은 통찰을 통해 얻은 귀한 말들을 우리에게 전해 주었다. 솔로몬의 잠언은 우리가 성경에서 찾을 수 있는 가장 교훈적인 말들을 담고 있다.

하지만 분명한 것은, 솔로몬은 결코 인생의 이치를 읊으면서 빈둥거리지는 않았다는 것이다. 잠언의 대부분의 내용은 엄격한 법규가 아니라, 그의 인생 후반에 모은 것이다. 그래서 잠언을 읽다 보면 종종 인생의 규칙을 담은 사전을 읽는 게 아닌가 하는 생각을 하게 된다. 우리는 거기에서 삶의 방향을 찾을 수 있는 귀한 말씀을 만나게 된다.

각 내용이 무분별하게 나열되어 있는 것처럼 보여도, 거기에는 양약과 같은 말과 칼로 찌름같이 함부로 하는 말, 부와 가난, 인내와 분노, 부지런함과 게으름 등과 같이 우리가 잘 알고 있는 주제들이 담겨 있다. 어쩌면 우리가 원하는 모든 주제들에 대한 방법이 잠언에 나온다고 해도 과언이 아닐 것이다.

말씀의 힘

그러한 예를 확인하고 싶다면 한번 말씀의 능력에 대해 다루고 있는 잠언을 읽어 보라. 말씀의 능력에 관해 모은 이러한 잠언은 지혜를 제공하며, 대화의 균형을 잡을 수 있게 한다. 잠언은 선을 위해 혹은 악을 위해 말씀의 폭발적인 능력을 드러나게 할 것이다.

우리는 보통 '거짓말이 아니라면 어떻게 말하든 무슨 상관이 있겠는가?'라고 생각한다. 하지만 잠언은 말이 가진 많은 위험성을 파악하고 있다. 말은 폭발물과 같은 위력을 가지고 있어서 사람들을 파멸시킬 수 있다. 그래서 말하기 전에는 항상 주의 깊게 상황을 고려해야 한다. 왜냐하면 진실한 말도 때론 상처를 줄 수 있기 때문이다. 반면에 말은 친구들이 잘못되는 것을 막아줄 수도 있다. 잠언은 험담의 위험성과 친구를 정당하게 꾸짖을 때의 선한 결과 모두를 강력하게 언급하고 있다.

"죽고 사는 것이 혀의 힘에 달렸나니 혀를 쓰기 좋아하는 자는 혀의 열매를 먹으리라"고 잠언 18장 21절은 말하고 있다. 잠언은 우리에게 생기를 돋우는 말하기의 방법을 가르친다.

* 말의 중요성에 관한 잠언: 10:11, 20; 12:14; 15:4; 17:10; 18:21; 25:11.
* 좋지 않은 말하기 방법에 관한 잠언: 6:16-19; 11:9, 12-13; 12:18; 13:3; 16:27-28; 18:8, 13; 26:23-28; 29:5.
* 좋은 말하기 방법에 관한 잠언: 10:14, 21, 32; 12:25; 15:1-2, 23, 28;

16:13, 23-24; 17:27-28; 25:12, 15; 27:5-6; 28:23.

* 말의 위험성에 관한 잠언: 10:19; 14:23.

묵상

말하고 난 다음 후회한 적이 있는가? 최근에 남을 북돋아 준 말은 무엇이었는가?

사람은 왜 가난해지나?

부와 가난에 관한 명확한 관점

가난한 자를 불쌍히 여기는 것은 여호와께 꾸어 드리는 것이니 그의 선행을 그에게 갚아 주시리라(잠 19:17).

어떤 사람들은 "가난한 사람은 게으르다"고 말한다. 하지만 이에 대해 반론을 제기하는 사람들은 이렇게 말한다. "부유한 사람들이 경제체제를 조절하기 때문에 가난한 사람이 생긴다." 사람들은 부와 가난에 관해 논의할 때 보통 문제를 너무 단순화하는 경향이 있다. 그리고 이상스럽게도 양측 모두 자신의 입장이 옳다는 것을 증명하기 위해 잠언을 인용한다.

잠언의 미묘한 관점을 이해하기 위해서는 잠언을 모두 읽어야 한다. 잠언은 사람들이 여러 이유 때문에 가난해진다고 말한다. 게으름과 술취함 때문이기도 하지만, 부유한 자가 그들을 압제하기 때문이기도 하다는 것이다. 사람이 부를 얻은 것도 여러 가지 이유에서다. 일을 열심히 하기 때문이거나, 하나님의 축복을 받아서 혹은 남을 속여서 부자가 되기도 한다.

잠언은 재물에 관해 치우치지 않은 관점을 가지고 있다. 잠언에 의하면 부는 사람에게 친구를 사귀는 것과 같은 이익을 줄 수도 있으나, 반면 근심과 곤란을 가져오기도 한다. 잠언은 부유하고 힘 있는 사람들이 가난한 사람들에게 관대하고 공평해야 한다고 강력하게 권고한다. 이것은 가난의 복잡한 원인과 부의 위험성 및 이익에 관해 상당히 명확한 관점을 갖고 있다.

* 재물에 관한 잠언:10:4, 15, 22; 11:4, 16, 28; 13:8, 18, 22-23; 14:20, 23, 31; 15:16; 18:23; 19:1, 4, 17; 20:13; 21:5, 17; 22:1-2, 4, 7, 9, 16, 22-23; 23:5; 28:3, 6, 8, 11, 19-20, 22, 27; 29:7, 14; 30:7-9.

묵상

당신이 알고 있는 사람 중에 가장 부유한 사람과 가난한 사람을 생각해 보라. 부와 가난에 대한 고정관념이 그들을 대하는 당신의 태도에 어떠한 영향을 미쳤는가?

누구와 결혼해야 하나?

동반자는 당신의 삶을 성공으로 아니면 파멸로 이끌 수 있다

다투는 여인과 함께 큰 집에서 사는 것보다 움막에서 사는 것이 나으니라 (잠 21:9).

고대에는 여자들이 아이를 낳아 주는 남자의 재산이었을 뿐, 그 이상의 존재 가치는 인정되지 않았다. 하지만 오늘날 결혼 적령기에 있는 젊은이에게 주어진 잠언은 우리에게 다른 시각을 전달한다. 그것은, 결혼은 주의 깊게 치뤄야 할 중요한 선택이라는 것이다.

한 사람의 아내나 남편은 그의 동반자를 성공이나 파멸로 이끌 수 있다. 아내의 임무는 가족의 행복을 위해 초석을 놓고(잠 14:1; 31:10-31), 남편과 함께 지혜로운 방법으로 자식을 가르치는 것이다(잠 1:8-9; 6:20). 따라서 아내의 성격은 외모보다 훨씬 더 중요하다.

물론 잠언이 사랑의 육체적인 측면까지 무시하는 것은 아니다. 이 책은 결혼 상대자가 사랑 안에서 즐거워하고 낙을 누리라고 권면하며(잠 5:18-19), 불만족스럽고 사랑하지 않는 관계에 성을 낭비하지 말 것을, 특히 젊은 사람들에게 성적인 범죄를 저지르지 말 것을 엄격히 경고한다. 성은, 결혼 안에서 오래 지속되며, 생산적인 즐거움을 위해 아껴두어야만 한다.

* 성적인 범죄에 대한 잠언: 2:16-19; 5:1-23; 6:20-35; 7:6-27; 23:26-28.
* 결혼에 대한 잠언: 5:15-19; 12:4; 14:1; 18:22; 19:13-14; 21:9, 19; 27:15-16; 31:10-31.

묵상

당신은 배우자를 찾을 때 무엇을 기준으로 삼는가? 매력적인 외모나 착한 심성과 같은 속성들을 생각해 볼 때 잠언의 평가와 당신의 평가 우선 순위는 어떻게 다른지 이야기해 보라.

전도서

인생이 무의미하다고 느껴질 때

우리 시대를 위한 책

전도자가 이르되 헛되고 헛되며 헛되고 헛되니 모든 것이 헛되도다(전 1:2).

"이 세계에는 두 가지의 비극만이 있을 뿐이다"라고 아일랜드의 극작가 오스카 와일드는 말한 바 있다. "하나는 사람이 원하는 것을 갖지 못하는 것이며, 다른 하나는 그것을 갖게 되는 것이다." 이 역설적인 주장은 종종 사실로 확인되고 있다. 20세기의 전설적인 인물인 하워드 휴스라는 사람을 생각해 보자.

세계에서 가장 부유했던 사람

45세의 하워드 휴스는 미국에서 가장 매력적인 인물 중 한 사람이었다. 그는 여배우들에게 구혼했고, 특이하게 생긴 시험비행기를 조종했으며, CIA의 특수 업무를 수행하고 있었다. 뿐만 아니라 그는 세계 도처에 호텔망을 가지고 있었으며, 범지구적인 유람에 이용하기 위해 TWA라는 항공사도 가지고 있었다.

그로부터 20년이 지나 65세의 나이가 되었을 때에도 그는 230억 불 이상의 돈을 가지고 있었다. 그러나 세계에서 가장 부유한 그 사람은 가장 애처로운 사람 중 한 명이 되었다. 그는 햇빛도 비치지 않고, 소일거리도 없는, 자신이 운영하는 호텔의 꼭대기에 있는 작고 어두운 방에서 살았다. 그의 덥수룩한 수염은 허리까지 자라났고, 그의 머리카락은 등을 덮을 정도였으며, 손톱은 5센티미터나 되었다. 이전에 190센티미터의 키에 건장했던 그의 몸무게는 40킬로그램에도 이르지 못했다.

그는 같은 영화를 150번 이상 반복해서 보는 것으로 대부분의 시간을 허비했으며, 병균을 끔찍히 무서워해 침대에서 벗은 채로 누워 지냈다. 삶이란 그에게 아무런 의미도 없었다. 결국 그는 수척해진 몸에 마약 중독으로, 자신의 회사가 재정을 부담해 개발한 의료장비의 도움도 변변히 받아보지 못한 채 67세의 나이로 죽고 말았다.

왕의 매혹적인 일생

하워드 휴스의 경우는 부유하며 유명한 사람이 나타내는 극단적인 사례일 것이다. 삶에 대한 그의 태도는 오래 전에 이스라엘을 다스리며 성공적인 삶을 살았던 한 위대한 왕의 생각과 아주 유사하다. 이 책 전도서는 모든 것을 가졌던 그 사람에게 어떤 일이 일어났는지를 기록하고 있다.

전도서의 저자는 살면서 누릴 수 있는 것을 다 맛보았다. 부? 누구도 그의 호화로운 생활양식을 능가할 수는 없었다(전 2:4-9). 지혜? 그의 지혜는 세계적으로 유명했다(전 1:13-18). 명성? 그는 왕이었고, 당대에 가장 유명한 사람이었다(전 1:12). 그는 삶의 모든 위력과 쾌락의 표상이었다. 그러나 그 모든 것들은 그를 실망시켰다. 그에게 그것들은 아무런 의미가 없었다.

그는 인생의 목적이 무엇인지에 대해 질문했다. 열심히 일한다 해도 그 열매는 다른 사람이 거둔다. 선해지려고 노력하지만 악한 사람이 더 잘된다. 재물을 모으지만 패륜 자식에게 상속될 뿐이다. 쾌락을 구하지만 쓰디쓴 맛으로 돌아올 뿐이다. 빈부, 선악을 막론하고 모든 사람은 동일한 끝에 다다른다. 우리는 모두 죽게 된다. 이 같은 삶을 묘사하는 단 한마디의 말이 있다. '헛되다!'

해 아래 인생

전도서는 우리 시대에 반향을 일으키고 있다. 그 구절들은 포크송이나 대통령 취임사에서도 등장한다. 이 세기만큼 진보와 절망을 맛본 시대도 없다. 하지만 도대체 삶의 목적이 무엇이란 말인가? 궁극적인 목표가 존재하는가? 인생의 쾌락을 전부 열거한 후에 작가는 "그것이 있는 것의 전부란 말인가?"라고 반문하고 있다.

이 책의 중요 구절인 "해 아래"라는 말은 하나님으로부터 멀어진, 그리고 내세의 희망이 없는 차원에서 살아가는 세계를 묘사하고 있다. 그러한 차원에서 본다면 해 아래에서의 인생은 헛된 것이라고 결론 내릴 수 있다.

하지만 마지막 부분에서와 같이 전도서에는 희망을 언급하고 있는 부분도 있다. "하나님을 경외하고 그 명령을 지킬지어다 이것이 모든 사람의 본분이니라"(전 12:13). 그것이 전도서가 전하려는 긍정적 메시지이자 '교훈'이다. 그러나 그러한 긍정적인 언급은 저자의 강력한 부정적 사례에 의해 거의 압도되고 만다. 우리는 그런 인생을 예수님의 말씀으로 요약할 수 있다. "사람이 만일 온 천하를 얻고도 제 목숨을 잃으면 무엇이 유익하리요"(마 16:26).

아가

도취한 사랑

자연스러운 사랑에 관한 시

많은 물도 이 사랑을 끄지 못하겠고 홍수라도 삼키지 못하나니(아 8:7).

라디오를 켜 아무 방송국에나 주파수를 맞춰 보라. 어떤 노래가 나오는가? 사랑의 노래들이다. 첫사랑의 노래, 상실한 사랑의 노래, 상큼한 사랑의 노래, 미칠 것 같은 사랑의 노래 등이 언제나 흘러나온다. 시간은 변한다. 그러나 역사를 통해 볼 때 사랑의 노래는 영원히 지속될 것이다.

상당수의 사람들은 에로틱한 가사로 된, 숨김없는 사랑의 노래를 성경에서 발견할 수 있다는 사실에 충격을 받는다. 그렇다. 아가서는 바로 그러한 노래다. 연인들이 각자의 몸을 즐기고, 전혀 부끄러움 없이 그것을 표현한다. 그래서 간헐적으로 아가서를 성경에서 제해 버리거나, '성인 전용'으로 치부하려는 시도가 있어 왔다. 예를 들어 16세기 스페인에서는 단순히 아가서를 스페인어로 번역했다는 이유만으로 프라이 루이스 레옹 교수를 학교 밖으로 추방하고, 4년간 옥고를 겪게 한 일도 있었다.

우화적인 해석

종종 아가서는 연인과는 전혀 상관없는 것처럼 읽히기도 한다. 많은 사람들이 그것을 하나님과 그의 백성 간의 사랑을 우화적으로 표현한 것으로 해석한다. 이들의 해석의 일부는 하나님과 우리의 관계에 대한 측면으로 각 시구를 대응시키기도 한다. 예를 들어 신부의 머리카락은 그리스도를 통해 생겨나는 비유대국가로 해석한다. 12세기의 유명한 수도승이었던 세인트 버나드는 이러한 우화적 접근법을 사용해 아가서의 처음 두 장에 대해 무려 86편의 설교를 남기기도 했다.

하지만 지금은 이러한 종류의 해석을 따르는 사람이 거의 없다. 대부분의 학자들은 이 시가 새로 결혼한 부부 사이의 사랑을 축하하기 위해 쓰였다고 믿는다. 하나님은 남자와 여자 사이의 사랑에 가치를 두신다. 그것이 하나님이 이 노래를 성경에 남겨두신 이유다. 이 노래는 결혼식에서 첫 번째 순서로 불린 것 같다.

벗었으나 부끄러워하지 않음

이들 연인들은 서로를 바라보고 싶어하며, 느끼는 바를 서로 이야기하고 싶어한다. 이들은 자연의 아름다움이나 화장품과 향료의 냄새 등의 감각을 누린다. 그리고 이들은 공공연하게 에로틱하다.

그래서 이들의 도취된 사랑은 오늘날 라디오에서 들을 수 있는 것과 크게 다르지 않은 매우 현대적인 것처럼 들릴 수도 있다. 그러나 아가서는 대부분의 현대적인 사랑의 노래와는 사뭇 다른 분위기다. 그 숨김없는 가사는 아무런 때도 묻지 않은 것이다. 이 사랑은 남자와 여자가 벗었으나 부끄러워하지 않은 에덴동산으로부터 유래한다. 그것은 부드럽고, 기쁨으로 충만하며, 자연스럽다. 부끄러움이나 죄의식은 찾아볼 수 없다. 우리는 이 시를 통해 연인이 사랑할 때 하나님이 그 두 사람과 함께하신다는 점을 깨달을 수 있다.

연인들은 동등하게 행동한다. 여자나 남자나 서로를 칭찬하는 데 있어 각자가 주도권을 가지고 있다. 그들은 시시덕거리거나 게임을 즐기는 것이 아니다.

그들은 생각하는 바대로 이야기한다.

그러나 그들은 사랑할 때 주의와 위엄을 기울인다. 기쁨의 절정에 도달해 있을 때 연인들은 다른 사람에게 자신들의 사랑을 성급하게 깨우지 말라고 연속적으로 경고한다(아 2:7; 3:5; 8:4). 그들은 사랑의 위험할 정도로 폭발적인 측면을 인식하고 있다. "사랑은 죽음 같이 강하고 질투는 스올 같이 잔인하며 불길 같이 일어나니 그 기세가 여호와의 불과 같으니라"(아 8:6).

Part 4

선지서

이사야

예레미야

예레미야애가

에스겔

다니엘

호세아

요엘

아모스

오바댜

요나

미가

나훔

하박국

스바냐

학개

스가랴

말라기

이사야

서론
선지자, 시인이자 정치가

그의 나라는 기로에 서 있었고 이사야는 분연히 일어났다

> 그들에게 정의를 바라셨더니 도리어 포학이요 그들에게 공의를 바라셨더니 도리어 부르짖음이었도다(사 5:7).

이사야 선지자는 유대 역사의 커다란 인물 중 한 사람이었다. 그는 히브리 문학에서 셰익스피어와 같은 존재였으며, 신약은 다른 모든 선지자를 합친 것보다 그의 글을 더 많이 인용하고 있다. 성경을 기록한 기자 중 그의 풍부한 어휘와 상상력에 버금갈 사람은 그 누구도 없다.

그러나 이사야의 시대는 상아탑의 시대가 아니라 각 세력이 각축을 벌이던 시대였다. 그는 유다 왕의 조언자로서 나라의 통치 방향을 결정하는 것을 도왔다.

위기의 시대

이사야는 사울과 다윗에 의해 건설된 왕국과 궁극적인 멸망의 중간 시대, 즉 왕국의 미래가 결정되는 중요한 시대에 살았다. 내란이 이스라엘 민족을 북 왕국(이스라엘)과 남 왕국(유다)으로 갈라놓았으며, 이사야는 보다 경건한 남 왕국에 살고 있었다.

이사야가 그의 일을 시작했을 때 나라는 부강한 것처럼 보였다. 그러나 그와 반대로 심각한 위험의 징조가 있음을 이사야만이 감지하고 있었다. 사람들은 그들의 권세를 이용해 가난한 자들을 핍박했다. 남자들은 만취해 있었고, 여자들은 이웃의 배고픔에 아랑곳하지 않고 옷치장에만 열심이었다. 사람들은 하나님을 겉으로만 따르는 척했고, 종교의 외양만 유지하는 데 힘썼을 뿐 실제로는 경건한 생활을 하지 않았다.

외부로부터의 위험은 좀 더 심각한 것으로 드러났다. 이스라엘에 인접한 국가의 군대가 국경 지역에서 무력시위를 하고 있었다. 모든 지역에서 거대한 제국(애굽과 앗수르 같은)이 자라나고 있었으며, 유다는 협공당하고 있었다. 살아남기 위해서는 이웃나라와 동맹을 맺어야 할 것인가?

타협을 모르는 선지자의 엄한 경고

이사야는 유다가 도약의 발판을 마련하거나 그렇지 않으면 전락하는 기로에서 있다고 말했다. 그는 결코 대중의 인기에 영합하기 위해 자신의 메시지를 바꾸지 않았으며, 어떠한 변화가 이루어져야 할 것인지에 관해 엄하면서도 이해하기 어려운 제안을 했다.

비록 그는 궁중에 속해 있었지만 정치계에서 예스맨은 아니었다. 그는 때로 낙관주의가 지배하는 분위기에서 홀로 맞섰다. 그의 이름은 '여호와께서 구원하신다' 는 것을 의미했고, 왕이 하나님보다 군사력이나 부 혹은 다른 힘을 의지하려 할 때에는 재앙에 이를 수도 있음을 경고했다.

이사야는 네 왕을 섬겼으나, 마지막으로 최악의 한 왕과는 정면대결했다. 므낫세 왕(어린이 희생제사를 실행한 것으로 악명 높았음)은 이사야의 말을 견딜 수 없어 했다. 전승에 따르면 그가 이사야를 두꺼운 나무판자 사이에 묶고 톱으로 썰어 죽였다고 한다.

므낫세는 오래지 않아 역사 속으로 희미하게 사라졌지만, 이사야는 이 책을 통해 모든 시대에 걸쳐 위대한 하나님의 사람으로 살아남아 있다.

본론 하나님을 믿을 것인가, 군사력을 믿을 것인가?

약한 나라는 어디서 도움을 받아야 하는가?

이것이 온 세계를 향하여 정한 경영이며 이것이 열방을 향하여 편 손이라 하셨나니(사 14:26).

1944년 폴란드는 자신의 나라에 진입하는 러시아의 탱크 부대를 떠들썩하게 환호하며 맞이했다. 러시아가 나치로부터 자신들의 나라를 해방시킨 데 대한 감사한 마음에 폴란드 사람들은 해방군에게 꽃다발 세례를 퍼부었다.

그러나 45년이 지난 후 러시아 군대는 더 이상 그 나라에서 환영받는 존재가 아니었다. 폴란드 정부는 이들에게 자신들의 나라를 떠날 것을 요구했다. 이들의 경험은 역사의 쓰라린 교훈에 관한 생생한 예가 되었다. 강대국의 군사적인 도움에는 속셈이 있기 마련이다.

작은 나라가 도움을 찾다

군사 강대국을 마주할 때 작은 나라는 무엇을 할 수 있는가? 이사야가 등장한지 얼마 되지 않아 유다는 그러한 곤경에 빠졌다. 인접한 두 나라가 쳐들어왔을 때 작은 남 왕국 유다는 커다란 손실을 겪었다. 아하스 왕과 그 백성의 마음은 "숲이 바람에 흔들림 같이 흔들렸더라"(사 7:2). 아하스는 공포에 질려 이사야의 충고를 구했다.

이사야는 가장 극적인 내용의 성경 구절과 함께 소명을 받았다(사 6장). 아하스 왕은 이사야가 얼마나 사람들의 구미에 맞을지에 상관없이 하나님으로부터 받은 메시지를 직접 전달할 것이란 사실을 알고 있었다. 그러나 그는 이사야가 말한 "조용하라. 두려워 마라. 하나님만을 의지하라"는 메시지를 받아들일 준비가 되어 있지 않았다.

침략하는 왕들은 단지 "연기 나는 부지깽이 그루터기에 불과하다"고 이사야는 공언했다. 무슨 일이 일어나건 앗수르와 같은 제국에 도움을 기대하지 마라. 만약 그렇게 한다면 언젠가 당신을 파멸시킬지도 모를 군대를 끌어들이는 것이 된다.

몰락이 시작되다

그러나 침략에 동요된 아하스는 빠른 안정을 원했다. 그래서 이사야의 경고를 무시하고 그는 예루살렘 성전의 보물들을 뇌물로 사용해 강력한 앗수르와 협상을 타진했다. 예상대로 얼마 지나지 않아 아하스의 결정은 재앙을 불러왔다. 당시의 아무 군대도 앗수르의 전차에 대적하지는 못했으며, 유다의 모든 적은 궤멸되었다. 북쪽의 이스라엘이 지도 상에서 사라졌다. 마침내 유다는 평화를 누리게 되었지만 그 대가는 어떠했는가?

앗수르와 한 협상의 결과 때문에 아하스가 유다의 종교를 파괴하게 된 것 같다. 그는 우선 경배를 위한 성전을 폐쇄했으며, 나중에는 하나님께 번제를 드리는 단을 이방신에게 제물을 바치는 단으로 바꿔버렸다. 그는 공식적으로 앗수르의 국가 종교를 따랐으며, 심지어는 자신의 아들을 희생제물로 불사르는 제사를 하는 데까지 이르렀다. 모든 면에서 아하스는 앗수르의 명령에 따라 움직이는 허수아비 왕이 되었다. 그리고 외국의 군대는 유다에 머물렀다. 실제로 앗수르의 도움에는 속셈이 있었다.

그 당시와 현재를 위한 메시지

이사야 선지자는 격노했다. 그는 선왕 치하의 유다 부흥기에 성장했다. 갑자기 그는 자신의 나라가 훌륭한 종교적 유산마저 팔아먹으며 앗수르의 단순한 볼모 신세로 전락했다는 것을 깨달았다.

이사야 7~19장은 유다뿐 아니라 그의 이웃을 겨냥한 열정적인 예언을 기록하고 있다. 그는 각 나라가 지은 죄와 반역 때문에 보응을 받는 심판의 날을 이야기한다. 이사야는 머지않아 매우 처절한 장래를 맞이할 것이란 사실을 아무런 꾸밈없이 말하고 있다.

하지만 이사야는 거기에만 멈춰 있지 않았다. 그는 희망과 기다림을 불러일으키는 친근한 말로 먼 장래에 대해 예언하고 있다. 이 부분은 왕이 도움을 구하러 누구에게 의지할까 하는 문제로 시작하고 있다. 궁극적으로 그것은 역사 모두를 소멸시키는 것으로 끝난다.

묵상

이사야가 만일 미국이나 중국과 같은 초강대국에 대해 예언한다면 무엇이라고 할지 생각해 보라.

하나님의 눈을 통해 본 파국

전쟁과 죽음의 끝없는 반복, 그것은 무엇을 의미했나?

이러므로 나의 요통이 심하여 해산이 임박한 여인의 고통 같은 고통이 나를 엄습했으므로 내가 괴로워서 듣지 못하며 놀라서 보지 못하도다(사 21:3).

이사야 시대의 중동을 그려 보는 손쉬운 방법이 있다. 그것은 오늘날의 신문 표제를 따라 시간을 거슬러 올라가는 것이다. 그 당시에도 지금처럼 한 국가가 이웃을 침략해 도시를 점령한 뒤 땅과 거민을 황폐하게 만들었다. 이사야 선지자는 오늘날의 레바논, 이스라엘 혹은 쿠웨이트 거주자들이 원하는 것처럼 악순환이 끝나기를 바랐다.

이사야는 두 가지 시각으로 세계를 바라보았다. 주위에서 그는 영적인 타락과 지긋지긋한 전쟁, 죽음의 반복을 보았다. 그러나 하나님은 그의 나라의 미래, 즉 하나님께 신실하며, '더 이상 전쟁이 없는' 평화의 상태에서 순수하게 살아가는 민족의 미래에 대한 명백한 비전을 보여 주셨다.

목적을 위한 왕국

그의 앞에 밝게 빛나는 미래를 보여 주신 하나님의 관점에서 그는 역사를 재해석했다. 유다의 다른 사람들은 군사적 침략을 무서운 파국으로 인식했지만, 이와 대조적으로 이사야는 현실의 고통 속에서도 더욱 고양된 목적을 발견했다.

이사야는 유다가 정결케 되기 위해 고통과 고난을 참아야 할 것이라고 말했다. 그는 징벌을 피하기 위해서는 정치적 동맹을 맺어서는 안 된다고 조언했다. 하나님의 백성들은 불과 같은 시련을 겪어야 하며, 그러한 시련으로부터 남은 자들, 곧 소수의 살아남은 자들이 나타나 하나님이 그들을 통해 자신의 일을 성취하실 것이다. 이사야는 자신의 아들의 이름을 '남은 자가 돌아온다' 는 뜻의 스알야숩으로 지어 그가 받은 메시지를 유다에게 생생하게 전했다(사 7:3).

왜 하나님은 먼저 유대인들을 부르셨는가? 이사야에 의하면 그들은 다른 나라에 하나님의 진리를 전파하기 위해 사용될 나라로, '이방의 빛' 으로서 그 역할을 했어야 했다. 그는 세상을 지배할 위대한 왕자를 유대 땅 밖에서 기르실 것이라고 말했다.

누가 역사의 주인인가?

이사야의 말을 요약하면, 지금은 아무리 처참한 상황에 있을지라도 하나님은 그의 백성을 버리지 않으실 뿐 아니라 궁극적으로 다른 국가들을 하나님께로 인도하는 선교 민족이 되게 하실 것이다.

이사야는 모든 메시지보다 하나님이 역사의 주인이라는 점을 강조했다. 적들에게 둘러싸이고, 침략을 받고 동요하며, 유혈의 참상을 겪고 있는 유다에게 하나님은 무심하고 소원한 존재처럼 보였다. 그러나 이사야는 지상의 강대국은 하나님의 손 안에 있는 도구일 뿐, 그들은 하나님께 사용되다가 후에 떨쳐 버림을 당할 것이라고 유다 백성들에게 확신시키려고 노력했다.

묵상

이사야서는 두려움을 느끼며 하나님께 버림받았다고 생각하는 사람들을 묘사하고 있다. 당신도 그처럼 느낀 적이 있는가? 어째서 이사야의 메시지는 오늘날 우리에게 희망을 주는가?

위기의 시대

모든 사람들은 패배를 확신했으나 이사야는 그렇지 않았다

앗수르는 칼에 엎드러질 것이나 사람의 칼로 말미암음이 아니겠고(사 31:8).

아하스 왕 치하의 음울한 이십 년이 지난 후 히스기야가 왕좌를 물려받음으로써 유다는 실날 같은 희망을 갖게 되었다. 두 번째 왕의 통치는 다음과 같이 요약할 수 있다. “그의 전후 유다 여러 왕 중에 그러한 자가 없었으니”(왕하 18:5).

이사야의 선교 활동은 그에게 종종 자문을 구했던 히스기야 왕 재위 시절에 절정에 다다랐다. 왕은 이사야의 도움을 필요로 했다. 그는 앗수르의 심각한 위협을 받고 있던 왕국을 계승했다.

어리석은 적대 행위를 반대함

어떻게 하면 유다가 앗수르의 영향력으로부터 자유로워질 수 있을까? 선대의 여러 왕과 마찬가지로 히스기야는 다른 국가와의 연합을 생각했다. 애굽과 신흥 바벨론은 유다와 동맹을 맺는 데 관심을 보였다.

그러나 이사야는 그래서는 안 된다고 이야기했다. 그는 히스기야에게 하나님만 믿을 것을 종용했으며, 애굽과의 동맹을 반대하는 자신의 주장을 극적으로 표현하기 위해 삼 년간 벗은 몸과 벗은 발로 활보했다(사 20:1-6). 이사야서에서 이 항의는 매우 강력한 어조로 나타난다(사 18-20장; 30-31장).

그러나 이사야의 반대는 실패했다. 심지어 히스기야는 앗수르를 정면으로 대적하고 말았다. 우선 그는 예루살렘의 방비를 튼튼히 하고, 성의 물 근원을 막았다. 그리고 작은 왕국들과 동맹을 맺은 후 앗수르에 대한 노골적인 적대 행위를 주도했다.

앗수르의 복수

앗수르는 이런 유다를 호되게 징계했다. 그 군대는 유다를 침공해 46개의 성읍을 파괴하고 200,150명의 포로를 잡아갔다. 앗수르 왕은 히스기야를 '새장 속의 새'라고 조롱하며 그에게 막대한 배상금을 요구했다.

예루살렘이 포위되어 위축된 히스기야는 다시 한번 이사야에게 조언을 요청했다. 항복해야만 하는가? 앗수르의 군대는 성을 포위하고 성 안에 있는, 사기가 저하된 백성들에게 모욕을 퍼붓고 있었다.

하지만 놀랍게도 이사야는 '그러게 제가 뭐라고 했습니까?'라는 태도를 보이지 않았다. 그보다 그는 기도와 하나님의 능력에 의지할 것을 권했다. "믿음을 가지십시오. 항복하지 마십시오. 두려워하지 마십시오. 앗수르는 상처를 입고 물러갈 것입니다"(사 37:5-7 참조)라고 그는 말했다.

이사야의 강한 용기와 낙관주의는 모든 예루살렘 사람들의 사기를 북돋아 주었다. 그리고 하나님은 엄청난 방법으로 앗수르의 군대를 진멸시키셨다(사

37:36; 왕하 19장).

진정한 영웅

이사야 18~35장은 당시 절망적이었던 나라를 믿음으로 독려하며 활약했던 이사야의 메시지를 기록하고 있다. 고무적인 그의 예언이 없었다면 예루살렘은 항복하고 말았을 것이다.

이스라엘과 유다의 많은 선지자들은 "광야에서 외치는" 외로운 소리였다. 이에 비교할 때 이사야는 예외적인 선지자였다. 그는 유대 역사에서 위급한 순간에 왕에게 조언하는 위치에 있었다. 그의 말은 효력이 있었기 때문에 이사야는 위대한 정치가이자 영웅으로 역사에 기록될 수 있었다.

묵상

당신의 삶에서 용기와 신앙이 가장 필요했던 때가 있다면 그것은 언제였는가? 그때 당신은 어떻게 반응했는가?

새로운 노래

어조가 극적으로 달라짐: 최악의 순간을 위한 위로와 희망

나는 목마른 자에게 물을 주며 마른 땅에 시내가 흐르게 하며 나의 영을 네 자손에게 나의 복을 네 후손에게 부어 주리니(사 44:3).

당신은 40장 맨 처음 나오는 단어에서부터 변화를 느낄 수 있을 것이다. "너희의 하나님이 이르시되 너희는 위로하라 내 백성을 위로하라 너희는 예루살렘의 마음에 닿도록 말하며 그것에게 외쳐라 그 노역의 때가 끝났고 그 죄악이 사함을 입었느니라." 이사야서의 초반부에 나타난 준열한 경고가 부드럽고 확신을 주는 말들로 바뀌었다.

이사야가 살았던 대부분의 기간 동안 유다는 자신감에 차 있는 강력한 국가를 유지했다. 그러나 40장에서 시작하는 예언들은 상당히 다른 장면들을 비춰준다. 유다는 황폐해졌고 유대인들은 포로로 잡혀갔다. 이사야서 초반부와 후반부에 서술된 사건 사이에는 약 200년의 시차가 있다고 한다(많은 학자들은 이들 후반부의 예언들이 다른 선지자에 의해 이루어졌다고 보기도 한다).

중간기에는 실제로 무슨 일이 일어났는가?

이사야서의 나머지 부분을 이해하기 위해서는 그 200년 동안 무슨 일이 일어나게 될지를 알 필요가 있다. 전에 이사야가 살았던, 자신감 있었던 나라가 점점 쇠퇴해 가는 동안 새 왕국 바벨론은 강력해졌다. 그리고 이 새로운 적이 유다를 침공했다.

바벨론 군대는 다윗 왕 이후 어느 군대도 성취하지 못한 일을 해냈다. 바로 예루살렘을 점령한 것이다. 공성포들이 벽을 무너뜨렸으며, 유다의 왕은 예루살렘 밖으로 끌려나가 눈이 뽑혔다. 그들의 고향은 파괴되었고, 많은 사람들이 쇠사슬에 묶여 왕의 뒤를 따랐다. 어두운 바벨론 포로시절이 시작되었다.

이 당시의 선지자들, 그리고 이 사건 직전에 다가올 파국을 예언했던 선지자들은 심각한 질문에 봉착했다. 하나님은 다윗의 영원한 왕좌를 버리시려는가? 어떻게 하나님은 그의 나라와 자신의 성전이 이방 군대에 의해 갈기갈기 찢기는 것을 묵묵히 보실 수 있단 말인가?

세 가지 커다란 희망

상황의 변화를 반영하는 듯 이사야 40~66장은 새로운 해결책을 제시한다. 유대인에 대한 심판이라는 살벌한 예언은 지나갔다. 대신에 희망과 기쁨과 빛의 웅대한 메시지가 스며들어 위로의 첫마디를 시작한다. 선지자는 하나님을 믿는 신앙을 재확립시키려고 했다.

이사야서는 하나님이 패배했기 때문에 유다에 그런 일이 일어난 것이 아님을 가르치고 있다. 하나님은 마음에 새로운 일을 작정하고 계셨다. 즉 이스라엘 민족이 전에 겪었던 그 무엇보다도 더욱 장대한 계획을 가지고 계셨던 것이다.

이사야서는 하나님의 그런 계획이 있기 때문에 희망을 가질 수 있을 것이라고 설득하고 있다. 그는 우선 바벨론 포로생활로부터 해방될 것이라고 이야기했다. 고레스라고 하는 통치자, 즉 새로운 별이 동방에서 일어나 유대인들을 자유롭게 할 것이다. 그가 유대인들을 예루살렘으로 귀환하도록 하고 성과 나라를 다시 세우는 장구한 사업을 시작하게 할 것이다. 40~48장은 고레스와, 그가 포로로 잡힌 유대인을 놓아 준다는 하나님의 확신에 찬 계획을 알려 주고 있다.

실제로 바로 그런 통치자가 옛 바사(현재의 이란)에서 왕위에 등극했으며, 고레스는 바벨론 군대를 결정적으로 패배시켰다. 에스라 1장 1~4절에 기록된 대로 고레스는 유대인들이 그들의 성으로 돌아와 재건축할 수 있도록 허락했다.

이사야서는 우리가 잘 알고 있는 말로 미래의 두 가지 희망을 이야기한다. '종'이라고 불리는 신비의 인물은 49장에 나타난다. 그 종은 고난을 통해 전 세계를 구원할 방법을 마련할 것이다. 마지막에 이르러 선지자는 결론적으로 하나님이 새 하늘과 새 땅에서 모두를 위해 평화를 베푸실 머나먼 미래를 바라본다. "이스라엘의 성스러운 자"(이사야서에서 하나님을 표현하는 말)가 온 세상의 하나님으로 통치하실 것이다.

혹독한 시대의 생존

이사야 40~66장은 처음 듣는 사람들에게 필요한 아주 실제적인 가치를 갖고 있다. 일련의 대위기를 맞이한 유대인에게는 용서가 진행되고 있다는 선지자의 희망에 찬 메시지가 필요했다. 비록 흩어졌으나 유대인은 언젠가 '하나하나' 모이게 될 것이다.

이사야는 상황이 아무리 어렵더라도, 하나님은 우리의 유익을 위해 그것을 사용하실 수 있다는 사실을 가르친다. 이스라엘 역사에서는 번번이 번영기 후에 쇠퇴기가 뒤따랐으며, 이들에게 찾아온 고난의 시기는 진정한 하나님의 사람들을 시험하고, 단련시키는 데 사용되었다. 궁극적으로 고난을 통해 전 세계의 구원을 이루게 될 것이다.

묵상

그 당시 유대인의 상황에 당신이 처해 있다고 가정해 보라. 이사야 선지자의 말에서 위로를 찾을 수 있겠는가?

고난의 종

이 신비한 존재는 누구인가?

보라 내 종이 형통하리니 받들어 높이 들려서 지극히 존귀하게 되리라 (사 52:13).

이사야 49~55장은 이스라엘에서 나와 모든 나라에게 빛을 던져 주는 '고난의 종'에 대해 이야기하고 있다. 누가 이 고난받는 종인가?

유대 학자들은 수세기를 두고 이 구절을 풀려고 노력해 왔다. 많은 학자들이 구약 전체에서 이것을 가장 중요한 부분으로 생각하고 있으나 선지자가 정확히 무엇을 의미했는지에 대해서는 의견이 일치하지 않았다(특히 42장 1~9절, 49장 1~13절, 50장 4~9절, 52장 13절~53장 12절의 네 구절은 "종의 노래"라고 불린다).

국가인가, 개인인가?

때로 그 구절은 이스라엘 국가 전체를 의미하기도 한다. "너는 나의 종이요 내 영광을 나타낼 이스라엘이라 하셨느니라"(사 49:3). 그러나 다른 곳에서 종은 끔찍한 고통을 겪을 위대한 지도자, 특정한 개인을 나타내는 것 같다.

이사야는 종을 모든 인류의 구원자로 나타낸다. 그러나 영웅보다는 비극적인 인물로 그를 묘사한다. "그는 … 우리가 보기에 흠모할 만한 아름다운 것이 없도다 … 그가 곤욕을 당하여 괴로울 때에도 그의 입을 열지 아니했음이여 마치 도수장으로 끌려가는 어린 양과 털 깎는 자 앞에서 잠잠한 양 같이 그의 입을 열지 아니했도다"(사 53:2, 7).

어떤 유대 학자들은 그것이 이사야 선지자 자신이나 예레미야 같은 다른 선지자를 묘사하는 것이라고 추정한다. 그럼에도 다른 학자들은 오실 메시야에 대한 희망을 버리지 않는다. 그들은 매우 천한 신분 출신의 왕을 기대했는데, 그의 힘은 무력에 의하지 않고, 그에게 복종하는 사람들의 심령으로부터 나온다.

신약성경으로부터 얻은 해답

고난의 종의 개념은 실제로 유대 민족 사이에서는 이해되지 못했다. 그들은 고난받는 메시야가 아니라 승리의 메시야를 기다렸다. 고난받는 종의 이미지는 잠적해 마치 수세기 동안 잠들어 있는 것 같았다.

예수님은 그의 사역 초기에 이사야서의 종의 구절 중의 하나를 인용하셨다(눅 4:18-19). "책을 덮어 그 맡은 자에게 주시고 앉으시니 회당에 있는 자들이 다 주목하여 보더라 이에 예수께서 그들에게 말씀하시되 이 글이 오늘 너희 귀에 응했느니라"(눅 4:20-21).

그의 본보기를 따라서 신약 기자들은 적어도 10번 이상 예수님을 종으로 언급했다. 한 예로 빌립은 선지자가 언급한 고난의 종에 대해 의문을 가지고 있었던 에디오피아 내시를 가르치기도 했다(행 8:26-35).

마지막 희생

이사야 49~55장은 종의 고난에 대한 생생한 장면, 즉 십자가 상에서 예수의 죽음에 대한 성취를 예언한 부분이다. 증인의 증언처럼 쓰였어도 실제로 그 구절은 그리스도가 죽으시기 수세기 전에 쓰인 것이다.

이사야에 따르면 종은 매우 특정한 목적을 이루기 위해 죽으셨다. “그가 찔림은 우리의 허물 때문이요”(사 53:5). 고난의 종은 그의 상처를 통해 위대한 승리를 쟁취했다. 그의 죽음은 지상의 모든 잘못된 것을 바로잡을 미래를 가능케 했다. 중요한 점은, 이사야서가 고난의 종의 이미지로 끝나지 않는다는 것이다. 이사야서는 종의 죽음에 의해 새 하늘과 새 땅에서 놀라운 삶이 가능하다고 이야기하고 있다.

묵상

당신이 예수 시대의 유대인이라면 그가 메시야라는 사실에 실망했겠는가? 왜 예수는 승리의 개선장군처럼 되기보다는 고난받는 종으로 오는 것을 선택하셨는가?

장래 일에 대한 예견

우리의 가장 멋진 꿈들이 모두 이루어질 때

보라 내가 새 하늘과 새 땅을 창조하나니 이전 것은 기억되거나 마음에 생각나지 아니할 것이라(사 65:17).

누구나 미래를 엿보기를 원한다. 이사야서의 마지막 부분은 지상에 있는 우리 시대가 종말을 맞이할 때 일어날 일에 대해 말해 준다. 그러나 선지자가 자기가 살고 있는 시대와 지상의 종말 사이를 번갈아 오가기 때문에 그 시간을 정확히 판독하기란 쉽지 않다.

선지서

이사야는 이스라엘 백성들에게 하나님은 영원히 이스라엘을 버리지 않으신다는 한 가지 사실에 대해 분명히 말했다. 하나님은 말씀하신다. "내가 잠시 너를 버렸으나 큰 긍휼로 너를 모을 것이요"(사 54:7). 그분이 택하신 백성에게는 소망이 있다.

하지만 이사야가 이스라엘의 장래(소망)만을 이야기한 것은 아니다. 그는 이스라엘의 장래에 대한 계획에 다른 나라들도 포함된다는 것을 분명히 한다. 외국인들이 예루살렘으로 모일 것이다. "내 집은 만민이 기도하는 집이라 일컬음이 될 것이라"(사 56:7). 하나님에 대한 말씀이 가깝고 먼 나라들에게 전파될 것이며, 그의 명성을 듣지도 못한 먼 섬들에게도 전파될 것이다(사 66:18-21).

그러므로 이사야의 마지막 부분은 깊은 절망에 빠진 모든 사람을 위로할 뿐 아니라, 유대인들이 모든 민족에게 선물이 되는 문을 열어 주는 역할을 할 장래의 모습을 전망하게 한다. 이 예언은 예수님을 통해 이루어지며, 그분은 자신의 메시지가 모든 사람에게 전파되도록 제자들을 모으셨다. 자신의 생애와 죽음을 통해 고난의 종이 참된 복음을 전 세계에 전파한 것이다.

이사야가 우리에게 말하는 것

이사야서는 이어서 새로운 시작인 최후 승리와 평화에 대해 언급하고 있다. 그때에는 다시 눈물이 없을 것이다. 야생 동물들이 양순하게 함께 누울 것이며, 해와 달이 하나님의 영광의 빛에 압도당해 빛을 잃을 것이다. 60장과 65장에서 선지자는 요한계시록과 같은 신약이 언어로 표현할 수 없는 웅변으로 미래를 묘사하고 있다. 신약은 그저 이사야를 인용했을 뿐이다. 표현상으로는 일상적인 언어를 사용하고 있는 이런 문장들(예를 들면 "창을 쳐서 보습을 만들고")은 오늘날에조차 평화에 대한 우리의 갈구를 표현하고 있다.

우리는 고통이나 두려움, 아픔, 죽음이 없는 평화의 시대를 꿈꾼다. 이사야는 그러한 바람이 실현되는 날이 오고야 말 것이라는 사실을 우리에게 확신시킨다.

묵상

당신은 우리가 살고 있는 세상에서 무엇이 가장 바뀌기를 바라고 있는가? 이사야서는 그러한 변화를 말하고 있는가?

예레미야

서론

주저하는 하나님의 사자

예레미야는 놀라고 불안해했으나 말씀으로 불타올랐다

너는 그들 때문에 두려워하지 말라 내가 너와 함께 하여 너를 구원하리라 나 여호와의 말이니라(렘 1:8).

예레미야는 성경에 나오는 인물 중 가장 극적인 삶을 산 사람이다. 하지만 그는 모든 격동을 겪어야 하는 자신의 역할을 전혀 달가워하지 않았다. 심지어 자신을 불행하다고 여기기까지 했다.

하나님은 "여러 나라와 여러 왕국 위에 세워 … 그것들을 뽑고 파괴하며 파멸하고 넘어뜨리며 건설하고 심게 하는"(렘 1:10) 자가 되게 하시려고 그를 선택하셨다. 그러나 예레미야는 이러한 거룩한 부르심에도 불구하고 "슬프도소이다 주 여호와여 보소서 나는 아이라 말할 줄을 알지 못하나이다"(렘 1:6)라고 말했다. 그는 선뜻 나선 것이 아니었다. 간신히 견디어 냈을 뿐이다. 그는 하나님의 부르심에서 빠져나오고 싶어했다.

그에게 유일하게 용기를 주는 것은 하나님의 약속뿐이었다. "보라 내가 오늘 너를 그 온 땅과 유다 왕들과 그 지도자들과 그 제사장들과 그 땅 백성 앞에 견고한 성읍 쇠기둥 놋성벽이 되게 하였은즉"(렘 1:18). 40년 동안 예레미야는 고위직 관리들에게 그들이 듣기 싫어하는 경고의 말을 했다. 그들은 몇 번이나 예레미야를 잡아다가 감옥에 가두었으며, 그를 죽이려고 한 적도 많았다.

그렇다면 그의 메시지는 무엇이었는가? 미개한 바벨론 사람들이 하나님의 묵인하에 유다를 점령하려고 했을 때 예레미야는 백성들에게 애굽 같은 타국의 힘과 결탁하는 것이 옳지 않다고 말했다. 그는, 유다의 유일한 희망은 살아 계신 하나님과의 연합 관계를 새롭게 하는 데 있다고 말했다.

예레미야의 혼란스러운 마음이 드러남

예레미야서가 뛰어난 것은 아름다운 시나 위대한 사상 때문이 아니다. 그것의 힘은 예레미야가 자신의 마음을 솔직하게 드러낸 것에 있다. 예레미야는 악몽에서 막 깨어난 뒤 그 악몽이 현실로 다가온다고 믿는 사람처럼 실감나게 이야기한다. 그래서 그의 말을 듣고 있으면 가장 딱딱하고 단단한 두개골을 부수기 위해 고안된 커다란 망치로 얻어맞은 느낌이 든다. 그는 잠잠하려고 했지만 결국 "내가 다시는 여호와를 선포하지 아니하며 그의 이름으로 말하지 아니하리라 하면 나의 마음이 불붙는 것 같아서 골수에 사무치니 답답하여 견딜 수 없나이다"(렘 20:9)라는 사실을 깨닫는다.

예레미야처럼 자신의 감정을 드러낸 예언자는 성경 어디에도 없다. 그가 하나님과 가졌던 관계는 다툼, 비난, 감정 폭발로 점철되어 있다. 그는 심지어 죽었더라면 좋았겠다고 하나님께 대들며(렘 20:14-18), 하나님이 속이시는 것 같다는 항변을 하기도 했다(렘 15:18). 그러나 하나님은 이에 동조하지 않으셨다. 대신에 하나님은 더 많은 것을 예레미야에게 약속하셨으며, 자신을 의지하겠다는 예레미야의 약속을 다시 한번 상기시켰다(렘 12:5-6; 15:19-20). 예레미야와 하나님의 관계는 성경에서 사람이 하나님을 따른다는 것이 어떤 것인지를 가장 잘 보여 주는 예가 되었다.

두려워해야 할 이유

솔직히 예레미야는 죽음을 두려워했다. 그래서 그는 군중에게 홀로 대항하는 것을 싫어했다. 그러나 그는 하나님께 순종해 하나님의 메시지를 선포했으며, 그 결과 당시 사치스러운 왕궁에 거했던 왕보다 더 위대한 인물로 남아 있게 되었다.

그는 암담한 시대에 암담한 메시지를 전했다. 그러다 보니 그의 말은 언제나 듣기에 유쾌한 것이 되지 못했다. 그는 하나님의 메시지가 언제나 위안을 주고 고무적인 것은 아니라는 사실을 우리에게 상기시킨다. 하나님을 무시하는 사람들에게는 두려워해야 할 이유가 있다. 하나님은 그분께 도전하는 세상에 대해 심판을 준비하고 계신다. 하나님이 선택하신 종은 물론 그 누구도 하나님이 주시는 고난을 피할 수 없다. 하지만 하나님의 임재하심은 선택받은 사람들을 그 고난에 맞설 정도로 강하게 만든다.

본론
사랑 싸움

경멸당한 연인의 격렬한 감정

네가 많은 무리와 행음하고서도 내게로 돌아오려느냐(렘 3:1).

자정이 지난 늦은 시간, 졸음을 쫓기 위해 애쓰고 있는 경찰관에게 전화가 걸려 왔다. 그래서 경찰관은 사이렌을 울리며 신고한 집으로 달려갔다. 이웃 사람이 어떤 여자의 비명 소리를 듣고 신고한 것이었다. 남자가 칼로 여자를 위협하고 있었다. 집 근처에 순찰차를 세우자 그도 그녀의 비명 소리를 들을 수 있었다.

이런 경우를 '가정 폭력'이라고 한다. 매일 저녁 일어나는 것이 보통이며, 특히 주말에 많이 일어난다고 한다. 하지만 남편이나 아내 둘 다 '끼어들려는 사람'에게 적대적인 태도를 보이기 때문에 경찰관은 보통 이런 일에 개입하는 것을 꺼려한다.

사랑하는 사람들 사이의 다툼은 제삼자에게는 바보스럽게 보이지만, 당사자들에게는 무척 중요한 것이다. 어떤 경우는 폭력적이며, 심한 경우 살인을 부르기도 한다. 사람이 줄 수 있는 가장 소중하고 훌륭한 선물인 사랑이 배신당한 것이다. 이럴 때 사랑하는 사람들은 격렬한 감정을 드러내며 반응한다.

그의 가슴을 찢은 말들

예레미야가 2장과 3장에서 드러내는 것은 사랑하는 사람들의 다툼이다. 그 감정은 격렬하며, 속수무책이다. 하나님은 계속해서 유다를 비난하신다. 왜냐하면 하나님이 모든 민족 가운데서 유다를 택해 보호하고 위로해 주셨음에도 유다는 하나님이 아닌 다른 우상을 더 사랑했고, 하나님의 경고도 계속 무시했기 때문이다.

하나님의 사랑은 고통스런 사랑이다. 그는 자신이 무력한 듯이 자신의 마음을 상하게 하는 이야기만 거듭하고 있다. 추억을 회상하는 처음의 어조는 애절하다. "네 신혼 때의 사랑을 기억하노니 … 그 광야에서 나를 따랐음이니라"(렘 2:2). 그러나 "[너는] 네 멍에를 꺾고 네 결박을 끊으며 말하기를 나는 순종하지 아니하리라 하고 모든 높은 산 위에서와 모든 푸른 나무 아래에서 너는 몸을 굽혀 행음하도다"(렘 2:20). 하나님은 유다에게 혐오감을 느끼며 이를 발정 난 암나귀에 비유하신다. "그들의 성욕이 일어나므로 헐떡거림 같았도다 … 그것을 찾는 것들이 수고하지 아니하고 그 발정기에 만나리라"(렘 2:24). 그러나 그 비유는 유다보다 하나님 자신에게 더 상처를 주는 것이었다. 왜냐하면 그의 사랑이 멸시받았기 때문이다.

매춘부와 결혼함

호세아는 하나님이 창녀와 결혼했다는 비유를 처음으로 끌어냈던 선지자였다. 예레미야는 그것을 확대했다. 그의 비유는 하나님이 그의 백성에게 느끼는 열정적인 사랑과, 그들의 배신에 대해 느끼는 끔찍하고 상처받은 고통을 모두 대변하고 있다. 예레미야의 비유는 폭력적이고 어둡다. 그러나 그 기저에는 백성에 대한 하나님의 부드럽고 친밀한 사랑이 자리잡고 있다. 예레미야가 '행음'이라고 쓴 것은 우상숭배에 초점을 맞춘 것이다. 대부분의 현대인들은 왜 이스라엘 민족이 목상이나 금속상 앞에 무릎을 꿇고자 하는 충동을 느꼈는지, 그리고 왜 그러한 일들이 하나님을 격노케 했는지를 이해할 수 없었다. 그러나 예레미야가 그것을 행음에 비유했을 때 우상숭배에 대한 하나님의 미움을 이해할 수 있다. 하나님은 그의 백성이 살아가는 동안 단지 하나의 진실한 사랑만을 하기 원하신다. 사랑이신 하나님은 두 번째 사랑을 원하지 않으신다. 그분은 결코 자신의 신부를 나누어 갖기를 원하지 않으신다.

묵상

당신은 하나님과 다툰 적이 있는가? 당신이 싸운 문제는 무엇이었는가?

우상숭배

우상이 없이도 여전히 우상숭배는 횡행한다

그들이 나를 버리고 이 곳을 불결하게 하며(렘 19:4).

나무 조각을 가지고 작은 상을 조각하는 친구를 보고 있다고 가정해 보자. "그것을 가지고 무엇을 만들 거니?"라고 당신이 묻자 "나는 그것을 숭배하려고

해. 내 침실에 있는 아늑한 곳에 그것을 두고 그것에 무릎을 꿇고 기도하려고 해"라고 대답한다면 얼마나 우스꽝스럽겠는가.

이번에는 공원에 우상을 세우려고 결혼반지와 다른 보석들을 모으고 있는 사람들을 상상해 보라. 그들은 동물을 죽여 그 우상 앞에 고기를 바치려고 할 것이다.

오늘날 사람들에게 우상숭배란 사육제처럼 기괴하게 보일 것이다. 그래서 우리는 그것을 시도해 보고 싶다는 유혹을 거의 받지 않는다. 그러나 구약의 상당한 부분이 우상숭배와 관련되어 있으므로, 우리는 당시 사람들이 우상숭배를 통해 무엇을 구했으며, 왜 하나님이 그것을 저주하셨는지를 알 필요가 있다.

혼합 종교

예레미야의 시절에는 실제로 모든 사람이 우상을 숭배했다. 이스라엘 역사에는 한 분이신 참 하나님과 관계를 갖는 데 있어 우상이 아무런 문제가 되지 않는다고 여겨졌던 시대가 있었다. 그들은 아브라함의 하나님을 섬겼다. 그러나 하나님과 주위의 다른 신들을 혼합했다. 그것을 보여 주는 대표적인 예로 그들은 예루살렘 성전에도 우상을 두었다(렘 7:30). 그들은 바알 신에게 향을 피운 다음 하나님께 경배하기도 했다(렘 7:9-10). 또한 언덕 꼭대기와 커다란 나무 밑에 산당들을 세워 예루살렘까지 가지 않고도 쉽게 경배할 수 있게 했다. 그들은 하나님이 이러한 '혼합' 종교를 미워하신다는 선지자들의 경고를 무시했다.

유다의 주변 국가들은 많은 신을 섬겼으며, 그 영향력은 유대인들에게까지 미쳐 그들에게 이런 의문을 갖게 했다. 왜 우리 하나님만 특별해야 하는가? 왜 하나님은 모든 경쟁자를 물리치려 하는가? 만약 우상이 헛된 것이고 단순한 조각품이라면(렘 10:4) 왜 하나님은 그것들에 대해 걱정하시는가?

우상이 드러내는 악

그러나 우상은 무죄한 것이 전혀 아니다. 그것들은 평화를 빌미로 당신을 해칠지도 모르는 부도덕하고 성난 신이다. 그리고 그들에게 최고의 희생이란 자식을 바치는 것이다. 이스라엘 민족도 이것을 행했다(렘 19:5).

우상을 숭배하는 이러한 종교에서는 성공이 자연과 신들의 풍요한 생산력 덕분으로 여겨졌으며, 사람들은 사원의 남창이나 여창과 성관계를 가짐으로써 그러한 능력에 닿을 수 있다고 생각했다. 그래서 이스라엘 민족은 이것까지도 행했다(왕하 23:7). 이들의 이러한 생각과 행동들은 하나님을 분노하게 했다. 이들은 하나님에 대한 헌신과 우상숭배 행위를 뒤섞음으로 하나님의 참된 성품에 대해 혼란스러워하기에 이르렀다.

오늘날의 우상숭배

신약은 우상숭배의 정의를 확대했다. 그래서 우리가 실제로 우상을 섬기지 않는다 하더라도 그것에 적용되게 했다. 바울은 탐심이 우상숭배라고 했다(엡 5:5; 골 3:5). 사람들이 탐심을 갖게 되는 돈이나 섹스, 권력, 심지어는 음식까지 우상이 될 수 있다. 우울할 때 우리는 위안을 얻기 위해 그것들을 추구한다. 그리고 행복할 때 우리는 그것들이 우리에게 기쁨을 가져다주었다고 생각한다. 그러면서 우리는 점차 그것들의 노예가 되어 간다. 그러나 이것들은 우리의 삶에서 하나님의, 그리고 하나님만이 차지하셔야 할 자리를 빼앗고 있는 것이다. 만약 어떤 것이 하나님의 자리를 차지한다면 우리는 예레미야가 이야기하는 백성들처럼 우상숭배의 죄를 범하고 있는 것이다. 하나님은 우상들과 절대 공유하지 않으신다. 만약 그러시다면 그는 참 하나님이 아니신 것이다.

질투는 추한 감정이지만, 어떤 경우에는 그것만이 적절한 반응이 된다. 부모는 자기가 죽는 한이 있어도 끝까지 자기 자식을 지키려고 하지 다른 사람에게 주려고 하지 않는다. 남편도 자기 아내를 빼앗기려 하지 않는다. 아내의 가장 깊은 사랑을 다른 사람과 공유하려고 하는 남편은 결코 없을 것이다. 이와 같이 하나님도 그의 백성에 대해 동일한 감정을 품고 계시다. 우리는 그에게, 그리고 그에게만 속한다.

묵상

당신은 곤란에 처할 때 무엇을 추구하는가? 돈이나 성공, 인기 혹은 다른 무엇이 하나님을 대신하고 있지는 않은가?

죽기를 거부하는 민족

그들의 강력한 이웃 민족들은 모두 사라졌으나 유대인은 살아남았다

너는 내게 부르짖으라 내가 네게 응답하겠고 네가 알지 못하는 크고 은밀한 일을 네게 보이리라(렘 33:3).

만약 당신이 뉴욕의 브루클린에서 길을 잃어 윌리엄스버그라는 구역으로 들어간다면 당신은 분명 놀라게 될 것이다. 그곳에서 야구를 하고 있는 소년들이 당신 눈에는 이상스럽게 보일 것이다. 왜냐하면 그들의 자르지 않은 긴 곱슬머리가 귀 밑으로 늘어져 가슴까지 치렁거릴 것이고, 한쪽에서 코치를 하는 남자들의 얼굴에는 다듬지 않은 구레나룻이 길게 자라 있을 것이며, 모든 여자들이 머리를 완전히 민 채 가발을 쓰고 있을 것이기 때문이다. 당신은 아마 이런 질문을 던질 것이다. 이들은 캘리포니아에서 건너온 새로운 사교 집단인가? 이것은 런던에서 건너온 최신 펑크 패션인가? 모두 아니다. 당신은 우연히 하시드파 유대인 마을에 들어선 것이다. 그들은 구약의 율법에 따라 사는 사람들이다. 그래서 복잡한 식사법에 따라 고기를 위한 그릇과 유제품을 위한 그릇을 따로 가지고 있으며, 청년들은 히브리 구약성경을 공부하는 데 오랜 시간을 투자한다. 그들은 비록 뉴욕에 사는 미국 시민이지만 그들의 문화적 지침은 하나님이 모세에게 율법을 준 시내 산을 향하고 있다.

유대인들은 대적보다 더 오래 살아남았다

이처럼 이스라엘 민족은 놀랍게도 살아남았다. 예레미야 시대, 바벨론에 의해 포위되어 완전히 파멸될 거라고 위협을 받던 그때에 누가 그들이 살아남을 것이라고 예견할 수 있었던가? 바벨론 사람들은 그들을 정복해 포로로 잡아갔다. 그러나 오늘날 바벨론 민족은 어떻게 되었는가? 그들은 사라져 버렸다. 사막의 모래가 무심히 그들의 도시를 덮고 있을 뿐이다.

유대의 역사는 구별, 추방, 징벌, 그리고 살육의 장구한 연대기다. 그처럼 파괴적인 박해를 겪은 민족도 없다. 그러나 그들은 살아남았으며, 번영하고 있다. 물론 그들의 언어도 남아 있다. 그들의 책인 구약성경은 모든 시대에 걸쳐 가장 많이 읽히는 베스트셀러다. 그리고 그들은 나라도 다시 세웠다.

더욱 놀라운 것은 이러한 사건들이 이미 2,500년 전에 쓰인 책에서 예언되었다는 것이다. 하나님은 그의 백성을 결코 버리지 않는다고 분명하게 약속하셨다.

새로운 언약

유다의 태도를 예리하게 비난하며 처절한 파국에 대해 거듭 경고하는 예레미야서는 우리에게 하나님의 영원한 신실하심과 낡고 파기된 언약을 대치할 새로운 언약의 말씀을 들려주었다. 예레미야는 새로운 언약이 옛 언약 위에서 풍성하게 자랄 것이라고 이야기했다. 하나님은 단순히 복종해야 할 율법의 목록을 백성에게 주시는 분이 아니다. 그분은 그들의 마음에 그러한 율법을 심어 그들이 스스로 복종하게 되기를 바라신다(렘 31:33). 각 사람은 개인적으로 하나님을 알게 되며, 하나님께 죄사함을 받을 것이다.

하지만 예레미야는 그것 이상을 약속했다. 그는 다윗의 자손 중에서 “여호와 우리의 공의”(렘 23:5-8)라고 일컬음을 받을 새 왕이 나와 다스릴 것이라고 말했다. 그리고 이스라엘 민족은 유배지로부터 고향으로 돌아가고, 그곳에서 다시 농사를 짓게 될 것이며, 예루살렘을 재건해 그곳에서 하나님을 다시 섬길 것이다. 예레미야는 이스라엘 민족이 최악의 파국 사태에 직면한 상황에서 이와 같은 희망적인 말을 기록했다.

예레미야는 이들 메시지를 단순히 전달만 하지 않았다. 그는 몸소 하나님의 메시지를 보여 주었다. 그래서 자신의 믿음을 분명하게 실천하기 위해 가장 미련하다고 할 수 있는 곳에 돈을 투자했다. 바벨론 포위 시절의 절정에 친척으로부터 땅을 산 것이다(렘 32장). 하나님은 예레미야의 자손 대에 그 땅이 다시 가치를 갖게 될 것이라고 약속하셨다. 그래서 그는 그 말씀을 믿고 원대한 안목을 가지고 투자했다. 그는 이스라엘의 생존에 내기를 걸었다.

예언의 성취

그리스도인들은 예레미야가 예언했던 새 왕이 예수님이라는 데 동의한다. 또한 예수님이 새 언약을 가지고 오셨으며, 그것이 사람들의 마음에 율법을 심어 하나님을 알 수 있도록 했다는 사실을 인정한다. 그러나 이스라엘의 회복에 대해서는 그리스도인들도 서로 다른 의견을 가지고 있다. 어떤 이들은 근대 이스라엘이 적어도 부분적으로는 예레미야가 기록했던 환생한 국가라고 주장하며, 다른 이들은 모든 족속의 그리스도인들이 하나님의 백성의 구성원이 되는 '새로운 나라'가 그 나라이며, 약속은 그들에게 비유적으로 적용할 수 있다고 믿는다.

그러나 예수님이 시작한 사역이 아직도 끝나지 않았다는 데는 모든 그리스도인이 믿음을 함께한다. 언젠가 그는 악의 세력을 파멸시키고 그의 새 왕국을 완전하게 건설하실 것이다.

묵상

예레미야는 이스라엘의 미래를 믿는 마음에서 밭을 샀다. 당신은 어떤 '투자'로 하나님의 나라에 대한 실제적인 신앙을 표현하겠는가?

살아 있는 비유

예레미야의 기괴한 항의

너희가 귀를 기울이지 아니하며 내게 순종하지 아니하였느니라(렘 35:15).

가끔 저녁 뉴스를 보면 기괴한 모습으로 항의를 하는 사람들을 볼 수 있다. 군비 축소를 주장하는 시위자들이 인도에 돼지 피를 쏟아 놓거나, 불교인들이 분신을 하기도 한다. 환경 운동가들이 나무 베는 것을 막기 위해 인간 사슬을 만들거나, 시위대가 원자력 발전소의 정문을 막기도 한다. 때로 이러한 항의는 많은 사람을 불편하게 만들 수도 있다. 그래서 우리는 중진 정치가나 존경받는 목사님들이 그런 식으로 행동하는 것을 상상하지 못한다.

그러나 예레미야의 삶은 하나님의 신속한 명령에 따른 그러한 항의로 가득 차 있다. 그는 황소의 멍에를 만들어 어디서나 그것을 걸고 다녔는데 후에 거짓 선지자 하나냐는 성전에서 그것을 벗겨 꺾어 버렸다(하나냐는 예레미야가 예언한 대로 두 달 만에 죽고 말았다). 예레미야는 어떤 목적에서 그런 행동을 했는가? 그는 바벨론 왕이 유다의 어깨에 얹을 포로의 멍에를 강조하고 싶었다. 그 이야기는 27~28장에 나와 있다.

다른 경우에 예레미야는 술을 마시지 않는 것으로 유명한 한 집안의 사람들을 성전에 있는 방으로 초청해 그들에게 포도주를 권했다(35장). 그들은 당연히 그 권고를 거부했으며, 이는 다른 설교의 재료가 되었다. 만약 그들이 마시지 말라는 명령을 기억하고 있다면, 어째서 유다와 예루살렘 사람들은 살아 계시는 하나님의 말씀을 기억하지 못하는가?

아무것도 수치스러운 것은 없다

예레미야는 베로 된 아름다운 띠를 사서는 그것이 썩을 때까지 바위틈에 감춰 두었다(렘 13장). 또한 예루살렘의 지도자들을 성 밖으로 인도한 뒤 토기를 산산조각으로 깨뜨리며 하나님의 분노에 대해 설교했다(렘 19장). 그리고 그는 바벨론 군대가 예루살렘 성을 포위했을 때 땅을 샀다(렘 32장). 그것은 아마 제2차 세계대전 중 독일의 정치범 수용소에 수용된 유대인이 재산을 모으는 것에 비유할 수 있을 것이다. 하지만 그의 행동은 언젠가 그의 가족이 그곳에서 다시 농사를 짓게 될 거라는 대담한 희망을 드러내고 있는 것이었다.

그는 왜 그처럼 이상한 행동을 할 수밖에 없었는가? 그것은 예레미야 자신보다 명령을 내리신 하나님에 대해 더 많은 것을 알려 준다. 하나님은 자신의 백성을 돌이키는 데 모든 힘을 다 쏟으신다. 그분께는 아무것도 수치스러운 것이 없다. 그들에게 개입할 실낱 같은 희망이 있는 한, 하나님은 계속 외치고 계신다.

묵상

하나님은 어떻게 당신에게 접근하셨는가? 예레미야 같은 극적인 수단을 사용하셨는가? 아니면 조용한 방법을 택하셨는가?

난리통

민족들이 싸울 때 하나님이 통제하신다

칼이 배부르게 삼키며 그들의 피를 넘치도록 마시리니(렘 46:10).

텔레비전을 켜 뉴스를 보라. 세계 여러 곳의 장면이 나온다. 중동에서는 폭탄이 터지고, 빌딩이 무너진다. 사체가 도랑에 뒹굴고, 여인들이 그들의 죽음을 애도하며 울부짖는다.

몇 초 뒤에는 아프리카의 모습을 볼 수 있다. 혁명군이 소총을 머리 위로 흔들면서 점거한 시가를 통과한다. 카메라는 풀이 죽은 전 대통령의 모습에 초점을 맞춘다.

장면은 다시 중앙아메리카의 수도로 이동하며, 들것을 든 사람들이 마약 조직의 공격에 신음하는 희생자들을 실어 나르는 동안 사이렌이 불타는 식당 주변에서 시끄럽게 울리는 장면이 화면을 채운다.

이번에는 다시 아프리카로 카메라가 이동한다. 음식을 구걸할 힘마저 없는 아이들이 당신을 찌푸린 얼굴로 보고 있다. 미국의 빈민가에서는 강탈과 폭력을, 유럽에서는 인종적 갈등을, 티베트와 위구르, 인도에서는 정치적인 저항을 볼 수 있다. 이처럼 세계는 소용돌이에 휘말려 있다. 그리고 재앙은 꼬리에 꼬리를 물고 이어지고 있다.

하나님이 통제하신다

예레미야 46~50장을 보면 비슷한 세계가 나온다. 우리는 그 속에서 썩어가는 시체의 냄새를 맡을 수 있으며, 정복자들의 의기양양한 환호 소리를 들을 수 있다. 예레미야서는 오늘날 재앙이 벌어지는 각 지역의 모습처럼 끔찍한 세계를 생생하게 보여 주고 있다.

그러나 거기에는 차이점이 있다. 텔레비전 뉴스는 시청자에게 혼돈이 세상을 지배하고 있는 듯한 혼란스러운 감정을 느끼게 하는 반면 예레미야의 비전은 역설적으로 하나님이 통제하신다는 것을 보여 준다. 이 재앙들을 통해 하나님은 자신의 뜻에 거역하려는 자들을 처벌하신다. 이스라엘의 인근 제국들은 멸망당했으며, 그로 말미암아 추방된 유대인들이 자유의 몸이 되어 그들의 땅으로 돌아왔다. 역사는 결코 단순한 사건의 연속이 아니다. 하나님은 역사에 방향 감각을 부여하신다.

예레미야는 유다의 정복자인 바벨론에게 신랄한 내용이 담긴 장문의 메시지를 전달했다. 즉 하고 싶은 대로 다 할 수 있다는 그들의 지나친 오만함이 하나님의 분노를 불러일으켰다는 것이다. 다른 나라 역시 이스라엘보다 정도는 덜하지만 그와 같은 경향을 따르고 있었다. 하나님은 그들이 알지 못하는 율법에 의해 그들을 판단하지 않으셨다. 그들은 그들의 자만심 때문에 판단을 받은 것이었다. 그들은 하나님 앞에서 더욱 겸손해야만 했다.

묵상

당신은 오늘날 세계에서 벌어지는 폭력적인 일들이 어떤 경향이나 목적을 드러내는지 분별할 수 있는가?

예레미야애가

파멸 중인 도시

울 수밖에 없었다

지나가는 모든 사람들이여 너희에게는 관계가 없는가(애 1:12).

세계는 매년 일본의 히로시마에 원자폭탄이 투하되었던 그 두려운 날을 상기한다. 제2차 세계대전을 종식시키기 위해 원자폭탄 투하가 꼭 필요했는지에 관해서는 의견이 분분하지만 이것이 끔찍한 비극인 것만은 틀림없는 사실이다. 생존자들은 비록 남은 인생을 살아왔지만 그것을 잊을 수는 없을 것이다. 물론 다른 나라도 그럴 것이다. 히로시마는 우리 시대에까지 그림자를 드리운다.

다섯 편의 비탄의 시

예레미야애가는 히로시마 사건에 견줄 만한 비탄의 상태에서 쓰인 다섯 편의 시로 이루어져 있다. 온 성읍이 파괴되었다. 형제, 자매, 자식, 친구들은 모두 죽었다. 사람들은 주름살투성이의 피부에, 얼굴을 거의 알아볼 수 없는 채로 시체가 뒹구는 거리를 헤매고 있었다. 배고픈 나머지 여자들이 자기 자식을 삶아 먹기까지 했다(애 4:10).

저자는 탄식했다. 그리고는 자신이 보고 느낀 바를 조심스럽게 기록했다. 그의 고통은 매 행에 어둡게 나타나 있다. 그는 히브리 알파벳 순서에 따라 각각의 연마다 글자를 한 자씩 배치하는 방식으로 4편의 시를 썼다. 아마도 그는 이러한 방식을 통해 주제를 집중적으로 추구하면서도 감정의 구렁텅이로 빠지지 않을 수 있었던 것 같다. 굶주리는 아이들을 생각하면 그는 거의 미칠 지경이었다(애 2:11).

하나님이 대학살을 허락하셨다

예레미야애가의 저자(전통적으로 예레미야라고 알려져 있음)는 바벨론 군대가 모든 주요한 건물을 태우고, 부수며, 살아 있는 거주자들 대부분을 포로로 잡아갔던 기원전 586년의 예루살렘 포위와 멸망을 확실히 보았음에 틀림없다. 예레미야애가는 죽어버린 예루살렘을 해부실에서 세세히 부검하는 것처럼 쓰였다.

애가의 저자는 의사처럼 죽음의 원인을 알기를 원하고 있다. 바벨론 사람들이 저지른 일이지만, 그는 이것이 궁극적으로는 하나님이 행하신 일이었음을 의심하지 않았다. 그러나 하나님은 왜 그런 끔찍한 일을 허락하셨을까? 그의 백성들이 징계를 받을 만한 이유가 충분했다고 해도 하나님이 실제로 그들을 파멸시켰다는 것에 저자는 대경실색한 것 같다. "주께서 원수 같이 되어"(애 2:5)라고 그는 놀라서 외친다. "내가 부르짖어 도움을 구하나 내 기도를 물리치시며"(애 3:8), "나의 길들로 치우치게 하시며 내 몸을 찢으시며 나를 적막하게 하셨도다"(애 3:11), "조약돌로 내 이들을 꺾으시고 재로 나를 덮으셨도다"(애 3:16).

그러나 놀라고 슬픔에 잠겨 있었어도 저자는 하나님의 정의를 의심하지 않았다. 예루살렘의 멸망은 죄의 결과로부터 비롯된 것이었다(애 1:5). 하지만 이 사실은 그에게 하나님의 성품에 근거한 잔잔한 희망을 불어넣었다. "그가 비록 근심하게 하시나 그의 풍부한 인자하심에 따라 긍휼히 여기실 것임이라 주께서 인생으로 고생하게 하시며 근심하게 하심은 본심이 아니시로다"(애 3:32-33). 그는 죄가 그쳤을 때 하나님이 신속하게 용서하고 치유하실 것을 또한 알고 있었다.

회복을 기대함

애가의 비탄은 이제껏 쓰인 어떤 것보다 깊고 무겁지만, 그 끝에는 희망이 존재한다. 저자는 자신에게도, 그리고 다른 사람에게도 "즐거워하라!"고 이야기하지 않는다. 그는 슬픔에 복받쳐 통곡할 뿐이다. 그러나 통곡하면서도 그는 회복을 기대하고 있다. 애가는 하나님께서 백성들을 돌이키실 것을 기원하는, 하나님께 드리는 기도로 끝맺고 있다. "주께서 우리를 아주 버리셨사오며 우리에게 진노하심이 참으로 크시니이다"(애 5:22). 그 절망 끝에는 자신감이 숨어 있었다. 하나님은 제한 없이 진노하지 않으신다.

애가의 저자는 하나님을 대적하는 두려움 때문에 하나님께 꾸며 말하지는 않았다. 그는 자신이 본 그대로 엄청난 공포를 표현했다. 그리고 하나님께 전적으로 책임이 있다고 주장했다. 그러나 여호와가 사랑의 하나님이라는 것을 기억하면서 그는 하나님께서 이스라엘의 상처를 치유해 주실 것을 바라고 있다. 이 슬픔의 노래 다음에는 기쁨의 탄성이 뒤따를 것이다.

에스겔

서론

보이지 않는 하나님을 바라봄

하나님이 초자연적인 빛 가운데서 에스겔에게 나타나셨다

그 사방 광채의 모양은 비 오는 날 구름에 있는 무지개 같으니 이는 여호와의 영광의 형상의 모양이라 내가 보고 엎드려 말씀하시는 이의 음성을 들으니라(겔 1:28).

에스겔서를 쓴 선지자는 오늘날 UFO를 보았다는 사람들의 주장만큼 너무나 초현실적이며 신비스럽고 황당한 묘사로 글을 시작하고 있다. 실제로 에스겔서의 묘사와 UFO에 대한 묘사는 번쩍이는 빛이나 빠른 속도, 불을 두른 (사람이 아닌) 생물 등 유사한 점을 보이기도 한다. 그러나 적어도 한 가지 중요한 차이점이 에스겔의 이야기를 독특하게 한다. UFO는 통상 외딴 곳에 나타나 신비스럽게 사라지며 다시 목격하기가 힘들지만, 에스겔이 묘사한 권능자는 갑자기 사라지지 않았다. 그는 모든 사람이 자신을 알아주기를 원했다.

에스겔은 성경의 하나님을 목격했다고 확신했다. 에스겔처럼 하나님을 볼 수 있는 특권을 가졌던 사람은 거의 없었으나, 하나님은 여러 세대를 위한 계획을 분명히 말씀해 주셨다.

이사야가 동일한 환상 중에 느꼈던 것처럼(사 6장), 그러한 장관을 보기 전의 그는 미약했으며 부적격한 사람이었다. 그래서 그는 계속 엎드려 있었다. 그러나 하나님은 에스겔을 일으켜 백성들에게 전달할 메시지를 주셨다.

하나님의 놀라운 형상

자신 앞에 나타나신 하나님을 에스겔은 제대로 묘사할 수가 없었다. 그래서 우리 세계를 초월한 압도적인 영광으로 하나님을 표현했다. 이 초자연적인 하나님은 우리 가까이에서 실재하시며 우리에게 완전한 복종을 요구하셨다. 하나님이 바벨론에서 에스겔에게 나타나신 것은 놀라운 일이었다. 왜냐하면 그곳은 이스라엘 백성들이 하나님을 볼 수 있으리라고 기대했던 곳이 아니었기 때문이다. 그러나 하나님은 국가나 지역적인 한계 안에 가두어 둘 수 없는 분이시다. 그는 온 땅을 다스리는 분이시다.

에스겔은 "그 때에야 그들이 나를 여호와인 줄 알리라"는 전통적인 메시지를 60번 넘게 반복한다. 하나님은 이것을 24장에서 예루살렘의 멸망을 예고하면서 처음으로 말씀하셨다. 그리고 25~32장에서는 이스라엘 인근 국가들의 멸망을 예고하면서 말씀하셨으며, 예루살렘 함락 후 마지막 열여섯 장에서 위대한 미래를 약속하실 때에도 말씀하셨다. 하나님은 공허하거나 멀리 있는 존재로 남아 있기를 원치 않으신다. 그분은 자신의 백성이 자신을 알아주기를 원하신다. 또한 자기 백성과 함께 살아가기를 원하신다. 하나님은 그들의 성읍 중심에 자신의 거처를 만들기를 원하셨다.

괴상한 책

에스겔서는, 초현실적인 환상으로 책이 시작되고 끝나며, 에스겔이 약간 기괴한 행동으로 하나님의 메시지를 전달했기 때문에 괴상한 책으로 알려져 있다(예를 들면 그는 몇 달 동안 몸이 묶인 채 대중 앞에서 한쪽으로 누워 토판에 새긴 예루살렘을 바라보았다). 그의 행동이 괴상하다고 생각되는가? 만약 당신이 빗물에 다리가 쓸려가 버린 줄 모르고 길을 질주하는 자동차를 바라본다면, 운전자의 주의를 끌기 위해 어떤 이상한 방법이라도 쓰지 않겠는가? 에스겔도 그렇다. 그의 메시지는 백성들의 주의를 끌기 위해 가능한 기괴한 형태로 전달되었다.

에스겔은 민족 역사상 가장 비극적인 시대에 살았다. 이스라엘 민족은, 말을 듣지 않는다면 멸망할 수밖에 없다는 경고를 한 하나님의 사자들(미가, 아모스, 이사야 선지자 등)을 무시하며 수세대 동안 종말을 향해 달려왔다. 그리고 마침내 바벨론 군대가 유다를 휩쓸었으며, 많은 시민들을 사로잡아갔다.

에스겔은 다니엘처럼 초창기에 잡혀간 사람이었다. 그는 바벨론의 포로였지만 하나님의 사자였다. 그래서 그의 목소리는 아직 예루살렘에 남아 있던 사람들에게 예레미야의 목소리와 혼합되어 입체적으로 전달되었다. 두 선지자는 바벨론으로부터 자유롭게 되기를 희망하는 백성들에게 오히려 그들이 오랫동안 바벨론의 포로생활을 하게 될 것이라고 경고했다. 그리고 바벨론의 억압이 점점 더 심해질 것이며, 예루살렘과 성전은 파괴될 것이라고 말했다. 하나님은 유다가 거듭된 경고를 무시했으므로 그들의 주의를 끌 다른 방법, 즉 고난을 사용하실 수밖에 없었다.

새 예루살렘

하지만 그들을 징계하시면서도 하나님의 목표는 한결 같았다. 그것은 바로 자신을 알리는 것이었다. 하나님은 이스라엘 민족이 말을 들으려 하지 않는다고 에스겔에게 경고하셨다(겔 3:7). 그들은 살아 계신 하나님보다 우상을 섬겼다. 수년에 걸쳐 에스겔의 메시지와 상징, 그리고 환상은 계속되었다. 그것은 마치 하나님이 그를 통해 “언젠가는 내가 그들에게 다가갈 것이다. 만약 어떤 방법으로도 그들의 마음에 메시지가 와 닿지 못하면 다른 방법을 쓰고 말 것이다”라고 말씀하시는 것 같았다.

그래서 에스겔서는 희망으로 끝을 맺는다. 마지막 장은 옛 예루살렘의 폐허에 세워지는 새 예루살렘을 묘사하고 있다. 새로운 성읍은 “그들이 내가 여호와인 줄 알리라"는 흔들리지 않는 확신 위에 세워지므로 결코 무너지지 않을 것이다. 에스겔이 보았던 하나님의 불타는 환상을 이제는 누구나 볼 수 있을 것이다. 하나님은 그곳에서 영원히 편하게 거하신다. 에스겔의 마지막 절은 "그날 후로는 그 성읍의 이름을 여호와 삼마(하나님이 그곳에 거하신다)라 하리라"고 끝남으로 그것을 증언한다.

본론
가출한 자녀

메스꺼운 이야기

그가 그래도 그들과 피차 행음하는도다(겔 23:43).

이 이야기는 성적으로 적나라한 단어들을 사용해 오히려 당신의 흥미를 잃게 만들지도 모른다. 이것은 난잡한 성행위를 하는 두 자매의 이야기이다. 일단 그들이 성을 탐닉하기 시작하면 아무것도 그들을 만족시킬 수 없게 된다. 그래서 그들은 남자들을 전전한다. 비록 그들이 돈을 바라고 그런 것은 아니었지만 하나님은 그들을 창녀라고 부르셨다. 그들은 도착적으로 살았기 때문에 그런 짓을 한 것이다.

그래서 하나님은 비탄과 실의에 빠진 그들을 그들이 선택한 연인들에게 넘겨주어 쓰레기처럼 취급받게 하셨다. 사랑이 그를 노엽게 만들었다.

사랑의 비유

에스겔은 이들 두 자매가 실제 인물이라고 말하지 않았다. 처음부터 그는 그들이 두 조각 난 이스라엘의 각각의 수도, 즉 100여 년 전에 앗수르가 정복한 북 왕국의 사마리아와 남 왕국의 예루살렘을 지칭한다고 못 박았다. 에스겔은 사마리아가 한 창녀 짓이 응당한 보응을 받았으며, 예루살렘도 그렇게 될 거라고 말한다. 어떤 의미로 두 자매의 이야기는 하나님이 예루살렘에 대해 참을 만큼 참으셨다는 것을 나타내는 생생한 비유이다(에스겔 16장에 유사한 이야기가 있다).

쓰라린 교훈

하나님은 이스라엘 민족이 자신 안에 머물러 있기만 하면 원하는 것은 무엇이든 이루어 주겠다고 약속하셨다. 그러나 그들은 그러기보다 언제나 그들이 부러워하는 부와 권력을 가진 다른 민족들의 환심을 사려고 했다. 그 당시 이스라엘과 같은 작은 민족은 강대국과 동맹관계를 맺을 수가 없었다. 정치적인 동맹은 결국 강대국의 종교를 받아들이고, 유일한 하나님 외에 다른 신을 섬겨야 한다는 것을 의미했다. 그래서 하나님은 이것에 대해 계속 경고하셨지만, 그들은 그 경고를 무시했다. 따라서 에스겔은 그들이 원하는 대로 될 것이라고 예언했다. 이제 그들은 바벨론의 보살핌과 관심을 직접 경험하게 될 것이다.

하나님은 딸의 나쁜 행실을 바로잡아 주는 것을 포기한 아버지가 딸에게 "꺼져 버려! 몸 파는 일을 한다는 게 어떤 것인지 스스로 겪어 봐라"고 하는 것처럼 유다를 향해 이렇게 말씀하신다. "깊고 크고 가득히 담긴 네 형의 잔을 네가 마시고 코웃음과 조롱을 당하리라 … 네가 그 잔을 다 기울여 마시고 그 깨어진 조각을 씹으며 네 유방을 꼬집을 것은 …"(겔 23:32-34). 하나님은 화가 나서 그 말을 하셨으나, 사실은 그런 씁쓸한 경험을 통해 하나님의 보살핌을 거부한다는 최악의 선택을 한 이스라엘이 정신 차리기를 바라고 계셨다.

묵상
짝사랑을 해본 적이 있는가? 그때 어떤 감정을 느꼈는가?

자업자득

하나님은 세상의 모든 민족을 심판하실 것이다

분노의 책벌로 내 원수를 그들에게 크게 갚으리라 내가 그들에게 원수를 갚은즉 내가 여호와인 줄을 그들이 알리라 하시니라(겔 25:17).

유럽에서의 제2차 세계대전은 독일군이 항복함으로 끝이 났다. 이때 사람들은 거리에서 춤을 추었다.

그러나 승리를 거둔 연합군은 짐을 꾸려서 철수하지 않았다. 그들은 수천 명의 나치를 포로로 잡고 있었다. 그들 가운데에는 희대의 가장 잔인한 살인자들이 있었는데, 그들은 학살한 수백만의 유대인들에게서 빼앗은 금과 보석으로 부유하게 된 살인마들이었다.

하지만 문제는 무슨 법에 따라 나치를 재판할 것인가 하는 것이었다. 미국이나 영국, 프랑스 법은 독일에서 적용될 수 없었다. 연합군은 이 문제에 봉착하자 새로운 법을 만들어 전쟁 범죄자들을 누렘버그(Nuremberg) 재판정에 세웠다. 재판은, 나라에 관계없이 모든 사람에게 적용되는 선악에 관한 국제적인 헌장이라는 최고법이 있다는 신념하에 진행되었다. 이 불문율에 따라 많은 나치 지도자들이 사형에 처해졌다.

재판받는 민족들

이와 유사한 정의의 개념이 25장부터 도입된다. 처음 스물네 장에서는 에스겔이 하나님이 주신 법을 계속해서 어긴 이스라엘 민족에게 준엄한 말을 전달한다. 그러나 이제 에스겔의 시야는 그러한 법을 갖지 못한 민족들에게까지 넓어진다. 에스겔은 중동이라는 좁은 지역에 위치한, 예루살렘 근처의 네 나라, 곧 암몬과 모압, 에돔, 블레셋으로 이야기를 전개하고 있다.

각 민족은 법정에 세워졌으며, 이스라엘에 대한 비인간적인 죄악으로 유죄가 선고된다(에스겔의 선고는 곧 역사적으로 이루어진다. 열거된 각 민족은 그들이 이스라엘에게 했던 것과 동일한 폭력의 희생물이 되어 지상에서 사라졌다).

에스겔은 해안을 따라 160킬로미터 정도 올라간 지역에 있는 두로에 관해 언급한다. 두로의 목표는 이익이었으며, 그 나라 상인들은 전 지중해의 상권을 조종했다. 부와 성공 때문에 그들은 자신들이 실제로 신과 동등하다고 생각했다(겔 28:2, 6). 그들은 예루살렘의 멸망을 교역을 증대시킬 기회라고 여기며 기뻐했다(겔 26:2). 하지만 그런 냉정하면서도 거만한 태도 때문에 하나님은 그들에게 유죄를 선고하셨다. 에스겔의 시대에는 느부갓네살이 징계를 하기 시작했으며, 몇 세기 뒤에는 알렉산더 대왕이 그 성읍을 정복함으로써 징계를 마무리했다. 에스겔이 예고한 것처럼 두로는 "맨 바위가 되게 한즉 … 그물 말리는 곳"(겔 26:14)이 되었다.

우스꽝스러운 선고

시돈에 대해 심판을 예언한 후 에스겔은 애굽을 향해 이야기의 방향을 돌린다. 하지만 그의 말은 우스꽝스런 이야기로 취급되고 만다. 동 시대의 강대국에 대한 심판이 있을 것이라고 이야기하는 그의 모양새가 어때 보이는가? 파국을 맞이하고 있는 두 동강 난 나라의 백성인 에스겔의 모습은, 마치 미국이나 소련을 향해 삿대질하는 아이티(서인도 제도에 있는 공화국)의 피난민과 같았다. 그러나 에스겔은 애굽이 울기 시작할 것이라고 자신 있게 주장한다. 심판이 임하면 수 세기 동안 강국이었던 애굽이 나라 중에 극히 미약한 나라가 되어 다시는 회복하지 못할 것이다(겔 29:15).

어쩌면 에스겔은 이들 나라의 운명을 화제로 삼으면서 예루살렘의 멸망이라는 비극의 절정에 대한 긴장감을 조성하려 했는지도 모른다. 그러나 이들 나라가 심판을 받는다는 것은 예루살렘만이 심판을 받지는 않는다는 사실을 확실히 알려 주었다. 모든 나라는 그들이 알고 있는 선악의 기준에 따라 심판을 받을 것이다. 만약 하나님이 유다에게 보다 가혹하셨다면 그것은 유다가 하나님과 그의 기대를 더 잘 알았기 때문이었을 것이다.

묵상
당신은 보편적인 선악의 기준이 있다고 믿는가? 각자의 성장 배경에 관계없이 만인에게 적용되는 '행위의 헌장'은 무엇인가?

전환점

이제는 에스겔이 좋은 소식을 전한다

우리가 사로잡힌 지 열두째 해 열째 달 다섯째 날에 예루살렘에서부터 도망해 온 자가 내게 나아와 말하기를 그 성이 함락되었다 하였는데(겔 33:21).

가끔 부모들이 아이를 다루는 것을 보면 상당히 변덕스러운 것처럼 보일 때가 있다. 1분 전만 해도 아버지가 애의 손목을 잡고 뭐라고 꾸짖더니 바로 그 벌이 끝나면 다음 여름에 캠핑을 가자고 애를 달랜다. 어쩌면 그렇게 빨리 변할 수 있단 말인가?

하지만 대부분의 부모들이 악역을 하기 싫어한다는 것을 알면 그런 갑작스런 변화가 이해될 것이다. 부모는 아이의 잘못된 부분을 바로잡기 위해 벌을 주지만 그런 다음에는 가능한 한 벌주는 일을 미루는데, 이는 장래에 그들이 좀 더 나아질 것이라고 바라기 때문이다.

에스겔의 더욱 행복한 생활

에스겔은 하나님과 이스라엘 사이의 바로 그런 급격한 변화를 그리고 있다. 33장까지는 대부분 분노와 견책을 표현했다. 그러다 21절에 왔을 때 갑자기 예루살렘 함락 소식이 에스겔에게 전달되었다. 오랫동안 미루어 왔던 벌이 내려진 것이다. 이때부터 에스겔이 하나님께 받은 메시지는 주로 행복한 미래의 비전에 관한 것이다. 에스겔의 삶도 순탄해졌다. 침묵의 칠 년이 흐른 뒤(에스겔 3장 26~27절을 보면 그는 하나님이 말씀하신 것만 전했다), 그는 다시 그의 입을 열어 자유롭게 말했다.

하나님은 벌을 예고하실 때와 같은 생생한 표현으로 에스겔에게 미래에 관해 말씀하기 시작하셨다. 그는 이스라엘을 양 떼에, 자신을 사랑하는 목자에 비유하셨다(겔 34장). 그리고 온전한 축복 아래 그들이 바라보게 될 이스라엘의 산들에게 말씀하셨는데(겔 36장), 이는 6장에서 똑같은 산들에게 하신 말씀과는 상당히 다른 것이었다.

또한 하나님은 에스겔에게 마른 뼈가 일어나 생명을 갖게 되는 환상(겔 37장)을 보여 주셨다. 그는 하나님의 백성이 곡과 마곡이라는 북쪽의 악의 세력과 전투를 벌여 장엄한 승리를 거두는 환상을 예고하셨다(겔 38-39장). 그런 다음 그의 마지막 환상에서, 적대적인 영역까지 지경이 확대된 이스라엘의 국가의 회복과 다시 장엄하게 재건축된 성전의 모습을 에스겔에게 보여 주셨다(겔 40-48장). 여호와가 그의 백성 가운데 거하기 위해 그의 처소로 돌아오실 것이다.

성전의 중요성

이스라엘에게 성전은 하나님의 사랑의 상징이었다. 하나님은 그곳에 자신의 처소를 정하면서 그들 가운데 영원히 거하실 것을 약속하셨다. 왔다갔다하는 게 아니라 그들이 언제라도 만날 수 있게 늘 거하겠다고 약속하셨다. 하지만 하나님은 성전을 떠나시고(겔 10:18), 자기 백성이 바벨론인들에게 유린당하도록 내버려 두심으로(왕하 25:9) 이스라엘이 그의 보살핌을 받을 권리를 모두 상실했다는 뜻을 확실히 전달하셨다.

따라서 성전이 재건되고, 하나님의 영광이 그것을 채우는 에스겔의 환상은 새로운 희망의 약속이었다. 하지만 에스겔이 정확히 묘사했던 그런 성전은 결코 재건된 적이 없다(겔 40-43장). 따라서 많은 학자들이 그것을 상징적인 것으로 보고 있다. 그러나 성전의 중심 되는 아름다움은 "여호와가 거기 계신다"는 것이다. 바벨론 광야에서 에스겔이 처음 본 놀라운 영광의 하나님은 그의 백성이 거하는 땅의 중심에 처소를 정하신다. 그가 언제나 노해 계시는 것은 아니다. 그는 백성의 행복을 위한 원대한 계획을 가지고 계신다.

묵상

하나님과의 관계에서 당신은 지난 실패에 매여 있는가? 아니면 미래에 대한 희망에 관심을 두고 있는가?

슬픈 진실

하룻밤 사이에 에스겔의 인기는 높아졌으나 그 갈채는 공허했다

백성이 모이는 것 같이 네게 나아오며 내 백성처럼 네 앞에 앉아서 네 말을 들으나 그대로 행하지 아니하니(겔 33:31).

하나님은 에스겔에게 그의 사명이 어려울 것이라고 주의를 주신 바 있었다. 아무도 그의 메시지를 들으려 하지 않을 게 분명했다. 그는 자기 백성이 "이마가 굳고 마음이 굳어"(겔 3:7) 있는 것을 발견했다. 그렇다면 하나님은 그를 어떻게 도우실 수 있었을까? 하나님은 "내가 그들의 얼굴을 마주보도록 네 얼굴을 굳게 했고 그들의 이마를 마주보도록 네 이마를 굳게 하였으되"(겔 3:8)라고 에스겔에게 말씀하셨다.

결과적으로 에스겔은 외로운 삶을 살았다. 그의 예언을 믿은 사람이 거의 없었을 뿐 아니라, 사람들은 그를 그저 이야기꾼으로만 생각했다(겔 20:49). 그들은 에스겔이 고집스럽게 주장하는 것처럼 하나님이 예루살렘의 함락을 허락하신다는 것을 믿을 수가 없었다.

하지만 예언을 한 지 몇 년이 되지 않아 바벨론이 예루살렘을 정복했다는 소식이 들려 왔다(겔 33:21). 갑자기 에스겔의 인기가 치솟았다. 사람들이 그에 관해 이야기하고, 그의 말을 들으러 모였으며, 헌신을 다짐하기도 했다. 그러나 그들이 에스겔의 말을 들었다고 해서 그들의 마음을 바꾼 것은 아니었다. 백성들은 "고운 음성으로 사랑의 노래를 하며 음악을 잘하는 자 같이"(겔 33:32) 생각해 그의 말을 들었을 뿐 그의 말대로 실행하지는 않았다.

두려운 메시지

한편으로는 에스겔도 백성들의 부정적인 태도에 공감할 수 있었다. 왜냐하면 그도 자신의 메시지를 좋아하지 않았기 때문이다. 때로 그것은 자신에게도 두려움을 주었다. 하나님의 심판을 보며 그는 겁에 질려 하나님 앞에 울며 엎드렸다(겔 9:8; 11:13). 그리고 불순을 상징하는 인분으로 불을 피워 떡을 구워먹으라는 명령에는 너무 충격을 받아 그대로 따르지 못했고(겔 4:14), "눈에 기뻐하는 것"이라고 묘사된 그의 아내가 죽었을 때에는 슬퍼하지도 못했다(겔 24:15-24).

에스겔은 하나님이 그에게 주신 마음에 내키지 않는 임무, 즉 진실만을 말하며, 이스라엘 민족이 무시하지 못할 방법으로 말해야 한다는 임무를 수행하기 위해 정상적인 인간의 감정을 죽여야 했다. "주 여호와의 말씀이니라 나의 삶을 두고 맹세하노니 나는 악인이 죽는 것을 기뻐하지 아니하고 악인이 그의 길에서 돌이켜 떠나 사는 것을 기뻐하노라 이스라엘 족속아 돌이키고 돌이키라 너희 악한 길에서 떠나라 어찌 죽고자 하느냐 하셨다"(겔 33:11).

거짓 낙관주의

이와는 대조적으로 거짓 선지자는 낙관주의자가 되기 쉽다. 그들은 국가의 멸망을 간과하며, 모든 것이 잘될 것이라고 예언한다. 13장은 그들에 대한 에스겔의 말을 기록하고 있다. "주 여호와의 말씀에 본 것이 없이 자기 심령을 따라 예언하는 어리석은 선지자에게 화가 있을진저"(겔 13:3). 그들은 하나님이 예루살렘을 멸망시키지 않으실 것이라고 주장하며 나쁜 상황을 감추려 했다.

마지막에 에스겔은 정말 좋은 소식, 즉 회복된 삶의 약속을 전했다. 그는 마른 뼈들이 회복되는 환상을 보았으며(겔 37:1-14), 하나님이 예루살렘에 처소를 정하러 돌아오시는 환상을 보았다(겔 43:1-5). 에스겔은 이 희망에 찬 예언이 성취되는 것을 보지 못하고 죽었지만, 재앙을 예언하는 것보다 희망을 예언하는 것을 더 즐거워했을 것은 분명하다.

묵상

오늘날 에스겔이 주장했던 '나쁜 소식'이 설득력을 가질 여지가 있겠는가?

다니엘

서론
유배자

총리였지만 다니엘은 외로운 국외자였다

> 다니엘은 뜻을 정하여 왕의 음식과 그가 마시는 포도주로 자기를 더럽히지 아니하리라 하고 자기를 더럽히지 아니하도록 환관장에게 구하니(단 1:8).

청년 다니엘에게는 예루살렘에서의 찬란한 미래가 보장되어 있었다. 그는 저명한 가문 출신이었으며, 흠이 없는 사람이었다(단 1:4). 그러나 바벨론 군대가 그를 사로잡아 머나먼 나라로 데려갔다. 그의 계획과 꿈은 수포로 돌아가는 것 같았다.

실제로 바벨론인들은 다니엘의 능력을 알아보고 그에게 최고의 교양훈련 프로그램을 받게 했다. 그러나 그 훈련의 내용은 요술과 마법, 이방의 다신교에 관한 것으로, 유대인에게는 가증스러운 것이었다. 졸업 후에 다니엘은 바벨론 왕을 섬기도록 되어 있었는데, 그 왕은 다니엘의 백성과 20년간이나 전쟁을 계속하고 있었다.

집을 떠난 사람은 외로움을 느낀다. 그러나 다니엘은 역사에 휩쓸려 삶을 박탈당한 포로의 신세였다. 그는 바벨론에서 외국인으로서 자신의 생애를 보내야 했다. 성경에는 그가 결혼을 했거나, 가족을 가졌다는 기록이 나타나지 않는다.

위대한 용기

자신의 능력과 하나님의 축복으로 말미암아 그는 바벨론의 총리까지 되었다. 그러나 높은 자리에 오를수록 그는 더욱 많은 사람들의 명백한 표적이 되었다. 바벨론 사람들은 외국인이라는 그의 출신과 그의 정치적 성공을 못마땅하게 여겼다. 그들의 음모는 그에게 신앙을 타협하게 하고 그의 원칙을 버리게 하려는 압력으로 다가왔다. 그래서 그의 삶은 종종 위태로웠다.

다니엘의 총리직은 적어도 66년 정도 계속되었다. 사자 굴에 던져졌을 때 그는 분명 80대였을 것이다. 이 기간 동안 그는 바벨론을 위해 많은 일을 했다. 비록 이방의 왕을 위해 일했지만 그는 존경받을 만했으며, 또한 부지런했다. 그리고 무엇보다 자신의 신앙을 타협하지 않았다. 죽음으로 위협받을 때에도 그는 끝까지 굽히지 않았다. 다니엘서는 당신과 신앙이 다르거나 당신의 신앙을 존중하지 않는 사람들과 어떻게 살아가야 하는지, 또 그들을 어떻게 섬길 것인지에 대해 매우 중요한 모델을 제시한다.

미래의 모양

하나님은 다니엘의 삶이 거의 끝나갈 무렵, 그에게 7~12장에 묘사된 일련의 환상을 보여 주셨다. 생생한 영상 가운데 하나님이 다니엘에게 보여 주신 것은 미래의 역사에 관한 것이었다. 이스라엘 백성은 다니엘의 환상을 세계 무대에서 다시 겪게 될 것이다.

다니엘의 환상에 의하면 이스라엘 민족은 역사적인 시련 가운데서 일련의 세계 강국에 의해 유린당한다. 다니엘은 전쟁 가운데 민족들이 서로 다투는 환상을 보았다. 그는 하나님의 백성이 국가들 사이에 끼어 아무런 잘못이 없는데도 고통받을 것을 예견했다. 그들은 하나님이 그 곤경에서 구해 주시지 않는 한 무력했다. 다니엘은 모든 사람이 결국 "인자 같은 이"(단 7:13)를 경배하게 될 것이라고 예언했다. 이 칭호는 다니엘의 시대로부터 약 600년 후, 모든 사람을 위한 구원의 좋은 소식을 전하기 위해 예수님이 오셔서 스스로에게 붙인 것이다.

말씀을 전파함

다니엘의 백성은 하나님을 그들의 작은 공동체와 그들의 수도, 그리고 거기 있는 성전에 비추어 생각했다. 유대인들은 자신들이 하나님의 선민일 뿐 아니라 하나님에 대한 배타적인 권리를 가지고 있다고 생각했다.

그러나 하나님은 그의 축복을 유대인에게만 국한시키기를 원치 않으셨다. 그는 온 세상을 마음에 두고 계셨다. 아브라함을 부르셨을 때 그는 아브라함의 자손을 통해 온 땅을 축복하겠다고 말씀하셨다(창 12:3).

하지만 유대인은 다른 사람에게 자신의 신앙을 전파하기는 커녕 그것을 지키기조차 힘들었다. 바벨론에 포로로 잡혀가 고향으로부터 떨어져 있을 때 그들은 하나님이 영광을 받으셔야만 한다는 사실들을 깨달았다. 다니엘 때문에 느부갓네살과 다리오가 내린 포고문은 하나님께만 영광이 있다는 사실을 증언해 주었다.

본론
권력의 상징

독재자가 강할수록 동상이 많이 세워진다

내가 밤 환상 가운데에 그 다음에 본 넷째 짐승은 무섭고 놀라우며 또 매우 강하며 또 쇠로 된 큰 이가 있어서 먹고 부서뜨리고 그 나머지를 발로 밟았으며(단 7:7).

느부갓네살이 백성들에게 섬기게 하려고 금 신상을 만들었다는 것은 놀랄 일이 아니다(단 3장). 왕과 통치자들은 권력의 상징으로 동상을 세우거나 거대한 사진을 게시하는 것을 좋아한다. 그래서 독재자의 권력이 강할수록 동상이 많이 세워진다.

그렇다면 동상과 상징적인 동물의 형상으로 나타난 다니엘의 이상은 정치적인 왕국을 묘사한다고 보는 것이 타당하다. 그러나 각 이상이 다른 종류의 상징을 사용하므로 상징이 의미하는 바를 알기란 쉽지 않은 일이다. 이 표는 네 개의 대제국과, 마지막에 그들을 제압할 전능하신 하나님을 본 다니엘의 이상을 이해하는 데 도움을 줄 것이다.

	바벨론	메대-바사	헬라(그리스)	로마	하나님의 왕국
2장	금	은	동	철	뜨인돌
7장	사자	곰	표범	뿔 가진 짐승	옛적, 인자
8장	–	숫양	숫염소	–	–
11장	–	–	북방과 남방 왕	–	–

묵상

우리 시대에 많이 세워지는 것은 무엇인가? 그것들은 권력의 상징인가? 만약 그렇다면 그 권력은 우리에게 어떤 영향을 미치는가?

폭군의 수중에서

다니엘의 이상은 역사를 짐승 같은 제국들의 흥망으로 그리고 있다

그 왕은 자기 마음대로 행하며 스스로 높여 모든 신보다 크다 하며 비상한 말로 신들의 신을 대적하며(단 11:36).

1924년부터 1953년까지 소련의 수상이었던 조셉 스탈린은 수백만 명을 살해한 사람이다. 그의 지지자들은 조그마한 실수에도 가차 없이 처형된다는 사실을 알고 있었다. 스탈린은 한 개의 당인 공산당으로만 구성된 인민회의 대의원 1,966명 중 1,108명을 체포해 살해했으며(실제로는 그들 모두가 스탈린의 지지자들이었다), 139명의 중앙 정치국원 중 98명을 총살했다.

그럼에도 그 나라는 스탈린을 숭배했다. 그는 스스로 신의 위치에 올랐다. 모든 공원에는 그의 동상이 세워졌으며, 모든 신문이 매일 그에 대해 과다한 찬사를 실었다. 한번은 그의 생일 선물을 담기 위해 모스크바에 있는 모든 박물관의 유물이 치워지기도 했다. 그는 인민의 아버지, 역사상 위대한 천재, 인류의 빛나는 태양, 사회주의에 활력을 주는 힘으로 묘사되곤 했다.

스탈린은 이런 종류의 사람 중 하나에 불과하다. 점차적으로 전체주의 지도자는 모든 것을 약속하고 모든 것을 요구한다. 그들은 반대하는 사람들을 무자비하게 제거한다. 히틀러, 스탈린, 이디 아민, 마오쩌둥, 아야툴라(이맘) 호메이니, 사담 후세인 … 등 그들의 명단은 늘어만 간다.

유일한, 그리고 잔인한 왕

다니엘의 이상은 그런 폭군을 예고하고 있다. 이들 이상에서 역사란 잔인한 제국들의 흥망이다. 각 제국은 마지막 제국보다는 강하나 덜 무자비하다.

초점은 유일하고, 잔인한 왕으로 좁혀진다(단 8:23-25; 11:21-45). 대부분의 학자들은 그 왕이 안티오쿠스 4세를 묘사하는 것이라는 데 동의한다. 예수님이 오시기 150년 전에 다스렸던 이 폭군은 히틀러가 등장하기 전까지 역사상 유대인의 공적 제1호였다.

그는 숙적 애굽에 완전한 승리를 거두지 못하자 작은 예루살렘에 분풀이를 했다. 그리고 유대의 종교적인 뿌리를 제거하고 그 도시를 헬라화하려고 했다.

그래서 대제사장의 성직을 기회주의자에게 넘겨주었으며, 성전을 헬라의 신 제우스를 위한 제단으로 바꾸어 놓았다. 그의 이런 신성모독적인 행위는 주전 168년에 역사상 최초의 게릴라 전쟁인 마카베오 전쟁이 일어나게 하는 기폭점이 되었다. 안티오쿠스는 예루살렘을 두 번이나 정복해 수천 명을 살해했다. 그는 유대교를 불법화하고 자신을 화신(어떤 추상적인 특질이 유형화된 것)한 하나님이라고 선포했다.

폭군의 종말

하지만 그는 결국 그의 권력과 폭력으로 인해 정신이상으로 죽었으며, 역사에 남긴 그의 자취도 사실상 사라져 버렸다. 그러나 아이러니하게도, 그가 파괴시키려고 했던 종교는 살아남아 온 세계에 전파되었다. 바로 이러한 것들이 우리가 다니엘서를 읽으며 기대할 수 있는 점이다. 폭군은 계속 나타나지만, 그들은 빨리 사라져 버린다. 우리는 정치적인 폭력을 예상할 수 있으나, 하나님께 의지해야 한다. 신약은 안티오쿠스의 무자비한 행동이 언젠가 적그리스도에서 절정에 달할 것임을 알려 주고 있다. 적그리스도는 세계를 지배하며 유례없이 하나님의 백성을 박해할 오만한 지도자이다. 대부분의 학자들은 다니엘이 본 이상의 마지막 부분이 이 인물을 나타내는 것이라 믿는다.

묵상

역사에 대한 다니엘의 관점은 세계 정치를 보는 당신의 시각에 어떤 영향을 주었는가? 그리스도인인 우리는 '권력층 사람들'을 어떻게 생각해야 하는가?

호세아

하나님의 상한 마음

왜 그는 그런 여자를 사랑하는가?

그 귀고리와 패물로 장식하고 그가 사랑하는 자를 따라가서 나를 잊어버리고(호 2:13).

호세아서는 선지자의 괴로운 개인적인 사랑 이야기로부터 시작된다. 호세아는 창녀처럼 행동하는 여자와 결혼했다. 그녀는 늘 호세아를 배신했지만, 그럴수록 그는 그녀를 더욱 사랑했다. 그는 좋은 아내가 받을 수 있는 모든 것, 즉 사랑과 가정, 명성, 영예 등을 그녀에게 주었다. 하지만 그녀는 그 사랑을 다른 남자와 잠자는 것으로 갚아버렸다. 그럴 때마다 그는 그녀에게 경고했고, 간청했으며, 벌도 주었으나, 그녀는 그를 멸시했다. 그럼에도 호세아는 그녀에게 매달렸다.

도대체 호세아서는 왜 이런 개인의 사랑 이야기로 시작하는가? 그것은 하나님이 이보다 더 비극적인 사랑을 이야기하고 싶어하셨기 때문이다. 그 사랑은 바로 이스라엘 백성에 대한 하나님의 비련이다. 하나님은 단순히 다음과 같이 말씀하실 수도 있었다. "이스라엘은 나에게 간통한 아내와 같다." 하지만 하나님은 그렇게 말씀하시는 대신 호세아가 실제 생활에서 배신을 겪으면서 하나님의 분노와 질투, 그리고 그것을 능가하는 하나님의 사랑을 생생한 색감으로 보여 주기를 원하셨다.

씁쓸한 종말

실제로 호세아는 하나님의 백성의 '음란' 혹은 '행음'에 관해 모든 장에 걸쳐 말하고 있다(호 1:2; 2:2, 4; 3:1; 4:2, 10-15, 18; 5:3-4; 6:10; 7:4; 8:9; 9:1). 하지만 이토록 심한 말의 기저에는 아주 놀라울 정도로 부드럽게 하나의 사실이 폭로되고 있다. 그것은, 하나님은 자신의 백성을 지배하려고 하시는 것이 아니라 친근한 사랑 안에서 모든 것을 주는 신랑이 되기를 원하신다는 것이다.

호세아는 분열 왕국의 북쪽에 위치한 이스라엘, 곧 호세아서에서 '에브라임'이라고 불린 지방에 이 메시지를 전했다. 여로보암 2세의 치하는 번영의 시대였다. 같은 시대의 선지자 아모스는, 가난한 자에 대해 탐욕적인 부정의를 일삼는 부자들을 꾸짖었다. 여로보암이 죽은 직후, 민족적인 결속은 해이해져 20년 동안에 무려 여섯 명의 왕이 바뀌었다. 그중 네 명은 선왕을 죽이고 왕이 된 경우였다. 호세아는 막강한 앗수르 군대가 수도를 침공해 이스라엘 백성을 다른 나라로 끌고 가는 것을 볼 때까지 살았던 것 같다. 하나님의 '아내'(이스라엘)는 그가 경고했던 것처럼 끌려가 버렸다.

하나님은 사랑하시는 분

대부분의 사람들이 정치적, 군사적인 문제에 열중해 있을 때 호세아는 그가 행음이라고 부른 우상숭배에 대한 메시지를 전하고 있었다. 그는 이스라엘의 문제의 근원을 직시했다.

이스라엘은, 각 종교는 어느 정도의 진리를 갖고 있으며, 더 많은 종교를 가질수록 더 나은 사람이 된다는 생각에 자유롭게 종교를 혼합했다. 이에 많은 선지자들이 이스라엘의 우상숭배를 공격했다. 그중 호세아는 우상숭배에 대한 하나님의 관심이 쓸데없는 종교적인 문제가 아닌, 지극히 개인적인 것임을 말했다. 사랑하시는 자인 하나님은 다른 누구와도 자신의 신부를 나누고 싶어하지 않으신다.

구약에 자주 표현되는 하나님의 분노와 질투는 그의 막막한 사랑을 반영한다. 죄는 하나님의 율법을 파괴할 뿐 아니라 하나님의 마음을 상하게 한다. 그는 사랑하는 사람의 관심을 끌기 위해 벌을 주신다. 호세아는 그녀가 등을 돌리더라도 그녀에게 매달린다. 그리고 언젠가는 그녀가 변하리라는 희망을 가지고 고통을 감내한다. 호세아는 하나님이 벌을 원하시는 것이 아니라 사랑을 원하신다는 것을 보여 준다.

요엘

자연적인 재앙의 의미

황폐하게 만드는 메뚜기 떼 뒤에는 무엇이 있는가?

그 앞에서 땅이 진동하며 하늘이 떨며 해와 달이 캄캄하며 별들이 빛을 거두도다(욜 2:10).

"그것들의 수는 놀라울 정도다. 산의 전면이 그것들로 덮여 새까맣다. 그것들은 살아 있는 홍수처럼 밀려온다. 우리는 구덩이를 파고, 불을 피우고, 무더기로 쳐 죽이고, 태워 죽였으나, 그 노력은 전적으로 허사였다. 그것들이 기슭을 따라 파도처럼 밀려왔고, 바위와 벽, 도랑, 울타리 등을 덮었다. 그 떼가 지나간 곳에는 아무것도 살아남지 못했다. 그것들이 살아 있는 강물처럼 길을 따라 흐르며 집 뒤의 동산으로 거슬러 올라가는 광경을 보는 것은 소름끼치는 일이다. 나흘 동안이나 그것들은 동쪽을 향해 이동했다 …." 목격자 W. M. 톰슨은 이렇게 메뚜기 떼를 묘사하고 있다. 그의 묘사는 우리를 두려움에 빠지게 한다. 메뚜기 떼가 지나간 지역은 불로 그을린 것같이 까맣게 변했다.

왜 나는 살아남았는가?

공포에 질린 많은 목격자들이 메뚜기 떼에 대해 설명하고 있다. 그러나 그 어떤 것도 요엘 선지자의 이야기만큼 실감이 나지는 않는다. 놀란 상태에서 그는 생생한 이미지를 사용해 그 황폐함을 묘사하며 백성들의 비탄과 공포를 실감나게 표현하고 있다. 그의 민족은 기아에 직면했다. 이 자연적인 재앙은 의문을 불러 일으켰다. 왜 하나님은 이런 재앙이 일어나게 하셨을까? 왜 나는 살아남고 다른 사람들은 죽었을까? 여기에 하나님의 어떤 뜻이 있지 않을까? 요엘은 메뚜기 떼로 말미암아 하나님의 원대한 계획을 통찰할 수 있게 되었다.

요엘은 하나님이 이런 재앙의 배후에 계시다는 것을 의심하지 않았다. 실제로 그는 전투에 임하는 군대처럼 메뚜기 떼를 움직이시는 하나님을 그리고 있다(욜 2:11). 그들은 이스라엘에 대한 심판인 '여호와의 날'을 나타낸다. 다른 선지자들과 달리 요엘은 이스라엘의 실패 원인을 분석하는 데 공을 들이지 않는다. 대신에 그는 치유에 전념한다.

요엘은 제사장들에게 전 민족적인 기도와 금식의 날을 선포해 백성들을 다시 하나님께 돌아오도록 할 것을 촉구했다. 그렇게 한다면 하나님이 메뚜기 떼에 의한 피해를 복구해 주실 것이며, 그 외에도 많은 축복을 내려 주실 것이었다. "너희는 먹되 풍족히 먹고 너희에게 놀라운 일을 행하신 너희 하나님 여호와의 이름을 찬송할 것이라"(욜 2:26). 그리고 그들은 하나님의 사랑 안에서 경험을 통해 얻어진 새롭고도 굳건한 확신의 모습으로 나타나게 될 것이다. 하나님의 백성에게는 재앙으로 말미암아 하나님과 깊은 관계를 맺게 되는 것이 하등 놀라운 일이 아니었다.

하나님의 원대한 계획

요엘의 메뚜기 떼는 전대미문한 최악의 상황이었으나(욜 1:2-3), 요엘이 우리에게 증거한 것 외에는 이 특수한 사건에 대한 역사적인 기록은 전해지지 않고 있다. 그러나 최악의 자연 재해가 사람들의 기억 속에서 사라질지라도 진리는 남는다. 요엘은 그 재앙으로 말미암아 백성들의 관심이 영원하신 하나님께로 더욱 향하기를 원했다.

요엘은 하나님의 백성이 하나님에 대해, 메뚜기 떼를 다스리시는 분, 더 나아가 전체 역사를 자신의 계획대로 이끌어 가시는 분으로 믿기를 원했다. 메뚜기 떼가 파괴한 것처럼 끔찍하고, 하나님이 그들의 파괴를 저지하신 것처럼 놀라운 이 사건들은 미래에 일어날 더욱 끔찍하고, 더욱 멋진 일의 예표라고 할 수 있다. 요엘은 재앙이 백성들의 주의를 끌지 않더라도 하나님의 성령이 그 백성들을 변화시켜 계속 그를 사랑하게 할 수 있다는 사실을 깨달았다. 무서운 심판의 때 뒤에 하나님은 그의 백성을 위해 새롭고 안전한, 그리고 그 안에 자신이 거하는 도성을 창조하실 것이다.

아모스

정의!

평범한 농부가 물질주의적인 민족과 대결하다

오직 정의를 물 같이 공의를 마르지 않는 강 같이 흐르게 할지어다(암 5:24).

장사가 이처럼 잘된 적은 이때까지 없었다. 수세대 만에 처음으로 이스라엘에 군사적인 위협이 없었다. 심지어 그들이 중요한 통상로까지 확보하고 있었으므로, 이스라엘의 상인들은 커다란 이익을 남길 수 있었다. 새로운 석조 건물과 상아를 박은 가구, 최상의 고기, 좋은 술과 좋은 화장품 등 모든 사치스러운 것도 쉽게 구할 수 있었다.

하지만 그러한 평화와 번영 가운데서 한 외로운 목소리가 불협화음처럼 들려왔다. 아모스는 도성의 사교계를 "암소들"(암 4:1)이라고 부르며, 농부의 어휘를 사용해 무뚝뚝하게 이야기했다. 모든 직업 가운데 가장 보잘것없는, 가난한 목자인 그는 백성들의 사치를 꾸짖었다. 무엇보다 좋지 않았던 것은, 아모스가 타지방 사람으로, 남 왕국 유다의 작은 마을 드고아 출신이었다는 점이다. 이스라엘은 이미 170년 전에 남쪽과 나뉘었으며, 이스라엘 지도자들은 남 왕국의 충고를 달갑게 받아들이지 않았다.

그러나 아모스는 사회적으로 인정받는 것에 개의치 않았다. 그는 하나님에 대해 유창하게 이야기함으로써 생계를 유지하는, 직업적인 선지자가 아니었다(암 7:14). 하나님은 그의 직업을 떠나 메시지를 전하라고 하셨다. 하나님은 가라고 하셨고, 아모스는 순종했다.

하나님의 종교관

아모스가 상대한 민족은 '종교'를 많이 가지고 있었다. 그들은 경배하기 위해 정기적으로 산당에 다녔으며, 하나님이 그들의 민족을 위해 모든 기대를 채워 주실 '여호와의 날'을 기다렸다. 그러나 아모스는 그들이 기대하지 않은 나쁜 소식을 전했다. "내가 너희 절기들을 미워해 멸시하며 너희 성회들을 기뻐하지 아니하나니"(암 5:21). 하나님은 희생제물이나 찬양을 원하지 않으셨다. 그분은 정의를 요구하셨다.

아모스는 먼저 이스라엘의 모든 이웃 족속을 향해 인간성에 반하는 그들의 범죄에 대한 하나님의 심판을 선포했다. 이스라엘 백성들은 자신들이 다른 민족보다 우월하다고 생각했기 때문에 이런 이야기를 좋아했다. 그러나 아모스는 이렇게 해서 이스라엘 민족의 관심을 이끌어낸 다음 이스라엘에게도 심판의 메시지를 선포했다. 그는 백성과 그들의 아름다운 집, 그리고 구별된 제단들도 파괴될 것이라고 말했다.

하나님의 성품

성경의 다른 어떤 책보다도 아모스는 부정의(정의롭지 못함)에 관심을 갖는다. 이스라엘은 꾸지람을 받을 만한 다른 잘못도 많이 저질렀다. 예를 들면 그들의 종교 행위는 두 개의 송아지 상을 중심으로 하고 있었다. 그러나 아모스는 그러한 것을 꾸짖는 데에는 별로 시간을 소모하지 않는다. 대신 실생활에서 목격한 사실, 즉 가난한 자에 대한 학대와 부정직한 사업, 재판정에서의 수뢰, 돈으로 사는 특권 등에 초점을 맞춘다.

부유한 이스라엘 민족은 가난한 자를 착취해 사치를 누리고 있었다. 그들은 하나님 앞에서 진실하지 않게 살아가면서도 자신들이 하나님께 헌신한다고 자부하고 있었다. 그들은 하나님을 삶의 부속물 정도로 쉽게 꿰어 맞추려 했다. 그러나 하나님은 아모스를 통해 피할 수 없는 절대적 주인의 모습으로 나타나셨다. 그는 상업을 포함한 모든 삶의 주인이셔야만 한다.

오바댜

인과응보

오바댜는 앙숙에 대한 최후의 예언이다

네가 행한 대로 너도 받을 것인즉(옵 15절).

앙숙 관계는 쌍둥이 형제인 야곱과 에서로부터 시작되었다. 먼저 태어난 에서는 장자의 명분을 물려받았으나 배가 고픈 나머지 팥죽 한 그릇에 장자의 명분을 동생 야곱에게 팔아 버렸다(창 25:19-34). 그래서 야곱은 이스라엘 민족의 조상이 되었고, 천생 사냥꾼인 에서는 산골인 남쪽으로 옮겨가 에돔 족속의 조상이 되었다.

수백 년 동안 두 민족은 끊임없이 전투를 벌여왔다. 에돔 족속의 수도인 셀라는 가파른 벼랑 위의 고원에 자리잡고 있었다. 그곳에 접근하는 유일한 통로는 깊은 골짜기뿐이었다. 그런 천혜의 요새에서 에돔 족속은 이스라엘 민족을 습격하곤 했다.

이스라엘은 하나님께 "너는 에돔 사람을 미워하지 말라 그는 네 형제임이니라"(신 23:7)는 명령을 받았으나, 점점 에돔 사람을 잔인하고 냉혹한 족속으로 취급하기 시작했다. 선지자들은 반복적으로 하나님에 의한 에돔의 징계를 예언했다. 이들의 마지막 불행은 바벨론이 예루살렘에 침공해 시민들을 포로로 잡아가던 때에 일어났다. 에돔 족속은 정복자의 편에 붙어 도망치는 이스라엘 민족을 포로로 잡았으며, 예루살렘의 약탈도 도왔다. 성경에서 가장 슬픈 구절 중 하나인 시편 137편은 이러한 일에 대한 이스라엘의 쓰라림을 표현한다. 에서가 장자의 명분보다 팥죽 한 그릇을 더 중요하게 여겼듯이, 그의 후손들도 형제를 얻는다는 동정심보다 약탈로부터 얻는 이익을 더 중요하게 여겼다.

잔인함에 걸맞는 징계

오바댜는 교만한 에돔에게 인과응보를 예언한다. 그들이 동맹을 맺었던 나라에게 배신당함으로써 유다에 대한 그들의 배신이 앙갚음될 것이다. 그들의 약탈은 약탈로 앙갚음될 것이다. 그들의 포학은 포학으로, 남의 패망을 좋아하는 그들의 태도는 철저한 패망으로 앙갚음당할 것이다(옵 5-14절). 짓밟힌 이스라엘은 재기할 것이지만, 에돔은 지상에서 영원히 사라질 것이라고 오바댜는 예언한다. 그리고 이 예언은 정확하게 실현되었다. 에돔은 이스라엘에 의해서가 아니라, 일련의 외부 침략에 의해 멸망되었다. 에돔 족속의 마지막 남은 사람들은 서기 70년 로마가 예루살렘을 포위했을 때 멸망했다. 예루살렘의 유대인들을 괴롭히던 민족이 후에 예루살렘을 방어하면서 죽게 되었다는 것은 참 아이러니한 일이다.

그런데 도대체 왜 이 앙숙이 성경에 나타나는가? 그것은 적으로부터 그의 백성을 계속적으로 보호하려는 하나님의 노력을 나타낸다. 또한 선택된 백성이 아닌 이들에게도 하나님의 기준은 변함없이 적용된다는 것을 의미한다. 에돔처럼 각 민족은 "네가 행한 대로 너도 받을 것인즉"(옵 15절)이라는 고유한 기준에 의해 판단될 것이다.

요나

적들에게 좋은 소식이라니

요나는 잔인한 앗수르를 사랑하라는 하나님 말씀에 반발했다

하물며 이 큰 성읍 니느웨에는 좌우를 분변하지 못하는 자가 십이만여 명 이요 가축도 많이 있나니 내가 어찌 아끼지 아니하겠느냐(욘 4:11).

예수님은 그의 제자들에게 "너희 원수를 사랑하며 너희를 박해하는 자를 위하여 기도하라"(마 5:44)고 말씀하셨다. 모든 사람이 그 명령에 대해 감탄하며 그것을 이야기하지만 원수를 사랑한다는 것은 결코 쉬운 일이 아니다. 그것이 과연 옳은지에 대해 의심하는 사람들도 많다. 우리는 나치를 용서해야 하는가? 백색 인종주의자에게도 친절해야 하는가? 사담 후세인과 같은 독재자에게도 동조해야 하는가?

요나서는 니느웨 성에 있는 적을 사랑하라는 하나님의 명령을 받은 사람의 이야기이다. 요나 선지자는 하나님이 명령하신 것과 정반대인 자신의 감정이 이끄는 대로 갔다. 그는 자신이 미워하는 민족에게 가기를 거부하고 여호와로부터 도망치려고 했다. 니느웨는 티그리스 강변에 위치한 앗수르의 크고 중요한 도성으로, 작은 이스라엘에게 심각한 군사적 위협으로 다가오던 곳이었다. 그런데 그곳에 하나님이 요나를 보내신 것이다. 하지만 요나는 주저함 없이 욥바로 가서 정반대 방향으로 가는 배를 탔다. 그는 멸망당할 니느웨 성의 주민들에게 경고하기를 원치 않았다. 왜냐하면 그들이 자기의 말을 듣고 회개하면 하나님이 그들을 용서해 주실 것을 알고 있었기 때문이다.

왜 요나는 가지 않으려고 했나?

요나가 왜 앗수르를 미워했는지에 대해 우리는 잘 모를 수도 있다. 그러나 구약의 다른 소선지서인 나훔을 통해 이에 대한 단서를 얻을 수 있다. 니느웨에 대해 주로 쓰고 있는 나훔은 그들을 무례하고 피에 굶주린 족속이라고 표현하고 있다. 앗수르인들 역시 자기들에게 반대하는 민족들을 고문하고 학살한 것을 자랑스러워하며 그 일을 장황하게 적은 기념비를 세웠다.

이스라엘 민족에게는 니느웨를 미워하고 두려워할 만한 이유가 충분했다. 그러나 하나님은 니느웨도 사랑하셨다. 그분은 그 도성을 멸망시키기보다 구하기를 원하셨으며, 니느웨가 회개할 준비가 다 된 것을 알고 계셨다. 그리고 마침내 요나가 그곳에서 설교하자 전 도성이 그의 메시지를 듣고 회개했다. 니느웨 사람들은 잔인하고 거칠었으나 하나님을 믿을 준비가 되어 있었던 것이다. 이들 앗수르처럼 사람들이 선지자의 말에 청종한 적은 거의 없었다.

하나님과 같은 태도

하나님은 이스라엘 민족에게 다른 종교를 가진 민족과 혼인하지 말라고 계속 경고하셨으며, 약속의 땅에서 다른 민족들을 몰아내라고 명령하기까지 하셨다. 어쩌면 일부 독자들은 성경을 읽으며 구약이 인종적인 편견을 가지고 있는 것 같다고 생각할 수도 있다. 그들은 신약성경이 처음으로 하나님이 비유대 민족을 돌보신다는 것을 암시한다고 이야기한다.

하지만 요나서는 그러한 관점이 틀렸음을 지적한다. 오히려 이 책은 하나님이 요나처럼 이스라엘 민족을 그의 선교적 관심을 전하는 자로 사용하기를 원하신다는 점을 알려 준다. 하나님의 종들은 멸망을 선포하지만, 그들이 회개한다면 하나님이 그들을 용서하신다는 희망의 메시지도 함께 전한다.

요나는 그의 원수에 대해 하나님과 같은 태도를 가질 필요가 있었다. 끈질기게 하나님은 요나에게 그러한 자신의 심정을 이해시키려고 하셨다. 요나서는 니느웨에서의 기적적인 변화에 대한 책일 뿐 아니라, 요나 자신에게 있어서도 기적적인 변화에 대한 이야기이다.

미가

암흑 시대의 빛

악과 폭력은 예루살렘을 향해 남쪽으로 밀려오고 있었다

여호와께서 네게 구하시는 것은 오직 정의를 행하며 인자를 사랑하며 겸손하게 네 하나님과 함께 행하는 것이 아니냐(미 6:8).

갓 상경한 시골 사람은 거대한 도시에서 눈을 어디에 두어야 할지 모른다. 그들은 큰 빌딩이나 화려한 옷차림, 권력의 화려한 상징들을 멀거니 바라보기 일쑤다. 미가는 예루살렘 남서쪽의 모레셋이라는 작은 마을 출신이었다. 그와 동시대에 살았던 이사야는 왕궁을 출입했으나, 미가는 그렇지 않았다.

그러나 그는 뚜렷한 관점을 가지고 있었다. 그 시대의 피와 폭력은 그를 압도하지 못했다. 힘 있고 부유한 사람들 앞에서도 그는 주눅이 들지 않았다. 그는 하나님의 눈으로 세상을 보는 사람이었다.

미가는 이스라엘 역사상 가장 잔혹한 전쟁이 벌어졌던 암흑 시대에 살았다. 나라는 이미 오래 전에 북 왕국과 남 왕국으로 나뉘었다. 미가는 쌍방에 전투가 벌어져 남쪽에서만 120,000명이 죽은 사건(대하 28:6)을 목도했다. 그 전쟁이 있은 다음에는 당대의 잔혹한 강대국인 앗수르가 북 왕국의 수도인 사마리아를 3

년 동안 포위한 후에 남 왕국을 침공했다. 기적이 일어나야지만 이 앗수르 군대를 예루살렘에서 몰아낼 수 있었다(대하 32장). 이런 상황 속에서 남 왕국은 얼마 동안이나 독립을 유지할 수 있을 것인가?

남 왕국의 죄

미가는 이 혼란스러운 사건들을 주저 없이 해석했다. 이것은 하나님께서 열왕기하 17장 16~17절에 요약된 우상숭배, 바알숭배, 어린이 희생, 마법과 요술 등의 죄에 대해 북 왕국 이스라엘을 벌주시는 것이었다. 이제 이러한 범죄 행위들이 유다를 향해 남쪽으로 밀려오고 있었다. 이에 미가는 예루살렘에 대해 혐오감을 느끼며, 그들을 그들이 이방의 우상을 숭배하기 위해 가져다 놓은 '산당' 으로 언급하고 있다. 만약 백성들이 하나님께 불순종한다면 북 왕국이 겪었던 심판이 유다에게도 닥칠 것이다.

어둠 그 너머에

하지만 미가는 앞에 있는 빛을 보았다. 그는 모든 사건 위에 계신 전능하신 하나님을 인식했으며, 이 모든 것이 그들을 정결하게 하고 회복시키기 위한 그분의 징벌임을 알았다. 미가는 성경에 나오는 파괴에 대한 예언 중 가장 정직한 예언을 하면서 이스라엘을 구원하기 위해 올 지도자로서의 메시야에 대한 몇몇 분명한 사실들을 함께 예언했다. "무리가 칼을 쳐서 보습을 만들고"(미 4:3)라고 말했던 미가의 관점은 그의 시대에 일어나는 사건들뿐 아니라 먼 장래에 일어날 사건들도 포함하고 있었다.

미가는 그의 시대가 처한 어둠과 장래에 닥칠 어둠을 직시했다. 하지만 하나님에 대한 그의 관점은 그로 하여금 어둠 그 너머를 바라볼 수 있게 했다. "나의 대적이여 나로 말미암아 기뻐하지 말지어다 나는 엎드러질지라도 일어날 것이요 어두운 데에 앉을지라도 여호와께서 나의 빛이 되실 것임이로다"(미 7:8).

나훔

부정의에 대한 하나님의 대답

능력 위에 능력으로

누가 능히 그의 분노 앞에 서며 누가 능히 그의 진노를 감당하랴(나 1:6).

삶은 공정한가? 불행스럽게도 국제 정치에서는 그렇지 않은 것 같다. 가장 사악한 독재자가 번영하고, 성공적인 대외정책을 위해서는 무력이 빼놓을 수 없는 요소가 되었다. 그래서 약한 민족들은 유린될 수밖에 없다.

유다의 백성으로서 나훔 선지자는 그런 부정의한 힘을 느꼈다. 하나님으로부터 받은 그의 메시지는 당대의 가장 큰 성, 니느웨와 관련되어 있었다. 앗수르의 수도인 이 도시는, 나훔이 악행이 그치지 않았다고 표현한 것처럼(나 3:19), 야만적인 무력의 상징이었다. 니느웨는 유다의 북동쪽으로 수백 마일 떨어져 있었으나, 그 세력이 중동 전역에 미치고 있었다. 그에 비해 유다는 간신히 독립을 유지하고 있는 작고, 연약한 국가였다.

나훔의 용기

유다의 자매 국가인 북 왕국 이스라엘은 앗수르에게 패배해 방랑생활을 하고 있었다. 이러한 상황이기에, 하나님의 기적적인 간섭이 있어야만 유다는 살아남을 수 있었다. 앗수르는 나훔의 시대에 다시 침략했으며, 므낫세 왕을 사로잡아 바벨론으로 끌고 갔다(대하 33:11). 그리고 유다를 예속국으로 삼아 공물을 바치게 했다.

이러한 상황에서 주눅이 들지 않을 사람은 그리 많지 않다. 그러나 나훔은 분노로 바위를 부숴 버릴 수 있는 하나님의 더 큰 힘을 보았기 때문에 당당할 수 있었다. 만약 하나님이 노하신다면 니느웨가 견딜 수 있을까? 하나님에 대한 나훔의 절대적인 확신이 책 전체에 깔려 있다.

당당히 서서 세상에서 가장 강력한 국가의 멸망을 예언하는 데에는 용기가 필요했다. 그러나 이 책에서 나훔은 겁먹지 않고 당당하게 이야기한다. 그는 하나님의 성품을 알기 때문에 자신감을 갖고 이야기할 수 있었다. "여호와는 … 벌받을 자를 결코 내버려두지 아니하시느니라"(나 1:3).

니느웨의 쇠퇴와 멸망

몇 년 지나지 않아 나훔의 예언은 사실로 증명되었다. 니느웨는 멸망해 다시는 일어나지 못했다. 세상에서 가장 컸던 도성이 잡초로 뒤덮인 폐허가 된 것이다. 그 위치는 현재 '양들의 언덕' 이라고 알려져 있다.

나훔이란 이름은 '위로' 를 뜻한다. 나훔은 하나님의 진노를 설명하고 있지만, 그의 메시지는 부정의와 악을 겪고 있는 사람들에게 위로를 준다. 나훔은 이야기한다. "여호와는 선하시며 환난 날에 산성이시라 그는 자기에게 피하는 자들을 아시느니라 그가 범람하는 물로 그 곳을 진멸하시고 자기 대적들을 흑암으로 쫓아내시리라"(나 1:7-8). 니느웨는 망했으나 나훔의 메시지는 남아, 하나님의 정의가 비록 느린 것처럼 보일지 모르나 아무도 그것을 궁극적으로 회피할 수 없다는 것을 증언하고 있다.

하박국

악의 문제

하박국의 질문: "왜 악인이 성하는데도 하나님은 잠잠하신가?"

의인은 그의 믿음으로 말미암아 살리라(합 2:4).

하박국서는 불평으로 시작한다. 선지자는 자기 나라에서 부정의와 폭력, 그리고 악을 목도하고 있으나 하나님은 잠잠하고 보이지 않으신다. 왜 하나님은 간섭하지 않으시는가? 내가 도움을 요청할 때 왜 답하지 않으시는가? 하박국은 하나님께 이런 질문들을 직설적으로 했다.

이런 그에게 하나님이 답을 주셨는데, 그것은 하박국이 기대했던 방법이 아니었다. 하나님은 유다를 벌주기 위해 바벨론을 보내겠다고 말씀하셨다. 하나님의 말씀은 이스라엘을 해칠 무법적이고 야만적인 군대를 묘사하고 있었다.

그래서 하박국은 다시 불평했다. 더욱 악한 군대를 통해 유다를 벌준다는 것이 정의를 세우는 일인가? 하박국은 심히 당황해 하나님이 그의 두 번째 질문에 어떤 답을 주시는지를 기다렸다.

그가 얼마를 기다렸는지는 알 수 없지만, 하나님은 그에게 답을 주셨다. 그것은 악에 대한 하나님의 태도를 설명한 것 중 가장 훌륭한 대답이었다. 그것으로 하박국은 흡족해했다. 그래서 불평으로 시작했던 그의 책이 성경에서 가장 아름다운 송가로 끝난다.

살아가는 데 필요한 두 가지 확실한 점

하나님은 하박국에게 두 가지 확실한 사실을 가르쳐 주셨다. 첫째는, 강포하고 교만한 바벨론은 그들이 다른 민족에게 사용했던 그 무기로 노략질당할 것이며, 그들이 다른 나라를 멸망시킨 것같이 그들도 멸망할 것이라는 사실이다. "민족들이 불탈 것으로 수고하는 것과 나라들이 헛된 일로 피곤하게 되는 것이 만군의 여호와께로 말미암음이 아니냐"(합 2:13). 악이 세상을 지배할지라도 그것은 항상 멸망할 수밖에 없다.

그리고 둘째로는, 하나님의 성품이었다. 그분은 잠시 동안 침묵하시는 것 같지만, 영영 침묵하시지는 않는다. "이는 물이 바다를 덮음 같이 여호와의 영광을 인정하는 것이 세상에 가득함이니라"(합 2:14). 3장에서 하박국은 이 막강한 영광을 보았고, 그의 가슴은 두근거렸다. 그리고 그것은 그의 태도를 불평에서 기쁨으로 변화시켰다.

하나님께 미래가 속해 있으므로 성도들은 2장 4절에 있는 "의인은 그의 믿음으로 말미암아 살리라"는 진리를 믿을 수 있다. 하박국은 책의 마지막 3절에서 이런 신앙의 태도를 아름답게 표현했다. 삶이 아무리 어렵더라도 그는 여호와 안에서 기쁨과 힘을 발견할 수 있었다.

믿음에 의해 살아감

하박국은 왜 하나님이 악을 용인하시는지를 설명하고 있다. 그는 하나님이 세계의 역사를 주관하신다는 사실을 우리에게 확신시키고 있다. 악은 자기파멸이라는 스스로의 논리적인 결말을 향해 나아가고 있으며, 하나님의 영광이 언젠가는 세상을 덮을 것이다. 하박국은 하나님과의 대화만을 기록해 이를 증명하려 하지 않았다. 성도는 상황과 관계없이 하나님을 믿음으로써 희망과 기쁨을 발견할 수 있어야 한다. 하박국의 신앙 요점은 신약의 핵심 구절인 로마서 1장 17절, 갈라디아서 3장 11절, 그리고 히브리서 10장 38절의 세 곳에서 인용되었다.

하박국이 죽고 얼마 되지 않아 바벨론은 멸망했다. 오늘날 그들의 이야기는 역사로만 전해질 뿐이다. 그러나 우리는 하박국처럼 '여호와의 영광을 아는 지식으로 가득 찬' 세상을 믿음 가운데 바라보아야만 한다.

스바냐

어둠 너머에

전 세계적인 파멸과 비치는 빛

너의 하나님 여호와가… 너를 잠잠히 사랑하시며 너로 말미암아 즐거이 부르며 기뻐하시리라(습 3:17).

스바냐서는 므낫세가 50년에 걸친 유다 왕으로서의 통치를 마친 직후에 쓰였다. 사상 최악의 왕인 므낫세는 우상을 숭배했으며, 어린이를 희생제물로 바쳤다. 그는 하나님의 성전에 점성가를 위한 단을 만들었을 뿐 아니라, 종교적인 의식의 일부로 남창을 허용했다. 또한 성경은 그에 대해 "무죄한 자의 피를 심히 많이 흘려 예루살렘 이 끝에서 저 끝까지 가득하게 하였더라"(왕하 21:16)고 기록하고 있다. 그의 아들 아몬 역시 짧은 통치 기간이었지만 아비와 같은 길로 행했다.

아몬이 암살된 후에는 그의 아들 요시야가 8세의 나이로 왕위에 올랐다. 성경은 요시야와 같은 왕이 없었다고 이야기한다(왕하 23:25). 그는 이방 신의 우상을 모두 부수고 성전을 정화하는 등 개혁을 주도했다. 그리고 역사상 처음으로 유월절 행사를 지켰다. 이러한 대개혁은 예전에 선왕 히스기야를 통해 왕과 친척 관계에 있던 스바냐가 예언했던 것이다. 스바냐의 말이 이스라엘 사람들에게 하나님 안에서 신앙을 새롭게 하는 방향으로 도움을 주었음이 분명하다.

어둠에서 환희로

스바냐의 책은 깊은 어둠으로 시작된다. 다른 선지자와 마찬가지로 그도 자기 민족의 죄를 꾸짖었으며, 하나님으로부터의 심판을 예언했다. 그러나 그는 거기서 한발 더 나아가 '여호와의 날'에 대해 이야기했다. 그리고 그날은 초자연적인 사건이어서 누구도 피할 수 없다고 말했다. 여호와는 경고하기도 하셨고, 간청하기도 하셨지만 아무 소용이 없었다(습 3:6-7). 스바냐는 소수를 위한 희망만을 보고 있었다. 신실하고 겸비한 남은 자들은 그들이 하나님을 찾기만 한다면 환난으로부터 보호받게 될 것이다.

심판의 불 뒤에서 스바냐는 신실하고 겸비하며 정결한, 남아 있는 하나님의 사람들이 하나님을 믿게 될 것이라는 희망을 보았다. 그는 하나님께 경배하는 새로운 세상을 예견했다.

짙은 어둠에서 시작했던 이 짧은 책은 심판 뒤에 올 하나님의 나라를 기다리는 기쁨의 노래로 끝난다. 하나님의 축복이 그를 섬기는 모든 민족에게 자유롭게 흐를 것이다. 어쩌면 스바냐의 예언이 요시야의 개혁을 고무시키는 효과를 가져왔는지도 모른다. 그러나 그의 비전은 그것보다 훨씬 심원한 데 있었다. 신약은 스바냐처럼 전 세계적인 심판과 다가올 새로운 세상을 자주 이야기하고 있다.

학개

성공적인 선지자

단 한번 하나님의 백성이 청종했다

> 남은 모든 백성이 그들의 하나님 여호와의 목소리와 선지자 학개의 말을 들었으니 이는 그들의 하나님 여호와께서 그를 보내셨음이라(학 1:12).

때때로 위급한 순간에는 한 사람의 목소리가 방향감각을 상실한 군중들을 행동하게 만든다. 제2차 세계대전 중 윈스턴 처칠 수상이 한 감동적인 연설은 영국을 구했다. 그리고 1950년대와 1960년대에 미국의 성직자이며, 인권 운동가인 마틴 루터 킹의 설교와 연설은 미국의 양심적인 사람들을 사로잡았다.

학개는 이와 비슷한 혼돈의 시대에 살고 있었다. 유대인들이 바벨론 포로생활에서 돌아온 지 거의 20년이 되었다. 그러나 그들은 왜 돌아왔는지를 잊어버린 것 같았다. 그들은 성전 재건축을 시작하다가 그만두고 난 다음에는 자신들의 집을 짓느라 정신이 없었다. 솔로몬의 성전이 폐허로 남아 있다는 것은 그들이 하나님을 잊어버리고 있다는 명백한 증거였다.

그때 학개가 이 선발대를 향해 그들의 상황을 "주의 깊게 살펴보라"고 촉구했다. 그는 예레미야처럼 분노하지 않았으며, 이사야처럼 달변의 시를 짓지도 않았다. 그저 단순하면서도 논리적으로 말했을 뿐이다. 그들은 열심히 일했으나 거기서 무엇을 얻었는가? 그들의 농사는 흉작이었다. 그들의 돈은 벌자마자 사라졌다. 이에 학개는 '왜?' 라고 묻고 있었다. 그것은 그들이 우선순위를 잊고 있었기 때문이었다. 그들은 하나님을 우선으로 놓아야 했다. 그리고 하나님의 성전을 다시 건축해야 했다.

마음에서 우러나온 반응

사람들은 학개의 말에 즉각적으로 반응했다. 아모스, 이사야, 그리고 예레미야와 같은 이전의 선지자들은 수십 년 동안 설교했지만 백성들은 그들의 말에 순종하지 않았다. 그러나 넉 달 동안 선포된 학개의 메시지는 그가 의도하는 모든 바를 성취하게 했다. 4년 동안 그 성전은 완벽하게 지어졌다.

하지만 도대체 무엇 때문에 성전이 그처럼 중요했는가? 실제로 임시 제단에서도 적절한 제물과 의식이 행해질 수 있었으나, 하나님의 권위가 문제였다. '하나님이 거하시는 전' 이라고 불린 집이 황폐한 채 버려져 있다면 하나님은 받으실 만한 영광을 받으실 수 없다. 왜냐하면 성전은 하나님의 임재와 이스라엘의 우선순위를 상징했기 때문이다.

그러면 성전을 재건축한다고 해서 이스라엘의 재정적인 상황이 개선될 수 있겠는가? 학개의 첫마디는 아무런 약속의 내용도 포함하고 있지 않다. 그는 "너희는 자기의 행위를 살필지니라"고 단순히 이야기하면서 이스라엘이 부흥하지 못하는 것이 하나님의 행사임을 지적했다. 그들은 열심히 일했으나, 하나님은 작물에 필요한 비를 내리지 않으셨다. 한 달 뒤에 학개는 하나님이 이스라엘을 위해 영광스러운 계획을 가지고 있는데, 그 계획은 온 땅을 진동시킬 정도라고 말했다(학 2:1-9). 그러나 그는 좋은 수확을 약속한 것이 아니라 단지 하나님이 그들과 함께하신다고만 이야기했다. 그러다가 책의 마지막 부분에 가서야 수확에 관해 언급하면서 하나님은 백성들이 "자신의 행위를 살필 것을" 원하신다고 말했다. 이것은 하나님을 우선순위에 두었을 때 수확을 보게 될 것이라는 말이었다. 하나님은 학개를 통해 "오늘부터는 내가 너희에게 복을 주리라"(학 2:18-19)고 말씀하셨다.

스가랴

서론
다시 출발

어떻게 그들은 부서진 조각으로 재건축할 수 있었는가?

> 여호와가 이처럼 말하노라 내가 불쌍히 여기므로 예루살렘에 돌아왔은즉 내 집이 그 가운데에 건축되리니(슥 1:16).

이때는 유대인의 역사에서 긴 내리막이라 할 수 있는 시기이다. 그들은 끊임없이 하나님께 불평하며, 하나님의 율법을 무시하고 우상을 숭배함으로써 그의 사랑을 배신했다. 수세기 동안 경고를 받은 후 마침내 징계가 내려졌다. 예루살렘은 폐허가 되었으며, 생존자들은 쇠사슬에 묶여 이방 세계로 끌려갔다.

그들은 단순히 전투에서만 패배한 것이 아니었다. 그들은 하나님의 심중에서 멀어졌으며, 또한 선민으로서의 자리도 빼앗기고 말았다.

그러나 유배 중 바사 제국의 왕 고레스가 권력을 잡으면서 유대인들에게 고향으로 가 성전을 재건축할 기회를 주었기 때문에 유다는 재출발할 희망을 갖게 되었다. 그들은 대부분 한번도 본 적이 없는 고향으로 기나긴 여행을 하게 되었다(에스라 첫 장을 읽어 보면 이 여행에 관해 알 수 있다). 그들은 단순한 재건축을 원했던 게 아니었다. 어떻게 해서든지 그들은 자신들의 민족을 오염시켰던, 하나님을 배반했던 죄에서 돌이키려고 했던 것이다.

희망이 사라지기 시작하다

하지만 그들은 처참한 광경을 보고 용기를 잃고 말았다. 예전에 아름다웠던 도시는 유령의 도시가 되어 있었다. 가치 있는 모든 것이 파괴되었고, 비옥한 토지는 잡초로 무성하게 되었다. 사람들의 자취도 사라졌다.

작은 무리의 귀환자들은 폐허가 된 성전의 터 위에 제단을 쌓았다. 그러나 그들은 실제로 재건축에는 소극적이었다. 거처를 마련하고 땅에서 먹을 것을 찾는 것도 그들에게는 아주 힘든 일이었다. 인근의 비유대 족속들이 성전 재건축을 방해했을 때, 먼저 온 귀환자들은 포기했다. 영광스러운 '재출발'의 희망이 사라지기 시작했다.

성전은 학개와 스가랴 선지자가 다시 관심을 불러 일으키기 전까지 거의 20년 동안이나 수리되지 못한 상태로 있었다. 이들 선지자들은 성전이 폐허로 남아 있다면 이스라엘이 하나님의 백성으로서 갖는 정체성을 유지하기가 어려울 거라고 생각했다. 그래서 이들은 유대인들에게 다시 재건축을 하도록 동기부여 하기로 했다.

스가랴서는 이러한 중요한 재건축 시점에서 기록되었다. 처음 기록된 메시지는 성전의 기초가 놓이고 약 두 달이 지난 후의 것으로 추정된다. 성전은 적어도 부분적으로는 스가랴의 고무적인 말 때문에 4년 만에 완공되었다.

마음의 변화가 요구됨

하지만 스가랴가 주로 건축에만 관심을 가진 것은 아니었다. 그에게 보다 중요한 것은 성전이 상징하는 하나님과의 관계였다. 처음 기록한 말에서 스가랴는 백성들에게 조상을 닮지 말라고 훈계했다. 그들에게 성전은 어떤 의미였을까? 그것은 재출발하겠다는 마음의 결단이었다. 만군의 여호와는 그들에게 "너희는 내게로 돌아오라 그리하면 내가 너희에게로 돌아가리라"(슥 1:3)고 말씀하셨다.

스가랴 후반부는 그 관점을 온 세상으로 넓혀 놓는다. 스가랴는 유대인의 적은 포로민 공동체가 세상의 미래를 결정한다고 말한다. 그들의 재출발은 온 세상의 희망이 될 수 있다.

본론
새 왕, 새 왕국

고난을 통한 승리라는 역설적인 지도력

그는 공의로우며 구원을 베푸시며 겸손하여서 나귀를 타시나니(슥 9:9).

스가랴서는 9장에서 갑자기 변한다. 단편적인 이미지들로 표현되는 하나님으로부터 온 일련의 메시지는 세상의 미래와, 그 안에서 하나님의 백성이 하게 될 역할에 대해 알려 준다.

이들 구절들은 우리 시대에도 이해하기가 난해하지만, 궁극적인 미래는 명백히 희망적이다. 하나님의 백성은 작고 힘없는 민족으로 남아 있으나 온 세상을 뒤흔들게 된다. 모든 민족이 예루살렘에서 경배할 것이다. "여호와께서 천하의 왕이 되시리니"(슥 14:9).

어떻게 그런 일이 가능할 수 있는가? 이 희망의 메시지는 이스라엘 민족에게도 매우 황당하게 들렸다. 스가랴의 시대에는 성전을 재건축하려면 멀리 떨어진 바사 정부의 지원을 받아야 했다. 당시 바사는 세계의 중심이었다. 하지만 이에 비해 예루살렘은 미미하기가 그지 없었다. 그런데 어떻게 이스라엘이 큰 민족이 될 수 있겠는가?

배척당한 지도자

스가랴의 이 구절들을 통해 우리는 이스라엘의 위대함이 투쟁과 고난에서 비롯됨을 알게 된다. 누구든 이 말씀을 읽는다면 하나님이 무언가를 쉽게 이루어 주신다는 그럴듯한 생각 따위는 가질 수 없게 될 것이다. 악과 고통이 득세하고 난 후에 비로소 하나님의 궁극적인 개입이 있다.

이스라엘의 미래는 앞으로 올 매우 특별한 지도자에게 달려 있다. 그래서 사람들은 메시야가 구약의 대부분의 예언들이 이야기하고 있는 것처럼 승리의 전사일 것이라고 생각했다. 그러나 이 왕은 준마 대신에 당나귀를 타고 오신다(슥 9:9). 스가랴는 민족에 의해 배척당할 지도자로서의 목자를 이야기하고 있다(슥 11:4-17). 그리고 이스라엘 민족에 대해 그들이 "찌른 바 그를 바라보고"(슥 12:10) 애통하게 될 것이라고 묘사한다. 오실 지도자에 대한 이들 모든 예언은 군대도 거느리지 않고, 가시관을 쓰신 왕인 예수께 적용된다고 신약은 인용하고 있다. 모든 구약 중에서 이사야(특히 53장)만이 예수의 역설적인 삶, 곧 고난을 통해 승리를 이루는 온유한 지도력에 대해 완벽하게 그 의미를 파악하고 있다.

묵상

당신이 만났거나 친하게 지내는 사람 중에 가장 위대한 사람은 누구인가? 어떤 고난이 그를 그렇게 위대하게 만들었는가?

말라기

믿음이 시들해질 때

말라기는 "실행하라"고 백성들에게 말했다

> 아들은 그 아버지를 종은 그 주인을 공경하나니 내가 아버지일진대 나를 공경함이 어디 있느냐 내가 주인일진대 나를 두려워함이 어디 있느냐(말 1:6).

성공에는 위험이 따른다. 정상에 도달할수록 미끄러지기 쉽기 때문이다. 영적인 생활도 이와 마찬가지다.

말라기는 이 짧은 책에서 이스라엘이 하나님과의 관계에서 실족하지 않도록 애쓰고 있다. 수년 전 그들은 오랜 포로생활 끝에 부푼 가슴을 안고 예루살렘으로 돌아왔다. 그들의 신앙은 어려움을 겪으며 자라났다. 그들은 맹렬한 반대에도 불구하고 하나님 안에서의 희망을 상징하는 성전을 재건축했다. 그들은 하나님이 초자연적으로 그의 영광을 성전에 채우고, 자신들의 민족을 세상의 중심에 두실 것이라 기대했다.

그러나 말라기 시대에는 이스라엘의 희망이 사라졌다. 실제로, 이스라엘 민족의 삶은 끝난 것 같았다. 그들은 하나님이 그들을 사랑하신다는 것을 알 수 없었다(말 1:2). 그리고 그들은 하나님을 섬겨도 아무런 보상을 받을 수 없다고 느겼다(말 2:17; 3:14).

큰 죄인은 아니다

예루살렘 백성의 신앙이 미지근해졌다. 우리는 그들의 불평과 행동을 통해 그것을 알 수 있다. 그들은 아이를 희생제물로 바치거나 성전에 우상을 가지고 왔던 포로기 이전의 사람들처럼 큰 죄인은 아니었다. 말라기의 백성은 그들의 종교를 지켰으나, 그들은 종교의 본질인 하나님과의 관계를 상실하고 말았다.

이전의 선지자처럼 말라기도 부정의와 악을 꾸짖으면서(말 3:5) 비교적 사소한 것처럼 보이는 잡혼, 이혼, 그리고 냉담한 예배(가장 좋은 것을 드리지 않는 행위에서 드러남) 등의 문제를 집중적으로 거론했다. 말라기의 눈을 통해 우리는 최소한의 것을 마지못해서 하는 이스라엘 민족의 신앙을 엿볼 수 있다.

어떻게 그런 미지근한 신앙을 뜨겁게 할 수 있을까? 말라기에는 몇 가지 방법이 나온다. 그는 하나님의 사랑으로 시작한다. 그의 청중들에게 하나님의 사랑이란 명백하지 않았다. 그러나 그들이 이웃하는 에돔과 비교해 보면 하나님이 그들을 계속 돌보신다는 것을 알 수 있다.

부주의한 태도를 바꿈

유대인들은 하나님께 헌물로 드리는 데 상하거나 병든 짐승을 가지고 왔다. 말라기는 사람들에게 하나님께 드리는 예배에 대해 신중하게 생각해 보라고 설교했다. "이제 그것을 너희 총독에게 드려 보라 그가 너를 기뻐하겠으며 너를 받아 주겠느냐"(말 1:8)고 그는 말했다. 말라기는 율법이 요구하고, 하나님이 영예롭게 받으셔야 할 완전한 짐승을 가지고 오라고 촉구했다. 또한 다른 종교를 가진 여인과 결혼해 이스라엘 안에 종교적인 타협이 불가피하게 일어나게 하는 짓을 금할 것을 요구했다. 그리고 마지막으로 성전에서 하나님께 온전한 십일조를 드리도록 했다. 하나님께 드리기를 아까워한다는 것은 하나님의 것을 도둑질하는 것과 같았다.

말라기는 율법서에 명시되어 있기 때문에 이들의 변화를 요구한 것이 아니었다. 그것들은 내적인 태도를 상징하는 행동이었다. 사람들은 그들의 믿음을 신중하게 실행에 옮겨야 했다. "만군의 여호와가 이르노라 너희의 온전한 십일조를 창고에 들여 나의 집에 양식이 있게 하고 그것으로 나를 시험해 내가 하늘 문을 열고 너희에게 복을 쌓을 곳이 없도록 붓지 아니하나 보라"(말 3:10).

마지막 말씀

말라기는 구약의 마지막 말씀이다. 성경의 침묵 기간인 400여 년 동안 이 말씀은 이스라엘에 울려 퍼졌다. 그 기간 동안에도 말라기의 목소리는 효력을 발휘하고 있었다. 바리새파의 주도하에 유대인들은 점차 구약의 율법을 지키는 데 헌신했다. 그러나 불행하게도 그들 대부분은 말라기가 궁극적으로 강조하려고 했던 것을 잊고 말았다. 그들은 그것이 단순히 율법을 지키는 것을 의미하는 게 아니라, 하나님께 그분이 마땅히 받으셔야 할 영광을 돌려 드리리라는 의미임을 알아야 했다.

Part 5

복음서

마태복음

마가복음

누가복음

요한복음

마태복음

서론
구약과 신약의 가교

왜 족보로부터 시작하는가?

아들을 낳으리니 이름을 예수라 하라 이는 그가 자기 백성을 그들의 죄에서 구원할 자이심이라(마 1:21).

400년 동안 성경은 더 이상 기록되지 않았다. 선지자들은 침묵했다. 그동안 중동의 여러 제국들은 멸망했으며, 작은 민족 이스라엘은 그리스, 로마와 같은 강국의 지배하에서 고통을 겪었다.

그런데 심상치 않은 일이 일어났다. 한 아기가 태어난 것이다. 마태복음은 예수인 이 아이를 소개함으로써 성경에 완전히 새로운 한 획을 긋고 있다.

마태는 바로 첫 문장에서 그의 의도를 분명히 밝히고 있다. 그는 예수님의 탄생을 구약의 전승과 연결시킨다. 예수님은 아브라함과 다윗의 후손인 유대인의 왕으로 나신 분이었다. 이 대담한 주장을 증명하기 위해 마태는 상세히 설명한다. 나사렛의 초라한 동네에서 태어난 이 예수가 구약에서 약속한 구원자, 바로 "메시야"('그리스도'는 '메시야'라는 말의 헬라어이다)라는 주장이다.

예수의 가계

모든 사람들, 그중에서도 유대인들은 메시야를 목마르게 기다려 왔다. 메시야가 오시면 전 세계의 역사가 바뀔 것이라고 믿었기 때문이다. 정말로 이 목수의 아들이 모든 사람이 그처럼 오랫동안 고대하던 그 왕이란 말인가? 이 질문에 답하기 위해 마태는 족보로부터 이 이야기를 시작한다.

한 장에 걸쳐 이름이 열거된 족보에는 누구도 흥미를 느끼지 않는다. 끝없이 이름만 나열된 목록은 특별히 자기와 관계가 없는 사람에게는 따분하기 짝이 없는 것이다.

하지만 오래 전의 족보를 들추는 것이 어떤 의미인지 어느 현대 작가의 이야기를 들어 보자.

"삶에서 다시는 반복되지 않을 감동적인 면을 표현하는 것으로 '절정의 체험' 이란 말이 있다. 나는 그것을 서부 아프리카의 주푸레라는 오지에서 보낸 첫날 맛보았다 … 온 몸에 소름이 돋았다." 『뿌리』*(Roots)*의 작가, 알렉스 헤일리는 이런 말로 자신이 맨 처음 한 노인으로부터 1752년 노예상에 의해 포로가 된 어린 쿤타 킨테의 이야기를 들었던 날을 회고한다.

뿌리의 중요성

테네시와 버지니아에 퍼져 있던 헤일리의 조상은 바로 갬비아의 작은 마을에서 포로로 잡혀온 아프리카 원주민이었다. 아프리카인 추장이 재차 인용했던 "그리고 아무개는 아내로 아무개를 얻었고 아무개를 낳았다"는 말을 그가 들은 날 헤일리 가계의 연결 고리는 거기서 갑자기 끊어져 버렸다. 『뿌리』는 조상과의 이러한 관계를 극적으로 표현한 이야기이다.

마태복음은 직접 예수의 탄생에서 이야기를 시작하는 대신 훨씬 윗대까지 거슬러 올라가 그의 뿌리를 밝힌다. 정말 예수가 구세주라면 그 조상들도 이러한 주장과 부합해야 한다. 즉, 그들도 왕의 혈통에 속해야 한다. 마태는 처음으로 구세주의 약속을 받은 유대 민족의 선조 아브라함까지, 그리고 다음으로는 이스라엘 왕국의 위대한 왕 다윗까지 예수의 혈통을 추적한다.

구약과의 연결 고리

예수의 혈통을 기록한 후 마태는 지상에서의 예수의 생애를 이야기한다. 다른 신약성경에서 구약을 인용하는 것 이상으로 그는 훨씬 빈번하게 구약을 인용한다("선지자들을 통해 예언된 것이 이렇게 성취되었다"와 같은 구절이 많이 등장한다).

신약성경의 첫 번째 책인 마태복음은 이 모든 것을 하나로 모은 것으로써 구약과 신약 사이의 연결 고리 역할을 한다. 마태는 예수의 뿌리로부터 출발해 예수와 전통적인 유대의 메시야상을 일치시킨다. 왕으로 오신 예수는 수천 년 동안 사람들을 목마르게 했던 이 기다림을 해결해 주었다. 하지만 그가 세우려고 했던 왕국은 사람들이 기대한 것과는 완전히 다른 종류의 것이었다.

본론
안팎이 같게 하라

모든 사람은 위선자인가?

생명으로 인도하는 문은 좁고 길이 협착하여 찾는 자가 적음이라(마 7:14).

우리는 대부분 두 종류의 삶을 살고 있다. 사람들이 보는 겉으로 드러난 삶과 안에 숨겨진 삶이 그것이다. 학교에서 우리는 수업시간에 집중하면 선생님이 기뻐하신다는 것을 배운다. 그리고 직장인이 되어서는 사장님이 순회할 때 좋은 인상을 주기 위해 머리를 손질하고, 옷을 바르게 입고, 열심히 일하는 모습을 보여 준다. 이처럼 우리는 살아가면서 가면을 쓰는 것처럼 정말로 심각한 문제들을 감쪽같이 숨기는 요령을 습득하게 된다. 그리고 사람들은 외모를 보고 판단하려는 경향이 있어서 우리의 이런 노력에 쉽게 속아 넘어간다. 연쇄 살인범이 체포되면 그 이웃 사람들은 놀라며 "좋은 사람 같았는데"라고 말하곤 한다. 이것은 외모가 내면과 반드시 일치하는 것은 아님을 알려 주는 단적인 예다.

위선자에 대한 비난

5~7장은 외모보다 내면을 더 중요하게 생각해야 함을 이야기하고 있다. 예수님 당시의 종교적인 사람들은 밖으로 드러나는 행동을 통해 다른 사람에게 좋은 인상을 심어 주려고 노력했다. 그들은 잠깐의 금식기간 동안 낡은 옷을 입고 얼굴을 흉하게 했으며, 사람들이 잘 볼 수 있는 큰 거리에서 기도하며, 경문(성구가 들어 있는 작은 상자)을 이마와 왼쪽 팔에 붙이고 다녔다.

예수님은 우리에게 잘 알려진 산상설교에서 남에게 별로 해를 끼치지 않을 것 같은 그런 행동 뒤에 숨어 있는 위선을 꾸짖으셨다. 하나님은 겉으로 드러나는 모습을 보고 속으시는 분이 아니다. 우리는 결코 하나님께 좋게 보이려고 행동을 꾸밀 수 없다. 하나님은 우리가 공들여 꾸미려고 하는 겉모습 뒤에 숨어 있는 미움, 자만, 욕심 등 하나님만이 고칠 수 있는 내적인 문제를 알고 계신다. 예수님은 꾸밈없는, 그리고 실제로 매우 극단적인 삶의 방식을 제시하고 계신다.

익숙하지만 놀라운 말씀

성경 전체에서 사람들이 가장 많이 분석한 이들 세 장의 본문(5~7장)은 새로운 세계관을 드러내고 있다. 우리는 여기에서 황금률이나 주기도문 등 익숙한 구절들을 많이 찾아볼 수 있다.

예수님은 여기에 제시된 진리에 대해 그것이 어떤 의미에서는 새로운 것이 아니라고 말씀하셨다(그 진리는 구약의 율법을 폐하기보다는 완성하고 있다). 다른 면에서 보면, 여기에 묘사되고 있는 삶의 방식은 무엇보다도 극단적이다. 예수님의 말씀은 정상적인 가치를 전도시킨다. "심령이 가난한 자 … 애통하는 자 …

온유한 자 … 의에 주리고 목마른 자 … 긍휼히 여기는 자 … 의를 위하여 핍박을 받은 자는 복이 있나니"라는 말씀을 통해 예수님은 권세와 성공, 결단 등으로 나타나는 좋은 이미지를 갖추려 노력하는 사람들을 공격하고 있다.

산상설교는 겉으로 드러나는 삶이 아닌, 내면의 근본적인 삶을 살아야 한다는 것을 우리에게 보여 주고 있는지도 모른다. 우리는 우리의 안과 밖의 삶을 일치시키는 데 이를 수 있다.

> 묵상
> 다른 사람들이 당신의 내면 상태를 알아보는가? 친구들은 어떻게 다른 사람에게 좋은 인상을 심어 주려고 노력하는가?

지도자의 풍모

예수가 말하는 왕국을 원한 사람은 아무도 없다

가면서 전파하여 말하되 천국이 가까이 왔다 하고(마 10:7).

대통령이나 수상 같은 중요한 지도자들은 자신들에게 자신감과 능력이 있다는 인상을 심어 주기 위해 열심히 노력한다. 그들은, 지도자는 지도자답게 보여야 한다고 생각하며, 대부분이 그 방법을 배우기 위해 '이미지 메이커'를 고용하고 있다. 어디로 가든지 대변인이나 경호원, 비서, 열렬한 지지자의 무리가 그들을 따른다.

마태는 예수를 진정한 지도자이자 고정된 관념의 틀을 깬 왕으로 묘사하고 있다. 그에게는 성난 폭풍을 잔잔케 하고 바다 위를 걷는 능력이 있다. 그러나 그는 다른 사람의 이익을 위해서만, 즉 배고픈 사람들을 먹이고 아픈 사람들을 고치기 위해서만 그 능력을 자비롭게 사용하셨다. 그는 뛰어난 능력을 가진 인물이라는 세인의 평에 대해서는 관심이 없었다.

1세기의 유대인들은 지도자를 중심으로 군사를 집결해 자주 로마 제국에 반기를 들었다. 이에 로마는 서기 70년에 예루살렘을 점령해 버렸다. 이런 시대적 상황 속에서 예수님이 제시한 왕국은 그들의 기대에 전혀 걸맞지 않은 것이었다.

제자들은 이해하지 못했다

예수님은 사역 초기부터 영광과 집권의 유혹을 거절하셨으며(마 4:8-11), 군중의 압력도 단호히 물리치셨다. 사실상 그 당시 유대에서 가장 강력한 지도자였던 그는 군대를 모으기보다 사람들에게 이야기하는 데 시간을 쏟으셨다. 진정한 메시야로서 그는 사람들이 그에게 기대하는 외적인 이미지를 만족시키기보다는 하나님을 기쁘시게 하려고 애썼다.

시간이 지나면서 제자들은 예수님이 "그리스도시요 살아 계신 하나님의 아들"(마 16:16)이라는 사실을 확신하게 되었다. 베드로는 이러한 고백을 함으로써 예수님의 칭찬을 듣지만 곧바로 주님이 고난을 받고 죽어야 한다는 말에 크게 반박함으로 예수님의 호된 질책을 받게 되었다.

예수님이 지닌 지도력의 역설은 그가 예루살렘으로 가까이 올 때에 더욱 심화되었다. 종려주일에 그는 한순간이나마 군중들의 환호를 받았다. 그러나 그때에도 그는 전차나 준마를 탄 것이 아니라 나귀의 새끼를 탔다. 며칠 후에 그는 자신의 제자들에게 깃발이나 문장이 아닌, 죄수를 처형하는 십자가를 남긴 채 죽음을 맞이했다.

묵상

예수님이 현대의 선거전에 나오신다면 승리할 수 있을까? 오늘날의 사람들은 어떤 지도자를 원하는가?

천국에 관한 이야기

왜 예수님은 그렇게 많은 이야기를 들려주셨나?

제자들이 예수께 나아와 이르되 어찌하여 그들에게 비유로 말씀하시나이까(마 13:10).

작가들은 핵심을 담고 있는 짧고도 단순한 이야기, 곧 비유를 통해 깊은 진리를 전달하는 예수님의 기술에 감탄을 마지 않는다. 이야기는 모든 사람이 좋아하는 것이며, 어떤 개념이나 논리보다 더 쉽게 기억에 남는다. 예수님은 대부분의 사람들이 학문을 배우지 않은 농부나 어부라는 상황을 염두에 두고 그에 적절한 표현들을 사용해 이야기하셨다. 걸작이라고 할 만한 30여 개의 비유가 복음서에 남아 있다.

이 장에 기록된 이야기를 하고 있는 동안 예수님은 해변에서 약간 떨어진 배 위에 타고 계셨으며, 모여 든 많은 청중을 향해 소리를 높이셨다. 이야기가 농사짓기나 빵 굽기, 감춰져 있던 보물 찾기, 낚시와 같은 그들의 일상을 담고 있기 때문에 예수님은 지속적으로 사람들의 관심을 유지시킬 수 있었다. 이야기가 끝나면 그는 제자들에게 그것에 담긴 보다 깊은 의미를 설명해 주셨다.

예수께서 그의 제자들에게 설명하실 때 비유는 또한 청중을 걸러내는 역할을 하기도 했다. 재미난 것을 찾아온 구경꾼들은 몇몇 이야기에 대해 곰곰이 생각하면서 집으로 돌아갔다. 하지만 보다 진지한 구도자들은 그것에 대한 해석을 더 듣기 위해 돌아왔다.

다른 통치를 받는 나라

이 장은, 마태복음에 32회 등장하는 '하나님의 나라'에 관해 예수님이 하신 이야기들을 모아 놓았다. 비록 예수님은 그 용어에 대해 한번도 자세하게 정의 내리지 않으셨지만, 그 나라의 속성에 관해서는 많은 단서를 제공하셨다. 이 나라는 우리가 흔히 나라라고 말하는 그리스나 중국, 스페인 같은 지리적인 경계를 가진 것이 아니며 지도에 그 위치를 표시할 수도 없다. 그 나라의 시민은 그들의 적들 가운데서 바르게 살아가며, 무장한 국경을 사이에 두고 그들과 분리되지도 않는다. 뿐만 아니라 하나님의 나라가 그것을 파괴하려는 악한 세력에 둘러싸여 있는 중에도 눈에 보일 정도로 놀랍게 성장할 것을 예언하셨다.

요약하면, '하나님의 나라', 곧 천국은 세상 속의 하나님의 통치로 이루어진다. 그것은 하나님의 뜻을 충성스럽게 따르는 모든 나라에서 온 모든 인종의 사람들을 포함한다. 예수님은 이 새로운 왕국이 하나님의 최종 계획임을 강조하셨다. 또한 천국에서는 가장 작은 자라도 침(세)례 요한보다 크다고 말씀하셨다(마 11:11).

능력과 지도력에 대한 전통적인 이미지에 물든 제자들은 예수님이 말씀하신 천국의 개념을 전혀 파악하지 못했다. 그들은 예수님이 하나님 나라에 대한 비유를 설명해 주시기를 바랐으면서도 헛된 자리 다툼을 하고 있었다. 그들은 예수님이 돌아가시기 전까지는 그분의 말씀을 이해하지 못할 것이나, 그분이 다시 오셨을 때에는 이 땅에서 하신 주님의 사역을 이해하게 될 것이었다.

묵상

당신은 언제 자신이 가라지 사이에 있는 알곡, 곧 복음이 퍼지는 것을 막으려는 세력 가운데 그를 따르는 이들과 같다고 느끼는가?

예수를 잡으려

예수님은 그의 원수들과 대적했다

대제사장들과 바리새인들이 예수의 비유를 듣고 자기들을 가리켜 말씀하심인 줄 알고 잡고자 하나 무리를 무서워하더니(마 21:45-46).

헤롯 왕은 예수가 태어났다는 사실만으로도 놀라서 두 살 아래의 모든 사내 아이들을 학살할 것을 명령했다. 그리고 박해도 계속했다. 이미 공생애 초기부터 예수님은 자신의 죽음을 공공연하게 예언하셨다.

19장에서 마태는 예수님과 그를 대적하는 사람들 사이의 점증하는 긴장 관계를 설명하고 있다. 원수들은 이 마을에서 저 마을로 따라다니며 덫을 놓으려 하고 있었다. 그래도 예수님은 비난을 누그러뜨리거나 회피하려는 시도조차 하지 않으셨다. 반대로 그는 그 마찰을 기회로 원수들과 제자들을 반대하는 군중들에게 경고하셨다. 그래서 원수들은 그에게 음모를 씌워 죽이려고 호시탐탐 노리고 있었다. 22장에서는 예수님이 동일한 날에 바리새파와 사두개파라는 두 종파와 헤롯당이라는 정치적인 집단까지 총 세 그룹의 적들과 맞서고 있음을 보여준다. 예수님은 그들이 교묘하게 던진 어려운 질문들의 함정에 빠지지 않으셨다. 실제로 그의 대답은 아주 성공적이었기 때문에 마태는 다음과 같이 결론을 내리고 있다. "그 날부터 감히 그에게 묻는 자도 없더라"(마 22:46).

예수님은 왜 바리새파를 반대하셨는가?

역사학도들은 예수님이 왜 유대교의 한 종파인 바리새파(신약에 100번 정도 언급되어 있음)를 그처럼 강력하게 비난했는지에 대해 의아해한다. 언뜻 보면 그들은 예수님이 좋아할 만한 장점을 지닌 사람들이었다. 그들은 그 당시 가장 종교적인 사람들이었으며, 다른 어떤 종파보다 구약의 율법서를 따라 살려고 노력했다. '분리주의자'를 뜻하는 그들의 이름은 정상적인 종교행위 이상의 것을 바라고 노력하려는 자임을 드러내고 있다.

바리새파 사람들은 율법주의자였다. 그들은 율법의 작은 부분에 지나치게 집중하거나 스스로를 엄격하게 통제하기 위해 그것을 변형시키기도 했다. 예를 들어 나귀를 타는 것은 안식일 계명을 범하지 않는 것이지만 채찍질을 하기 위해 회초리를 가지고 타는 것은 나귀에 짐을 싣는 행위로 안식일 법에 저촉된다는 것이다.

바리새파 사람은 안식일에는 바깥에 나갈 수가 없었기 때문에 거지가 구걸을 해도 집 안으로 손을 들이밀어야만 뭔가를 줄 수 있었다. 그리고 여인들은 안식일에 거울을 들여다볼 수 없다. 왜냐하면 이는 흰 머리칼을 보면 그것을 뽑고 싶은 충동을 느낄 수 있기 때문이다.

마태복음 23장은 바리새파에 대한 예수님의 평가를 기록하고 있다. 그는 그들이 교만하고, 배타적이며, 정결한 체하지만 자신의 잘못은 인정하지 않으려 한다고 꾸짖으셨다. 그리고 율법주의로 외부를 그럴 듯하게 치장하면서, 하나님과 타인에 대한 내적인 바른 태도를 갖는 것에는 소홀히 한다고 지적하셨다.

오늘날에도 바리새파가 있는가?

예수님은 지상에서 보낸 마지막 주간에 사람들을 철저히 양극화시켰다. 그는 대담하게도 자신의 가르침을 반대파의 것과 대조했다. 또한 제자들에게 그의 죽음 뒤에 닥쳐올 환란에 대해 경고했다. 자신이 떠나도 바리새파와 같은 원수들에 의한 박해는 사라지지 않고, 오히려 최후의 심판 때까지 더욱 심해질 것이라는 주장이었다.

예수님은 율법주의를 극단적으로 실행하는 예로 바리새파를 언급하셨다. 그러나 그는 단순히 고대의 유대 종파에 대해서만 말씀하신 것이 아니었다. 그의 말씀은 그 당시, 그리고 지금도 지속되고 있는 인간의 어리석음을 묘사하고 있었다. 그가 언급한 잘못들은 교회사에서 확인할 수 있다. 그리스도인은 교만이나 편협성, 행위에 의거한 종교와 아직도 싸우고 있다.

묵상

예수님은 1세기 바리새파의 특성을 묘사했다. 지금 우리 시대는 어떤가? 당신의 교회와 당신에게서 발견할 수 있는 바리새적인 특성은 어떤 것인가?

왕의 시해

체포, 심문, 그리고 처형

예수를 흉계로 잡아 죽이려고 의논하되(마 26:4).

마태는 무미건조한 말로 마지막 세 장에 예수님의 생애의 깊은 아이러니를 묘사한다. 첫 번째 문장에서 그는 예수님이 메시야, 즉 진정한 왕이라는 사실을 강조한다. 이 복음서는 특히 예수의 왕권에 대해 많이 언급하고 있기 때문에 '왕의' 복음이라고 불리기도 한다.

그러나 한때 동방의 박사들이 경배하기 위해 대륙을 가로질러 찾아온 적도 있었던 이 사람은, 생애의 마지막에 이르러서는 노예처럼 은 30냥에 팔렸다. 예수님은 마침내 왕의 홍포를 입고 관을 썼으나, 그것은 원수들이 그를 잔인하게 조롱하기 위해 한 짓에 지나지 않았다. 매 맞은 등의 상처에서 배어나온 피는 홍포를 적셨고, 그의 머리에 쓴 가시관에서는 많은 피가 흘러내렸다.

불과 얼마 전까지만 해도 그는 강경한 어조로 종교적인 지도자들을 비난했지만, 그들이 그를 기소했을 때에는 거의 침묵으로 일관했다.

예수님의 자기 방어

예수님의 적들은 두 가지 중요한 질문을 던졌다. 첫째는 "너는 유대인의 왕인가?"라는 질문이었고, 둘째는 "너는 메시야인가?"라는 질문이었다. 그는 단순히 "네 말이 옳도다"(마 27:11)라는 말로 마태복음 전체에 흐르는 주제를 확인해 주었다. 마침내 그는 왕이라는 '죄목'을 달고 처형되었다.

예수님은 실제로 왕이셨으나, 그것은 사람들이 기대했던 그러한 왕이 아니었다. 게다가 삼 년 동안이나 그와 고락을 같이했던 제자들조차 그에게 엉뚱한 상급을 기대했다.

그러나 왕의 이야기는 27장의 처형 장면으로 끝나지 않는다. 성 금요일(Good Friday)은 다음과 같은 기적이 없었다면 'good' 이라고 불릴 수 없었을 것이다. 'good' 이라고 말할 수 있는 이유는 왕이신 예수님이 다시 부활하셨기 때문이다. 예수의 유대 계보를 추적함으로 책을 시작했던 기자는 모든 민족에게 복음을 전하라는 예수님의 명령으로 책을 끝맺는다.

묵상

예수를 못 박았던 사람들은 왜 그를 미워했는가? 오늘날에도 그러한 사람들이 있는가?

마가복음

서론

빠른 템포로 진행된 복음

마가는 액션 영화의 대본처럼 글을 기술한다

예수의 소문이 곧 온 갈릴리 사방에 퍼지더라(막 1:28).

화면에는 간단한 서두가 번개처럼 지나간다. 이어 카메라는 전갈과 도마뱀, 독거미가 살고 있는 넓고 흰 모래사장을 가로지르며 여기저기를 비춘다. 마침내 어렴풋하던 초점이 명확해지면서 한 사람이 나타나는데, 그는 낙타 털옷을 입고 외롭게 광야에서 무엇인가를 외친다. 마가복음은 이렇게 시작한다.

이처럼 마가복음은 간결하게 편집된 기록 영화와 같은 인상을 준다. 그것은 다른 복음서와는 달리 대화나 개인의 이야기를 별로 포함하고 있지 않다. 기자는 침착치 못하고 성격이 급한 독자들에게, 독서보다는 영화를 더 선호하는 자들에게 글을 쓰는 듯하다.

마가의 카메라는 많은 군중을 교대로 비추며 수평으로 움직이다 어떤 한 사람에 이르러서는 급격히 클로즈업하면서 능숙하게 카메라를 조절한다. 그렇게 침(세)례 요한으로 관심을 끈 다음, 그는 다시 예수님을 주인공으로 택하고 카메라를 그에게로 향한다.

액션의 강조

마가복음에서 이야기의 요점을 찾으려고 하는 자들은 헛된 수고만 할 뿐이다. 연속되는 장면들은 구조를 무시한다. 어떤 기자는 "마가복음에서 예수님이 기적을 보이는 것은 마치 결혼식 때 쌀을 뿌리는 것과 같다"고 했다. 마태와 누가는 예수님이 행하신 기적을 기록하기에 앞서 역사적인 준비 과정에 관해 네 장을 할애한다. 그러나 마가는 1장에서만 이미 세 번의 기적과 여러 가지 사건을 이야기하고 있다.

액션 장면을 강조하는 것과는 대조적으로, 마가는 예수님의 비유를 중요하게 여기고 있는 것 같지는 않아 보인다. 이 복음서는 말이나 편집자의 주석보다는 사건에 초점이 맞춰져 있다. 마가는 수많은 군중들이 예수님의 주변에 너무 가깝게 몰려들어 그들을 피해 멀리 떠나 있어야 할 정도라고 묘사한다. 그가 가는 곳마다 군중들이 뒤따르며, 이어 그의 비범한 삶에 관한 소문이 퍼진다. "그는 하나님의 사람인가?", "그는 미치지 않았는가?", "이 사람은 원래 목수의 아들이 아닌가?"

쉴 틈 없는 진행

거의 골격만 갖춘 액션을 보여 줌으로써 마가는 다른 성경 기자들보다 훨씬 극적인 느낌을 전달한다. 그는 청중을 주목시키는 액션의 연속 화면들을 쉴 틈 없이 채워 넣는다. 하늘이 곧바로 열리고, 성령은 예수를 즉시 사막으로 보낸다. 제자들이 매우 급하게 모집된다. 이 복음서에는 '서둘러' 라는 부사가 42회나 사용되었다.

배역들은 여기저기에서 출현하며, 군중은 말의 위력에 깜짝 놀라 웅성거린다. 마가복음은 '놀라게 하다', '압도적이다', '무서워하다' 와 같은 말이 주로 나타나며, 감탄으로 가득 찬 복음서이다.

본론

단단한 토양

왜 더 많은 사람들이 메시야를 알아보지 못했는가?

그들이 심히 두려워하여 서로 말하되 그가 누구이기에 바람과 바다도 순종하는가 하였더라(막 4:41).

4장의 씨 뿌리는 비유에 기록된 이야기는 지상에 계실 동안 예수님이 맺으신 결실이 혼합되어 나타난 것이다. 2,000년이 지난 오늘날 우리는 크리스마스나 부활절을 달력에 잘 보이도록 표시하고 성스럽게 기념한다. 그러나 그 당시 사람들은 육체의 몸을 입고 오신 예수님을 직접 보았다. 어찌 이들이 의심하지 않을 수 있었겠는가?

이웃들. 그들은 예수님이 자라면서 자신의 자녀들과 뛰어노는 것을 보았다. 그들에게 그는 너무 익숙한 존재였다. 그래서 그들은 그 단순한 이유 때문에 그가 하나님의 보내심을 받았다는 사실을 믿을 수 없었다. "이 사람은 목수가 아니냐?" 그들은 물었다. "이 사람이 받은 지혜와 그 손으로 이루어지는 이런 권능이 어찌됨이냐 이 사람이 마리아의 아들 목수가 아니냐 야고보와 요셉과 유다와 시몬의 형제가 아니냐"(막 6:2-3).

가족. 예수님의 가족조차도 놀라운 일들과 평범한 일들을 쉽게 조화시키지 못했다. 마가는 예수님의 어머니와 형들이 그들이 내린 "그가 미쳤다"(막 3:21)라는 결론 때문에 예수님께 따지려고 왔던 때를 우연히 언급하고 있다.

종교 전문가들. 서기관과 바리새인들은 선지자들이 쓴 글을 숙고한 사람들이므로 메시야를 인식하는 방법에 있어서 누구보다도 명확한 개념을 가지고 있어야 했다. 하지만 이 학자들보다 더 예수님을 곤란하게 했던 이들도 없었다. 그들은 예수님의 이론과 생활방식, 친구를 고르는 방식에 대해 비난했으며, 예수님이 행하신 이적에 대해 사탄이나 악의 힘을 빌린 것이라고 말했다.

군중들. 보통 사람들은 예수님에 대한 자신들의 마음을 결정하지 못하는 것 같았다. 그들은 어느 순간 "그가 귀신 들려 미쳤거늘"(요 10:20)이라고 말하더니 다음에는 예수님을 억지로 자신들의 왕 삼으려 하기도 했다(요 6:15).

날씨를 향해 소리치시다

어떻게 하나님의 아들이신 예수님을, 백주대낮에 그 놀라운 이적들을 일으키셨던 분을 알아보지 못할 수 있었을까? 예수님이 타고 가시던 배가 폭풍에 거의 뒤집힐 상황이었을 때 그는 바람을 향해 소리치셨다. "잠잠하라! 고요하라!" 제자들은 두려움에 겁을 집어 먹었다. 어떤 사람이 버릇없는 아이를 바로잡는 것마냥 날씨를 향해 소리치겠는가?

이 사건은 제자들에게 예수님이 이 땅의 다른 사람들과 같지 않다는 것을 확신시켜 주었다. 하지만 이것은 또한 예수님에 대한 그들의 생각을 혼란스럽게 만들기도 했다. 예수님은 너무 피곤하셔서(인간적인 연약함의 증거) 배에서 깊이 잠이 드셨다. 기적이 일어난 이 순간은 날씨의 창조주인 하나님의 아들이 날씨의 피해자가 된 순간이었다. 비구름을 창조한 이가 비를 맞았으며, 별들을 만든 이가 중동의 태양 아래서 더위에 시달리고 땀에 젖었다.

초대 교회는 앞으로 3세기 동안 하나님이 사람이 되신 게 정말로 무엇을 의미하는지에 대해 논쟁을 벌이게 될 것이다. 하지만 그들의 교리는 신화적인 인식을 쫓아내는 데 그리 힘을 쏟지 않았다. 어떤 면에서 예수님은 모든 사람과 똑같은 존재였다. 그는 인종과 직업, 가정 배경, 몸을 가진 인간이었다. 그러나 어떤 면에서 그는 우주의 역사 속에서 찾아볼 수 없는 완전히 새로운 존재였다. 이 두 가지 진술 사이에 우리가 결코 설명해 낼 수 없는 신비가 놓여 있다.

묵상

예수님의 네 가지 땅에 떨어진 씨의 비유에 묘사된 땅 중에 어느 것이 복음에 대한 당신의 반응을 가장 잘 표현하고 있는가?

목격자의 기록

어디서 마가는 이 사실들을 수집했는가?

베드로와 야고보와 야고보의 형제 요한 외에 아무도 따라옴을 허락하지 아니하시고(막 5:37).

새로운 언어로 성경을 번역할 때에는 설명해야 할 것들이 많다. 아브라함이나 모세, 베드로나 바울에 대해 들어 본 적이 없는 사람에게 그리스도교를 어떻게 전달하겠는가? 어디서부터 시작해야 좋겠는가?

대부분의 번역자들은 마가복음에서 시작한다. 그들은 그 단순한 문체와 간결하면서도 역동적인 장면들 때문에 비교적 번역이 쉽다고 말한다. 마치 신문과 같다. 마가복음은 외국 문화에 젖은 사람(아마도 로마인)들을 주 독자층으로 설정한 것 같다. 그래서 일상적인 유대 문화에 대해서는 별도로 설명을 덧붙이고 있다.

베드로와의 연결

성경에 덜 익숙한 독자에게 마가복음이 가장 크게 영향력을 미칠 수 있는 이유는 그 생동감 때문일 것이다. 마가복음은 목격자의 감정을 생생히 전달하고 있다. 그러한 점을 연구한 학자들은 마가가 예수님과 매우 가까웠던 제자인 베드로에게서 이 사실들을 수집했을 것으로 보고 있다. 베드로나 혹은 그와 비슷한 위치에 있었던 사람들만이 믿을 만하면서도 자세하고 세부적인 상황을 전해 줄 수 있었을 것이다.

예수님은 광야에서 "들짐승과"(막 1:13) 함께 계셨다. 그리고 기도하러 "새벽 아직도 밝기 전에"(막 1:35) 일어나 가셨다. 이는 때를 가리지 못하고 자는 버릇이 있었던 예수님의 제자들에게 특이하게 보였을 것이다. 큰 광풍이 일어날 때 예수님은 배 안에서 베개를 베고 주무셨으며(막 4:38), 변화 산상에서는 그 옷이

"광채가 나며 세상에서 빨래하는 자가 그렇게 희게 할 수 없을 만큼 매우 희어졌더라"(막 9:3)고 누군가가 마가에게 말해 주었을 것이다. 베드로가 예수님이 심문받던 중 불을 쬐며 군사들과 앉아 있었던 사실에 대해서는 마가만이 기록하고 있다.

자세하게 알려 주어야 할 이유

이런 상세한 묘사는 사실을 알리는 데 별 중요성이 없다. 그래서 누가는 동일한 사건들을 기록하면서도 이런 점을 생략했다. 그러나 좋은 작가라면 이와 같은 상세한 묘사가 이야기를 실감나게 만든다는 사실을 알고 있을 것이다. 그러한 예로 마가는 고침을 받은 사람들을 사실적으로 묘사하고 있다. 눈먼 사람이 "겉옷을 내어버리고 뛰어 일어나 예수께 나아오거늘"(막 10:50)이나, 중풍병자가 일어난 후 "그들이 다 놀라 하나님께 영광을 돌리며 이르되 우리가 이런 일을 도무지 보지 못했다 하더라"(막 2:12)와 같이 표현된, 목격자의 기억 속에 있는 생생한 이미지는 마찬가지로 독자들을 사로잡는 역할을 한다.

묵상
당신은 마가복음을 읽을 때 특별히 어떤 사건이 생각나는가?

열두 제자의 훈련

장래성이 불투명한 모집자들

너희가 눈이 있어도 보지 못하며 귀가 있어도 듣지 못하느냐(막 8:18).

노련한 극작가인 마가는 그의 책 전편에 걸쳐 예수님의 말씀이나 행동에 대한 군중의 반응을 서술하고 있다. 그는 예수님의 행동에 놀라고 당황하는 사람,

화내는 사람 등을 묘사한다. 그리고 제자들은 예수님이 사역하시는 것을 보며 항상 그 주변에서 어정거렸다.

제자들을 솔직하게 평가한다면 그들은 처음부터 특출하지 못했다고 할 수 있다. 뿐만 아니라 그들은 우둔하기까지 했다. 예수님은 "너희도 이렇게 깨달음이 없느냐"(막 7:18)고 물으셨다. 그리고 다시 "내가 얼마나 너희와 함께 있으며 얼마나 너희에게 참으리요"(막 9:19)라고 질책하셨다.

둔한 제자들

마가복음 중간쯤에(막 8장) 보면 초점이 군중들에게서 제자들로 이동하는 것이 보인다. 실수투성이의 제자들이었음에도, 예수님은 그들과 대부분의 시간을 보내셨다. 구경꾼들은 단순히 보고 듣기 위해서 모여들었으나, 예수님은 자기가 떠난 후 자신의 일을 맡을 열두 제자를 훈련시키는 데 힘을 쏟으셨다.

하지만 제자들은 예수님이 그렇게 관심을 기울였음에도 계속 서투른 짓만 저질렀다. 그들은 예수님이 자신의 임박한 죽음에 대해 이야기했을 때, 그 뜻을 파악하지도 못했을 뿐 아니라 어리석게도 그의 계획을 반박하기까지 했다. 그리고 누가 가장 높은 자리를 차지할 것인가를 두고 다투기도 했다. 그들은 그들 주변에서 벌어지고 있었던 숨 가쁜 사건들을 전혀 이해하지 못했다. 제자들은 우리 모두가 살아가고 있는 어중간한 삶을 충분히 보여 주고 있었다.

마가복음 마지막 부분에 이르러 예수님의 죽음을 꾀하는 사건들이 벌어지게 되자 제자들은 더욱 근심했고, 고집을 부리기도 했다. 예수님은 특히 요한과 베드로를 크게 꾸짖으셨다.

열두 제자들은 각자 충성을 맹세했음에도 결정적인 순간에 모두 도망치거나 예수를 배반했다.

결정적인 변화

가망이 없던 그들이 극적으로 변화된 것은 한 가지 사건 때문이었다. 죽음으로부터 예수님이 부활하신 사건은 그들의 삶을 불꽃처럼 관통해 지나갔다. 예수님의 부활 후에야 오랜 기간에 걸친 그들의 끈기 있는 훈련이 마침내 결실을 맺게 되었다.

놀라울 정도로 제자들의 행동은 변했다. 예수님의 부활에 대해 가장 설득력이 있는 증거를 얻으려고 한다면 마가복음 뒷부분에서 그려진 비겁한 제자들과 사도행전에 나타난 대담하고 자신감에 찬 인물들을 비교해 보면 될 것이다. 모든 제자들 중에서 가장 둔했던 요한과 베드로, 두 제자에 의해 초대 교회가 놀라운 성장을 이룩했다는 사실에 우리는 아이러니를 느끼지 않을 수 없다.

묵상

때로 우리는 예수님의 제자들을 성자나 영웅으로 생각하지만 마가는 그들의 약점을 보여 주고 있다. 당신이 예수님을 따르는 데 방해가 되는 약점은 무엇인가?

처형의 날

제자들은 완전히 무방비 상태였다

예수를 향하여 섰던 백부장이 그렇게 숨지심을 보고 이르되 이 사람은 진실로 하나님의 아들이었도다 하더라(막 15:39).

우리는 구유에서 탄생하시고 십자가에서 죽으신 예수님의 생애에 대해 잘 알고 있기 때문에 오히려 그분의 생애에 담긴 너무나도 중요한 점을 쉽게 놓칠 수 있다.

언젠가 성경공부 모임에서 예수님 하면 어떤 이미지가 생각나는지를 이야기한 적이 있었다. 그때 가장 먼저 나온 단어들은 목자나 양, 문 등의 단어들이었다. 하지만 그다음에 전혀 색다른 비유가 나왔다. 어떤 중년 부인이 "거꾸로 된 폭죽과 같은 것이 아닐까요?"라고 말하는 것이었다. 그때 모든 사람들이 그녀를 의아해하며 쳐다보았다. "생각해 보세요. 폭죽은 멋지고 화려한 빛에 커다란 소리를 내면서 폭발하죠. 그러나 그것들은 평범한 종이 포장지에 싸여 있잖아요. 하나님이 사람이 되셨을 때에는 반대의 일이 일어난 거죠. 만유의 창조주가 평범한 인간이라는 포장으로 자신을 한정시켰잖아요."

불가능한 일이 일어났을 때

예수님의 예루살렘에서의 처형만큼이나 이 부인의 비유에 들어맞는 사건은 없으리라. 하나님의 아들이 죽는다는 생각은 예수님의 제자들조차 받아들일 수 없었다. 어떻게 그런 일이 일어날 수 있는가? 만유의 창조주가 피조물에게 복종하다니? 결국 그의 곁에서 모든 어려움을 같이 겪어온 제자들마저 그를 버리고 도망갔다. 메시야이신 예수님은 왜 이런 죽음을 맞이하셔야 했는가?

성경을 보면 그 이유를 알 수 있다. 성경에는 왕이신 분이 고난받는 종으로 오신다는 예언(사 53장)이 빈번하게 등장한다. 결국 예수님이 이 땅에 오신 가장 중요한 이유는 죽기 위해서였다. 예수님은 이것을 처음부터 말씀하셨다.

가장 중요했던 일주일

예수님이 지상에서 보낸 마지막 일주일은 제자들에게 깊은 인상을 심어 주었다. 그래서 마가를 포함해 예수님의 전기를 기록한 사람들은 예루살렘에서의 마지막 일주일에 지면의 3분의 1을 할애하고 있다. 그것을 기록했을 때 그들은 이미 가장 위대한 기적인 부활의 슬픈 전주곡으로서 그의 죽음을 새롭게 조명할 수 있었다.

하지만 그렇다고 해도, 그처럼 공포로 가득 찬 마지막 날의 충격을 지워버릴 수는 없었을 것이다. 섬뜩한 어둠이 둘리고, 예수가 죽어갈 때 제자들은 하나님과 그분의 사랑에 대해 어떤 의미심장한 것을 배울 수 있었을 것이다.

도로시 세이어즈는 이것을 이렇게 표현한다.

"하나님은 자신의 창조물과 하는 어떤 게임에서도 자신의 규칙에 따라 공정하게 하는 법을 잊지 않았다. 그는 자신에게 엄격하지 않다면 사람에게서도 엄격함을 기대할 수 없다는 사실을 알고 있었다. 그는 가정 문제나 고된 노동, 가난 등의 사소한 문제로부터 고통, 모욕, 패배, 실망, 죽음 등 최악의 두려움까지 인간이 경험하는 신고(辛苦)를 모두 경험한 분이시다. 사람이셨을 때 그는 철두철미한 사람이었다. 그는 가난하게 태어나 불명예스럽게 죽었으나 그것을 가치 있게 생각하셨다"(『비 그리스도인의 세계에 보내는 그리스도인의 편지』에서).

예수님이 죽은 날처럼 폭죽이 무기력하게 꺼진 날은 세계 어느 역사에서도 찾아볼 수 없다. 그 폭죽은 심지어 켜지지도 못했다.

묵상

만약 당신이 당시의 제자였다면 예수님이 돌아가셨다는 소식에 어떻게 반응했겠는가? 당신은 그래도 예수님을 신뢰할 수 있었겠는가?

누가복음

서론

쾌활한 뮤지컬

무슨 일인가가 이 땅에서 벌어지고 있었다

천사가 이르되 무서워하지 말라 보라 내가 온 백성에게 미칠 큰 기쁨의 좋은 소식을 너희에게 전하노라(눅 2:10).

마태는 공식적인 족보로, 마가는 황량한 사막의 장면으로 글을 시작했지만, 누가는 마음에서 우러나는 축복의 말로 글을 시작하고 있다.

누가가 예수님의 탄생을 둘러싼 사건들을 이야기하는 방식은 쾌활한 뮤지컬을 보는 것과 유사하다. 머리가 허옇게 센 할아버지와 깜짝 놀라는 처녀, 늙어서 비틀거리는 여선지자가 여기에 출연하는 배우들이다.

먼저 천사를 만난 충격에서 회복된 마리아가 아름다운 찬양을 부른다. 그런 다음 아홉 달 동안 말을 못하고 있던 늙은 제사장 스가랴의 입이 열리며 그 입에서 감동적인 시가 흘러나온다. 심지어 태어나지도 않은 침(세)례 요한마저 그의 어머니 뱃속에서 발길질을 하며 기쁨을 표시한다(눅 1:44). 예수님이 태어나자 하늘이 노래하는 천사들로 가득 찬다.

둘로 나뉜 역사

누가복음을 읽으면 여러분은 누가가 천사가 예고한 큰 기쁨의 좋은 소식을 얼마나 알리고 싶어했는지를 느낄 수 있을 것이다.

누가는 우리에게 자신이 예수의 생애에서 일어난 일을 경험했다고 말한다(눅 1:1-4). 우리는 처음 두 장에 나오는 상세한 내용들을 통해 그가 눈으로 본 증거에 많이 의존하고 있음을 알 수 있다. 다른 어떤 복음서 기자도 그토록 많은 사실을 찾아내지는 못했다. 이처럼 세심한 주의를 기울이며 기쁨의 배경으로 시작하는 것이 누가복음의 특징이다.

예수님의 탄생은 문자 그대로 역사를 두 부분으로 나눈다. 우리는 날짜를 적을 때마다 이 사건을 기억하지 않을 수 없다. 누가복음은 우리에게 예수님의 생애가 막 시작하고 있었던 당시의 AD 혹은 BC가 있기 전의 세계를 되돌아보게 한다.

2,000년이 넘게 지난 지금도 예수님의 탄생을 기념하는 것은 우리에게 큰 기쁨을 준다. 우리는 크리스마스 기간 동안 더 좋은 것을 먹으며, 다른 사람을 위해 선물을 사고, 자선금을 기부하며, 노래를 부른다. 진정한 의미는 점점 잊혀 가지만 그래도 성탄은 우리에게 하나님이 사람으로 오셔서 이 땅에 살았던 순간을 일깨워 준다.

본론
가난한 자를 바라보는 의사

상류 계급에 속한 저자가 의외로 강조하는 것

건강한 자에게는 의사가 쓸 데 없고 병든 자에게라야 쓸 데 있나니(눅 5:31).

어떤 유명한 의사가 자신의 직업을 대형 백화점의 고충처리 센터에서 하는 일과 비교한 적이 있다. "의과대학을 다니는 내내 나는 놀라운 인체공학에 대해 배웠습니다. 건강한 몸은 정말로 완벽하면서 절대적인 아름다움을 보여 줍니다. 그러나 실제로 나는 그 몸이 정상적이지 않은 사람들을 치료하느라 모든 시간을 보냅니다. 나는 사람들의 불평하는 소리만 듣고 있습니다. 그러나 그 소리도 잠깐 지나면 무감각해지기 십상이죠."

의사인 누가는 병자들의 아픔을 알고 있었다. 그도 그들의 일상적인 불평을 듣고 있었던 것이다. 그러나 그는 무감각해지지 않았다. 실제로 그의 복음서는 사회의 '고충처리 센터'라고 할 수 있는 가난한 자, 병든 자 및 소외된 자에 대한 예수님의 사역에 중점을 두고 있다.

예수님이 그의 사역을 공포하다

누가복음에 나오는 마리아의 노래는 가난한 자와 배고픈 자를 위한 동정을 담고 있다(눅 1:46-55). 누가는 예수님에 대해 80여 회나 '하나님의 아들'이라는 말을 사용하면서 모든 사람을 위한 진정한 종으로서 예수님을 그리고 있다.

누가복음 4장에는 예수님이 왜 이 땅에 오셨는지를 대담하게 밝히고 있다. 예수님은 광야에서 부와 권력의 유혹을 뿌리치고 자기 고향으로 돌아와 하나님으로부터 받은 고유한 사명, 곧 가난한 자에게 복음을 전하고, 포로 된 자에게 자유를 주며, 눈먼 자에게 다시 보게 함을 전파하며, 눌린 자를 자유케 하는 일을 하셨다(눅 4:18-19).

누가는 편집자로서 별다른 주석을 달지 않으면서 그저 이 마을에서 저 마을로 예수님의 발자취를 추적한다. 예수님은 갈릴리 호수 근처에 밀집한 농촌과 어촌 마을에 묵으시며 비천한 사람들의 필요를 채워 주셨다.

예수님에 대한 반응은 다양했다. 병든 자는 예수님의 주의를 끌기 위해 소리를 질러 고쳐 주실 것을 간청했다. 심지어 존경받는 로마의 백부장과 회당장 같은 몇몇 권력자들도 예수님께 간청했다. 그러나 다른 종교 지도자들은 그의 활동에 계속 거부 반응을 나타냈으며, 고향 사람들은 화가 나서 그를 마을 밖으로 쫓아내기까지 했다.

가난한 자의 친구

누가는 의사로서 비교적 많은 학문을 배운 사람이다. 그래서 그의 복음서는 품위 있고 정교하며 세련된 헬라어로 기록되어 있다. 그러나 한편으로 그는 가난한 자와 소외된 자들에게 관심이 많았던 것 같다. 왜냐하면 고대 역사가에게 대부분 무시당하던 여성들이 누가복음에서는 큰 역할을 하고 있기 때문이다. 누가복음에는 다른 복음에 언급되지 않는 13명의 여성들이 등장한다. 또한 그는 어린이에 대한 사랑과 예찬을 글 속에 표현하고 있다.

교육과 직업 정도로 보면 상류계급의 일원인 누가가 가난한 자와 억눌린 자의 대변자로 등장하는 것이 이상스럽게 보일지도 모른다. 그러나 예수님을 만나 말씀으로 변화를 받은 사람이라면 누구에게나 이것이 이상스러운 일이 아니다. 예수님의 말씀은 확실히 그를 깊이 감화시켰다. "건강한 자에게는 의사가 쓸 데 없고 병든 자에게라야 쓸 데 있나니 내가 의인을 부르러 온 것이 아니요 죄인을 불러 회개시키러 왔노라"(눅 5:31-32)고 예수님은 말씀하셨다.

묵상

누가가 이야기하고 있듯이, 예수님은 부자와 권세 있는 자를 낮추셨고, 가난한 자와 소외된 자를 높이셨다. 예수님이 오늘날 오신다면 우리 사회의 두 그룹은 그에게 어떻게 반응하겠는가?

이름의 위력

이 땅에서의 예수님의 시간이 점점 끝나가고 있었다

제자들이 나가 각 마을에 두루 다니며 곳곳에 복음을 전하며 병을 고치더라(눅 9:6).

그리스도인들은 '예수의 이름으로'라는 말을 많이 한다. 그러나 그 익숙한 말이 우리 중 누군가에게는 의미를 잃고 있는지도 모른다. 예를 들어 보자.

대학교 2학년인 톰 바우어즈는 여름방학 동안 미시간 주지사의 사무실에서 견습생으로 일하게 되었다. 처음 몇 주간은 기계적으로 메모를 기록하거나 시시한 전화에 답하거나 파일을 정리하는 일을 했다. 그러던 어느 날 짓궂은 상사가 톰에게 새로운 법률의 시행계획에 대해 공식적인 논평을 써보라는 제안을 했다. 톰은 자신의 생각을 짤막하게 정리해 그것을 주지사에게 제출했다.

다음날 그는 신문 가판대 옆을 지나다 놀라서 눈을 크게 뜨지 않을 수 없었다. 디트로이트 뉴스의 앞면 머리기사로 그가 정리한 논평이 실린 것이었다. 모든 시민이 그가 쓴 글을 주지사의 글이라고 믿으며 읽을 것이 분명했다.

그때 톰은 비로소 주지사의 이름의 위력을 알게 되었다. 만약 그가 자신의 이름으로 시장에게 그런 편지를 보냈다면 그것은 분명 쓰레기통 속에 처박혔을 것이다. '톰 바우어즈라는 아르바이트생이 누구야?' 그러나 주지사가 문안에 서명을 하자 주의 모든 곳에서 즉각적인 관심을 보였다. 톰이 '주지사의 이름으로' 일했던 그 여름, 그는 주지사를 대신하고 있었다.

예수님의 집중훈련 과정

미시간 주지사를 대신하는 것과 하나님을 대신하며 그의 이름을 사용하는 것은 비교조차 할 수 없는 일이다. 그러나 예수님은 제자들을 위한 그 계획을 확고히 마음에 품고 계셨다. 그는 자신의 이름을 걸고 그 대신 일할 야고보와 안드레 같은 제자를 손수 선택하셨다. 주지사나 대통령이 그의 권한을 대신할 사람에게 권한을 위임하는 것처럼, 예수님은 제자들에게 자신의 권위와 능력을 위임하셨다.

이 땅에서의 예수님의 시간은 점점 끝나가고 있었다. 누가복음 9장 51절은 그가 죽으러 "예루살렘을 향하여 올라가기로 굳게 결심하셨다"고 기록하고 있다. 그리스도인이라고 불릴, 그의 이름을 짊어질 뒤에 남은 사람들을 훈련시킬 시간이 불과 몇 주밖에 남지 않았다. 예수님은 제자들을 집중 훈련시키는 데 그 시간을 사용하셨다.

9~19장은 다른 성경에서 찾아볼 수 없는 많은 사건과 말씀을 포함하고 있다. 들을 준비가 되어 있는 모든 사람을 위해 예수님은 우선 자신의 메시지를 공포할 12명을 보내셨고, 그다음으로 72명을 보내셨다.

마지막 가르침

예수님이 예루살렘에 입성하자 그분을 해치려는 유대 지도자들의 움직임의 강도가 더해 갔다. 예수님이 작은 무리의 제자들을 가르칠 때에는 군중들이 사방에서 떼밀고 들어와 서로를 밟을 정도였다. 그러한 군중 가운데서 바리새인들은 예수님을 올무에 걸기 위해 저의가 담긴 질문을 던졌다.

하지만 예수님은 위험에 직면해서도 하나님의 말씀을 누그러뜨리지 않으셨다. 그 대신 예수님은 자신을 따르는 데에는 심각한 위험이 있음을 강조하셨다. 그는 종종 교회가 하나님과 생명력 있는 관계를 맺을 수 있도록 하는 기도에 관해 이야기하셨다.

후에 바울은 우리, 즉 교회가 세상에서 그리스도의 지체라고 말했다. 이 땅에 오시고, 또 떠나심으로써 예수님은 완전히 새로운 역사의 장을 여셨다. 그리고 그는 지상을 떠날 때 자신을 대신할 제자들과 우리를 부르셨다. 모든 면에서 우리는 그의 이름을 걸머지고 있다.

묵상

'예수님의 이름으로' 기도한다는 것은 무슨 의미가 있는가? 그 이름 아래서 당신의 삶은 어떻게 예수님의 권세와 능력을 가질 수 있는가?

곤란한 질문을 다루는 방법

왜 많은 이야기가 필요한가?

예수께서 날마다 성전에서 가르치시니 대제사장들과 서기관들과 백성의 지도자들이 그를 죽이려고 꾀하되 백성이 다 그에게 귀를 기울여 들으므로 어찌할 방도를 찾지 못하였더라(눅 19:47-48).

고난은 지진처럼 예고 없이 다가와 우리의 생활을 갑작스럽게 파멸시킨다. 스쿨버스가 다리에서 떨어져 29명의 십대가 죽었다. 허리케인이 멕시코를 강타한다. 콜레라가 남아메리카에 창궐한다.

이런 이야기들을 들으면 우리는 전율하면서 이런 질문을 하게 된다. "왜 하나님은 이런 일이 일어나게 하시는가? 우리가 무슨 죄를 저질렀는가? 하나님은 왜 이러한 고난을 허락하시는가?"

예수님의 시대에도 두 가지 파국적인 사건으로 소문이 무성했다. 총독 빌라도가 갈릴리 사람들을 학살한 것과 망대가 무너진 것이 그것이다(눅 13:1-4). 당연히 예수님 주변의 사람들은 이 사건들에 대해 예수님께 질문했다. 하지만 예수님의 대답은 그들을 어리둥절하게 했다. 예수님은 고통이라는 뿌리 깊은 문제를 논의하기를 거부하셨다. 그는 응당 그런 벌을 받을 만한 사람에게 비극이 일어난다는 견해를 단순히 일축하고 묻는 사람들에게 일반적인 경고의 의미로 그 문제를 되돌려 주었다.

질문의 핵심

고난이라는 질문에 대한 예수님의 반응은 그가 어려운 문제를 어떻게 다루었는지를 가르쳐 준다. 종교적인 지도자들과 전형적인 율법학자들은 연속적으로 곤란한 질문을 던져 끊임없이 예수님을 파멸시키려 했다. 그러나 예수님은 능숙하게 그들의 질문에 재반격을 가해 그들의 전략이 무위로 끝나게 하셨다.

듣고 있는 청중을 의식해 예수님은 긴 토론을 피하며 사람들이 자신들의 행동을 바꾸어야 할 것을 강조하셨다. 예수님의 대답은 질문의 핵심과 그의 말을 듣는 청중들의 가슴을 찌르는 것이었다.

예수님은 가르칠 때 비유라는, 교훈을 담고 있는 짧은 이야기를 사용하셨다. 예수님은 언제나 비유로 말씀하셨기 때문에 많은 사람들이 몰려들었다. 사실 비유는 제자들을 개별적으로 훈련시키는 방법이기도 했다. 왜냐하면 예수님이 제자들에게만 그 뜻을 설명해 주셨기 때문이다. 예수님이 하셨던 비유의 말씀은 사람들의 마음속에 오랫동안 생생하게 남아 있었다.

의미심장하면서도 가장 간단한 이야기

뛰어난 이야기꾼인 누가는 다른 데서는 찾아볼 수 없는 18개의 비유를 수집했으며, 가장 잘 알려진 몇 가지 비유도 재수록하고 있다. 마태가 천국의 비유를 강조한 데 비해 누가는 선한 사마리아인, 고집스런 과부, 왕자 등 인간에게 초점을 맞춘 비유를 덧붙이고 있다. 그의 비유는 중요한 주제를 다루고 있지만 아주 평이한 방법을 사용한다.

예수님이 곤란한 질문을 다루는 방식은 바울과 아주 대조적이다. 바울은 신학적인 언어를 사용해 개념을 정식으로 설명하려고 한다. 그리고 신중하게 다듬은 문장으로 용서와 칭의라는 복잡한 단어들을 인내심 깊게 규명하고 있다.

그러나 예수님은 수천 명의 호기심 많은 군중 앞에서 잃어버린 양과 잃어버린 동전, 탕자의 비유(스코틀랜드의 그리스도인들은 탕자의 비유를 "멋진 하나님"이라는 제목으로 부르고 있다) 등을 통해 같은 메시지를 손쉽게 전달하셨다(눅 15:1-32). 그것은 열 권의 신학 서적보다 예수님의 메시지의 요점을 더 잘 표현하고 있다.

묵상
예수님께 개인적으로 가장 묻고 싶은 질문이 하나 있다면 그것은 무엇인가? 예수님이 곤란한 질문을 어떻게 다루셨는지를 염두에 둔다면, 예수님은 당신의 질문을 어떻게 다루실 것 같은가?

예수님의 최후

역사상 가장 중요한 일주일

그들이 큰 소리로 재촉하여 십자가에 못 박기를 구하니 그들의 소리가 이긴지라(눅 23:23).

예수님에 관한 모든 것이 이 땅에서의 마지막 몇 날 동안에 집중적으로 드러났다. 따라서 이날들은 예수님을 이해하는 열쇠가 된다. 사람들의 반응은 하룻밤 사이에 열광적인 환호에서 적대적인 증오감으로 바뀌었다.

예루살렘으로 입성하는 예수님의 모습은 마치 개선장군과 같았다. 순례자들은 명절을 축하하느라 거리를 메우고 있었다. 예수님에 대한 우호의 표시로 그들은 그 앞에 웃옷을 벗어 놓았고, 그가 가까이 오자 환성을 질렀다. 그러나 그런 떠들썩한 환대에도 불구하고 예수님은 그들의 칭송이 공허하다는 것을 이미 아셨으며, 그것을 괴로워하시며 속으로 울고 계셨다.

백성들에게 인기를 얻고 있을 때에도 예수님은 자신에게 올무를 놓으려는 유대 지도자들의 공격적인 질문을 받고 계셨다. 예수님은 자신의 가장 가까운 제자들과 함께 있을 때조차 안전하지 못하다는 것을 알고 계셨다. 제자들과 마지막 만찬을 함께할 때에 열두 제자 중의 하나였던 가룟 유다가 예수님을 팔기 위해 일어나 떠나갔다.

가장 어두운 날과 가장 밝은 날

예수님이 체포당하시던 날 종교계와 정치계의 지도자들이 마지막으로 예수님을 심문했다. 그들은 단순한 호기심에 소문으로 들은 예수님이 행하신 많은 기적을 보고 싶어했다(눅 23:8). 그러나 예수님은 거절하셨다.

이전에는 "찬송하리로다 주의 이름으로 오시는 왕이여"라고 외쳤던 군중들이 이제는 "십자가에 못 박게 하소서"라고 외치고 있었다. 예수님의 목숨은 경각에 달려 있었다. 세상을 구원하기 위해 오신 이가 바로 세상에 의해 죽임을 당하게 된 것이다.

그 뒤의 두 장에서 누가는 역사상 가장 어두운 날과 가장 밝은 날을 기록하고 있다. 금요일에 처형된 사람이 일요일에 부활했다는 목격담을 접한 예수님의 제자들만큼 크게 놀란 사람은 없었을 것이다. 부활을 목격하기 전까지는 신경증적인 착시 현상으로 받아들여질 수밖에 없었으나, 예수님이 나타나신 후에는 그들도 더 이상 그 사실을 부인하지 못했다.

평범한 사람들, 비범한 발견

누가는 한 장면에서 이 마지막 날들 동안의 두려운 혼돈 상태를 표현하고 있다. 예수님의 두 제자는 낙담해 예루살렘을 떠나 엠마오로 향했다. 그들의 꿈은 깨졌다. 지난 수년간 쌓아왔던 그들의 희망은 예수님이 십자가에서 죽으심으로 물거품처럼 사라졌다.

한 낯선 사람이 비참한 두 제자 옆에 나타났다. 이상하게도 이 사람은 예루살렘에서의 잊을 수 없는 2주간의 일을 전혀 알지 못하는 것 같았다. 그는 모세와 선지자로 시작해 복음의 모든 이야기를 풀어 주었다.

이 낯선 사람은 두 제자의 호기심을 자극했고, 그들은 그에게 더 머물러 주기를 요청했다. 식사 시간에 그들은 갑자기 깨달았다. 그러나 그들이 깨달은 순간 예수님은 보이지 않았다. 의심할 바 없이 예수님이 부활하신 것이다.

예수님을 3년 동안이나 따라다녔지만, 소심한 제자들은 예수님이 죽을 때 가까이 가지도 못하고 먼발치에서 지켜보거나 도망쳤다. 그러나 예수님이 살아 계신 것을 보고 나자 모든 것이 변했다. 누가의 이야기는 기쁨으로 시작해 "저희가 그에게 경배하고 큰 기쁨으로 예루살렘에 돌아갔다"(눅 24:52)는 기쁨으로 끝나고 있다. 그들은 곧 그 사실을 세상에 전파하기 시작했다.

묵상

제자들이 예수님의 부활 소식을 처음 들은 그 방 안에 당신도 있었다고 가정해 보라. 당신은 그것을 믿을 수 있었겠는가? 지금은 무엇 때문에 부활을 믿을 수 있는가?

요한복음

서론
하나님이 침묵을 깨시다

하나님이 우리가 이해할 수 있는 유일한 방식으로 말씀하시다

말씀이 육신이 되어 우리 가운데 거하시매(요 1:14).

어떤 사람이 여러분에게 말이나 몸짓, 아니면 얼굴 표정으로라도 의사를 전달하지 않는다면 여러분은 그를 이해할 수 없을 것이다. 그 마음속에 무슨 생각이 숨어 있는지 도무지 알 방법이 없을 것이다.

이처럼 하나님도 침묵을 깨시기 전에는 신비에 싸여 계셨다. 그가 한번 말씀하시자 해와 달과 별, 산, 바다, 고래, 기린, 난초, 장수풍뎅이 등 모든 피조물이 생명력을 갖게 되었다. 그리고 요한은 그가 다시 말씀하셨는데, 이번에는 말씀이 예수 그리스도라는 한 사람의 모습으로 나타났다고 말한다. 요한복음은 바로 육신이 되신 그 말씀의 이야기이다.

다른 복음서와의 차이

요한복음이 마태, 마가, 누가의 문체와 뚜렷하게 다른 것은 처음 몇 단락에서 분명히 드러난다. 다른 복음서 기자들은 시끌벅적한 장터와 마을을 지나시는 예수님을 따라다니며 각 곳에서 일어나는 사건들에 초점을 맞추고 있다.

그러나 요한은 그들과 달리 독자들이 예수님에 관해 기본적인 사실을 아는 것으로 가정했다. 그래서 사건에 초점을 맞추는 대신 예수님이 말씀하시고 행하신 바의 의미를 심사숙고해 기록했다. 요한복음이 마치 오랫동안 골똘히 생각한 한 기자가 거대한 나무 그늘 아래서 차분히 쓴 것 같은 분위기를 풍기는 것이 바로 이런 이유에서일 것이다.

첫 문장에서 요한은 그리스도의 성품을 강조한다. 여기에는 성탄의 장면이 등장하지 않는다. 마구간이나 목자, 박사들도 나타나지 않는다. 요한은 예수님의 탄생이나 어린 시절에 관해 어떤 것도 기술하지 않는다. 그는 그분을 하나님의 성숙한 아들로서 소개한다. 감동적인 서막을 펼친 후에 이 복음서는 예수님을 가리키면서 "그의 신발끈을 풀기도 감당하지 못하는 분"(요 1:27)이라고 침(세)례 요한이 겸손하게 증언했음을 이야기한다.

선교 사명으로 보내심 받은 예수

요한은 단 20일 동안의 예수님의 생애를 묘사하고 있다. 그는 그것들을 배열해 "내가 어디서 오며 어디로 가는 것을"(요 8:14) 아는 구세주에 대해 소개했다. 예수님은 단순히 '이 땅에 온 사람' 이 아니라 아버지의 일을 하기 위해 보내심을 받은 하나님의 아들이었다. '나를 보내신' 분에 대한 그분의 반복적인 언급은 이 복음서에 운율을 부여한다.

요한에 의하면 예수님도 최초의 창조 행위에 참여하셨다. 그리고 예수님은 하나님이 전하려고 하시는 말씀으로 변화되어 이 땅에 보내지셨다. 하나님은 우리 중 한 사람이 됨으로써 우리가 이해할 수 있는 유일한 방식으로 말씀하셨다.

본론

예수님과의 대화

예수님은 평범한 사람들과 어떻게 이야기했는가?

여자가 이르되 메시야 곧 그리스도라 하는 이가 오실 줄을 내가 아노니 그가 오시면 모든 것을 우리에게 알려 주시리이다 예수께서 이르시되 네게 말하는 내가 그라 하시니라(요 4:25-26).

물, 우리는 그것이 풍부할 때에는 공기처럼 당연한 것으로 여긴다. 시원하게 샤워도 하고, 더러운 차도 청소하고, 잔디밭을 가꾸기 위해 몇 시간씩이나 스프링쿨러를 작동시켜 물을 사용하기도 한다.

그러나 식물이 물을 저장하기 위해 가시처럼 변한 잎을 가진 사막에서는 그렇지 않다. 그곳에는 물이 아주 귀하다. 그래서 사람의 눈에 착시가 일어나 신기루로 나타나기도 한다. 이것은 물에 대한 강렬한 갈증이 아지랑이 속에서 없는 샘을 헛보이게 하는 것이다. 한 방울의 물은 금보다 귀한 가치가 있다.

물동이를 가지고 우물에 왔다갔다하는 데 한나절을 보내야 하는 건조한 지역에 사는 여인에게 물은 그녀가 상상할 수 있는 가장 강력한 상징이 되는 것이다. 결코 마르지 않는 생수를 주겠다고 예수님이 제의하셨을 때 사마리아 여인이 관심을 가진 것은 전혀 놀라운 일이 아니다.

의미심장하지만 단순한 말씀

요한복음에 나타난 예수님의 가르침은 깊은 의미를 갖고 있으면서도 단순한 말씀으로 이루어져 있다. 성경의 어느 기자도 요한복음에 나타난 물, 세상, 빛, 생명, 탄생, 사랑, 진리 같은 말보다 더 보편적인 말을 사용하지는 못했다. 그러나 그 이후 수많은 학자들은 그 단어의 진정한 의미를 파악하기 위해 노력해왔다.

요한복음을 읽는 것은 깊고도 넓은 호수의 한가운데서 배를 타고 있는 것과 같다. 물이 맑아서 여간하면 표면 아래의 것들을 모두 볼 수 있지만, 어느 곳은 바닥이 너무 깊어 아무리 봐도 보이지 않는 곳도 있고, 또 어떤 곳은 항상 미지의 것으로 남아 있는 곳도 있다.

요한복음에서 어떤 산뜻한 짜임새를 찾아보려는 사람은 실패하기 십상이다. 왜냐하면 요한복음은 마태복음에 쓰여 있는 공적인 설교나 마가복음에 기록되어 있는 많은 사건, 그리고 누가복음의 모든 비유를 기록하고 있지 않기 때문이다. 요한복음에 있는 가르침은 예수님이 다양한 사람과 친밀하게 만나는 가운데 자연스럽게 도출된 것들이다.

사적인 대화의 기록

예수님은 매우 일상적인 대화의 중간에 가장 기억할 만한 말씀들을 하셨다. 요한복음에서는 예수님이 대규모의 군중들을 상대로 말씀하신 예를 찾아보기가 쉽지 않다. 반면에 우리는 밤중에 찾아온 겁많은 종교지도자나(요 3:1-21), 우물가에서 남자 관계가 복잡한 여인을(요 4:5-26) 은밀히 만나시는 예수님을 볼 수 있다. 두 명의 방문자들은 단순하지만 의미심장한 말씀(거듭남, 생수)을 가지고 떠나갔다. 오늘날 이 단어들은 우리가 성경에서 쉽게 찾아볼 수 있는 가장 친근한 단어가 되었다.

요한은 개인적으로 예수님을 만난 사람들의 이야기를 기록하고 있다. 어떤 사람은 용감하게 그를 따랐으며, 어떤 사람은 회의적이었고, 또 어떤 사람은 적대적이었다. 요한은 예수님이 시각적 이미지를 사용했음에도 종종 사람들이 "이해하지 못했다"고 단순히 기록하고 있다. 놀랍게도 2,000여 년 전 나타나셨던 하나님의 아들에 대한 세상의 반응은 오늘날의 반응과 크게 다르지 않다.

묵상

사마리아 여인처럼 당신이 예수님과 사적인 대화를 나눈다고 상상해 보라. 당신은 어떤 이야기를 하고 싶은가?

현대의 목자

오늘날의 선한 목자

내가 온 것은 양으로 생명을 얻게 하고 더 풍성히 얻게 하려는 것이라(요 10:10).

성경에 등장하는 일부 목가적인 묘사는 현대 생활에 단순히 적용하기가 쉽지 않다. '선한 목자'란 어떤 사람인가, 예수님이 하신 이 말씀은 무엇을 의미하는가? 워싱턴 주의 레이니어 산에서 일어났던 다음의 실화가 '선한 목자'라는 말의 의미를 깨닫는 데 도움을 줄 것이다. 독실한 교인이면서 치과의사였던 제임스 레딕이라는 사람이 주말에 열두 살 난 딸과 열한 살 난 아들과 함께 산행을 하고 있었다. 그런데 갑자기 폭풍이 닥쳐와 태풍과 맞먹는 강도의 바람과 굵은 눈발이 그들을 위협했다. 천지는 온통 백색이 되어 방향감각을 상실하게 했다. 이런 상태에서는 길을 찾기 위해 가파른 등성이를 오르는 것도 거의 불가능했다.

기꺼이 희생하다

레딕은 알루미늄 수술 도구로 직사각형의 구덩이를 파고, 침낭 속에 자녀들을 집어넣은 다음 입구에서 될 수 있으면 멀리 떨어지도록 해놓았다. 그리고 그는 입구를 방수포로 덮으려고 했다. 하지만 바람에 그것이 자꾸 날아가 버려 바깥쪽에서 들이치는 눈보라로부터 구덩이를 막아줄 수가 없었다. 레딕은 자신의 몸무게를 이용해 방수포 한쪽을 고정하면서 입구를 따라 누울 수밖에 없다는 사실을 깨달았다. 그의 몸은 세찬 바람으로부터 그의 자녀들을 보호했다.

이틀이 지나서야 수색대가 깊게 쌓인 눈 위로 돌출되어 있는 배낭의 한끝을 발견했다. 그들은 눈으로 덮인 둔덕이 세 사람의 실종자들을 보호해 주었을 것으로 희망하면서 현장으로 달려갔다. 그리고 그 안에서 샤론과 데이비드 레딕이 아직 살아 있는 것을 발견했다. 그러나 아버지는 몸이 굳은 채 동굴의 한쪽 벽을 지탱하고 있었다. 수색대원은 그가 자신의 등을 벽으로 사용해 추운 곳을 막고 있었다는 것을 밝혀냈다.

예수님이 양을 위해 목숨을 버리는 선한 목자(요 10:11)에 대해 말씀하실 때 그 말씀을 듣고 있던 사람들의 마음에는 위와 비슷한 이미지가 떠올랐을 것이다. 엄습하는 추위, 도둑, 늑대 등은 선한 목자와 그의 양들 사이를 갈라놓을 수 없다. 왜냐하면 목자는 양들을 보호하기 위해 기꺼이 희생할 각오가 되어 있기 때문이다.

잠깐의 인기

예수님이 예루살렘에서의 마지막을 준비하고 있었을 때, 그의 죽음은 자주 비유나 직설적인 표현의 주제로 거론되었다. 아이러니하게도 그를 따르는 사람은 점점 늘어났다. 그의 인기는 사복음서에 나타난 바와 같이 오병이어로 5,000명의 사람을 먹일 때에 가장 좋았다. 예수님을 왕으로 삼으려고 하는 지지 세력도 그를 따르는 사람들 사이에서 나타났다. 그러나 예수님은 혼자 산으로 가셨다(요 6:15). 그는 군중들에 의해 왕으로 옹립되는 길을 가시지 않았다. 대신 안식일에 사람들을 고치셨으며, 하나님과 자신을 동일시해 논쟁을 불러일으키셨고, 증오를 받는 외로운 사역을 계속하셨다.

놀라운 기적을 거부하심

죽은 나사로를 살리신 예수님의 인상 깊은 기적에 의해 많은 유대인들이 그를 따르게 되었다. 그러나 유대교의 지도자들은 한 사람이 죽어서 온 민족이 망하지 않는 것이 좋다는 결론을 내렸다(요 11:50). 그들은 예수님을 네 번이나 체포하려고 했었다.

예수님은 생명을 주러 오셨다. 요한은 그의 해설에서 '삼키워지다' 라는 의미로 그 용어를 사용했다. 나사로는 놀랍게도 말 그대로 살아나 예수님이 가진 부활의 능력을 증거했다. 예수님은 선한 목자로 그 자신의 삶을 희생하셨고 다시 살아나셨다.

묵상
당신은 다른 사람을 위해 어떤 것을 희생해 본 적이 있는가?

요한이 글을 쓴 이유

논리 전개를 위해 엄선된 사건

내가 아버지 안에 거하고 아버지께서 내 안에 계심을 믿으라 그렇지 못하겠거든 행하는 그 일로 말미암아 나를 믿으라(요 14:11).

사탕이 개미를 불러모으듯이 에이브러햄 링컨 대통령의 삶은 전기 작가들의 관심을 집중시킨다. 그의 삶에 관한 책만 모아도 커다란 방을 채우기에 족할 것이다. 어떤 책은 그의 신앙을, 어떤 책은 그의 군사적 전략을, 어떤 책은 화술을, 그리고 어떤 책은 그의 성격을 다루고 있다. 그중 법률가 링컨이라는 일면만을 다루는 전기 작가를 한번 상상해 보자.

아마도 그런 책에는 링컨이 어렸을 때 벽의 틈새로 흘러드는 빛으로 책을 읽었던 것이나, 고객의 잔돈을 되돌려 주기 위해 온 마을을 헤맨 것과 같은 이야기는 거의 다루어지지 않을 것이다. 그러나 노예해방 선언의 정확한 표현 등은 매우 자세하게 다루어질 것이다. 작가는 링컨이 일리노이 주에서 법률가로 활동했던 일이나 스프링필드에서의 무명 시절에 관한 이야기로 책의 여러 장을 할애할 것이다. 그러나 그의 정치적 활동은 거의 언급하지 않을 것이다. 그러한 불완전한 전기는 한 가지 목적, 즉 법률가로서의 링컨의 능력을 판단하는 자료로만 사용될 뿐 다른 모든 세세한 점은 중요하지 않은 것으로 치부한다.

목적을 위해

그러한 전기 작가처럼 요한은 제한된 목적을 가지고 예수님에 관한 책을 썼다. 그는 이러한 점을 다음과 같이 명백하게 표현하고 있다. "오직 이것을 기록함은 너희로 예수께서 하나님의 아들 그리스도이심을 믿게 하려 함이요 또 너희로 믿고 그 이름을 힘입어 생명을 얻게 하려 함이니라"(요 20:31). 이 책은 전기라기보다 차라리 논증에 가깝다. 저자는 '예수가 이제껏 살았던 어떤 사람과도 다르다는 것' 을, '그가 하나님의 아들이라는 것' 을 보여 주는 사건들만을 엄선했다.

예를 들어, 요한이 어떻게 예수님의 기적들을 다루고 있는지를 보면 이런 목적을 확실하게 살펴볼 수 있다. 마태와 마가, 누가는 모두 기적을 기록하고 있지만, 요한은 한발 더 나아가서 그것들을 '증거' 라고 부른다. '증거' 는 어떤 목적을 갖고 있다. 요한복음에서 초자연적인 행위는 예수님의 독특한 사역에 대한 또 하나의 증거이다. 예수님은 군중을 현혹시키는 요술로써 기적을 행하기를 거부하셨으나 자신에 대해 가르치는 객관적인 교훈으로써 다섯 가지 기적을 사용하셨다. 오병이어로 5,000명을 먹인 후에 예수님은 자신을 생명의 떡이라고 하셨다(요 6:1-59). 그리고 눈먼 사람의 눈을 뜨게 하기 전에 그분은 자신을 세상의 빛이라고 부르셨다(요 9:1-7). 요한복음에서 우연히 일어나는 사건이란 존재하지 않는다. 모든 사건은 저자의 일관된 주제를 강조하고 있다.

그는 위인에 불과한가?

"예수가 자신의 본성을 매우 명백하게 묘사했기 때문에 나는 예수를 위대한 스승으로는 모실 수는 있지만, 자신이 하나님이라는 그의 주장을 받아들일 수는 없다"는 주장은 설득력이 없다. C. S. 루이스가 언급했듯이 그것은 우리가 핑계할 수 없는 말이다. 왜냐하면 예수님이 말했던 정도의 말을 하는 사람을 단순히 도덕적으로 위대한 스승이라고는 할 수 없기 때문이다. 그는 자신을 '삶은 달걀' 이라고 주장하는 정도의 미친 사람이거나, 아니면 지옥의 악마임이 분명하다. 당신은 예수님이 하나님의 아들이거나, 미치광이이거나 아니면 다른 더 나쁜 사람이라는 사실 중에서 하나를 선택해야만 한다.

요한에 의하면 모든 사람이 예수님이 하나님이라는 사실을 믿은 것은 아니었다. 그를 믿지 않는 사람들은 결국 그러한 건방진 주장을 한 그를 죽음으로 내몰았다. 그러나 요한복음을 읽은 사람이라면 예수님이 하나님이라는 사실을 확신하지 않을 수 없을 것이다.

묵상

C. S. 루이스가 말한 바에도 불구하고 많은 사람들이 예수님을 '위인' 정도로 생각하고 있다. 그들은 그 사실을 어떻게 합리화하고 있는가?

마지막 만찬

예수님의 생애 중 가장 길고도 서정적인 밤

너희는 근심하겠으나 너희 근심이 도리어 기쁨이 되리라(요 16:20).

요한은 예수님이 지상에서 보낸 마지막 24시간을 그의 책 3분의 1에 할애하고 있다. 13장에서 17장에 이르는 다섯 장은 그 기간 중 한 장면을 묘사하고 있으며, 이 장과 같은 부분은 성경의 어디에서도 찾아볼 수 없다. 세밀하고 실제적인 묘사를 통해, 그 장들은 예수님의 가장 고뇌하시는 모습을 나타내고 있다.

레오나르도 다빈치는 이 장면을 가지고 최후의 만찬이라는 불후의 명작을 남겼다. 그의 그림을 보면 화가를 위해 포즈를 취한 듯이 식탁의 한쪽에만 제자들이 앉아 있다. 하지만 사실 요한은 거의 외부적인 묘사를 하지 않는다. 대신에 그는 감정의 흐름을 묘사하는 데 중점을 두었다.

예수님이 말씀하셨던 모든 것이 서서히 그들의 마음에 새겨지기 시작했다. 예수님은 "세상에 있는 자기 사람들을 사랑하시되 끝까지 사랑하시니라"(요 13:1).

떠날 준비를 하시는 예수님

예수님이 제자들과 그처럼 직접적으로 말씀하신 적은 일찍이 없었다. 식탁에 제자들과 둘러앉으신 예수님은 비유로 말씀하지 않으셨으며, 제자들의 장황한 질문에 괴로움을 느끼며 대답하셨다. 그는 더 이상 '신학적' 인 말씀을 하지 않으셨다. 그는 죽기 전날 밤의 심각성에 대해 홀로 고민하고 계셨다. 세상은 격하게 박해를 가하고 있었고, 그러한 세상에 남겨지는 두려움에 사로잡힌 11명의 제자들만이 그의 희망이었다. "내가 떠나가는 것이 너희에게 유익이라"(요 16:7)고 예수님은 말씀하셨으나, 제자들은 자신들의 유익을 챙길 것에만 골똘한 나머지 '떠나간다' 는 의미에 대해서는 깨닫지 못하고 있었다.

그럼에도 예수님은 제자들에게 힘써 그 의미를 설명하셨다. 하나님의 아들이 인간의 몸을 입고 이 세상에 오셨으며, 이제는 다시 아버지께로 돌아가기 위해 이 세상을 떠나려 한다. 그러나 성령님이 오셔서 우리 가운데 계실 것이다. 그러면 제자들은 복음의 능력을 발휘하게 될 것이다.

기쁨 이전의 고통

예수님은 다음과 같은 선언으로 말씀을 끝맺으셨다. "담대하라 내가 세상을 이기었노라"(요 16:33). 그의 여위고, 학대받은 몸이 처형 틀인 십자가에 달렸던 그 다음날 저녁에는 이 말씀이 얼마나 공허하게 보였을까. 제자들의 열정과 신앙은 잔뜩 고무되었다가 그 잊지 못할 날에 사그라지고 말았다. 예수님은 이것을, 사람이 태어날 때 큰 기쁨을 느끼기 전에 해산하는 고통이 있음에 비유하셨다(요 16:21-22).

기록된 기도 중 가장 긴 기도에서 예수님은 주위에 모인 제자들의 결속을 위해 자신의 심정과 계획을 나타내셨다. 그리고 그들을 위해 기도하셨다. 그런 다음 작은 무리를 이끌고 죽음의 현장으로 가셨다.

묵상 죽어가는 사람 주위에 있어 본 적이 있는가? 그들은 어떻게 행동하는가? 죽음이 임박했을 때의 반응을 고려한다면 예수님이 이 땅에 오신 목적은 어디에 있다고 생각하는가?

영과 혼의 변화

'우레의 아들'에게 무슨 일이 일어났는가?

이 일들을 증거하고 이 일들을 기록한 제자가 이 사람이라 우리는 그의 증언이 참인 줄 아노라(요 21:24).

사도 요한은 예수님과 사적인 시간을 갖기를 좋아했다. 사랑하는 세 제자 가운데 한 사람으로서 그는 예수님의 형상이 변하는 것을 보았고, 예수님이 야이로의 딸을 살리시는 것도 보았으며, 겟세마네 동산에서 그를 기다리기도 했다.

예수님이 잡히시고 난 후 요한은 그의 재판 과정을 증언했다. 그는 예수님이 십자가에서 죽으실 때 가까이 있었다고 언급된 단 한 명의 제자였으며, 또 예수님의 부활을 가장 빨리 안 제자 중의 하나였다. 어찌 되었건 이런 과정들은 요한을 변화시켰다.

우레에서 사랑으로

요한은 "우레의 아들"(막 3:17)이라는 재미난 별명을 가지고 있었다. 우리는 복음서에 기록된 몇몇 사건에서 이 이름이 그의 폭풍 같은 성격을 반영한다는 사실을 알 수 있다. 요한은 기적을 행하는 동료에 대해 시기가 가득 찬 질투심을 느꼈으며(막 9:38), 천국에서는 자기가 가장 좋은 자리를 차지해야 한다고 고집했다. 그리고 자기들을 적대시한 동네에 대해서는 하늘로부터 불이 내려와 멸하게 하기를 원하기도 했다(눅 9:54).

하지만 그의 생애 어느 땐가 우레를 불러일으킬 먹구름이 흩어져 버렸다. 마침내 그는 '사랑의 사도'라는 새로운 별명을 갖게 되었다. 요한의 책(요한복음과 그의 서신)은 거듭 사랑을 강조한다는 독특한 특징을 갖게 되었다.

자연히 요한의 영적인 변화는 예수님의 생애를 기록한 그의 기록에도 반영되고 있다. 인상적인 약간의 일화를 가지고 예수님의 삶을 말하는 독특한 스타일에서 그의 변화된 인격을 느낄 수 있다. 아마도 이 몇 안 되는 장면들은 예수님이 실로 하나님의 아들이라고 요한을 확신하게 만든 기억일 것이다.

묵상

예수님을 알면 사람이 바뀐다. 당신은 어떻게 변화했는가?

Part 6

신약의 역사서

사도행전

사도행전

서론
연결하는 책

사도행전이 없는 성경을 상상해 보라

오직 성령이 너희에게 임하시면 너희가 권능을 받고 … 내 증인이 되리라 (행 1:8).

신약성경은 두 부분으로 나눌 수 있다. 하나는 예수님의 생애에 관한 책으로 사복음서이고, 또 하나는 로마서를 시작으로 하는 교회들에 관한 책이다.

사도행전에 접근하는 가장 좋은 방법은 사도행전이 없는 성경을 상상해 보는 것이다. 4명의 다른 기자들에 의해 강조된 예수님의 생애를 읽은 다음 곧바로 "예수 그리스도의 종 바울은 … 하나님의 사랑하심을 받고 성도로 부르심을 받은 로마의 모든 자에게"로 시작되는 로마서를 읽게 된다고 하자. 로마? 성경의 이야기가 어떻게 예루살렘으로부터 그곳으로 전파되었을까?

다음으로 여러분은 두 권의 책을 보게 된다. 즉 바울(그는 또 누구인가?)로부터 "고린도에 있는 하나님의 교회"라는 주소가 붙여진 책이다. 다른 책은 갈라디아 교회에 대해, 이어서 에베소 교회와 다른 이방 지역에 대한 더 많은 서신들이 이어진다. 분명히 뭔가 있어야 할 것이 보이지 않는다는 생각이 들 것이다. 사도행전이 없다면 신약성경은 예수님께 집중된 역사에서 아무런 사전 설명도 없이 어느 집단에 대한 서신 왕래로 비약하게 된다.

예수님에 의해 드러난 계획

하지만 사도행전이 있음으로 우리는 이 모든 것들을 이해할 수 있다. 이 책은 그리스도의 삶에서 새 교회로 변화하는 과정을 알려 준다. 그리고 바울을 소개하면서 어떻게 소수 민족의 종교가 바다 건너에 있는 제국의 수도인 로마에까지 전파되었는지를 설명한다. 사도행전의 독자들은 지중해 주변에 흩어져 있는 주요 도시를 방문하고 새로운 운동의 주요 지도자들을 만나면서 바울 서신이 다루고 있는 문제들에 관한 뚜렷한 단서들을 얻게 된다. 의사인 누가는 "예수께서 행하시며 가르치시기를 시작하심부터"(행 1:1)를 알리기 위해 세 번째 복음서를 썼다. 사도행전은 그 이야기를 요약하며 예수님이 계속 일하고 계시지만 성령을 통해 그와 같은 일이 일어날 것이라고 암시한다. "내가 … 내 교회를 세우겠다"(마 16:18)고 예수님은 약속하셨다. 그리고 사도행전은 그 과정이 어떻게 시작되었는지를 여실히 보여 준다.

예수님 자신은 이 땅에서의 마지막 기록된 말씀에서 그 계획의 일단을 드러내셨다. "너희가 예루살렘과 온 유대와 사마리아와 땅 끝까지 이르러 내 증인이 되리라"(행 1:8). 그리고 사도행전은 신실하게 그 계획을 따른다. 첫 일곱 장은 예루살렘 교회, 다음 다섯 장은 유대와 사마리아에 초점을 맞추며, 나머지 부분은 로마 제국의 전초 부대에까지 복음의 범위를 넓힌다.

떠들썩한 시작

이 책은 오순절 기간의 예루살렘에서 시작된다. 120명의 제자들이 갑자기 활동을 개시했을 때에는 마침 백만 명 이상의 순례자들이 예루살렘에 모여들고 있었다. 예수님의 제자들은 새로운 모습으로 담대하게 그들이 십자가에서 못 박은 예수를 증거해 첫날에만 3,000명이 회개하는 역사를 일으켰다. 누가는 이러한 떠들썩한 장면을 시작으로 역사적인 모험 이야기를 실감나게 펼쳐가고 있다.

그는 글 솜씨를 발휘해 사도행전에 나오는 장면들을 전개가 빠른 소설처럼 묘사하고 있다. 사도들이 가는 곳마다 긴장감이 조성되며, 소동이 일어나고, 작은 교회들이 생겨나기 시작했다. 신흥 종교가 흔했던 시대에 그리스도교는 세계인의 종교로 자라났다. 사도행전은 그 과정을 서술한다.

본론
유령?

예수님의 부활의 가장 좋은 증거

생명의 주를 죽였도다 그러나 하나님이 죽은 자 가운데서 그를 살리셨으니 우리가 이 일에 증인이라(행 3:15).

"유령을 본 것 같다"는 이야기를 들으면 어떤 생각이 떠오르는가? 아마도 핏기가 가신 얼굴, 덜덜 떨리는 턱, 창백한 피부, 말라붙은 입술 등 겁에 질린 모습이 상상될 것이다.

유령을 목격했다고 하는 사람들은 보통 자신의 주장에 대해 자신감을 갖지 못한다. 그것이 사실이었을까? 내가 착각을 한 것은 아니었을까? 너무 어둡고 으시시했었는데 ….

확신을 준 변화

예수님이 죽으시고 다시 나타났을 때 그의 제자들 역시 '우리가 유령을 본 것은 아니었을까' 하는, 두려움과 의심과 헛된 소문으로 가득 찬 시기를 보냈다.

그러나 그런 단계는 오래 지속되지 않았다. 40일 동안 예수님은 각 제자와 특히 의심이 많았던 도마에게, 그조차도 부인하지 못할 모습으로 나타나셔서 자신이 정말로 죽음을 정복했다는 사실을 확신시켜 주셨다.

사도행전이 알려 주듯이 사도들은 유령을 목격한 사람들과는 정반대의 행동을 보이기 시작했다. 오히려 그들은 역사상 가장 놀라운 사건을 방금 목격한 사람처럼 행동했다. 그들은 세상에 그것을 외치지 않을 수 없었다.

공포가 아니라 용기가 제자들의 얼굴에 가득했다. 예루살렘 거리와 성전에서 그들은 들을 사람만 있으면 언제든지 일어날 수 없는 그 일이 정말 이루어졌다고 외치고 다녔다. "예수님이 살아나셨다. 그가 바로 우리가 기다렸던 메시야시다!"

만약 당신이 예수님의 부활을 의심하려 한 적이 있다면 사도행전에 나타난 그의 제자들을 침착하게 살펴보라. 예를 들어 베드로를 보라. 그는 예수님이 재판받으실 때 의심을 받지 않기 위해 몸을 숨겼다. 그리고 체포당하는 것이 두려워 예수님을 모른다고 자신을 저주하면서까지 부인했다. 어떻게 이 사람이 나라의 최고 종교 지도자들 앞에서 그들을 살인자들이라고 비난한 사람(행 3장)과 같은 사람이란 말인가? 어떤 확신이 베드로를 담대하게 만들었음에 틀림없다.

새로운 메시지에 대한 반응

지상에 계셨을 때 예수님은 주로 '천국'에 대해 설교하셨으며, 자신이 메시야라는 사실을 발설하지 말라고 제자들에게 주의를 주신 적도 있었다. 하지만 이제 그 모든 사실이 알려졌다. 성전 모퉁이나 왕궁의 호화로운 곳에서, 노동자 계급의 이방인이나 교양 있는 헬라 철학자들에게 예수님은 제자들이 전한 모든 설교의 중심 주제셨다. 그의 부활에 관한 소식은 사도행전 전체를 거쳐 널리 알려지게 된다.

들을 귀 있는 자에게 그 메시지는 경이롭게 들렸다. 그래서 오천 명의 사람들이 믿게 되었으며(행 4:4), 많은 제사장들과(행 6:7) 수천 명의 유대인들도(행

21:20) 믿게 되었다. 예수님이 뒤에 남겨놓은 빈약한 제자의 무리는 성장하는 교회의 필요를 채우기 위해 조직화가 필요해 졌으며, 집사들을 선출하지 않을 수 없을 정도가 되었다.

사도행전은 놀라운 하나님의 역사가 펼쳐지는 곳곳으로 파송되는 지도자들의 동정을 기록했다. 대부분이 무식했던 소수의 지도자들이 문명을 궁극적으로 재구성할 세계 선교운동에 나서게 된다. 무력에 의하지 않는 혁명이 진행되는 것이다. 기적을 목격한 보통 사람은 하나님의 말씀에 의해 힘을 얻게 되었다. 베드로는 말했다. "우리는 보고 들은 것을 말하지 아니할 수 없다"(행 4:20).

묵상

제자들은 많은 사람을 그리스도께로 돌아오게 했다. 무엇이 그들을 영향력 있는 대변인으로 만들었는가?

초대 교회의 비밀

사도행전에서 역사하는 능력

사도들을 가운데 세우고 묻되 너희가 무슨 권세와 누구의 이름으로 이 일을 행하였느냐(행 4:7).

저술가인 J. B. 필립스는 14년 동안 신약을 번역한 후 은퇴해 자신이 번역하는 도중 가장 감동을 받았던 구절을 회고한 바 있다. 그는 사도행전과 초대 교회의 모습을 이야기했다. "병든 자들은 단순히 기도만 한 것이 아니다. 그들은 즉시, 그리고 극적으로 치유된 경우가 허다했다 … 인간의 본성은 바뀌었다. 하늘에서 내려오는 신선한 기운이 이들의 삶 전면에 세차게 불고 있었다"고 필립스는 말한다. "초대 교회는 위태롭게 살아남았지만, 그처럼 소수의 사람들이 광범

위한 영향을 끼친 적은 일찍이 없었다 … 요약하자면 책을 읽은 후 바로 무엇인가가 역사하고 있구나 하는 점을 지속적으로 느낄 수 있었다."

성공의 이면에 계신 분

어떻게 그런 일이 일어날 수 있었는가? 사도행전은 성령을 통한 하나님의 능력을 지적하고 있다. 초대 교회의 각 중요한 결정은 성령의 인도하심에 따라 일어났다고 누가는 주의 깊게 기록하고 있다. 실제로 사도행전에 나타나는 성령의 주된 역할 때문에 제목을 성령행전으로 바꾸어야 한다고 주장하는 사람도 있다. 누가는 사도행전에서 성령에 대해 무려 57회나 언급했다.

제자들은 설교하기 전에 예루살렘에서 성령을 기다렸다(행 2:4). 누가에 따르면 새로 생긴 신자의 그룹에게마다, 즉 유대인(행 4:31), 사마리아인(행 8:17), 이방인(행 10:44), 그리고 마침내 침(세)례 요한의 제자들에게(행 19:6) 성령이 임했다.

유익을 위하여

교회가 성장하자 제자들은 예수님이 다음과 같이 말씀하신 뜻을 점점 깨닫게 되었다. "내가 떠나가는 것이 너희에게 유익이라 내가 떠나가지 아니하면 보혜사가 너희에게로 오시지 아니할 것이요 가면 내가 그를 너희에게로 보내리니"(요 16:7). 비록 예수님은 떠났지만, 하나님이 그들 각자에게 임재하셔서 그전보다 세상에서 더욱 널리 역사하시게 되었다.

성령님은 교회의 주요 선교에 인격적으로 간섭하셨다. 그는 광야로 빌립을 보내 에디오피아인을 만나게 하셨고(행 8:29), 안디옥에서 바나바와 바울을 선교사로 각각 세우셨으며(행 13:2), 최초의 공회를 인도하셨고(행 15:1-28), 바울의 선교여행을 도우셨다(행 13:4; 16:6). 사도행전에서 나타난 대로 성령님은 모호한 안개와 같은 존재가 아니라 말씀하시고, 결정을 인도하시며, 믿음이라는 에너지를 교회에 채우시는 살아 있는 인격체이시다.

묵상 성령님은 당신의 삶에서 어떻게 역사하시는가?

그리스도인이 될 때 겪게 되는 위험

모진 박해는 복음의 전파를 도울 뿐이었다

그 날에 예루살렘에 있는 교회에 큰 박해가 있어 사도 외에는 다 유대와 사마리아 모든 땅으로 흩어지니라(행 8:1).

어떤 나라에서는 누구든 그리스도인이 되려면 교육과 직업의 기회를 상실할 각오를 해야 한다. 소수 국가 중에는 개종하려는 사람에게 목숨까지도 내놓게 하는 나라도 있다. 어떤 이는 이전의 모든 세기를 합치더라도 금세기처럼 많은 그리스도인이 순교당한 적은 일찍이 없었다고 추정하고 있다. 그러나 신기하게도 그리스도인에 대한 박해가 심하면 심할수록 교회의 성장은 촉진되어 왔다. 한 고대의 금언은 이러한 현상을 가리켜 "순교자의 피는 교회의 씨앗이다"라고 표현했다.

최초의 진보

잠시 동안 새로운 종교는 사람들의 인기를 누렸다. 하지만 그것은 곧바로 심각한 위험에 빠지게 되었다. 이 새로운 종교를 유대교가 박해하기 시작한 것이다. 그러나 아이러니하게도 스데반이란 최초의 순교자를 낸 이 박해 때문에 유대에서 이방으로 그리스도교가 전파되었다는 사실을 우리는 알고 있다. 예루살렘에서 박해를 받아 다른 지역으로 흩어지게 된 유대 그리스도인들이 그 지역 사람들에게 그리스도를 전했던 것이다.

사도행전은 신앙의 극적인 변화를 기록한다. 유대 종교의 한 분파로 여겨졌던 그리스도교라는 신흥 종교가 점차 다른 종교나 민족, 그리고 문화를 가진 사람들을 포용하기 시작했다. 예루살렘에서 안디옥으로 교회 활동의 중심이 옮겨졌으며, 거기서 사람들은 그리스도인이라는 용어를 처음 사용해 새로운 종교가 등장했음을 나타냈다. 그것은 더 이상 '유대적인 것' 으로 여겨질 수 없게 되었다.

유대교의 틀을 깨뜨림

누가가 전하고 있듯이 이방인 선교는 약간의 조정을 필요로 했다. 유대인 제자들은 그들의 유서 깊은 전통을 버리고 교회가 이방인으로 가득 차는 것을 못마땅하게 생각했다.

하지만 가장 정통적인 사람이라 할 만한 베드로가 다음과 같은 방식으로 그의 딜레마를 설명했다. "내가 누구이기에 하나님을 능히 막겠느냐"(행 11:17). 하나님이 베드로에게 보여 주신 환상은 이방인을 받아들이기를 주저한 베드로뿐 아니라 후에 이방인에 대한 선교 정책을 결정한 공회까지도 변화시켰다(행 10:9-23).

사도행전이 전개될 때마다 우리는 모든 지역과 문화가 복음을 받아들였다는 사실을 알게 된다. 예수님을 개인적으로 알고 있던 유대인들의 작은 신앙 집단에 의해 주도된 이 믿음은 군인, 마술사, 상인, 그리고 다른 종교를 가진 반대자들에게까지 번져나갔다. 그러나 이러한 복음의 전파는 전도자들의 헌신과 순간순간의 공포감, 또 순교가 없이는 원천적으로 불가능했다.

묵상

당신이 살고 있는 나라에 어느 날 갑자기 혹독한 박해가 닥쳐온다면 당신은 어떻게 신앙을 고수하겠는가?

적대 세력으로부터의 모집

이전에 현상금 사냥꾼이었던 사람이 이방인을 접수하다

듣는 사람이 다 놀라 말하되 이 사람(사울)이 예루살렘에서 이 이름을 부르는 사람을 멸하려던 자가 아니냐(행 9:21).

서기가 붉은 기록철을 열어 존 어윈의 범죄 사실을 낭독하는 동안 인디애나폴리스의 판사는 과장된 동작으로 그의 머리를 천천히 끄덕였다. 기록에 의하면 그는 학교를 너무 많이 결석했으며, 건전지와 같은 작은 물건을 그냥 갖다버리기 위해 훔치곤 했다. 심지어 자전거를 훔친 후 쓰레기장으로 몰고 가서 부숴버린 일도 있었다.

이제 갓 열두 살이 된 존은 갱단에 가담했으며, 22구경 라이플 총으로 양부모를 위협하기도 했다. 이런 그에게 판사는 앞으로 몸을 기울여 다음과 같이 선고했다. "얘야 나는 너처럼 막돼먹은 아이를 본 적이 없다. 나는 네가 결코 변하지 않으리라고 확신하기 때문에 너를 형무소로 보낼 것이며, 너는 일생의 대부분을 그곳에서 살아야 할 것이다."

자발적인 무기징역

판사의 예언은 30여 년 뒤에 부분적으로 실현되었다. 결국 존 어윈은 25년 이상의 시간을 악명 높은 시카고의 쿡카운티 교도소에서 보냈다. 그러나 죄수로서 복역한 것은 아니었다. 판사는 아주 오판을 했던 것이었다. 존은 전혀 다른 사람이 되었다.

육군에 복무하는 동안 어윈은 자신을 입양할 가족을 만났다. 그들은 친자식에게 주었던 사랑을 베풀겠다고 결심했다. 양부모의 사랑을 받자 폭력과 성적 학대로 어린 시절 형성되었던 어윈의 방어벽은 천천히 무너지기 시작했다. 그는 하나님의 사랑과 용서를 경험했으며, 새로운 사람이 되었다.

그는 자유인으로서 다른 사람을 자유롭게 하는 데 도움을 주리라 결심하고는 미국에서 가장 성공적인 사회복귀 프로그램인 페이스(FACE) 교화소를 설립해 이끌었다. 그리고 찰스 콜슨 교도소 선교회의 일원으로도 일했다. 실패하기가 십상인 교도소 선교에서 어떻게 그런 놀라운 효과를 거둘 수 있었는지에 대한 질문을 받을 때면 어윈은 항상 다음과 같이 대답했다. "그건 아마 나도 이들 죄수처럼 교도소에 갇힌 경험이 있기 때문일 테죠. 그들 대부분은 불우한 환경에서 자랐고, 부모에 의해 학대를 받았습니다. 나는 그들의 인생을 고달프게 하는 것이 무엇인지 알고 있지요. 그래서 내 경험담은 그들에게 희망을 줍니다. 나는 사람들을 포기하지 않아요. 하나님은 나를 변화시켰듯이 그들도 변화시키실 수 있습니다."

완전한 회개

존 어윈과 같이 회개한 사람은 주의 정병이 될 수 있다. 알콜 중독자였던 사람은 다른 사람들에게 음주의 해독에 대해 자신있게 말할 수 있다. 알렉산더 솔제니친같이 공산 국가로부터 추방된 사람은 가장 열렬한 반공주의자가 된다. 사도행전이 가장 성공적인 그리스도교 전도자로 소개하고 있는 바울은 이전에는 현상금을 노리고 그리스도인들을 잡으러 다녔던 사람이었다.

어떻게 유대교의 한 분파가 이방의 가장 막강한 종교가 될 수 있었는가? 어떻게 소아시아 지방의 신앙이 유럽 문명과 관련을 맺을 수 있었는가? 그 답은 이방인의 사도인 바울의 독특한 이력을 살펴보면 알 수 있다.

바울(사울)은 사도행전 8장 1절에 처음 등장한다. 그는 스데반을 무자비하게 돌로 쳐죽이는 것을 옆에서 도왔으며, 후에 그리스도인들을 잔멸하려는 박해자의 우두머리가 되었다. 그러나 다메섹 교인들을 박해하러 가던 길에 그는 기적적으로 회심하게 되었다(행 9:1-19).

용감한 인물

사도행전은 분위기가 완전히 무르익을 때까지 주인공의 등장을 미루는 드라마처럼 구성되어 있다. 13장에서부터 사도행전의 스포트라이트는 베드로에게서 바울로 옮겨지며 나머지 부분에서는 바울만을 조명한다. 바울의 악명을 알고 있었던 다른 그리스도인들은 처음에 그의 개종을 못 미더워했다. 그러나 그는 그들을 적대시할 때와 마찬가지로 그리스도의 복음을 전하는 데에도 열심이었고, 치열했다.

바울은 유대 율법에 따를 필요없이 이방인들을 완전히 받아들여야 한다고 주장했다. 그는 속박하는 율법의 멍에로부터 스스로 자유했으며, 율법에 의해서가 아닌 하나님의 자유 안에 있는 은혜의 삶을 살았다.

선교여행 도중 바울은 신약성경의 반을 썼는데, 그것에서 그리스도교 신학의 대부분의 초석이 마련되었다. 그는 투옥이나 매질, 폭풍에도 굴하지 않는 용감한 인물이었다. 아마도 그가 여태까지 살았던 사람 중에서 가장 철저하게 회개한 사람일 것이다.

묵상

당신의 삶은 바울의 경우처럼 즉시, 그리고 극적으로 변화했는가? 혹은 점진적으로 천천히 변화했는가?

사도 바울의 선교여행

유대인이며 로마인인 바울은 복음을 용광로에 밀어넣었다

그들이 대적하여 비방하거늘 바울이 옷을 털면서 이르되 너희 피가 너희 머리로 돌아갈 것이요 나는 깨끗하니라 이 후에는 이방인에게로 가리라 (행 18:6).

사도행전에는 지중해의 북동쪽 해안을 따라 이루어졌던 바울의 세 번에 걸친 선교여행이 기록되어 있다. 고대 세계에서는 보통 해적이나 이방인의 군대, 적대적인 국경 수비대 등이 길을 막고 있었기 때문에 여행을 한다는 것은 무척 위험한 일이었다. 그러나 바울의 시대는 이미 로마가 넓은 영토를 절대적으로 다스리고 있던 '팍스 로마나'의 시대였기 때문에 이것이 가능했다.

로마는 십자형으로 도로망을 건설했으며(그중에는 오늘날까지 남아 있는 것도 있다), 언어도 또한 헬라어로 통일되어 있었다. 더욱이 바울은 로마 시민으로 어느 지역이든지 통과할 수 있는 특권을 가지고 있어 어디서도 복음을 전하는 게 가능했다.

바울의 전략

선교여행에서 바울은 주된 상업 중심지와 주요 도시, 그리고 로마의 식민지에 우선적인 관심을 두었다. 오늘날의 근대 도시들처럼 이들 도시는 다양한 문화가 용광로처럼 녹아드는 곳이었다. 복음의 소식은 이곳으로부터 세계 곳곳으로 전파될 것이었다.

바울은 보통 지방의 회당을 방문해 동료 유대인들과 접촉했다. 만약 그들이 그의 메시지를 받아들이기를 거부하면 그는 곧 비유대인 청중들에게로 향했다.

그리고 교회가 세워지면 그곳에 머물면서 말씀을 가르쳐 그들을 영적으로 성장시켰다(어떤 경우에는 3년간 머무른 적도 있다). 그의 서신은 이런 방식으로 관계를 맺은 동료 그리스도인에 대한 사랑으로 넘쳐나고 있다(사도행전 20장에서는 그가 에베소 교인들과 맺은 교우관계를 엿볼 수 있다). 두 번째와 세 번째 선교여행 시 바울은 그가 세웠던 많은 교회들을 재방문했다.

비상한 자격, 인상적인 결과

바울의 배경은 그의 선교여행에 독특한 자격을 부여했다. 유명한 교부 가말리엘의 문하에서 공부한 바리새인이기에 그는 유대인들의 마음을 잘 이해했다.

로마 시민권은 그가 공적으로 인정을 받고 무고의 위협으로부터 살아남는 데 필요한 자격과 지위를 부여했다.

그리고 각 언어에 능통한 바울의 능력은 여러 민족을 상대하는 데 상당한 장점이 되었다. 아람어를 사용해 그는 초대 교회인 예루살렘 교회의 지도자들과 관계를 맺을 수 있었으며, 능통한 헬라어 덕분에 아덴의 철학자들 앞에서 연설할 수 있었다.

바울은 때때로 기적을 행하기도 했다. 한번은 바울의 밤새 계속되는 설교에 심취해 졸던 청년 하나가 3층 창문에서 떨어졌으나(행 20:7-12), 바울이 그를 다시 살려내었다.

바울은 파란 많은 생애의 말년에 동지중해 주변에 무리지어 있던 신생 교회를 떠나야만 했다. 그리고 그는 사역을 위해 실라, 디도, 디모데, 그리고 바울의 전기를 기록한 누가 등 여러 지도자를 양육했다.

묵상

왜 하나님은 바울을 택해 초대 교회를 이끌게 하셨는가? 당신에게도 하나님이 사용하실 수 있는 어떤 특별한 자격이 있는가?

바울의 법적 투쟁

470명의 로마 군인이 폭도들로부터 그를 호위해 주었다

보라 이제 나는 성령에 매여 예루살렘으로 가는데 거기서 무슨 일을 당할는지 알지 못하노라 오직 성령이 각 성에서 내게 증언하여 결박과 환난이 나를 기다린다 하시나(행 20:22-23).

20장 마지막 절은 비장한 감마저 든다. "다시 그 얼굴을 보지 못하리라 한 말로 말미암아 더욱 근심하고." 이후에 그가 어디로 가건 간에 바울의 친구들은 그에게 예루살렘으로 돌아가지 말 것을 간청했다. 심지어 어떤 이는 바울의 띠로 수족을 잡아매고 바울에게 닥칠 일을 공공연히 보여 주기까지 했다(행 21:10-11).

그러나 바울은 파선, 돌에 맞는 일, 매 맞음 그리고 오랜 기간의 투옥을 견디고도 살아남았다. 어떤 두려움도 그를 멈추게 할 수는 없었다. 게다가 바울은 하나님이 로마에도 복음을 전하기를 원하신다는 사실을 알고 있었으므로 예루살렘에서의 어떤 환난도 그 일을 막을 수는 없었다.

위험한 혁명가

그래서 여러 사람의 만류에도 바울은 예루살렘으로 갔다. 그리스도교 선교사로서의 그의 명성은 이미 널리 퍼져 있어서, 470명의 로마 군인이 유대인 폭도들로부터 그를 호위해야만 했다.

누가가 로마의 재판 과정을 상세히 기록하고 있기 때문에 어떤 학자들은 바울의 변호를 위한 탄원서로 사도행전이 기록되었다고 추정하기도 한다. 바울은 반란을 일으킬 의도를 가진 흉악한 테러리스트인가? 누가는 바울이 아무런 정치적 의도도 없었으며, 로마의 법에 따라 지속적으로 활동했음을 상세하게 기록하고 있다.

기소된 대부분의 경우, 로마법에 따라 바울이 무죄임이 밝혀졌다. 고린도의 관원은 그에게 씌워진 혐의를 기각했다(행 18:15). 에베소의 서기장도 그러했다(행 19:35-41). 유대 총독 베스도와 아그립바 왕은 모두 바울이 가이사에게 상소하지 아니했더라면 석방될 수 있을 뻔했다고 결론을 내렸다(행 26:32).

결말의 시작

바울이 자유를 누렸던 얼마되지 않는 날들은 그의 파란 많은 생애를 말해 준다. 그의 친구들이 예루살렘에 대해 느꼈던 두려움은 사실 근거 있는 것이었다. 그곳에서는 살의를 품은 군중들이 바울에게 거짓 혐의를 씌워 공격했고, 그는 군인들에 의해 간신히 구출되었다.

바울은 공회 앞에 서서 흥분한 군중을 두고 연설하게 되었으며, 그 자신의 삶을 증언함으로써 그들과 대결할 기회를 삼았다. 군중들은 이방인에게 복음을 전하는 부분에 이르자 드디어 폭발하고 말았다. 바울은 자신을 변명하며 최초의 그리스도교 순교자인 스데반이 순교할 때 곁에 서서 죽음을 마땅히 여겼던 때를 상기했다(행 22:3-21). 이와 같은 폭력 장면은 바울의 마음에 회심하기 전의 생활을 상기시켜 주는 것으로 끝까지 각인되어 있었을 것이다. 그러나 한편으로는 다른 기억, 즉 다메섹 도상에서 큰 빛을 보았을 때의 인상이 그를 더욱 강력하게 사로잡고 있었다. 다메섹에서의 그 사건 이래로 바울은 그가 광야 길에서 엎드러진 것처럼 사람들 앞에 엎드러지기로 결심했던 것 같다. 그 일로 말미암아 그는 무수히 많은 밤을 감옥에서 보내야 했다.

묵상

사도행전 20장은 바울이 다른 그리스도인과 절친한 관계임을 나타내 준다. 무엇이 그와 같은 절친한 느낌을 갖게 했을까? 무엇 때문에 당신은 다른 사람과 친하게 지내는가?

마침내 로마로

바울은 마침내 사슬에 묶인 채 로마의 수도에 다다랐다

바울이 아침부터 저녁까지 강론하여 하나님의 나라를 증언하고 모세의 율법과 선지자의 말을 가지고 예수에 대하여 권하더라(행 28:23).

사도행전에는 전부 18편의 설교가 기록되어 있는데, 그중의 마지막 세 편은 매우 적은 청중을 대상으로 한 것이었다. 제국의 변방에서 가장 뛰어난 달변가라고 할 만한 죄수에 대해 흥미를 느낀 로마의 관원들은 바울을 밖으로 불러 스스로를 변호하게 했다. 그 결과 그들은 철저한 조사가 필요하다고 생각해 그를 로마로 보냈다.

그 당시에 로마가 얼마나 철저하게 세상을 지배하고 있었는지는 오늘날로서는 상상하기가 쉽지 않다. "모든 길은 로마로 통한다"는 것은 단순한 말 이상의 뜻을 담고 있었다. 중력의 중심처럼, 그 도시는 모든 도로와 상업, 제국의 지도자와 사상가 및 재력가들을 유인했다. 당시 모든 정치력과 군사력은 로마로부터 유래했다. 로마는 반론의 여지가 없는 세계의 수도였다. 만약 그리스도교가 어디에서든지 발판을 마련하려고 했다면, 먼저 로마에 복음이 전해져야 했다.

사슬에 묶인 선교사

그리스도교 신앙의 가장 위대한 대변자였던 바울은 아이러니하게도 죄수로서 로마에 도착했다. 그는 심각한 파선에서 살아나왔으며, 지쳐 있었다. 로마에서 비로소 바울은 남겨두고 온 교회에게 애정이 담긴 편지를 쓸 수 있는 조용한 시간을 가질 수 있었다.

누가가 바울의 생애를 추적하는 것을 그만두었기 때문에, 어떤 의미로 사도행전은 용두사미식으로 끝난다. 대부분의 학자들은 바울이 출옥했거나 새로운 세계로 선교를 확장했을 것으로 믿고 있다. 하지만 누가는 이 시기에 대해 아무것도 기록하고 있지 않으며, 바울의 재판이나 그의 궁극적인 운명에 대해서도 말하지 않는다. 그는 시간적으로 동결된 간단한 기억으로 끝맺고 있다. 바울은 집에 머물면서 오는 모든 사람에게 복음을 전했다.

그는 이제 청중을 선택할 수 없었다. 로마에서 그는 거의 연금 상태에 있었다. 그러나 막강한 로마의 심장부에서 바울은 대담하게도 새로운 왕국과 새로운 왕에 대해 이야기했다. 그리스도교는 이렇게 해서 예루살렘에서 로마로 전파되었다.

묵상 당신은 그리스도가 인기를 얻는 것이 좋은가, 그렇지 않는 것이 좋은가?

Part 7

서신서

로마서

고린도전서 | 고린도후서

갈라디아서

에베소서

빌립보서

골로새서

데살로니가전서 | 데살로니가후서

디모데전서 | 디모데후서

디도서

빌레몬서

야고보서

베드로전서 | 베드로후서

요한1서 | 요한2서 | 요한3서

유다서

로마서

서론
까다로운 청중

만약 여러분이 무인도에 있다면 무슨 책을 읽고 싶은가?

> 내가 예수 그리스도로 말미암아 너희 모든 사람에 관하여 내 하나님께 감사함은 너희 믿음이 온 세상에 전파됨이로다(롬 1:8).

여러분이 대학에서 어학코스를 듣고 있다고 상상해 보자. 여러분의 과제는 '인생의 의미'에 관해 간단하게 말하는 것이다. 밤늦도록 커피를 마시며 여러분은 그리스도인의 믿음과 그것이 여러분에게 의미하는 바를 대강 생각해 볼 것이다. 그런 다음 많은 시간을 들여 몇 마디 이야기를 준비해 당신의 믿음을 증거하려 할 것이다.

그러나 여러분이 지방신문에서 이것에 대해 상세히 써달라는 요청을 받는다면 어떻게 하겠는가? 몇 사람의 방청객 대신에 여러분은 수천 명의 독자를 상대해야 한다. 이전보다 여러분이 훨씬 더 많은 시간을 들여 주의 깊게 준비할 것이라는 점은 의심의 여지가 없다.

세계의 중심부에 보내는 서신

여러분의 상상의 나래를 더 펼쳐보라. 여러분의 글을 "타임즈"의 첫 면에 게재할 것이라는 이야기를 듣고 이와 같은 내용을 요청받았다면 어떻게 하겠는가? 이 신문의 독자들은 교양도 풍부하고 까다롭기로 유명하다. 아마도 여러분은 여기에 쓸 글을 준비할 때 각 단어 하나하나에 대해 소심할 정도로 심사숙고하며 어구를 다듬고 생각이 완전하게 잘 표현되도록 노력할 것이다.

우리는 사도 바울의 여러 서신에서 이와 비슷한 작업 과정을 볼 수 있다. 그의 서신 중 어떤 것들은 수업 시간에 발표하는 것처럼 자기가 아는 사람들에게 보낸 것들이었다. 이 서신들은 종종 온유하고 사사로운 권면의 말을 담고 있으나, 때로 아버지의 꾸짖음과 같은 사랑의 권면이 들어 있는 것도 있다.

그러나 바로 이 책의 제목이기도 한 로마서는, 서구 세계를 지배한 강력한 제국의 이미지를 상상으로 그리고 있다. 바울 시대의 사람들에게 로마는 법률, 문화, 국력, 학문 어떤 면에서도 세계의 중심부였다. 이 교양 있는 청중들에게 보내는 서신은 진정 인상적이어야 했다.

로마서에서 바울은 그 당시 아직 각 마을에 구두로 떠돌던 그리스도교 교리를 모든 범위에 걸쳐 훌륭하게 정리했다. 그는 그리스도가 인생의 모든 중요한 질문에 대한 대답을 가지고 있음을 그런 까다로운 독자들에게 확신시키려 했다.

한 권의 요약

"만약 여러분이 무인도에 있다면 무슨 책을 읽고 싶은가?" 이 질문에 대한 답으로 성경 중 한 권을 고르라고 한다면 많은 그리스도인들이 로마서를 선택할 것이다. 신문 한 장 정도의 분량을 가지고 있는 로마서는 그리스도인의 믿음의 진수를 간결하게 요약하고 있다.

그러나 로마서는 지극히 논리적인 책임에도 신학 서적처럼 무미건조하지는 않다. 이 책을 활발하게 연구함으로써 교회 부흥의 역사가 일어나게 되었다. 아우구스티누스, 마틴 루터, 요한 웨슬리 등 종교개혁가들은 모두 로마서를 탐독

함으로써 자신들이 영적으로 새로워졌다고 말하고 있다. 로마서는 사도 바울이 '인생의 의미' 라는 물음에 내린 최종적인 답변이다.

본론

현대판 평화의 아이

하나님은 심연을 메우신다

의인을 위하여 죽는 자가 쉽지 않고 선인을 위하여 용감히 죽는 자가 혹 있거니와 우리가 아직 죄인 되었을 때에 그리스도께서 우리를 위하여 죽으심으로 하나님께서 우리에 대한 자기의 사랑을 확증하셨느니라(롬 5:7-8).

돈 리처드슨은 뉴기니의 사위 부족에게 복음을 전하기 위해 몇 년의 시간을 보낸 적이 있었다. 그는 미국의 인류학자 겸 선교사로서 거의 석기시대에 가까운 생활을 하는 부족에게 그리스도의 복음을 전하기 원했다. 그러나 그의 메시지는 부족의 이상한 전통 신앙과 계속 충돌하고 있었다.

사위 부족은 속임수를 최고의 미덕으로 생각하고 있었다. 따라서 그들에게는 그리스도교의 사랑이나 용서라는 덕목이 설득력을 갖지 못했다. 그들은 자신들의 잔인함과 식인 습관을 바꿀 이유가 아무것도 없었다. 실제로 리처드슨이 그들에게 예수님의 이야기를 처음 들려주었을 때 그들이 가장 깊은 관심을 보인 것은 유다의 배신 이야기였다. 사위 부족에게는 유다야말로 진정한 영웅이었다. 그것은 그가 예수를 대적하기 전 교활하게도 신뢰하는 제자의 집단을 파고들었기 때문이었다.

신비한 의식

리처드슨이 사위 부족에게 복음을 전하려고 하면 할수록 결과는 더욱 암담해졌다. 마침내 그의 집 밖에서 열네 번째의 유혈 충돌이 벌어지는 것을 보고 그의 인내는 한계에 달했다. 이런 폭력적인 부족들 틈을 어떻게 파고들 수 있단 말인가? 그는 머물러 달라는 사위 부족의 간청에도 불구하고 뉴기니를 떠나기로 마음먹었다.

리처드슨이 떠나기 직전 사위 부족과 그들의 철천지원수 간인 해남 부족은 그의 집 앞에서 정성을 들여 의식을 거행하면서 마지막으로 떠나려는 선교사를 설득하려고 했다.

모든 마을 사람들이 그 의식을 지켜보려고 모여들었다. 사위 부족 추장의 아내 이외에는 모두 숨을 죽였다. 왜냐하면 추장이 그녀의 품에서 여섯 달 난 아들을 떼어 내어 하늘로 높이 쳐들며 원수의 추장에게 바쳤기 때문이다. 이제 그 아이는 해남 부족의 추장에 의해 새로운 이름을 갖게 되며 그의 아들 중 하나로 키워지게 된다.

돌파

리처드슨은 사위 부족이 어떤 행동을 하더라도 결국은 상대를 교묘히 속이고야 말기 때문에 그들 가운데서 일어나는 어떤 일도 믿을 수 없다는 사실을 알고 있었다. 그러나 그날에 그는 '평화의 아이' 라는 한 가지의 예외를 발견하게 되었다. 적에게 자신의 사랑하는 아들을 준다는 추장의 심오하면서도 고통스러운 행위는 상대방이 가질 수 있는 모든 의심을 씻어버렸다. '평화의 아이' 가 살아 있는 동안에는 상호협약에 의해 두 부족 간에 전쟁이란 있을 수 없었다.

그 광경을 바라보고 있을 때 무엇인가가 리처드슨의 마음에서 꿈틀거렸다. 마침내 그는 자신의 아들을 보내 우리의 죄를 대속하신 하나님의 메시지와 사위 부족의 문화 사이의 유사성을 발견했다. 리처드슨은 모든 부족 사람들을 자기 주위로 모이게 한 후 간절한 마음으로 하나님이 보내신 '평화의 아이' 에 관해 다음과 같이 말했다. "하나님은 자신의 사랑하는 아들 예수를 인간 세상에 보내시고 사람들과 화평을 이루려 하셨다."

중요한 구절

바울은 아마도 자신의 아들 예수를 평화의 아들로 준 하나님에 대해 설명한 로마서 3장 21~31절에 나오는 간략한 구절들을 적으면서 그와 똑같은 간절한 심정을 느꼈을 것이다. 로마서 전반부는 하나님과 사람 사이에 벌어져 있는 광대한 심연을 이야기하고 있다. 이제 바울은 어떻게 하나님이 이 심연을 메우시는지를 설명한다. 어떤 학자는 이 부분을 "성경에서 핵심적인 신학적 구절"이라고 이야기한다.

그 사실을 말한 후에 바울은 4장과 5장에 기술한 역사적 사실에서 그 근거를 찾는다. 종종 미국 정치가들은 조지 워싱턴이나 에이브러햄 링컨과 같은 국가적 지도자에 자신을 견줌으로써 입장을 변호하려고 한다. 이와 유사하게 바울은 그의 유대인 청중들을 염두에 두었다. 사위 부족의 경우와 마찬가지로 유대 문화에서도 '구속의 비유'가 존재하며, 그들은 모두 예수 그리스도 안에서 이것이 완전하게 성취됨을 발견했다.

묵상

당신은 하나님으로부터 멀어졌다고 느낀 적이 있는가? 로마서 3~5장은 그런 때에 무엇이 도움을 줄 수 있다고 말하는가?

내적인 투쟁

전투와 승리

그러므로 내가 한 법을 깨달았노니 곧 선을 행하기 원하는 나에게 악이 함께 있는 것이로다(롬 7:21).

로마서 전반부에는 하나님의 은혜와 용서가 훌륭하게 표현되고 있다. 그러나 그럼에도 마음이 바르지 못한 어떤 사람들은 로마서 전반부를 잘못 읽어 "죄를 더 많이 범할수록 하나님의 은혜가 더욱 넘치니 나는 내식대로 살겠노라"고 주장하면서 흡족해한다.

6장에서 바울은 '죄에 대한 변명'에 강한 부정의 뜻을 나타낸다. 그런 다음에 그는 그리스도인의 생활에서 나타날 수 있는 실제적인 문제들을 언급한다. 왜 죄는 그렇게 극복하기가 힘이 드는가? 하나님은 어떤 죄라도 다 용서하실 수 있으신가? 우리가 그리스도인이 될 때 어떤 일이 일어나는가? 우리는 변화하는가, 그렇지 않은가?

삶의 묘사

바울은 (모든 율법을 지켜) 자기 자신의 힘으로 선한 사람이 되려고 노력했을 때, 궁극적인 죄로 말미암아 패하고 말았다고 간증하고 있다. 그는 자신의 계획과 능력으로 죄에 대한 투쟁에서 승리하려고 시도했으나 "오호라 나는 곤고한 사람이로다 이 사망의 몸에서 누가 나를 건져내랴"(롬 7:24)는 탄식을 할 수밖에 없었다. 바울은 드디어 "우리 주 예수 그리스도로 말미암아 하나님께 감사하리로다"(롬 7:25)라고 결론을 맺는다. 이런 종류의 투쟁에는 한 가지 해결책밖에 없다.

그리스도교 신앙의 가장 좋은 증거는 바로 변화된 삶을 사는 신자들이다. 바울은 그리스도인들에게 "이와 같이 너희도 너희 자신을 죄에 대하여는 죽은 자요 그리스도 예수 안에서 하나님께 대하여는 살아 있는 자로 여길지어다"(롬 6:11)라고 권면하며, 그것이 실제로 가능하다고 기록하고 있다.

마지막 대답

그다음 8장은 마치 신선한 바람과도 같이 성경에서 가장 희망적인 구절의 하나로 시작된다. 그 주제는 성령이시며, 바울은 성령이 우리의 삶에서 하시는 역할에 대해 이야기하고 있다. 우리가 하나님과 관계를 가질 때 성령은 우리를 도우시며, 우리가 마땅히 빌 바를 알지 못할 때 우리를 위해 친히 간구하신다(롬 8:26). 주로 성령은 하나님의 자녀가 받는 유익에 대해 우리에게 가르치신다.

바울은 우리가 아직 불완전한 피조물의 하나로서 탄식하고 있기 때문에, 아직도 그 투쟁은 끝난 것이 아니라고 이야기한다. 그러나 하나님의 도우심이 함께 있어 우리는 이길 수 있고, 더 나아가 장래에는 완전한 구속을 받을 수 있다. 그 약속은 너무나 확실하기 때문에 아무것도 하나님의 사랑에서 우리를 끊을 수 없다(롬 8:38-39).

묵상

당신은 스스로의 힘으로 하나님을 기쁘시게 하려고 노력하는 사람인가, 아니면 죄를 이기기 위해 그리스도를 믿는 사람인가? 스스로 판단해 보라.

바울의 충격

하나님은 그의 약속을 저버리시는가?

형제들아 내 마음에 원하는 바와 하나님께 구하는 바는 이스라엘을 위함이니 곧 그들로 구원을 받게 함이라(롬 10:1).

가족들의 반대보다 초신자에게 더 고통을 주는 것이 있을까? 한 십대 소녀가 그리스도교로 개종했다. 그런데 그녀의 부모는 딸이 이상한 사교에 빠져든 것으로 추측해 과잉반응을 보였다. 그래서 그녀가 복음을 전하려고만 하면 그들은 그것을 끈질기게 거부했다. 그녀에게는 좋은 소식이 그녀의 부모에게는 나쁜 소식으로 여겨졌던 것이다.

일부 초신자들은 가족들의 의심과 적대의 감정을 쉽게 극복한다. 그러나 대부분의 초신자들은 가족들에게 정신병에 걸린 사람처럼 취급받으며, 감정적으로 격리된 상태에서 살도록 강요당한다.

이런 경험을 겪어 본 사람들만이 바울이 고뇌했던 딜레마를 이해할 수 있다. 그의 동족인 유대인들은 그가 평생을 헌신하며 전했던 복음을 계속해서 거부했다.

하나님은 신뢰할 만한 분인가?

유대인이 복음을 거부한다는 사실은 바울에게 커다란 충격이었다. 그는 로마서의 중간에 그 고뇌에 관해 토로하고 있다. 이 세 장(롬 9-11장)에서 바울은 가장 강경한 어조로 이야기하는데, 심지어 자기 동족을 위해서라면 자기 자신이 그리스도에게서 끊어질 용의가 있다고까지 말한다(롬 9:3).

바울이 여기서 논의하고 있는 문제는 비유대인에게도 적용될 수 있다. 왜냐하면 그 문제들은 하나님에 대해 다음과 같은 근본적인 의문을 제기하고 있기 때문이다. 그가 구약에서 이스라엘 민족에게 하신 약속을 모른 체하고 그들을 포기하신 것은 아닌가? 만약 그렇다면 오늘날 우리에게 하신 약속도 깨뜨릴 수 있는 것 아닌가?

자신을 이방인의 사도라고 부른 유대인인 바울에게는 어떤 문제보다도 그 문제의 해결이 시급했다. 그는 로마서에서 확립되는 훌륭한 신학을 과거, 현재, 그리고 미래에 이스라엘 민족 가운데서 하나님이 행하시는 역사와 연관시켜야만 했다.

묵상

로마서 9~11장은 하나님이 그에게 실망을 느낀 사람들, 즉 유대인에게 어떻게 역사하시는지를 보여 준다. 당신은 하나님께 깊은 실망을 느낀 적이 있는가? 바울은 무엇이 당신의 의문에 해답을 줄 수 있을 것이라고 이야기하고 있는가?

현실적인 문제들

무엇이 옳고 그른지에 대해 그리스도인들의 의견이 일치하지 않을 때

악을 미워하고 선에 속하라(롬 12:9).

신학은 흔히 세상에서 동떨어진 사람들을 위한 것으로 여겨진다. 그리고 따로 할 일이 아무것도 없을 때에야 하나님에 대해 추상적인 질문을 할 시간이 생긴다고 생각하는 사람들도 있다.

그러한 생각은 사도 바울을 크게 분노하게 했다. 그에게는 사람이 사는 방식에 변화를 주지 못하는 신학이란 무가치한 것이었다. 따라서 그는 당대의 문제들(정치, 복수, 사람들 사이에서의 관계적인 기복과 자만 등)에 대한 현실적인 논의로 성경에서 가장 간결한 신학서의 끝을 맺고 있다.

바울의 삶은 신학을 실제적인 것으로 만드는 방법을 보여 주는 모범이었다. 그는 자신이 설교한 것을 실천함으로써 자신의 신학을 삶에 적용했다. 그는 지적인 은둔자가 아니었다. 실제로 그가 로마서를 쓴 것도 굶주림으로 고통당하는 사람들을 위한 모금운동을 위해 여행을 하고 있던 도중이었다.

바울은 로마서 12장에서 행동으로 하는 사랑이 어때야 하는지에 대해 설명하고 있다. "너희 몸을 하나님이 기뻐하시는 거룩한 산 제물로 드리라"고 그는 자신의 독자들을 향해 강력히 주장한다. 그의 시대에 로마인들은 유대인이나 이방인들과 마찬가지로 양이나 다른 동물들의 '희생'이라는 말과 깊이 연관되어 있었다. 그들은 제물을 드리기 위해 그것들을 성전으로 가져왔다. 하지만 바울은, 하나님이 희생제물로 원하시는 것은 살아 있는 인간이지 죽은 동물이 아님을 분명히 했다. 하나님의 뜻을 행하는 사람이 하나님이 가장 기쁘게 여기시는 제물이 될 것이다.

묵상

바울의 시대에 살던 그리스도인들은 고기를 먹는 문제나 기념일을 지키는 문제, 포도주를 마시는 문제 등에 대해 뜨겁게 논쟁을 벌였다. 오늘날의 그리스도인들은 어떤 문제로 논쟁을 벌이는가? 우리와 의견이 다른 그리스도인들에 대해 우리는 어떤 태도를 가져야 하는가?

고린도전서

서론
교회가 세워질 수 없는 곳

고린도에서 기대할 것은 아무것도 없다

형제들아 너희를 부르심을 보라 육체를 따라 지혜로운 자가 많지 아니하며 능한 자가 많지 아니하며 문벌 좋은 자가 많지 아니하도다 그러나 하나님이 세상의 미련한 것들을 택하사 지혜 있는 자들을 부끄럽게 하려 하시고 세상의 약한 것들을 택하사 강한 것들을 부끄럽게 하려 하시며(고전 1:26-27).

큰 도시마다 매춘부와 스트립 댄서, 도박꾼, 마약 도매상들이 들끓는 구역이 있다. 여행자들은 산책하는 동안 그런 모습을 보게 된다. 뉴욕의 타임즈 스퀘어, 샌프란시스코의 노스 비치 디스트리트, 뉴올리언스의 부르봉 스트리트, 라스베이거스가 사실상 그런 곳이다.

고대 세계에서 고린도는 이런 종류의 생활양식으로 악명이 높았다. 로마인들은 고린도인을 더러운 농담의 표적으로 삼았고, 극작가들은 끊임없이 그들을 술주정꾼으로 그렸다. 그리스어 동사로 '고린도화하다'(to corinthianize)는 말은 염치없이 비 도덕적으로 사는 것을 뜻했다.

널리 열린 도시

누구나 고린도인이 숭배하던 것이 무엇인지를 알 수 있다. 그것은 바로 돈과 그것으로 살 수 있는 별난 물건들이다. 고린도는 로마 제국의 가장 활발한 무역항 중 하나였기 때문에 돈이 흘러넘쳤다. 배가 항구 가까운 곳에서 난파되면 해난구조회사는 어쩔 수 없이 그곳에 머물며 뱃짐을 경매로 팔아야 하는 운 나쁜 선원들에게 비싼 값에 숙소를 제공한다. 그 도시 주변에는 시장이 산재했으며, 노예나 동양 사람, 유대인, 그리스인, 이집트인, 선원, 운동선수, 도박꾼, 마부들이 들끓었다.

그곳은 노동자들의 마을이 아니었다. 그곳은 인구가 70만으로, 로마 다음으로 큰 도시였으며, 외교와 행정의 중심지로, 이 도시에는 로마에서 파견된 외교관과 고관들이 상주했다. 시민들은 새로운 '고린도' 건축 양식을 선보이며 스스로 세계주의적인 시야를 가지고 있다고 뽐냈다.

인생을 즐겁게 살아가는 것을 종교적 이상으로 삼았던 고린도인은 사랑의 여신인 아데미를 주신으로 섬겼으며, 한때 사원에 1,000명 이상의 매춘부들을 고용하기도 했다.

바울이 고린도인에게 흥분하다

이런 모든 이교도적인 영향 때문에 고린도는 그리스도교 신앙으로 '개종시키기 어려운' 도시로 생각되었다. 이제 막 미약하게 싹을 틔운 그리스도교는 전반적으로 타락한 분위기에 휘말리게 되었다.

사도로서 권위를 가지고 있었던 바울은 아덴에서 가장 어려운 선교활동을 마치고 난 뒤, "약하고 두려워하고 심히 떨며"(고전 2:3) 고린도에 왔다. 그는 이 도시의 전략적 중요성을 알았다. 그는 이 도시가 도로가 교차하는 지점에 위치하고 있었기 때문에, 이곳에 뿌리를 내릴 수만 있다면 세계의 어느 곳에도 복음이 전파될 수 있을 것이라고 판단했다.

바울은 고린도에서 18개월 동안 사역했다. 놀랍게도 그가 세운 교회는 1세기의 가장 큰 교회 중 하나가 되었다. 그러나 여러 해가 지난 후 그 도시에 세운 교회가 여러 가지 악습으로 오염되어 많은 문제를 안고 있다는 보고가 그에게 들려왔다. 그래서 그가 고린도전서로 알려진 이 서신을 쓰게 된 것이다.

이 서신의 어조는 이전의 서신과는 완전히 다르다. 문체로 볼 때 로마서가 무미건조하게 쓰였다면 고린도전서는 눈물과 걱정으로 단숨에 쓴 것이라 할 수 있다. 바울의 가장 긴 편지 중 하나인 이 서신은 매우 다양한 주제를 포함하는데, 이는 부분적으로 고린도인들이 기괴하고도 새로운 혼합적인 풍습을 그리스도교의 윤리에 더했기 때문이다. 이 서신에서 바울은 일련의 교회 문제뿐 아니라 초기 그리스도인의 개인적인 삶에 관해 실제적인 권면을 하고 있다.

본론

집에서 온 질책의 편지

슬퍼하는 부모의 꾸중을 들어 마땅함

내가 너희를 부끄럽게 하려고 이것을 쓰는 것이 아니라 오직 너희를 내 사랑하는 자녀 같이 권하려 하는 것이라(고전 4:14).

부모를 떠나 대학교 생활을 하는 여학생이 한 명 있다. 그녀의 친구들은 복도에서 수다스럽게 떠들고 있다. 그러나 그녀에게는 시간이 멈춰버린 것 같다. 왜냐하면 방금 부모님으로부터 눈물로 얼룩진 장문의 편지를 받았기 때문이다.

편지의 어조는 그녀를 놀라게 했다. 평소에 그녀의 부모님은 온건하며, 감정적인 흥분을 보이지 않는 분들로 부모님의 편지는 늘 따뜻했고, 친근했다. 그러나 이번에는 달랐다. 어떤 경로를 통해 아셨는지 모르지만 부모님은 그녀의 최근 대학 생활에 관해 듣고 매우 상심한 상태였다. 그래서 과격한 어조로 편지에 그녀에 대한 깊은 실망을 쏟아 붓고 있었다.

이같이 고린도전서는 슬픔에 찬 부모로부터 받은 사적이면서도, 당연한 질책을 담고 있다. 바울은 "내가 너희를 부끄럽게 하려고 이것을 쓰는 것이 아니라 오직 너희를 내 사랑하는 자녀 같이 권하려 하는 것이라"고 썼다.

바울의 기분

신약의 다른 어떤 서신도 바울의 감정을 이처럼 폭넓게 표현하지는 못하고 있다. 그는 자비량으로 고린도에서 파란 많은 18개월을 보냈다. 그러나 후에 그의 패륜적인 '자녀들'이 그를 개인적으로 공격하기 시작했다. 이에 바울은 자녀의 놀라운 행동을 처음으로 알게 된 여느 부모와 같은 반응을 보였다. 고린도전서에 나타난 그의 기분은 분노에서 부끄러움으로, 슬픔에서 분한 마음으로 옮겨간다.

예를 들어 3장은 "그리스도 안에서의 어린아이"에게 주는 준엄한 가르침으로 시작한다. 이것은 영적인 아버지의 부드러운 탄원이 녹아들어 있는 뼈아픈 비유로 이어진다(고전 4:8). 6장에서 바울은 여섯 번이나 "너희가 알지 못하느냐"라는 문구를 사용한다. 그런 다음 7장에서 처음으로 그에게 편지를 쓰게 했던 실제적인 질문에 다다른다.

사도 바울은 훌륭한 이론가로서 역사와 철학을 솜씨 있게 엮을 수 있었던 사람이다. 뿐만 아니라 그는 자신이 세운 교회들을 부모처럼 양육했다. 그는 고린도사람들에게 예리하게 물었다. "내가 매를 가지고 너희에게 나아가랴 사랑과 온유한 마음으로 나아가랴"(고전 4:21). 이 편지에서 우리는 그의 양면적인 생각을 읽을 수 있다.

묵상

당신은 부모님이나 선생님 또는 사장님이나 목사님께 훈계를 들을 때 어떻게 반응하는가?

머피의 법칙

우상숭배자, 간음자, 남창, 도둑, 그리고 주정꾼의 교회

너희가 쓴 문제에 대하여(고전 7:1).

“일이 안될 때에는 더 꼬여가게 마련이다.” 머피의 법칙으로 알려져 있는 이 원리는 경제학자나 구단주, 대도시의 시장들에 의해 많이 인용되는 말이다. 어떤 면에서 인간의 본성 때문에, 되었으면 하고 바라는 대로 일이 되지 않는 것인지도 모르겠다. 이 법칙이 옳다는 것을 고린도 교회도 증명하고 있다.

고린도 교회의 그리스도인들은 복잡한 과거를 철저히 회개하지 않은 채로 출발했던 것 같다. 개종한 우상숭배자, 간음자, 남창, 도둑, 술주정꾼, 그리고 사기꾼들로 이루어진 교회(고전 6:9-11)를 상상해 보라. 이런 배경을 가진 사람들로 이루어진 고린도 교회는 곧 문젯거리에 봉착했으며, 이에 바울은 심각한 도전을 받았다. 그런 사실 중 하나로 그는 이 사람들이 그들이 개종하기 전에 믿었던 종교에서 매일 경배 의식의 하나로 행했던 부도덕한 성행위를 저지르고 있다는 것을 알게 되었다.

지역적이고도 보편적인 문제들

고린도전서는 그런 문젯거리에 대한 바울의 신중한 해결책이라고 할 수 있는데, 그중 몇몇은 서신에서 질문으로 제기되었다(고전 7:1). 상당수의 권면은 고린도의 지역적인 상황과 직접 관련이 있었다. 그 문화에서는, 오늘날의 회교도와 마찬가지로 여자가 머리에 무엇을 쓰는지가 중요한 문제였다(고전 11:3-10). 그리고 이방 우상에게 바친 고기를 먹는 일 때문에 초신자들이 혼란스러워했다(고전 10:18-33).

그러나 여기에서 논의되고 있는 다른 문제, 즉 교회의 분열이나 소송, 부도덕 행위, 독신 생활, 그리스도인의 자유의 분량, 섬김의 여러 가지 모양, 방언의 중요성, 다른 영적인 은사 등은 다른 문화적 배경에서도 일어날 수 있다. 고린도에서 일어났던 문제들이 오늘날의 교회에서도 모두 일어나는 것은 아니지만, 바울의 원리는 머피의 법칙과 같은 우리 자신의 예측 불가능한 경험에 적용할 수 있다.

묵상

당신이 알고 있는 가장 저질의 텔레비전 쇼를 생각해 보라. 그리고 만약 그리스도인이 그 쇼의 주인공이 된다면 그들은 어떤 문제에 봉착할 것인지를 상상해 보라.

인체의 교훈

몸도 눈을 필요로 하고, 눈도 몸을 필요로 한다

몸은 하나인데 많은 지체가 있고 몸의 지체가 많으나 한 몸임과 같이 그리스도도 그러하니라(고전 12:12).

눈 없이도 살 수 있는가? 물론이다. 그러나 다른 감각에 더욱 의존하거나, 친구 혹은 맹인견에 의지해야 한다. 그리고 이 세계가 나타내는 색깔과 디자인과 모든 시각적인 즐거움을 잃게 된다.

그나마 눈이 없는 몸으로는 그럭저럭 살아갈 수 있지만, 몸이 없는 눈은 상상조차 할 수 없다. 세상에서 가장 아름다운 눈도 몸에서 떼어내면 생명이 없고 무가치해진다. 눈은 혈액을 공급해 주고 신경 자극을 받아들일 몸을 필요로 한다.

함께 일하는 많은 지체

12장에서 바울은 의도적으로 해부학 강의를 하고 있다. 그는 그리스도의 교회의 구성원을 몸의 지체로 비교하면서 고린도 교회가 이해하지 못하는 두 가지 진리를 깔끔하게 설명하고 있다. 먼저 그는 눈이나 발과 같은 몸의 지체는 온전한 몸을 이루어야만 가치 있게 쓰일 수 있다고 말한다. 구성원 중 한 사람이라도 잃어버린다면 몸 전체가 고통을 받기 때문이다.

또한 그는 누구라도 그 몸에서 고립되면 살아갈 수 없다고 계속해서 이야기한다. 몸에서 떨어져 있는 눈은 아무 쓸모가 없다. 한 몸을 이루기 위해서는 모든 부분이 협동해야 한다.

바울은 성도들의 다양성과 통일성을 한꺼번에 설명하기 위해 몸이라는 이미지를 사용했다. 이 비유는 너무나 적절해 그는 다른 서신에서도 이 이미지를 많이 사용하고 있다. 이것은 그가 교회를 묘사하는 데 선호하는 방식이다.

통일성의 강조

고린도 교회는 다양한 구성원으로 이루어진 교회였다. 따라서 바울이 그들에게 쓴 편지에서 몸을 비유로 해 통일성을 강조했던 것은 적절한 것이었다. 하지만 어떻게 영적인 몸 안에서 여러 사람이 함께 일할 수 있는가? 그는 13장에서 사랑에 대한 유명한 시적 표현을 함으로써 그 질문에 답하고 있다. 그런 유창한 답변 뒤에 그는 고린도 교회의 여러 가지 영적 은사에 관해 논의한다.

12~14장은 다양한 사람들로 구성된 고린도 교회를 괴롭혔던, 그리고 오늘날에도 교회를 혼란스럽게 하는 문제들을 다루고 있다. 바울의 시대와 마찬가지로 우리의 시대에도 그 해결책은, 각 구성원이 몸에 속한 다른 구성원을 존중하고, 머리 되시는 예수 그리스도의 지시를 따라야 한다는 것이다.

묵상

바울이 열거한 영적 은사 가운데 당신의 교회에 풍족한 것은 무엇인가? 또 무시되고 있는 영적 은사는 어떤 것인가? 당신은 다른 사람들과 어떻게 조화를 이루고 있는가?

마지막 적

왜 내세를 믿는가?

사망아 너의 승리가 어디 있느냐 사망아 네가 쏘는 것이 어디 있느냐 (고전 15:55).

고린도 교회에서 제기된 문제는 대부분 개인적인 행동과 관련되어 있다. 그런 문제들 하나하나와 씨름한 후에 바울은 마지막 한 문제, 즉 교리 문제로 관심을 돌린다. 교회의 어떤 사람들이 내세에 대해 의문을 제기함으로써 그리스도교 신앙에 도전했다. 그들은 죽음이 끝이라고 이야기했다.

역사를 통해 많은 사람들이 내세에 대해 의문을 제기해 왔다. 예수님 시대에도 사두개라는 유대종파는 죽은 자의 부활을 부인했다. 부활을 의심하는 사람들은 오늘날에도 많다. 블랙 무슬림이나 불교신자, 마르크스주의자와 대부분의 무신론자들은 여전히 의심하는 입장을 고수한다. 일부 뉴에이지에서는 현실에서의 죽음을 순환되는 삶의 자연스런 부분이라고 주장한다. 그들은 묻는다. 왜 죽음에 저항하는가? 왜 그것이 나쁘다고 생각하는가?

동화가 아님

고린도 교회는 사도 바울 주변에서 들리는 여러 소문에 대해 곧바로 자신의 의견을 표명하지 않기로 했다. 그에게 있어 죽음 이후의 삶은 동화 같은 바람이 아니었다. 그것은 오히려 그의 신앙의 전부를 지지하는 받침대에 해당하는 것이었다. 죽음 이후의 삶이 없다면 그리스도교의 전체 메시지는 거짓말이 될 것이라고 그는 강력하게 이야기한다. 죽음 이후의 삶이 없다면, 그는 더 이상 사역을 지속할 필요가 없으며, 그리스도의 죽음 또한 쓸데없이 피를 흘린 것이 되며, 그리스도인은 모든 사람 중에서 가장 불쌍한 사람이 되는 것이다.

성경은 내세에 대해 점차적으로 강조해 오고 있다. 구약의 유대인들은 죽음 이후의 삶에 대해 아주 막연한 개념을 갖고 있었다. 바울은 예수님이 죽음에서 부활하신 것이 세상에게 확실한 증거, 곧 하나님은 죽음을 이길 힘과 의지를 가지고 계시다는 확실한 증거를 제시하면서 그 모든 것을 바꾸셨음을 지적한다. 15장은 죽음에 대한 그리스도인의 믿음을 정리하고 있다. 바울은 조금의 망설임도 없이 죽음에 대해, 결국 파괴되고 말 마지막 '적' 이라는 낙인을 찍는다.

사람들은 이 장을 종종 장례식에서 읽는다. 시신이 놓인 관 앞에 모이면 사람들은 본능처럼 죽음에 대한 부자연스러움과 공포를 인식한다. 이런 사람들에게, 또 우리 모두에게 이 본문은 희망이 담긴 원대한 약속을 제공한다. 이것은 어떻게 죽음이 결국 정복당하게 되는지, 그리고 어떻게 그것이 끝이 아니라 시작이 되는지를 보여 준다.

묵상

내세에 대한 믿음은 지금 당신의 삶에 어떤 영향을 미치는가?

고린도후서

서론
기쁨과 슬픔의 책

왜 바울은 자신의 승리를 기념하지 않는가?

> 우리는 우리 자신이 사형 선고를 받은 줄 알았으니 이는 우리로 자기를 의지하지 말고 오직 죽은 자를 다시 살리시는 하나님만 의지하게 하심이라 (고후 1:9).

운동선수들은 가끔 크게 승리를 거둔 뒤 이상한 반응을 보일 때가 있다. 혹자는 이를 '아픈 후의 아침'이라고 부르기도 한다. 오랫동안 훈련해 온 올림픽 경기 선수들은 금메달을 딴 다음 날 이상하게도 기운이 떨어지는 것을 느낀다고 한다. 역설적으로 가장 달콤한 승리의 맛은 가장 쓴맛의 끝에서 느낄 수 있다.

자극적인 감정은 개인적인 논쟁에서 이긴 사람들에게 타격을 줄 수도 있다. 법적 재판을 이긴 사람은 패배한 자에 대한 동정심으로 양심에 상처를 입게 되며, 대통령 선거에서 승리해 환호하는 군중에게 기쁨에 넘쳐 손을 흔드는 정치가는 선거기간 동안 그가 받은 상처 때문에 내적으로 움츠려들게 된다. 그리고 이혼을 주장한 남편은 함께 살던 곳을 떠나면서 슬픔과 부담감을 느낀다.

질질 끄는 고통

사도 바울이 고린도후서를 쓸 당시 그를 괴롭혔던 것은 복합적인 감정이었음에 틀림없다. 디도가 고린도인들이 악행을 회개하고 바울을 지원하기로 했다는 고무적인 소식을 가져왔다(고후 7:6-16). 결론적으로 그는 자기가 원하는 쪽으로 고린도인을 설득하는 데 큰 승리를 거둔 셈이었다. 이렇게 개인적으로는 커다란 모험이라고 할 수 있었던 앞선 그의 편지는 어느 정도 성과를 거둔 것 같았다. 그래서 이 서신에는 느긋한 마음으로 자신의 성취를 흐뭇해하며, 찬양과 감사를 고백하는 사도 바울의 모습이 잘 나타나 있다.

그러나 한편으로 고린도후서처럼 바울의 좌절을 적나라하게 드러내는 서신도 없다. 서두의 인사를 건넨 후 그는 "우리가 … 살 소망까지 끊어지고"(고후 1:8)라고 말하며 자신이 아주 심각하게 고통을 겪었음을 이야기한다. 그와 고린도인들이 가지고 있던 긴장 관계가 갑작스럽게 많은 곳에서 두드러지게 언급된다. 바울은 이전에 그들을 너무 몰아세운 것 때문에 어느 정도의 죄책감을 가지고 있는 것 같았다.

두 청중을 위한 일기

암시와 개인적인 언급으로 가득 찬 고린도후서는 회람서신이라기보다는 오히려 일기와 같다. 고린도전서가 고린도 교회의 문제들을 분석했다면 고린도후서는 바울 자신이 경험한 문제들을 기록했다.

그는 고린도인의 지지를 받았을 때 자신의 승리에 만족하지 않았다. 오히려 그들에게 자신의 약점을 고백했다. 그는 "사방으로 우겨쌈을 당하여도 싸이지 아니하며 답답한 일을 당하여도 낙심하지 아니하며 박해를 받아도 버린 바 되지 아니하며 거꾸러뜨림을 당하여도 망하지 아니하고"(고후 4:8-9)라며 자신의 상태를 요약했다.

몇몇 구절에서 그의 동요된 상태를 감지할 수 있다고 해도, 이 서신에서 전체적으로 느낄 수 있는 것은 그가 도전에 매우 끈기있게 대처했다는 사실이다.

바울은 교회에서 나타날 수 있는 새로운 위험의 징후를 지적하고 있는 때조차, 고린도인의 문제가 해결되고 있다는 안도감을 표현했다. 그는 자신을 후원하는 이들에게는 온유하고 따뜻한 말을, 교회 공동체를 위협하는 소수의 반대자들에게는 엄격한 충고와 훈계를 하는 이중적인 지도력을 항상 유지했다.

본론
의문에 싸인 방문

고린도인과의 불화

> 내가 다시는 너희에게 근심 중에 나아가지 아니하기로 스스로 결심하였노니(고후 2:1).

두 편의 고린도서신과 사도행전에 나타나 있는 단편을 가지고 바울의 전기를 재조합하려고 노력하는 사람이 있다. 그러나 그것은 쉽지 않다. 왜냐하면 이 서신들은 당시 바울의 개인적인 사정을 속속들이 아는 친구들에게 보내는 것이어서 그들과의 관계를 단계별로 회고할 필요가 없었기 때문이다. 그러나 수세기가 지난 오늘날 이것을 읽는 우리에게는 그의 암시와 감정 상태를 어느 정도 이해하기 위해 연대기적인 배열의 도움을 받을 필요가 있다 .

많은 학자들은 바울이 지나가는 말로 언급하고 있는 "근심 어린 방문"과 "근심 어린 편지"라는 두 사건이 실제로 일어났다고 믿는다.

계획의 변경

처음 두 장에서 바울은 "다시는 너희에게 근심 중에 나아가지 아니하기로"

(고후 2:1) 했기 때문에 고린도 교회를 방문하기로 한 계획이 변경되었음을 설명하고 있다. 어떤 방문을 이야기하고 있는 것인가?

18개월에 걸친 바울의 1차 방문 동안, 고린도 교회는 모습을 갖추어 갔다(행 18:11). 바울은 분명 그 시기를 '근심 어린 방문' 으로는 언급하지 않았을 것이다. 사도행전에는 기록되어 있지 않지만, 확실히 그는 불화가 일어났던 두 번째 시기에 고린도를 방문했던 것 같다.

바울은 고린도를 세 번째 방문하려고 했다. 그러나 그는 다시는 불화를 일으키고 싶지 않았기 때문에 그 방문을 연기했다. 후에 그는 세 번째 방문 계획을 다시 잡고 싶어했다(고후 12:14; 13:1).

간절한 화해

고린도후서는 심각한 고뇌와 눈물로 쓰인 한 편지에 관해 언급하고 있다(고후 2:4; 7:8). 바울의 불확실한 두 번째 방문 뒤에 쓰인 이 편지 역시 그가 고린도 사람들의 반응을 걱정했던 대로 강력한 어조로 쓰인 것이었다. 그는 그 편지를 썼던 것을 아주 후회하고 있다. 항구도시 드로아에서 설교할 당시, 바울은 디도를 통해 전해질 그들의 반응에 대한 소식을 애타게 기다렸다. 잠시, 디도로부터 올 소식을 기다리느라 짐을 부리기 위해 마게도냐로부터 배가 입항할 때마다 샅샅이 배를 훑어보러 항구로 달려가는 바울을 상상해 보라. 그는 급기야 마음의 평정을 찾지 못하고, 마게도냐에 있는 디도를 찾기 위해 드로아의 선교 임지를 떠나고 말았다.

디도로부터 온 소식은 마침내 바울을 안심시켰다. 고린도 사람들은 진심으로 뉘우쳤으며(고후 7:7-9), 그와 다시 화해하기를 원했다. 바울은 그것에 용기를 얻어 고린도후서를 쓸 때 세 번째 방문을 기약했다. 그는 그들과의 관계를 다시 세우기 위해 자신의 방문 이유를 밝히는 이 편지를 썼다.

묵상

여기 묘사되고 있는 것과 같이 다른 사람과의 갈등 때문에 눈물을 흘려 본 적이 있는가? 당신은 어떻게 관계를 개선할 수 있었는가?

가난한 자를 잊지 말 것

바울이 직접 보낸 모금 서신

각각 그 마음에 정한 대로 할 것이요 인색함으로나 억지로 하지 말지니 하나님은 즐겨 내는 자를 사랑하시느니라(고후 9:7).

미국 내에서만도 매일 수백만의 우체통에서 카탈로그와 잡지, 소매상점의 선전지 더미 사이에 있는 특별한 '비영리' 표시가 찍힌 편지들을 쉽게 찾아낼 수 있다. 유대교나 구교, 신교, 그 밖의 많은 자선단체에서는 우편을 통한 모금이 중요한 사업이 된다.

제국의 우편제도나 종이의 가격 등으로 미루어볼 때 사도 바울은 그런 식으로 자선 협조를 요청하지는 않았을 것이 분명하다. 그러나 고린도후서는 헌금에 대해 직접적으로 호소하고 있다(고후 8-9장). 보고에 의하면 예루살렘 인근의 유대계 그리스도인들이 굶어죽을 위기에 처해 있었다. 바울은 이방의 그리스도인들이 동정심을 나타내고, 그들이 유대계 그리스도인들과 영적으로 연합되어 있다는 사실을 깨달을 수 있는 완벽한 기회가 될 이런 위기의 순간을 놓치지 않았다.

설교한 바를 실천함

이 두 장에서 바울은 예수 그리스도를 모델로 삼아 그리스도인의 연보의 철학을 요약하고 있다. 그는 그러한 연보의 목적과 주는 사람의 적절한 태도에 대해 설명한다. 뿐만 아니라 고린도인들보다 덜 넉넉한 그리스도인들을 예로 들면서 약간의 압박도 가하고 있다(고후 8:1-6; 9:1-5).

연보에 대한 이 짤막한 구절들은 바울의 전반적인 관심을 나타낸다. 개인적인 충격에서 회복하는 중이면서도 그는, 예루살렘에 있는 도움을 필요로 하는 이들을 대신해 중요한 모금운동을 벌였다. 후에 그는 이 일을 하려고 "로마서"라는 방대한 신학서를 쓰다가 멈추기도 한다(롬 15:25-26). 그가 학문적인 성향을 가지고 있다고 해서 그리스도인의 실제적인 사랑에 대한 열정이 위축된 것은 아니다. 그가 관심을 가지고 있었던 것은 영적인 상태였지만, 그는 배고픔에 시달리는 육체에 대한 관심도 도외시하지 않았다.

묵상

바울의 모금 요청을 우편물이나 방송에서 보는 것들과 비교해 보라. 강조점의 차이를 알 수 있는가?

바울은 지긋지긋해졌다

자기를 비난하는 자들에게 대답하며

내가 다시 말하노니 누구든지 나를 어리석은 자로 여기지 말라(고후 11:16).

고린도후서 10장 1절은 어조에서 극적인 변화를 보이고 있다. 처음의 아홉 장이 주로 고린도 교회의 고무적인 변화를 보며 안심하는 바울의 모습을 나타내고 있다면, 이들 마지막 장은 적의가 아직 거세다는 것을 명확히 깨닫게 한다. 실제로 이들 부분은 바울이 일찍이 언급했던 "근심의 편지"(고후 2:4)에서 취한 것이라고 일부 학자들은 추측하고 있다. 여기 고린도후서 끝머리에서 바울은 대담하게 자신을 비난하는 자들과 맞서고 있다.

누가 그의 대적들이었는가? 바울이 서신 전편에서 답하고 있는 모든 비난을 수집해 본다면 그들이 어떤 종류의 사람인지 알 수 있다. 기본적으로 그들은 트집을 일삼는 말썽꾼이었다. 바울은 그들의 눈에서 어떠한 올바른 것도 발견할 수 없었다.

고린도에 있는 바울의 대적들은 바울이 약속한 대로 자신들을 방문하지 않았다고 비난했다. 그러나 실제로 바울이 방문했을 때 그들은 "그가 몸으로 대할 때는 약하고 그 말도 시원하지 않다"(고후 10:10)고 헐뜯었다. 그리고 바울이 삯을 받지 않고 연보를 마음대로 사용한다고 했다(고후 8:20; 11:7-9). 바울은 그들에게 위대한 사도로서의 인상은 주지 못했다(고후 11:5). 그들은 바울을 가식적인 사람으로, 지나치게 엄격하지만 세속적인 사람으로 보았다. 어떤 이들은 바울이 미쳤다고까지 했다(고후 5:13).

자기 변호

우리는 여기서 "이젠 지겹다"라고 말하며 바울이 그 비난을 물리치기 위해 팔을 걷어부치고 일어서는 것을 느낄 수 있다. 그는 자신의 명성이 아니라 고린도 교회의 장래가 경각에 달렸다고 주장했다. 그는 무엇을 느끼고 있었을까? 유혹을 받아 진정한 연인으로부터 멀어지는 딸을 지켜보는 아버지의 애타는 심정과 같은 마음이 아니었을까?(고후 11:2-3)

이 네 개의 특징적인 장은 바울의 열정적인 성격을 보여 준다. 어떻게 보면 자신을 변호해야 한다는 사실에 낙담해 서신에서조차 말을 더듬고 있는 것 같다. 그는 이익이나 권력에 의해서가 아니라, 하나님을 섬기려고 하는 소망에 의해 움직이고 있다고 고린도인을 확신시키기로 마음먹었다. 그는 자신이 겪은 신체적 고통을 놀라울 정도로 자세하게 기록했으며, 아직도 신비에 덮여 있는 한 가지 사건(고후 12:1-6)을 포함해 영적인 삶을 솔직하게 묘사하고 있다.

바울은 고린도인들과 우리 모두에게 "내 삶을 보고 내가 누구를 위해 어리석은 삶을 살고 있는가"를 스스로 판단하라고 이야기하는 것 같다.

묵상

당신은 애매하게 비난을 받은 적이 있는가? 그렇다면 그 비난하는 사람들에게 어떻게 반응했는가?

갈라디아서

서론
2등 그리스도인은 없다

배신에 대한 항의

그러나 우리나 혹은 하늘로부터 온 천사라도 우리가 너희에게 전한 복음 외에 다른 복음을 전하면 저주를 받을지어다(갈 1:8).

바울은 화가 나 있었다. 여러분은 벌겋게 상기된, 그리고 긴장으로 턱이 떨리는 그의 얼굴을 상상할 수 있을 것이다. 다른 서신들을 보면 그는 일반적으로 독자들에게 간단히 인사하고 온유하게 그들을 칭찬함으로써 편지를 시작하고 있다. 그러나 이 서신에서는 그의 충격과 낭패감이 이를 대체하고 있다. 어떤 위기가 갈라디아인을 위협하고 있었다. 바울은 책임 있는 자들에게 맹렬한 분노를 퍼부으며 글을 시작한다.

무엇이 문제인가?

몇 장을 더 읽으면서 바울이 왜 그토록 격노하는지의 이유를 알게 된다면 당신은 분명 놀랄 것이다. 바울이 이 서신에서 근친상간이나 우상숭배를 기술하지 않은 점으로 보아 갈라디아 교회는 고린도처럼 심하게 타락하지는 않은 듯하다.

그 대신 그는 보다 일반적이고 일상적인 유대인의 문제, 즉 절기의 참여, 특히 할례와 같은 전통 준수 등의 문제를 제기한다. 이것을 큰 위기라고 할 수 있는가?

바울은 갈라디아인들이 생각하는 것의 결과를 예견할 수 있었다. 갈라디아인들은 그들의 유대 유산을 지나치게 강조함으로써 곧 그리스도가 한 일의 가치를 평가절하하게 될 것이 분명했다. 그들은 하나님의 구원을 얻기 위해 자신의 인간적인 노력(율법 준수)을 신뢰하기 시작할 것이다(갈 3:1-5).

만약 갈라디아인들이 그들의 방식을 계속 고집했다면 복음의 근본은 무너졌을 것이다. 그랬다면 그리스도 안에서의 믿음은 구원에 필요한 유일한 단계가 아니라 여러 구원의 단계 중 하나가 되었을 것이다. 복음 자체가 전도되었을 것이다(갈 1:6-9).

위험한 등급 구조

바울은 갓 태어난 그리스도의 교회 앞에 놓인 또 다른 불길한 위험들을 예견했다. 갈라디아인들은 헬라어를 사용하는 유대 로마 시민으로, 그는 그들이 다른 사람들을 낮게 보려는 성향이 있음을 잘 알고 있었다. 당시 로마인들은 비로마인을 구박했으며, 헬라인들은 이러한 로마인들을 은근히 멸시했다. 그리고 유대인들은 그들의 고귀한 역사와 고도로 발달된 종교로 말미암아 다른 문화에 대해 우월감을 가지고 있었다.

갈라디아인이 엄격한 유대 율법을 지키려고 한다면 그리 좋지 않은 결과가 초래될 것이다. 왜냐하면 그들이 아무리 율법을 잘 지켜도 할례받은 유대인들보다는 덜 훌륭한 그리스도인이 되기 때문이다. 존경받던 두 사도 베드로와 바나바도 이미 그러한 사고에 감염되고 있었다. 당시 할례받은 그리스도인은 할례받지 않은 그리스도인을 2등 시민으로 여겨 구박하고 있었다.

갈라디아인에게 보내는 편지는 복음의 변질에 대해 항의하고 있다. 바울은 이 편지에서 궁극적으로 복음을 오해하고 교회를 분열할 수 있는 민감한 위험에 대해 심한 비난을 퍼붓는다. 그는 예수 그리스도가 사람들 사이의 벽을 허물기 위해 온 것이지 벽을 세우기 위해 온 것이 아니라고 주장했다. 그리스도 안에서는 유대인도 그리스인도 없다. 종이나 자유인도 없으며, 남성이나 여성도 없다(갈 3:28). 누군가가 만들어 놓은 법을 지키는 것에 의해서가 아니라(갈 2:16) 그분 안에서의 믿음을 갖게 됨으로써 하나님의 구원의 문이 열리게 된다.

본론
율법주의

하나님이 우리를 더욱 사랑하게 하려고 뭔가를 할 수 있겠는가?

> 너희가 이같이 어리석으냐 성령으로 시작하였다가 이제는 육체로 마치겠느냐(갈 3:3).

그리스도교로 개종하기 전, 바울은 당대 최고의 율법주의자였다. 가문 좋은 유대인으로서 그는 유대의 전통을 벗어나 예수를 따르는 그리스도인들을 괴롭혔다. 만약 사람이 율법을 지킴으로써 하나님께 닿을 수 있다면, 완고한 바리새주의자였던 그가 가장 가망성이 있었을 것이다.

그러나 그는 갈라디아서에서 우리가 얼마나 많은 율법을 지키는지에 따라 하나님의 사랑이 결정된다는 잘못된 생각을 비난했다. 율법주의는 새장과 같다. 그것은 사람들을 꾸짖고, 철창 속에 사람을 가둔다. 바울이 지적했듯이, 아무도 하나님의 법을 완전하게 지킬 수 없으며, 노력하는 사람도 궁극적으로는 실패하기 마련이다(갈 3:10-11).

부대조건이 없다

3~4장에서 바울은 종과 자유자, 아이와 성인과 같은 뚜렷한 대조를 사용하여 종이나 아이처럼 굴지 말라고 이야기한 다음, 유업을 이을 장자처럼 행동하라고 말한다.

갈라디아서는 '그리스도인의 자유의 대헌장'으로 불리어 왔다. 바울은 그리스도가 우리로 자유케 하려고 자유를 주셨다고 선언한다(갈 5:1). 갈라디아서는 하나님이 우리를 더 혹은 덜 사랑하게 하는 방법은 없다고 가르친다.

마틴 루터는 갈라디아서를 가리켜 "내 자신의 작은 사도, 나는 그것과 약혼했다. 그것은 나의 카티 폰 보라(루터의 아내)이다"라고 이야기한 바 있다. 이 얇은 서신은 하나님이 값없이 자신의 사랑을 주셨다고 주장한다. 갈라디아서는 우리가 그 진리의 두려운 의미를 부정해서는 안 된다고 말한다. 바울은 그 진리를 잘 알고 있었다.

묵상

초대 그리스도인들은 두 방향으로 나갔다. 일부는 갈라디아 지방의 사람처럼 율법주의에 사로잡혀 있었고, 또 다른 일부는 그리스도인의 자유를 확대 해석해 어떤 원칙도 따르기를 거부했다. 당신의 공동체는 어떤 위험성이 더 크다고 생각하는가?

바울의 억제

위험스러워질 정도로 자유로울 때

사랑으로써 역사하는 믿음뿐이니라(갈 5:6).

바울은 수년 동안 자신을 해치려는 적대자들에 의해 교묘한 방법으로 괴롭

힘을 당하고 있었다. 갈라디아서는 이런 적대자에 대한 그의 반응을 교과서와 같이 다루고 있다.

우선 바울은 그들의 개인적인 공격에 답변을 하고 있다. 어떤 사람들이 그가 사도로 부르심을 받은 권리에 대해 의문을 제기하자 바울은 1~2장에서 볼 수 있듯이 하나님으로부터 직접 부르심을 받았다고 주장했다. 또한 그는 자신이 사도의 모든 자격에 합당하다고 이야기한다.

3~4장은 바울의 생각을 다루고 있다. "그는 구약의 율법과 관습을 너무 등한시하고 있지 않은가?" 어떤 사람들은 바울이 불완전한 복음을 전하고 있다고 괴롭혔다. 이에 그는 이스라엘 민족의 아버지인 아브라함에게 초점을 맞추어 구약을 주의 깊게, 그리고 논리적으로 살펴봄으로써 그 적대자들의 주장을 반박했다.

자유로 무엇을 할 것인가?

그런 다음 바울은 더욱 실제적인 문제로 관심을 돌린다. 율법이 아니라 자유를 강조했기 때문에 바울은 반박을 받았다. "자유를 강조하다가 도덕을 잃어버리게 된 것은 아닌가?" 이 질문에 답하기 위해 그는 그리스도인의 자유를 위한 서신, 갈라디아서를 경고로 끝맺고 있다.

바울은 "왜 그리스도가 우리를 자유케 하셨는가?"를 묻고 있다. 방종, 술 취함, 술수를 위해서인가? 결단코 아니다. 그리스도는 '우리가 하나님을 충분히 기쁘시게 하고 있는가' 라는 걱정과 쓸데없는 외양을 갖추는 것에서부터 우리를 자유케 하셨다. 그래서 우리는 그 자유를 다른 사람을 섬기고, 성령 충만한 생활을 하는 데 사용해야 한다.

자신의 주장과 감정을 다 표현한 후에 바울은 "할례나 무할례가 아무 것도 아니로되 오직 새로 지으심을 받는 것만이 중요하니라"(갈 6:15)고 결론짓고 있다. 석방된 죄수이자, 놓임 받은 종인 모든 그리스도인에게는 생명나무(갈라디아서에서 생명을 전달하는 데 사용한 이미지)의 풍족한 열매, 즉 하나님의 성령 안에서의 풍족한 삶이 열려 있다.

묵상

갈라디아서 5장 22~23절에 열거되어 있는 성령의 아홉 가지 열매에 대해 읽고 이것들이 당신의 삶을 결정짓고 있는지 생각해 보라.

에베소서

서론

낙심한 이들을 위하여

버림받고 사랑받지 못한다고 느끼는 사람들을 위한 좋은 소식

이제부터 너희는 외인도 아니요 나그네도 아니요 오직 성도들과 동일한 시민이요 하나님의 권속이라(엡 2:19).

자신을 뉴욕 거리에 버려진 아이라고 상상해 보라. 부모는 미국으로 이민을 떠나오던 중 배 위에서 죽었다. 그리고 당신은 돈도 없고, 친척도 없으며, 영어도 할 줄 모른다. 그래서 스스로 생계를 꾸려야만 한다.

1850년경, 약 30,000명의 고아가 이와 같은 곤경에 처해 있었다. 그들은 빈민가 골목에서 잠을 자고, 추울 때면 상자나 금속 드럼통 속에서 몸을 녹였다. 살기 위해 남자 아이들은 주로 도둑질을 하거나, 쥐를 잡아먹었으며, 쓰레기통을 뒤졌다. 그리고 여자 아이들은 매춘부들을 위해 도둑질을 했는데, 벽으로 난 가짜 입구에 작은 손을 넣어 정신없는 손님의 시계나 지갑을 훔치는 식이었다.

그 당시에는 수많은 이민자들이 뉴욕으로 밀려들었지만, 누구도 이 고아들을 돌봐줄 시간이나 경제적 여유를 갖고 있지 못했다. 단지 26세의 목사인 찰스 로링 브레이스만이 그들의 문제에 관심을 보였다. 그들의 이런 상황에 충격을 받은 그는 '고아 기차' 라는 독특한 해결책을 고안해냈다. 고아 기차란 서부로 가는 기차에 수백 명의 고아들을 태운 뒤 기차가 칙칙거리며 지날 때마다 그 주변 도시에 사는 사람들에게 원하는 사람이면 누구나 새로운 아들이나 딸을 얻을 수 있다고 안내해 주는 것이었다.

새로운 생활로 입양됨

1929년 마지막으로 운행된 서부행 고아 기차까지 해서 어림잡아 10만 명의 고아들이 새 가정과 새 생활을 찾게 되었다. 이들 고아 중에서 후에 두 명의 주지사와 한 명의 국회의원, 그리고 한 명의 대법원 판사가 배출되었다.

고아 기차는 에베소서의 메시지에 대한 생생한 비유가 될 수 있다. 이 책에서 바울이 강조하려는 점을 이해하려면 뉴욕의 거지가 된 당신을 상상해 보라. 당신은 살아남기 위해, 배고픔을 면하기 위해 무슨 짓이든 해야 한다. 그런데 어느 날, 누군가가 당신을 데려다가 수백 명의 외국 어린이들로 가득 찬 기차에 태웠다. 3일 후에 당신은 미시간 역에서 자신들을 헨리포드 부부라고 소개하는 한 친절한 중년 부부에게 맡겨졌다. 당신은 차에 태워져 이제껏 본 것 중 가장 커다란 저택에 도착했다. 그들은 당신이 이제는 그들과 한가족이고 그들이 가진 모든 것은 또한 당신 것이라고 설명한다. 기적과 같은 일이 일어나 당신이 꿈에도 그리던 가정을 갖게 된 것이다.

가족으로의 환영

바울은 에베소서에서 그와 같은 감정을 표현하고 있다. 에베소서는 예수님이 사용하셨던 잃어버린 아들에 관한 비유(눅 15장)를 확대시킨 책이다. 크게 '귀가 환영' 이라고 쓰인 현수막이 걸려 있고, 색종이 조각들이 공중에 날리며, 풍선이 하늘을 가득 채우고 있다. 그리고 밴드의 연주가 시작된다. 그리스도인은 이렇게 곧바로 하나님의 가족으로 입양된 것이다. 과장하지 않더라도 이 책은 복음서인 것이다.

만일 당신이 낙심해 있거나, 하나님이 정말로 당신을 돌보고 계신지 궁금해하거나, 아니면 그리스도인다운 삶이 과연 추구할 가치가 있는지에 대해 의문을 갖고 있다면 에베소서를 읽어 보는 것이 좋다. 그러면 더 이상 고아와 같은 느낌이 들지 않을 것이다. 바울은 '그리스도 안에서의 부요함'이 우리 모두에게 가능하다고 서술하고 있으며, 하나님의 양자 된 우리를 가리켜 온 우주에서 그분의 빛나는 'A급 자랑거리'로 묘사하고 있다(엡 3:10).

에베소서는 놀라운 사상을 포함하고 있다. 바울은 우리가 '그리스도의 사랑이 얼마나 넓고 길고 높고 깊은지'를 깨닫기를 원했다(엡 3:18-19). 그래서 그는 슬픔 없는 완전한 하나님의 사랑을 드러내기 위해 이 책을 썼다.

본론
감옥으로부터 온 편지

무엇보다 중요한 문제와 씨름할 시기

이 일을 위하여 내가 쇠사슬에 매인 사신이 된 것은 나로 이 일에 당연히 할 말을 담대히 하게 하려 하심이라(엡 6:20).

창조력을 자극하기 위해 많은 저자들은 특별한 집필 장소를 찾는다. 그러나 세계의 가장 위대한 걸작의 일부는 감옥에서 나왔다. 존 번연은 감옥에서 『천로역정』을 썼다. 그리고 알렉산더 솔제니친의 방대한 저작물은 도스토예프스키의 경우처럼 철창 안에서 그 아이디어가 나왔다.

성경의 책 중에도 감옥에서 쓰인 것이 있다. 에베소서는 빌립보서와 골로새서, 빌레몬서와 마찬가지로 바울의 옥중서신 중 하나이다.

여유 있는 시간

감옥은 작가에게 생각하고 회고할 수 있는 값진 시간을 제공한다. 옥중서신을 쓸 당시 바울은 이 도시에서 저 도시로 여행할 때 적대자들에게 받았던 박해를 받지 않아도 되었다. 그래서 보다 쾌적한 환경(아마 집)에 머물며, 방대한 개념을 정리할 수 있었을 것이다.

바울의 다른 서신과는 달리 에베소서는 긴급한 문제를 제기하지 않는다. 안도의 한숨을 내쉬며 사도는 "이 세상에 대한 하나님의 궁극적인 계획은 무엇인가?"라는 보다 중요한 문제를 다룬다. 그리고 그 질문에 대해 "하늘에 있는 것이나 땅에 있는 것이 다 그리스도 안에서 통일되게 하려 하심이라"(엡 1:10)는 답을 얻는다.

긍정적 접근

에베소서에서 사도 바울은 중요한 점을 설명하기 위해 종종 운동선수의 이미지를 사용하고 있으며, 잘 짜인 격려 연설로써 끝을 맺는다. 그는 꾸짖거나 경고하는 대신 주로 권면하고 격려하는 어조로 이야기한다. 그는 "내가 너희를 권하노니 너희가 부르심을 입은 부름에 합당하게 행하여"라고 말한다.

바울은 그리스도가 각 그리스도인 안에 살아 계시며, 우리는 그의 지체라고 이미 가르친 바 있다. 이제 그는 독자들에게 세상에서 그리스도를 대표한다는 것이 무엇을 의미하는지를 곰곰히 생각하라고 타이르고 있다. 세상 사람들이 그리스도인들을 바라볼 때 그들 안에 그리스도의 성품이 있다는 것을 느낄 수 있을 것인가?

아이러니하게도 바울은 감옥에 갇혔을 때에야 비로소 이 열망에 대해 자유롭게 생각할 수 있었다. 에베소서는 찬송이나 기도가 아니고서는 선한 생각을 하기가 불가능하다는 사실을 알려 준다. 시인 새뮤얼 테일러 코울리지가 이 책을 "인간이 쓴 가장 신적인 작품"이라고 부른 것은 당연하다.

묵상

당신이 투옥되었다고 생각해 보라. 당신은 어떤 종류의 책을 쓰겠는가?

빌립보서

서론
감옥에서 들려오는 즐거운 소리

소망이 끊어졌을 때의 기쁨

끝으로 나의 형제들아 주 안에서 기뻐하라(빌 3:1).

기쁨, 이 단어는 즉각적이고 예리한 울림을 가진다. 하지만 이것은 다른 단어들처럼 오랫동안 그 의미가 퇴색되어 이제는 그것과 전혀 상관없는 물건의 이름으로도 사용되고 있다. 우리는 '기쁨'을 마치 여러 달 동안 저축을 해 일순간에 짜릿하게 느끼는 것으로 생각한다. 디즈니월드 여행이나 번지점프, 심장을 멎게 하는 세상에서 가장 신나는 롤러코스터, 열기구 풍선 여행 같은 것들이 우리가 흔히 '기쁨'이란 말을 대할 때 떠올리는 것들이다. 그러나 바울은 이 서신에 나타난 바와 같이 기쁨에 대한 색다른 세계관을 가지고 있었다.

당신이 가망이 없다고 느낄 때

빌립보서는 '기쁨'이나 '즐거움'이란 단어를 몇 문장마다 사용하고 있다. 빌립보서에서 묘사된 '기쁨'은 쉽게 사라지지 않는다. 어떤 이기적인 사람이 당신의 명성을 가로채려 할 때에도 즐거워하라고 바울은 말한다. 그리고 당신이 믿음을 지키기 위해 박해를 받을 때에도, 당신이 죽음에 처할 때에도 즐거워하라고 그는 이야기한다.

사실, 성경에서 가장 기쁨이 넘쳐나는 이 책은 바울이 사슬에 묶인 채 로마 감옥에 있을 때 쓴 것이다. 수많은 학자들은 네로가 그리스도인들을 굶주린 사자에게 던지고, 그들을 화형시켜 자신의 석상을 밝히는 횃불로 삼기 시작했을 당시에 빌립보서가 쓰였다고 믿고 있다. 이성적인 사람이라면 어떻게 자신의 목숨이 경각에 달려 있는, 위기에 처한 상황에서 기쁨을 주제로 하는 서신을 보낼 수 있단 말인가? 그런 환경에서 어떻게 기쁨이 충만할 수 있는가?

악에서 돌이켜 선에 거하라

바울은 2장에서 봇물 같은 웅변으로 스스로 그 해답을 이야기하고 있다(5-11절). 아마도 이 의미심장하고 시적인 문구는 초대 교회에서는 익숙한 표현이었을 것이다. 이 문장에서 바울은 세상에 오신 그리스도의 관점을 논하고 있다.

크리스마스 시즌이면 우리는 하나님이 아기로 오신 위대한 밤을 축하한다. 세상은 그 사건을 대수롭지 않게 여긴다. 그러나 모든 것의 창조주이신 하나님이 제한된 삶과 지구 상에서 가장 무시무시한 죽음을 감수하기 위해 비천한 인간의 몸을 취하셨다.

바울은, 하나님은 역사상 가장 어두운 순간도 좋은 것으로 바꾸실 수 있다는 것을 보여 주기 위해 이 죽음을 언급했다. 십자가와 예수의 부활은 그 어느 것도 바울이 말한 '주 안에서의 기쁨'의 이유를 없애지 못한다는 것을 증명한다.

감옥 안에서의 승리

그러므로 정상적으로 볼 때에는 우울하기 짝이 없는, 감옥에 갇혔다는 상황도 바울을 괴롭히지는 못했다. 빌립보서를 쓸 때, 그는 빌립보를 처음 방문했던 일을 상기했을 것이다. 그때에 이상하기 그지없는 감옥 붕괴 사건이 일어났다(감옥이 무너졌으나 죄수들은 다치지 않았다, 행 16:22-28).

바울이 오랫동안 감옥에 있을 때에도 하나님은 그 상황을 복음 확장의 기회로 삼으셨다. 빌립보서를 보면, 로마 궁정의 군인들 사이에서 변론이 일어나 매일 바울의 설교를 엿듣는 것이 의무처럼 되었음을 알 수 있다.

바울은 그의 인생 철학을 그 유명한 독백 '사느냐 죽느냐'로 요약하면서 "사는 것이 그리스도니 죽는 것도 유익함이라"(빌 1:21)고 결론짓는다. 하나님은 죽음보다 강하시다. 이 사실이야말로 그리스도인의 기쁨을 확고부동하게 만드는 요인이 된다.

본론
바울이 사랑한 교회

다른 교회들이 실패할 때에도 이 교회만큼은 신실했다

주고 받는 내 일에 참여한 교회가 너희 외에 아무도 없었느니라(빌 4:15).

역사상 완벽한 교회는 없었다. 죄인인 인간이 모인 곳이기에 어느 교회라도 차별이나 판단, 편협, 분열, 과시 등이 나타나기 마련이다.

예수 그리스도의 교회는 예수님이 맡기신 사명을 다하지 못하고 있다(너무 그것에 미치지 못하기 때문에 우리는 심지어 교회가 어떤 모습으로 나타나야 하는지조차 잊을 때가 있다). 문젯거리는 처음부터 있어 왔다. 갈라디아, 고린도, 그리고 골로새 교회에게 보낸 바울의 서신은 초대 교회에 나타난 결점에 대한 분노로 불타오르고 있다.

그러나 때로 모든 약점에도 불구하고 성공적인 역할을 감당하고 있었던 교회도 있었는데, 바로 빌립보 교회가 그런 드문 교회 중의 하나였다.

충성스러운 친구들

애초부터 빌립보 교회는 불리한 입장에 있었다. 기록된 최초의 개종자는 아시아에서 온 유대 상인과 점 치는 자로 고용된 헬라인 여종, 그리고 거친 로마 교도관이었다(행 16장). 그러나 십 년이 지나 바울이 빌립보 교회에 편지를 썼을 무렵, 그곳은 바울이 그가 느끼는 자부심과 사랑을 충분히 표현할 말을 찾지 못할 정도로 훌륭해졌다.

대적들이 사실을 왜곡해 그를 사기꾼으로 무고할까 두려워서 바울은 다른 교회로부터의 연보를 거절했다. 그러나 그는 빌립보 사람들만은 신뢰했다. 적어도 네 번이나 그들은 그의 필요를 채워 주기 위한 희생을 마다하지 않았다. 뿐만 아니라 감옥에 갇힌 바울을 돌보기 위해 에바브로디도를 보내기도 했다.

바울은 실제로 그의 친구들이 베풀어 준 모든 것에 대해 감사의 표현을 하기 위해 그 편지를 썼다. 그 서신의 밝고 행복한 어조는 그가 그의 사랑하는 교회에 대해 느꼈던 호감을 반영하고 있다.

그럼에도 바울은 아버지로서의 충고를 잊지 않는다. 난롯가에서 나누는 정담과 같은 어조로 그는 분열과 완벽주의, 그리고 그리스도인을 다시 유대 신앙으로 되돌리려고 하는 자들의 위험을 경고했다. 그러나 그는 항상 기쁨이라는 잠재적인 주제로 되돌아왔는데, 그것은 바울이 빌립보 교회를 기억하면 쉽게 떠올리는 느낌이었다.

묵상

바울은 빌립보 교회에 대한 찬양의 조건으로 어떤 것을 꼽았는가? 당신의 교회에도 그런 조건이 있는가?

골로새서

사이비 종교를 이기는 길

무엇이든 가치 있는 것에는 모조품이 존재한다

누가 철학과 헛된 속임수로 너희를 사로잡을까 주의하라(골 2:8).

우리는 가끔 거리 모퉁이에서 이상한 복장을 하고, 웅얼웅얼 어떤 문장을 읊조리며, 그 곡조 사이사이에 시끄러운 탬버린으로 주의를 끌려는 사람을 본다. 또는 공항에서 어떤 사람이 당신 코 앞에 어떤 책자나 꽃을 불쑥 내밀기도 한다. 당신은 그들을 정신 나간 사람이나 아니면 일반 사람들과 잘 어울리지 못하는 이상한 사람으로 취급할 것이다.

어느 날 나는 절친한 친구에 관한 이야기를 듣게 되었다. 그 친구가 어느 날 갑자기 예고도 없이 사라졌다. 그녀의 부모는 필사적으로 그녀를 찾았으며, 심지어 사설탐정까지 고용했다. 결국 그녀를 찾았지만, 그녀는 못 알아볼 정도로 다른 사람이 되어 있었고, 이름도 다른 이름으로 불리고 있었다. 그녀는 무언가에 세뇌당한 것 같은 초점 없는 눈으로 그저 부모를 바라볼 뿐이었다. 사이비 종교에 빠진 것이었다.

번식지

사이비 종교는 여러 형태로 나타나는데, 이들은 주로 하레 크리슈나나 사이언톨로지 같은 이색적인 이름을 가지고 있다. 이들은 구성원에게 많은 것을 요구하며, 평생 훈련과 절대 충성, 그리고 그들을 추종하는 자에게만 허용된 비밀스럽게 감추어진 그 무엇을 이야기하며 이 길로 가면 많은 보상이 있다고 말한다.

1세기의 골로새 지방은 사이비 종교들이 창궐하던 곳이었다. 동방에서 오는 주요 무역로에 위치한 골로새는 신비스런 종교적 생각들을 가지고 끝없이 밀려오는 동방의 무역업자들의 소굴이었다. 그 지역의 유대인조차 천사들과 강의 영혼을 숭배했다고 한다.

이런 영향으로 초기 그리스도교 개종자들도 변질된 복음을 접하게 되었다. 그때도 오늘날처럼 많은 사이비 종교들은 예수 그리스도를 전적으로 부인하지는 않았다(다만 그들이 치밀하게 변질시킨 복음에 맞춰져 있을 뿐이다). 그들은 그리스도교의 예배는 초신자에게는 좋지만, 하나님과의 깊은 관계를 위해서는 그 이상의 단계가 필요하다고 가르쳤다.

최선의 방어

바울은 골로새인들이 구별해 놓은 '철학과 헛된 속임수'에 대해 완벽한 해석을 하지는 않았다. 그의 주장으로 미루어보아 우리는 그 당시의 철학이 천사숭배나 그리스 철학, 엄격한 자기 부정과 혼합된 유대인의 극단적인 법률주의의 면모를 내포하고 있었을 것이라는 단서를 유추해낼 수 있다.

최선의 공격은 최선의 방어이다. 바울은 개개의 특정한 신념을 낱낱이 공격하기보다는 적극적인 신학을 개진함으로써 반격했다. 그가 이 책에서 약술하고 있는 원리들은 오늘날 신흥 사이비 종교들을 판단하는 데에도 적용될 수 있다.

바울은 "그리스도로 족하다"고 선언한다. 그분은 하나님이시고, 완전하신 하나님이시며, 세상을 만드신 분이고, 모든 것의 존재 이유이시다. 당신이 원하는 모든 신비와 보배로움과 지혜를 예수 그리스도 안에서 찾을 수 있다.

하나님께로 직접 다가감

예수님이 하나님과 우리 사이의 깊은 골을 연결해 놓았으므로, 우리는 천사나 다른 이방신 같은 매개체를 통해 간접적으로 하나님 앞에 나아갈 필요가 없다. 또 고상한 행동으로 우리의 믿음을 증명할 필요도 없다. 우리는 예수 그리스도로 인해 하나님 앞으로 직접, 담대하게 나아갈 수 있다. 유대인의 관습조차도 그리스도의 오심으로 인해 이제는 쓸모없는 그림자에 불과한 것이 되었다. 왜 지상에 오신 하나님의 실제 형상에 주목하지 않는가?

예수님 이전에 이 비밀은 수세기 동안 감춰져 왔었다고 바울은 말한다(골 1:26). 그리스도와 함께 모든 것이 드러났다. 완전하신 하나님은 사셨다가 죽임을 당했으며 많은 사람이 보는 앞에서 다시 부활하셨다. 그런데도 왜 가짜에 의존하려 하는가?

데살로니가전서

서론

무엇이 바울로 하여금 성공하게 했는가

바울은 한때 자신을 쫓아냈던 도성을 위해 열심을 다했다

우리가 우리 하나님 앞에서 너희로 말미암아 모든 기쁨으로 기뻐하니 너희를 위하여 능히 어떠한 감사로 하나님께 보답할까(살전 3:9).

"사도 바울은 도성을 방문할 때마다 시민들이 소동을 일으켰는데, 내가 한 마을에 갔을 때는 차를 대접해 주었다"고 현대의 어느 복음 전도자는 탄식했다. 바울이 세운 많은 교회들처럼 데살로니가 교회도 폭풍 속에서 탄생했다. 분노한 폭도들이 바울의 일을 훼방하고, 그를 성읍 밖으로 쫓아냈으며, "천하를 어지럽게"(행 17:6) 한다는 이유를 들어 고소했다.

대체로 사람들은 그럴만한 이유가 없이는 소동을 일으키지 않는 법인데, 바울의 경우에는 한 가지 이유가 있었다. 그것은 그가 방문하는 거의 모든 곳마다 열성적인 교회가 생겨나 유대인들과 로마 위정자들의 시기를 유발시켰기 때문이다.

사려 깊은 부모

데살로니가전서는 무엇이 바울로 하여금 그토록 효과적으로 교회를 설립하게 했는지에 대한 중요한 단서를 제공한다. 바울의 초기 서신 중의 하나로 보이는 이 서신은 주후 50년 혹은 51년경에 쓰인 것으로 추정되는데, 여기서 우리는 예수님의 승천 후 겨우 20년이 지난 시기의 선교적인 교회와 바울의 유대 관계를 처음으로 보게 된다.

어떤 사람이 어느 날 존과 찰스 웨슬리의 어머니에게 열 명의 자녀 중 누구를 가장 사랑하느냐고 물은 적이 있다. 그러자 그녀는 "아픈 아이가 다 나을 때까지, 그리고 떠나 있는 아이가 돌아올 때까지"라고 대답했다. 만약 누가 바울에게 어느 교회를 가장 중요하게 생각하느냐고 묻는다면 그는 아마 이렇게 대답했을 것이다. "가장 문제 많은 교회가 온전해질 때까지, 가장 멀리 있던 교회로 내가 돌아갈 때까지."

바울은 데살로니가인들과 함께 있을 때에 "유모가 자기 자녀를 기름과 같이"(살전 2:7) 부드러웠고 사랑이 많았다. 후에 그들을 떠나있을 때 그는 항상 그들만을 마음속으로 생각한 듯한 편지를 썼다. 그는 데살로니가전서에서 그들의 장점을 칭찬해 주었고, 그들의 약점에 대해서는 노했다. 그리고 그들의 영적 성장으로 말미암아 끊임없이 하나님께 감사했다.

바울의 동기에 대한 의문

교회의 몇몇 사람들이 바울의 동기에 관해 질문을 제기했다. 그래서 그는 그들 사이에서 자신이 한 활동을 조심스럽게 상고하며 편지를 쓰기 시작했다. 당시에는 떠돌이 종교 지도자들과 교사들이 이득을 노리고 활동하고 있었다. 바울은 데살로니가 사람들에게 자신이 그들에게 재정적 부담이 되지 않기 위해 밤낮으로 일했던 것을 상기시켰다. 또한 자신이 어쩔 수 없이 그들과 떨어져 있어야만 하는 이유를 공들여 설명했다.

데살로니가전서는 그보다 앞서나온 4권의 책들과는 그 성격이 약간 다른데,

그것은 이 서신의 경우 신학보다는 오히려 감사와 실망, 그리고 두고 온 교회에 대한 애정 어린 전도자의 기쁨을 보여 주고 있기 때문이다. 확실히 바울이 성공했다고 이야기할 수 있는 것은, 바울이 그 교회들에게 준 영향만큼 적지 않은 감동을 다시 그 교회로부터 받았기 때문이다.

본론

종말에 대한 준비

미래가 현재를 가로막지 못하게 하라

그리하여 우리가 항상 주와 함께 있으리라 그러므로 이러한 말로 서로 위로하라(살전 4:17-18).

하나의 질문이 데살로니가인들을 괴롭혔다. 바로 '언제 그리스도께서 자신의 약속대로 이 땅에 재림하실 것인가?' 이다. 오늘날에도 여전히 그리스도인들을 통해 던져지고 있는 이 질문은 예수님이 떠나신 이후부터 줄곧 교회 안에 문제를 일으켜 왔다. 데살로니가인들도 마찬가지였다. 그들 역시 이와 연관된 몇몇 다른 질문들을 가지고 있었다. 예수님이 재림하시기 전에 죽은 사람들은 어떻게 되는가? 그들은 부활을 놓치고 마는 건가? 바울은 직접적이면서도 격려가 담긴 말로 질문에 답했다.

두려움과 희망의 혼합

데살로니가 사람들은 믿는 자들의 미래에 관심을 두며 살았다. 왜냐하면 그들은 당국의 끊임없는 박해에 위험을 감수하면서 살아야 했기 때문이다. 어느 날 밤 누군가 문을 두드리거나 밖에서 발자국 소리가 난다면 그것은 누군가가 투옥이나 처형을 당할 위험에 놓였다는 것을 의미했다. 그런 상황에서 어린 교회가 인내와 희망을 가지고 예수님의 재림을 기다렸다는 것은 충분히 이해할 만하다.

바울은 그들에게 살아서 예수님의 재림을 보건 보지 못하건 간에 구원은 예수님을 믿는 자들에게 확실하게 있다는 것을 확신시키고 있다. 그러나 그는 미래에 일어날 일에 대한 시기를 부당하게 고정화시키는 것에 대해서는 경고한다. 그리고 데살로니가 사람들에게 각자 자신의 일에 힘쓰라고 종용함으로써, 일부 열광주의자들이 일을 그만두고 예수님의 재림을 기다리는 것에 대해 경고하고 있다. 바울은 "자기 일을 하고 너희 손으로 일하기를 힘쓰라"(살전 4:11)고 권면한다.

예수님의 재림을 기다림

데살로니가 사람들은 장래의 일에 얽매여 있는 그리스도인들의 긴 행렬의 선두주자라 할 수 있다. 그 뒤에 나타난 모든 세대는 재림의 정확한 시기와 장소에 대해 열광적으로 추측하려고 해왔다. 그러나 그들의 예견은 모두 실패로 끝났다. 바울은 그러한 것을 무시하며(살전 5:1-2), 예수님의 재림을 준비하는 바른 방법을 소개한다.

바울은 이들에게 강한 경고를 하지는 않는다. 그의 비난이 부드러운 어조를 띠는 것으로 보아, 우리는 바울이 데살로니가 사람들을 신뢰하고 있었음을 알 수 있다. 그는 그들이 이미 하고 있듯이 하나님을 '더욱 더' 신뢰하라고 권한다(살전 4:1, 10; 5:11).

역사는 이 서신의 첫 번째 독자들이 현명하게 반응했음을 기록하고 있다. 잠복해 있는 문제점에도 불구하고(살전 4:3-12), 데살로니가 교회는 오랫동안 활력과 건강을 유지했다. 그곳의 그리스도인들이 박해에도 신실한 믿음을 유지한 덕분에 그들의 도시는 '정통파의 도시'로 알려지게 되었다.

묵상

예수님의 재림은 우리에게 어떤 영향을 미치며, 우리는 그것을 어떻게 준비해야 하는가? 바울은 어떤 극단주의자들을 경계하고 있는가?

데살로니가후서

처방을 따르지 않는 환자

올바른 충고가 무시되었을 때

형제들아 너희는 선을 행하다가 낙심치 말라(살후 3:13).

부러진 당신의 팔에 깁스를 하고 붕대를 감으며 팔 다친 것의 유익한 점에 대해 농담(당신의 친구들로부터 즉각적으로 오는 동정, 어떻게 다쳤는지 아찔한 이야기를 할 기회, 힘든 일을 피할 수 있는 손쉬운 알리바이)을 했던 의사의 가벼운 유머와 느긋한 태도는 더 이상 찾아볼 수 없다. 왜냐하면 깁스 후 3주가 지났는데도 팔의 상태가 호전되지 않아 그의 염려가 심각해졌기 때문이다.

당신이 최근 며칠 동안의 쑤시는 듯한 통증에 대해 설명하자 그는 얼굴을 찡그리고 머리를 가로 저으며 "이 시점에서 통증을 느끼면 안 되는데" 하고 중얼거린다. "당신이 처음부터 내 지시를 따랐으면 이 약이 필요 없었을 텐데 말이오." 그리고 그는 맨 처음 진찰할 때 당신에게 주었던 처방을 모두 그대로 반복했다. 의사는 전보다 더 강하게 말하며 이제는 별로 친절하지도 않다.

동일한 충고, 더욱 엄해진 표현

데살로니가후서는 이런 통원치료를 연상시킨다. 당신이 만약 바울이 다루고 있는 주제를 목록으로 작성한다면, 그것이 그의 첫 번째 주제와 대단히 유사하다는 점을 발견할 것이다(예수님의 재림, 영적 성장, 일부 일하지 않는 자들의 나태함). 거기에다 첫 편지의 따스한 애정 대신 더욱 엄격하고 공식적인 표현을 그가 사용하고 있다는 점도 발견하게 될 것이다.

분명히 데살로니가 사람들은 처음에 말을 잘 듣지 않았다. 그래서 바울은 겨우 몇 달 뒤에 쓴 이 두 번째 편지에서 그의 메시지를 이런 방식으로 요약하고 있다. "그러므로 형제들아 굳건하게 서서 말로나 우리의 편지로 가르침을 받은 전통을 지키라"(살후 2:15). 그는 그들을 달래는 대신 이번에는 명령을 내리고 있다.

소문을 진압하다

예수의 재림이라는 한 가지 주제가 다른 어떤 것보다 데살로니가후서를 지배하고 있다. 교인들은 바울에게서 주의 심판이 이미 임했다는 말을 받았다는 거짓 보고로 인해 혼란에 빠져 있었다. 바울은 그 보고가 사실이 아님을 말하며, 주의 재림 전에 일어나는 몇 가지 사건들을 언급한다.

성경은 다른 서신에서처럼 여기서도 마지막 때에 대해 추상적이거나 신학적인 방법으로 접근하고 있지 않다. 오히려 우리가 어떻게 살아야 하는지에 대해 실질적인 적용을 제시한다. 바울은 그의 독자에게 인내심을 가지고 흔들리지 말라고 주의를 준다. 그는 예수의 재림으로 세상에 심판이 임할 것을 믿으라고 권면하며, 그들에게 그날에 대비해 가치있게 살 것을, 그리고 나태함에 관대하지 말 것을 명하고 있다.

디모데전서

서론
가장 힘든 직업

디모데가 전선에 뛰어들다

누구든지 네 연소함을 업신여기지 못하게 하고 오직 말과 행실과 사랑과 믿음과 정절에 있어서 믿는 자에게 본이 되어(딤전 4:12).

누가 가장 힘든 직업을 가졌는가? 뇌 전문 의사? 매번 뛸 때마다 죽음을 무릅쓰는 곡예사? 핵 기술자? 어쩌면 수천 명의 승객의 안전을 책임져야 하는 항공 관제사가 가장 힘든 직업인지도 모르겠다.

그러나 사도 바울이 오늘날의 시대에 살았다면 이 질문에 이렇게 대답했을 것이다. "당연히 목사가 가장 힘들지." 전문 분야를 전공한 직업인과는 달리 목사에게는 광범위한 기술이 요구된다. 주어진 일주일 동안 목사는 심리학자로, 철학자로, 그리고 말씀 전달자로 살아야 한다.

바울은 그러한 목사직의 본분을 잘 알고 있었다. 그가 세우는 곳마다 교회들이 부쩍 성장했다. 그러나 그 교회들이 살아남느냐 실패하느냐는 그 교회 가운데 어떤 종류의 지도력이 개발되느냐에 따라 크게 좌우되었다.

젊은 동역자에게 남기는 마지막 말

자신이 한 일이 확실히 잘 유지되도록 하기 위해 바울은 점차적으로 몇 명의 충실한 동역자(특히 디모데와 디도)에게 그 일을 부탁했다. 그는 일명 '목회 서신'으로 알려진 다음의 세 편지에 그에 대한 분명한 지침을 제시했다.

바울은 디모데전서를 그의 인생의 거의 마지막 시기에 썼다. 그는 목회생활의 험난한 세월을 살아왔다. 그 세월은 돌에 맞음과 매 맞음, 교도소에 갇힘, 폭동 등으로 얼룩져 있었다. 바울은 자신의 나이와 원수들에 대해 알고 있었으며, 점점 더 포악해지는 로마 제국이 곧 자신을 처형하리라는 것도 알고 있었다.

젊은 디모데는 바울에게 높이 평가받고 있었다. 바울의 첫 번째 전도여행 동안에 개종한 그는 오랫동안 바울의 신뢰를 얻어왔다. 바울은 고린도나 데살로니가처럼 멀리 떨어진 교회에서 불만의 소리가 커질 때면 급히 디모데를 파견해 가라앉히곤 했다.

"너희 사정을 진실히 생각할 자가 이밖에 내게 없음이라"고 바울이 디모데에 대해 쓴 적이 있다. "자식이 아버지에게 함같이 나와 함께 복음을 위해 수고하였느니라"(빌 2:20, 22). 디모데는 쟁론하는 무리를 헤치며, 감옥으로, 길거리로, 바울이 가는 곳은 어디든지 충실하게 따라다녔다. 바울 서신 중 여섯 편이 디모데와 함께 있을 때 쓴 것이다.

목사가 된 디모데

디모데는 바울의 요청에 따라 지역 교회를 맡아 돌보는 사역을 했다. 에베소 성도는 느슨하고 격식이 없어서 규칙과 보다 확고한 조직이 필요했다. 상황이 훨씬 악화되어 교회의 어떤 이들이 잘못된 교리를 신봉하고 있었다. 이 편지에서 바울은 그의 제자에게, 예배 진행자로서 무분별한 여자들을 통제하는 것과 통솔력의 기준, 그리고 과부와 노예, 부자들에 대한 정책에 관해 충고하고 있다.

비록 이 책은 1세기의 역사적 상황에서 쓰였지만, 초대 교회의 많은 문제점들(부족한 보수의 사역자들, 세대 간의 갈등, 성실성 결핍, 구제비 남용, 술을 사랑함)은 오늘날에도 변하지 않고 남아 있다. 목회자의 업무 사항은 수세기를 지나는 동안에도 크게 변하지 않았으며, 조금도 쉬워지지 않았다.

본론
훈련 중인 선수

개인적인 약점의 극복

망령되고 허탄한 신화를 버리고 오직 경건에 이르도록 네 자신을 연단하라 육체의 연단은 약간의 유익이 있으나 경건은 범사에 유익하니 금생과 내생에 약속이 있느니라(딤전 4:7-8).

브래드 라우워스는 고된 미식축구 연습을 끝낸 후 라커룸에서 몸을 씻고 있었다. 그때 그는 처음으로 발목 부근에서 멍울을 느꼈다. 몸을 구부려 발목에 있는 멍울을 손으로 만져보았지만, 그는 아무런 통증이나 단단함을 느낄 수 없었다. 그래서 그는 '아마도 부어오른 것에 불과할 거야. 며칠 지나면 가라앉겠지'라고 생각했다.

그러나 부어오른 곳은 쉽게 가라앉지 않았다. 한 달 후, 브래드는 그의 왼쪽 다리를 절단하기 위해 병원 침상에 누워 있는 신세가 되었다. 그 멍울은 온몸으로 퍼지는 악성 종양이었던 것이다. 다음 날 한 외과 의사가 브래드의 다리를 무릎 아래 수인치 부분에서 잘라냈다.

외다리에 관한 농담, 친구들의 어색한 반응, 의족으로 걷기 등 새로운 생활 방식에 적응하는 중에도 브래드는 자신이 살아가면서 가장 의미를 두고 있었던 운동을 못하게 될까 봐 두려워했다. 그는 운동경기를 열광적으로 좋아하는 알래스카 주 출신으로, 고등학교 때 농구와 미식축구 팀에서 발군의 실력을 드러냈다. 그런 그가 외다리가 된 것이다. 그러나 전쟁 중에 입은 상처로 역시 다리를 절단한 그의 담당의사는 그를 계속 격려했다. "브래드, 네가 할 수 없는 것은 아무것도 없다는 것을 명심해라."

약점의 극복

넉 달 뒤 브래드는 의족을 맞추러 UCLA를 방문했다. 의족으로 걷는 법을 배우기도 전에 그는 농구대를 찾아서 역 레이업 슛을 쏘기 시작했다. 의족 디자이너는 농구의 격렬한 멈춤과 회전에 다리를 사용할 수 없다고 경고하며 미식축구도 강경하게 말렸다. 그리고는 차라리 수영이나, 수상스키를 택할 것을 권유했다. 그러나 브래드는 자기가 좋아하는 스포츠로 복귀한다는 자신의 꿈을 포기하지 않았다.

인공 의족을 한 채 많은 양의 훈련과 연습을 한 덕분에 잘린 다리 부분의 피부가 벗겨지고, 물집이 잡혔다. 그러나 그는 물집에 굳은 살이 생길 때까지 연습하고 또 연습했다. 나중에는 점프와 한 발 들기까지 시도했다.

믿을 수 없었지만 다리 절단 후 일 년이 채 안 된 8월에 브래드는 다이아몬드 고등학교의 외다리 쿼터백으로서 첫 게임을 치렀다. 어떤 사람들은 그의 등장이 단순한 감정적인 행동일 것으로 생각했다. 하지만 그들의 생각은 틀렸다. 그 해, 브래드는 패스에서 주 1위를 달렸고, 주의 챔피언 팀에서 파트타임 쿼터백으로 일곱 게임에 출장해 패스의 58퍼센트를 성공시켰으며, 662야드를 진출했다. 미식축구 기간이 끝난 후 그는 다이아몬드 고등학교의 농구 팀에서 뛰었다. 그곳에서 그는 워싱턴 주립대학의 체육교육과로 진학했다.

사람들이 그의 놀라운 성취에 대해 질문하면 브래드는 어깨를 으쓱하며 두 가지 요인을 꼽는다. 하나는 확고한 결정이었고, 다른 하나는 장기간의 꾸준한 훈련이었다고.

운동으로부터 얻는 교훈

바울은 디모데에게 보내는 서신에서 체육 훈련을 비유로 사용하며 운동선수가 경기를 위해 훈련하는 것처럼 자신의 믿음을 위해 경건의 삶을 단련하라고 권면하고 있다. 브래드 라우워스가 신체적 장벽을 극복해야 했다면, 디모데는 성격적 장벽을 극복해야 했다. 몇 번이나 바울은 디모데의 수동적이고 수줍어하는 기질을 언급하고 있다. 그것이 아마 그의 만성 위장병의 원인이었을 것이다.

부끄러워하는 그의 성격과, 반은 유대인이고, 반은 이방인인 부모를 가졌다는 사실만 본다면 디모데가 격동하는 교회에서 이단과 싸우는 사람으로서는 적합하지 않다고 생각할 것이다. 그러나 바울은 그가 그런 일을 할 수 있다고 확신했다. 그는 “내가 너를 명하노니” 또는 “내가 너를 권하노니”라는 동기 유발의 문구로 디모데를 북돋우고 있다. 또한 디모데가 오래 전에 장로회에서 받은 안수를 상기시키고 있다.

매우 지친 그리스도인들에게는 어쩌면 지혜의 말보다는 어떻게 그들이 살아가야 하는지에 대한 지침이 필요할지도 모른다. 디모데전서에서 바울은 그의 충성스런 친구가 훈련과 필요한 수고를 받아들여 그러한 모델이 되어 줄 것을 권면하고 있다.

묵상

당신에게는 그리스도인으로 봉사를 하는 데 결점이 될 만한 어떤 개인적 기질이 있는가? 바울이 디모데에게 준 ‘훈련지침’ 중 어떤 것이 당신에게도 적용될 수 있다고 생각하는가?

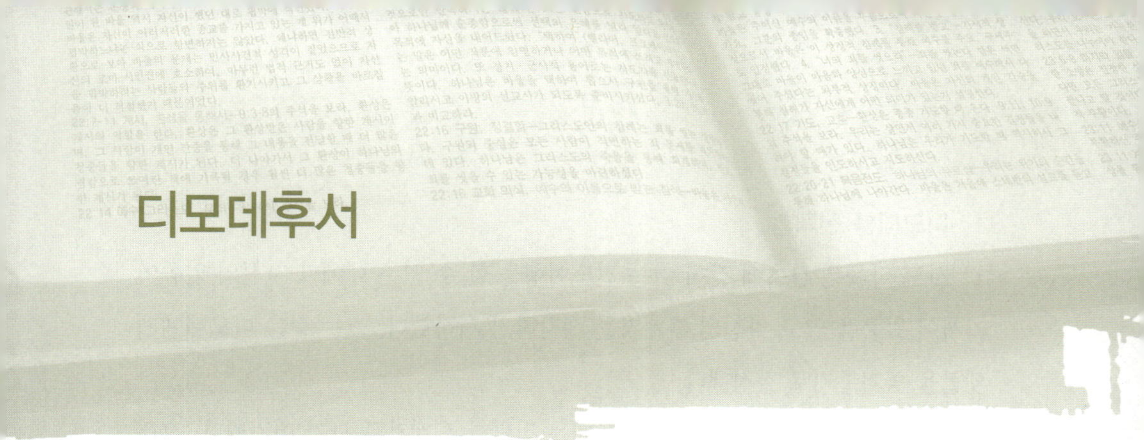

디모데후서

서론
횃불 넘겨주기

사도 바울의 마지막 말

> 네가 많은 증인 앞에서 내게 들은 바를 충성된 사람들에게 부탁하라 그들이 또 다른 사람들을 가르칠 수 있으리라(딤후 2:2).

4년마다 전 세계는 올림픽 성화 봉송이라는 고대의 제사 의식이 거행되는 것을 지켜본다. 개막식의 화려한 행사도 최종 성화 주자가 스타디움에 도착할 때까지는 시작할 수 없다. 성화는 상징적으로 2,700년의 역사를 현대의 올림픽 게임과 연결시킨다.

여기서 유래된 '횃불 넘겨주기'(passing the torch)라는 말은 이제는 많은 이에게 친숙한 표현이 되어, 제너럴 모터스사 사장이 자신의 성공담을 대중에게 소개할 때나, 유명한 오케스트라 지휘자가 그의 지휘봉을 넘겨줄 때, 또는 위대한 운동선수가 후계자를 지도할 때 사용되곤 한다.

은퇴하는 사람은 종종 감정적인 작별 연설을 한다. 이제는 일을 그만두고, 다른 사람에게 횃불을 넘겨줄 때가 온 것이다.

디모데를 선택함

사도 바울은 감옥에 갇혀 더는 전도여행을 할 수 없는 데에다 자신의 임종이 가까이 왔음을 알고 자신의 후계자를 생각하기 시작했다. 그는 젊은 디모데에게 횃불을 넘겨주기로 결정했다.

언뜻 보기에, 수줍음을 타는 디모데는 적합한 후계자로 보기 어려웠다. 그러나 바울에게는 거의 대안이 없었다. "아시아에 있는 모든 사람이 나를 버렸다"(딤후 1:15)고 그는 슬퍼했다. 바울은 디모데후서에서 디모데의 충성스런 우의에 대한 그의 깊은 신뢰를 보여 주었다. 사도로서의 인생이 끝나가고 있었던 그에게선 우울한 자포자기의 느낌이 풍겨나고 있었다.

이 편지에서 바울은 디모데에게 흔들리지 말며, 부끄러움을 극복하고, 믿음을 굳게 지키라고 상사와 같이 엄격한 훈계를 한다. 하지만 전반적으로는 인자한 아버지와 같은 깊은 애정의 관계를 드러내고 있다. 바울은 디모데에게 겨울이 오기 전에 두꺼운 겉옷을 가져올 것을 부탁한다(딤후 4:13, 21).

감동적인 순간

바울의 감정은 슬픔과 신뢰, 향수와 염려 사이를 교차한다. 이 편지를 보면, 앞으로 몇 달간 동요가 있을 것과 어리고 분열된 교회가 그의 인도가 없이 남겨질 것을 예측할 수 있다.

여기, 그가 마지막으로 기록했다고 알려진 말씀에서 그는 디모데에게 하나님의 메시지가 그와 다른 믿을 만한 사역자들에게 달려 있음을 말한다(딤후 2:2). 철창 너머에서 나온 바울의 작별인사는 정중하고 위풍당당하기까지 하다. 복음 전파는 너무나 엄청난 임무여서 어느 한 사람에게 한정되는 것이 아니다. 바울은 선언한다. "내가 죄인과 같이 매이는 데까지 고난을 받았으나 하나님의 말씀은 매이지 아니하니라"(딤후 2:9).

본론

사형수로부터의 편지

바울은 최후를 예감했다

전제와 같이 내가 벌써 부어지고 나의 떠날 시각이 가까웠도다(딤후 4:6).

종종 사형수 수용실에 보면 벽에 유언과 같은 글이 새겨져 있는 것을 볼 수 있다. 이와 비슷한 예로 유대인 수용소의 폐허 속에서 완전한 책이 발견된 적도 있다. 보통 이런 유에는 추상적이거나 철학적인 주제보다는 한 인간이 살아남기 위해 분투하는 하루하루의 절박한 현실이 기록되어 있다.

이 점을 생각한다면 바울이 사형수 수용실에서 쓴 편지에 교리에 대한 언급이 많이 등장하지 않는 것은 어쩌면 당연한 일이라 할 수 있다. 그는 용기와 온전함과 같은 중요한 문제에 대한 개인적인 충고에 집중하고 있다.

바울의 비관적인 장래

비록 바울이 디모데후서에서 그가 처한 상황에 대해 자세히 서술하고 있지는 않지만 우리는 그의 언급을 통해 첫 번째 재판에서 아무 증인도 그를 변호하지 않았음을 짐작할 수 있다(딤후 4:16). 초자연적인 힘으로 그는 자신을 성공적으로 변호했으나, 새로운 재판에 대한 그의 예상은 비관적이다(딤후 4:6).

바울의 체포는 AD 64년 네로에 의해 시작된 그리스도교 박해의 여파로 일어났을 것으로 추정된다. 광분한 황제는 그리스도인들을 십자가에 못 박거나, 동물의 가죽을 입혀 사냥개에게 쫓기게 하고, 사람을 산 채로 화형에 처해 연회장을 밝히는 횃불로 사용하기도 했다. 그러니 그 당시에 투옥된 바울이 디모데에게 믿음의 담대함과 그리스도를 위한 고난에 대해 간곡히 설명한 것은 이상한 일이 아니다.

다가오는 박해

삶의 최후를 목도하면서 바울은 박해가 점점 심해질 것을 내다보았다. 부도덕과 거짓 교훈이 "악성 종양이 퍼져나감"(딤후 2:17)같이 퍼져나갔다. 그는 그리스도인들에게 개인적인 청결함으로 그런 힘들에 대적할 것을 권하고 있다. 그는 선과 악의 싸움이 점점 치열해질 것이라고 예상했다.

바울은 '최후의 날'에 대해 예견한 후, 그의 영적인 아들인 디모데에게 마지막 유언과 증언을 공식적으로 남기고 있다(딤후 4:1-8). 그는 "나는 선한 싸움을 싸우고 나의 달려갈 길을 마치고 믿음을 지켰으니"(딤후 4:7)라고 결론을 맺었다. 전승에 의하면 바울은 로마에서 순교했다고 한다. 하지만 그의 삶과 그가 남긴 유산 때문에 세상은 달라졌다.

묵상

만약 친구에게 영적인 '마지막 유언과 증언'을 남긴다면, 당신은 무엇이라고 이야기하겠는가?

디도서

가지각색의 사람들, 가지각색의 문제들

거짓말쟁이와 야수, 그리고 탐식가들의 섬

> 너는 이것을 말하고 권면하며 모든 권위로 책망하여 누구에게서든지 업신여김을 받지 말라(딛 2:15).

과거를 읽는 현대인들은 그 시대의 사람들을 획일적인 존재로 여기거나 얼굴 없는 낯선 군중으로 익명화시키기 일쑤다.

하지만 실제로 바울이 언급한 사람들은 당신이 오늘날 로스앤젤레스 거리에서 마주칠 수 있는 사람들만큼이나 가지각색이다. 한번 서로 격렬히 싸우는 다섯 종족의 사람들이 사는 섬을 생각해 보라. 이들은 외부세계에 대한 정보를 해적과 거친 선원들을 통해서 듣는다. 그들 중에 진지한 유대인들이 섞여 있다고 생각한다면 왜 그레데 교회가 마찰 가운데 생겨났는지 알 수 있다.

분쟁 해결사 디도

이 폭풍과 같은 회중들 사이에서 문제가 발생했을 때, 바울은 15년 동안 신임하며 동역한 디도를 급파했다. 바울은 유대인이 아닌 사람도 완전히 용납될 만한 그리스도인이 될 수 있음을 보여 주는 증거로 디도를 소개하고 있다(갈 2:1-5).

디도의 이름이 신약에 나올 때마다 그는 대체로 바울의 분쟁 해결사(지역적 위기를 다루도록 요청받는 사람)로 일하고 있었다. 두 번씩이나 그는 외교적 임무를 띠고 시끄러운 고린도 교회에 파송되었다. 이 편지는 그가 그레데에서도 동일한 도전적 사태에 직면한 것을 알려 준다. 바울은 어려운 임무를 다루는 방법에 대한 개인지도서로 디도서를 쓰고 있다.

그러나 이 편지는 그 지역의 상황을 잘 아는 사람들에게 쓴 것이기 때문에, (오랜 기간이 흐른 뒤에 간접적인 독자로서 읽고 있는 우리를 위한) 배경이 거의 설명되지 않는다. 그러나 우리는 문맥 속에서 그 뜻을 읽을 수 있으며 상황을 어느 정도 짐작할 수 있다. 예를 들면 바울은 디도에게 지도자를 찾아보라고 하면서 그 조건을 "급히 분내지 아니하며 술을 즐기지 아니하며 구타하지 아니하며 더러운 이득을 탐하지 아니하며"(딛 1:7)라고 말한다. 이런 표현 속에 그는 그레데 사람들에 대한 어떤 일반적인 기질을 암시하고 있었다. 이 섬 출신의 시인 중 한 사람이 그레데인을 묘사하기를 "항상 거짓말쟁이며 악한 짐승이며 배만 위하는 게으름뱅이(딛 1:12)"라고 했고, 심지어 헬라인들은 거짓말하는 것을 "그레데식으로 한다"고 표현하기도 했다.

실용적인 신학

디도서 2장은 교회 안의 다양한 그룹의 사람들(늙은 남자, 늙은 여자, 젊은 여자, 젊은 남자, 노예)을 나열하고 있다. 그들은 주의를 요하는 일련의 문제점들을 나타내며, 이에 대해 바울은 각 그룹에 따른 자세한 조언을 디도에게 주고 있다. 비록 선한 삶을 주로 강조하고 있지만, 바울은 얼마간의 간략한 복음 메시지도 잠깐씩 언급한다. 그의 신학은 인간 문제의 실생활에 적용되고 있다.

세 권의 목회서신(디모데전·후서와 디도서)은 노인이 된 바울이 자신의 일을 이어가는 유능한 제자들을 더욱 신뢰하고 있음을 보여 준다. 그레데인들은 "거짓이 없으신"(딛 1:2) 하나님 위에 기초한 '확실한 교리' 를 실제적이고 엄격하게 지키는 지도자를 필요로 했다. 디도서에 있는 교훈들은 디도와 우리에게 적당한 충격을 제공한다.

빌레몬서

노예의 주인에게 보내는 편지

노예의 생명은 아직 불확실하다

내가 그리스도 안에서 아주 담대하게 네게 마땅한 일로 명할 수도 있으나 도리어 사랑으로써 간구하노라(몬 8-9절).

오네시모는 도망치다 붙잡힌 노예로, 생명의 위험에 처해 있었다. 그에게는 두 가지 길이 있었다. 그는 로마의 어둡고 음침한 골목길에 숨어 군인들과 추적자들을 피해 다니며 지내든지, 아니면 가능성은 없지만 다시 주인에게 돌아가든지 둘 중 하나를 선택할 수밖에 없었다. 그러나 당시 제국의 법은 엄해 주인이 노예를 처형할 수 있는 법적 권한을 가지고 있었다. 그래서 오네시모가 주인에게 돌아간다면 죽을 수도 있었다. 그리고 만약 빌레몬이 자비를 베풀어 그를 살리려고 하더라도 오네시모는 'F'(Fugitivus, 도망자)라는 화인을 평생 이마에 달고 살아가야 했다.

바울이 도망자를 옹호하다

바울의 전도로 오네시모가 그리스도교로 개종했기 때문에 도망자 노예를 처리하는 결정이 매우 복잡해졌다. 오네시모는 평생 도망자로 살 수 없다는 것을 알고 있었다. 그는 자신의 법정 소유인에게 죄를 범했기 때문에 고통스럽더라도 대가를 치러야 했다.

이에 사도 바울은 그 노예의 문제를 동정하며 자신의 모든 영향력을 빌레몬에게 행사하기로 했다. 그렇게 한다고 해서 오네시모의 생명이 보장될지는 알 수 없지만, 노예 주인에게 보내는 이 468자의 편지는 바울의 대가다운 설득력과 외교 수완을 잘 보여 준다. 빌레몬서의 모든 문장은 최대의 효과를 보기 위한 문장들로 쓰였다. 바울은 빌레몬에게 우정과, 그리스도교 지도자로서의 그의 사랑과 동정심에 호소했다. 그는 빌레몬에게 노골적으로 자신의 뜻에 동의하라고 명령하지는 않았지만, 부드럽게 "네가 이 외에 네 자신이 내게 빚진 것"(몬 19절)이 있다고 상기시킨다. 바울은 이 편지를 빌레몬 교회 앞으로 보내고, 또 개인적으로 방문도 하겠다는 약속을 함으로써 빌레몬에게 오네시모를 용서할 것을 강하게 권하고 있다.

그리스도교와 노예제도

이 편지가 쓰인 뒤에도 노예제도는 1800년 동안 존재했으며, 이 제도를 폐지하는 데 그리스도교는 상당한 도덕적 압력을 가했다. 그러나 이 짧은 빌레몬서는 노예제도가 폐지되기 훨씬 오래 전의 일로 믿음의 심각한 충돌을 일으켰음을 보여 준다.

그리스도는 어느 사회의 관계성에서든 혁명을 일으킬 수 있다. 도망자인 오네시모는 스스로 돌아가기로 결정한 듯하다. 이에 바울은 빌레몬에게 두 번째 기적을 요청하고 있다. 바로 "그를 영접하기를 내게 하듯"(몬 17절) 하라고 탄원한 것이다. 그 문화권에서 이러한 태도는 사회적으로 큰 도전이었다.

히브리서

서론
결정을 내려야 할 때

성실하다면 무엇을 믿건 무슨 상관이냐?

우리가 이같이 큰 구원을 등한히 여기면 어찌 그 보응을 피하리요(히 2:3).

살아가면서 우리는 아주 심각한 문제를 결정해야 하는 순간을 맞이한다. 우리는 그것을 조심스럽게 피해갈 수도 있다. 그러나 때로 피할 수 없는 경우도 있으며, 반드시 결정을 내려야 할 때도 있다. 예를 들어 암벽 등반을 생각해 보자.

암벽을 등반하다 보면 손에 잡을 만한 어떤 모서리나 틈도 없는 매끄러운 화강암 벽을 만날 수가 있다. 그러면 등반자는 더 오르기를 포기하거나 아니면 밧줄을 걸어 '시계추' 처럼 몸을 흔들어 다른 벽으로 이동할지를 결정해야 한다.

시계추 전법

'시계추' 전법이란 암나사로 만든 고리를 암벽에 고정한 다음 밧줄을 그 사이에 걸고 그 밧줄 끝에 자신의 몸을 매달아 허공에 몸이 떠 있게 만든 다음 몸을 좌우로 흔들어 적절한 곳으로 옮기는 것을 말한다. 안전한 장소를 확보하지 못하면, 당신은 제자리로 돌아와 다시 시도할 수밖에 없다.

만약 당신의 팀이 이렇게 해서 전부 안전한 장소를 확보했다면 이제는 고리를 통해 밧줄을 끌어올리게 된다. 그때부터는 되돌아갈 수가 없다. 위로 올라가야 할, 한 길만이 남아 있는 것이다.

모험을 할 만한 가치가 있는가?

히브리서는 이렇게 번복할 수 없는 결정 앞에 서 있는 자들을 상대로 쓰였다. 그리고 거기에는 그들의 미래도 포함되어 있다. 그것이 무슨 말인지 궁금한가? 그들은 관습적인 유대 종교에 머물러 있으면 로마 제국의 공식적인 보호도 받을 수 있고, 수천 년 된 전통도 지킬 수 있었다. 그러나 그들이 새롭게 그리스도교로 개종한다면 유대 회당으로부터 추방되고, 감옥에 갇히며, 고문까지 받아야 했다. 그래서 그들에게는 이 모든 것을 감내할 만한 가치를 발견하는 것이 필요했다.

오래된 신자의 설득과 초신자의 두려움 때문에 많은 관심을 가진 사람, 특히 유대인들은 그리스도교의 언저리에서 동요하고 있었다. 이에 히브리서 기자는 그러한 사람들이 결정적인 서약을 할 수 있도록 하기 위해 이 편지를 썼다. 그는 그리스도가 어떻게 유대교로부터 출현할 수 있었는지를 하나씩 알려 주며 그리스도교가 왜 유대교보다 나은지에 대해 논증하고 있다. 이들 앞에 놓인 새로운 신앙은 분명 모험을 할 가치가 있는 것이었다.

구약성경을 인용함

히브리서 기자는 유대인 독자들을 위해 구약의 구절을 무려 80번 이상이나 인용하고 있다. 그리고 그는 삶과 죽음의 문제를 다루기에 적합한 감정을 가진 재판관으로 그리스도를 묘사하고 있다.

비록 히브리서가 그리스도교와 유대교를 비교하는 데 주안점을 두고 있지만, 이 책은 오늘의 시대에도 적용될 수 있다. 오늘날에도 사람들은 질문한다. "종교는 모두 같은 것 아닌가?", "성실한 것이 가장 중요한 것 아닌가?" 이에 대해 히브리서 기자는 그리스도를 선택하는 데에는 그것 이상의 결정적인 이유가 있다고 주장한다. 그는 예수님을 통해 새롭게 하나님을 경험하도록 그의 독자들이 도약할 것을 권면한다.

본론
그리스도가 더 나은가?

예수의 유일성

그는 모세보다 더욱 영광을 받을 만한 것이 마치 집 지은 자가 그 집보다 더욱 존귀함 같으니라(히 3:3).

위대한 미술가의 작품은 때로 창작자의 명성 때문에 엄청난 가치를 가지는 경우가 있다. 습작으로 가득 찬, 곰팡이 핀 노트도 레오나르도 다 빈치의 것이라는 사실이 밝혀지면 갑자기 수백만 달러를 호가하게 된다. 건축가 프랭크 로이드 라이트가 설계한 각 건물은 단지 그의 명성 때문에 높은 가격이 매겨진다.

그리스도교가 다른 종교보다 월등하다는 자신의 주장을 극대화하기 위해 히브리서 기자는 '집 지은 자가 더 위대한가, 집 자체가 더 위대한가' 라는 비유를 사용하고 있다. 집 지은 자가 더욱 위대하다는 것은 명백한 사실이다. 집은 단순히 그의 천재성을 드러내는 예일 뿐이다.

스스로 만든 범주 내에서

이와 같이 히브리서는 그리스도가 지상의 어느 누구보다도 존귀하다고 말하고 있다. 우주의 창조자로서 그는 모든 사람을 실제로 설계하고 만드셨다(히

1:2). 그러한 사실은 모세나 아론, 그리고 다른 유대 위인들이 속한 범주보다 더욱 존귀한 다른 범주에 그를 속하게 한다.

"그러므로 … 예수를 깊이 생각하라"(히 3:1)고 히브리서는 권한다. 그는 모든 존귀와 충성을 받으시기에 합당하다. 예수님은 사람이 되심으로, 사람을 타락하게 하는 유혹과 고난을 직접 겪으셨다. 따라서 그는 우리의 연약함을 동정하신다(히 4:14-15). 저자는 예수님이 구약의 모든 예언을 성취하셨음을 계속해서 증명한다. 그는 하나님과 인류를 영원히 묶어 줄 수 있는 유일한 대제사장이시다(히 7:23-27). 그리고 하나님으로서 죽으심으로, 하나님과 인간 사이의 죄라는 영원한 장벽을 제거할 권세를 가지셨다(히 9:11-15).

하나님께 자유롭게 나아감

하나님은 여러 번에 걸쳐 갖가지 방법, 즉 창조, 선지자, 그리고 구약을 통해 자신을 드러내려고 하셨다. 그러나 마지막으로 그의 아들 안에서 가장 완전한 모습으로 자신을 계시하셨다. 예수님은 존귀함을 받으시기에 합당한 분이다.

예수님 때문에 우리는 이스라엘 민족처럼 대제사장을 통해 하나님께 나아갈 필요가 없다. 그리스도의 사역 때문에 하나님을 믿는 모든 사람은 하나님께 나아갈 수 있다. 그리고 우리는 그의 집(히 3:6), 곧 그의 예술 작품이 되는 것이다.

묵상

어떤 사람들은 "나는 예수가 하나님인 것을 믿지 않는다. 그러나 그는 간디나 부처 같은 위인이었다"라고 말한다. 히브리서 기자는 이를 반박하기 위해 어떤 논리를 사용하는가?

구약의 새로운 조명

현시대를 살아가는 이점

저 첫 언약이 무흠하였더라면 둘째 것을 요구할 일이 없었으려니와(히 8:7).

실상과 모형 사이의 차이를 이해하기 위해 가장 큰 동물인 고래를 생각해 보자. 로이 채프먼 앤드루스는 다음과 같이 말했다.

"한번은 우리가 알래스카에서 고래의 물줄기를 쫓아서 그 동물이 다시 가라앉기 전에 사진을 찍으려 접근한 적이 있었다. 그런데 10분 뒤 갑자기 대양의 표면이 들리더니, 산과 같이 거대한 검은 몸뚱어리가 거품을 일으키며 우리의 머리 위로 치솟았다. 고래는 잠시 멈추었다가 비스듬히 내려가 녹색의 소용돌이 속으로 사라져버렸다. 나는 카메라를 준비했으나 그 광경에 압도되어 넋을 잃고 그저 바라볼 수밖에 없었다. 고래는 우리를 불과 6미터 정도 비켜갔다. 만약 다른 방향으로 떨어졌다면 40톤이나 되는 무게 때문에 우리 배는 산산조각이 났을 것이다."

어떻게 하면 이 거대한 생명체로부터 받은 느낌을 실감나게 전달할 수 있을까? 보통 사진 작가들은 물에서 치솟거나, 롭테일링(머리로 서서 힘센 꼬리를 공중으로 높이 흔들고 있는 것)하는 고래의 사진을 찍는다. 그러나 어떤 사진으로도 엄청나게 큰 고래를 담을 수는 없다. 새끼 흰긴수염고래는 한 달에 무게가 1톤이나 증가한다. 그리고 성숙한 고래는 심장만 약 450킬로그램이 나간다. 그러니 어떻게 이차원적인 사진으로 그런 엄청난 크기를 전달할 수 있겠는가?

실상과 모형의 비교

아무리 실감 나게 표현된 훌륭한 모형이라 해도 그것은 어디까지나 모형일 뿐이다. 250제곱센티미터의 사각형 안에 고래를 가둘 수는 없다. 대협곡을 찍은 사진은 계곡 자체만큼 장대할 수 없다. 사진은 실상의 이차원적인 모형일 뿐이다. 히브리서는 구약의 이미지와 의식, 즉 유월절 축제, 제사, 그 밖의 다른 제사장의 의무 등을 묘사하기 위해 모형이라는 단어를 사용한다. 그것은 예수 그리스도 안에서 나타날 참 형상을 표현하는 그림자이다. 얼마나 공을 들이든 간에 의식 자체는 고래나 산의 사진이 그 자체를 적절하게 묘사할 수 없는 것처럼 하나님 자신을 경험하는 것을 적절히 표현할 수 없다.

히브리서에 따르면, 구약의 의식은 모형이지만, 그리스도는 참 형상이시다. 저자는 유대 전통의 유구한 이미지인 제사와 율법, 피, 성전, 제사장, 속죄일을 중시하기보다 이들 이미지가 단지 나타내려 했던 의미를 그리스도가 단번에 모두 이루신 방법에 대해 설명하고 있다. 부정확하고 그림자에 지나지 않는 모형은 완전한 참 형상에 대조되고 있다.

무엇이 더 나은가?

히브리서는 구약(첫 번째 언약) 안에서 사는 것보다 신약 안에서 사는 이점을 강조하고 있다. 그리스도 때문에 제사는 더 이상 불필요하게 되었으며(히 10:11-12), 하나님의 율법은 형식적인 암호로 존재하기보다 우리의 마음과 생각에 기록되게 되었다(히 8:10). "다 이루었다"고 예수님이 십자가 상에서 외치신 말씀에 대해 히브리서 기자는 그 방법을 설명하고 있다.

모형도 가치를 가지고 있기는 하다. 예를 들어 고래의 사진은 일찍이 고래를 본 적이 없는 사람에게는 유익하다. 그러나 히브리서 기자가 묻고 있는 것처럼 실상보다 모형을 좋아할 사람이 있겠는가?

묵상

히브리서는 구약을 읽는 방법에 대해 어떤 실제적인 도움을 주고 있는가? 구약의 율법과 종교 의식은 어떤 가치를 갖는가?

무엇이 참 믿음인가?

신앙의 거인들조차 그들이 원하는 것을 얻진 못했다

이 사람들은 다 믿음으로 말미암아 증거를 받았으나 약속된 것을 받지 못하였으니(히 11:39).

믿음이란 무엇인가? 그리고 그것을 얻었다는 사실을 어떻게 확인할 수 있겠는가? 어떤 그리스도인들은 믿음을 마술적인 힘과 같은 것으로 생각하고 있다. 그것을 충분히 가지게 되면 부유해지며, 건강하고 만족한 삶을 누릴 수 있다고 그들은 말한다. 그러나 어떻게 하면 믿음을 충분히 가질 수 있는가? 무엇이 참 믿음의 표시인가?

히브리서의 기자는 여러 전기적인 인물을 활용해 복음을 상세히 설명하려고 시도한다(어떤 사람은 히브리서 11장을 "믿음의 명예전당"이라고 말한다). "믿음이 없이는 하나님을 기쁘시게 하지 못하나니"(히 11:6)라고 히브리서는 담대하게 말한다.

바라던 바가 아니다

그러나 이들 장에서 나타나는 복음의 설명은 때로 우리를 놀라게 한다. 저자는 "온전하라", "인내하라", "담대하라"는 어구를 사용한다. 여러 경우에, 인용된 믿음의 용사들은 그들이 바라는 약속을 받지 못했다. 어떤 이들은 채찍에 맞아 죽거나, 털가죽 옷을 입으며 빈곤하게 살기도 했고(히 11:36-38), 끔찍하게 처형당하기도 했다.

저자는 믿음이란 어려운 경주와 같은 것이라고 결론을 맺는다. 경주자는 상을 바라보며, 페이스를 흐트러뜨리려는 유혹에도 불구하고 마지막 결승선에 다다를 때까지 포기하지 말아야 한다. 히브리서는 "모든 무거운 것과 얽매이기 쉬운 죄를 벗어 버리고"(히 12:1), "피곤한 손과 연약한 무릎을 일으켜 세우라"(히 12:12)고 충고한다.

투쟁할 가치가 있는가?

왜 사람들은 혹독한 마라톤 경주를 달리기 위해 자신들의 몸을 쳐 복종시키는가? 대부분의 주자들은 두 가지 이유를 든다. 그것은 그들이 받게 되는 개인적인 보상과 운동의 신체적인 유익이다. 영적인 영역에서도 두 가지 보상을 적용할 수 있다. 끝까지 인내하는 자에게는 천국에서의 커다란 상급과 이 땅에서의 믿음의 삶 가운데 얻는 성숙한 인격이 보상으로 주어진다.

다른 서신과 마찬가지로 히브리서는 궁극적인 예로 우리를 위해 커다란 고난을 참으신 예수님을 들고 있다. 히브리서에서 묘사하는 믿음은 달콤한 것이 아니다. 하나님은 우리에게 쾌적한 생활을 보장하지 않으신다. 아무리 불리하다 할지라도 무슨 일에나 하나님을 믿고 의지하겠다는 불변의 약속이 강한 믿음이다.

묵상

히브리서 11장에 나오는 인물들은 모두 믿음을 가졌으나 그중 일부는 성공하고 일부는 고난을 당했다. 이 구절이 뜻하는 바를 염두에 두고 당신 스스로 믿음을 정의해 보라.

야고보서

서론
말만으로는 충분하지 않다

당신은 모든 옳은 일을 믿을 수 있으나, 옳지 않은 일은 버려야 한다

너희는 말씀을 행하는 자가 되고 듣기만 하여 자신을 속이는 자가 되지 말라(약 1:22).

살아 있는 것은 다 운동을 한다. 어떤 영양(사슴 종류)은 치타만큼 잘 달려서 차의 규정속도보다 빨리 달릴 수 있다. 그리고 산양은 산록을 울리는 총소리와 같은 메아리를 만들면서 서로 곤두박질하며 충돌하기도 한다. 거위 떼는 질서정연하게 V자 모양으로 무리지어 약 1,600킬로미터의 하늘을 쉬지도 않고 날아간다.

살아가면서 우리는 종종 어떤 것들을 애장품으로 간직한다. 벽난로 위의 사슴머리 박제, 깨어지기 쉽지만 고스란히 모양을 간직한 조개껍질, 핀으로 고정된 외국 나비들. 그러나 이것은 죽은 것들이다. 삶은 그런 것으로는 정의 내릴 수 없다.

삶의 확실한 증거

성경의 기자들은 영적인 진리를 표현하기 위해 자연에서 유사점을 찾곤 했다. '선행' 때문에 논쟁을 일으키는 야고보서 역시 운동과의 유사점을 살펴본다면 더 잘 이해될 수 있을 것이다. 영적인 영역에서도, 살아 있는 것에는 운동력이 있다.

어떤 사람이 그리스도인이 되면 그에게는 새로운 삶이 시작된다. 이제 그의 삶은 '영적인 운동' 혹은 선행을 통해 특징지어진다. 야고보서의 말씀에 의하면 "만일 사람이 믿음이 있노라 하고 행함이 없으면 무슨 유익이 있으리요"(약 2:14).

움직인다고 다 살아 있는 것은 아니지만, 살아 있으면 필연적으로 움직이게 된다. 그것은 살아 있다는 좋은 증거이다. 이처럼 그리스도 안에서의 참된 신앙은 그 신앙을 증명할 만한 좋은 행동이 나타나야 한다.

야고보와 바울은 상충하는가?

야고보의 글은 어떻게 하면 그리스도인이 될 수 있는지에 대해 쓴 것이 아니라, 어떻게 하면 그리스도인으로 살아갈 수 있는지에 대해 쓴 것이다. 하나님에 대한 믿음만으로는 충분하지 않다. 왜냐하면 마귀도 하나님을 믿기 때문이다. 실제로 자기 목숨을 내어주는 믿음에는 행동이 따라야 한다. 야고보는 그리스도인에게서 나타나는 영적인 행동에 대해서는 아무런 이야기도 하지 않는다.

그리스도교 사상가 마틴 루터는 야고보의 메시지와 노예적인 형식주의를 매우 강렬하게 경고했던 바울의 메시지를 조화시키려고 노력했다. 바울은 결코 경건한 생활의 의미를 축소하려고 한 것이 아니다. 고린도 교회에 보내는 그의 서신에서 바울은 야고보와 마찬가지로 쾌락주의자들의 부도덕을 비난했다.

야고보의 독자들은 율법주의에 대해서는 꿈조차 꾸고 있지 않았던 것이 분명하다. 그들은 하나님이 드러내신 그러한 율법들을 무시한 채, 반대편 극단에서 살고 있었다. 야고보서의 처방은 단순하다. "너희는 말씀을 행하는 자가 되고 듣기만 하여 자신을 속이는 자가 되지 말라"(약 1:22).

단도직입적

사도 바울과는 달리, 야고보는 세련된 문장가가 아니다. 그는 바르게 살지 않는 사람들에 대해 신앙의 혼란을 느낀 단순하고 소박한 설교자였다. 그의 서신은 그리스도인들의 신앙을 특별한 문제에 적용하고, 믿음에 따라 살아가도록 독자들에게 명령을 내리는 광범위한 주제를 다루고 있다.

겸손하라! 야고보는 명령한다. 하나님께 복종하라! 죄 짓는 것을 멈춰라! 야고보는 구약의 예언자처럼 단도직입적이다. 그의 주장은 확실하다.

야고보서를 읽는 현대의 독자들은 이 소박한 편지를 받은 처음의 수신자와 마찬가지로 딜레마를 느낀다. 그의 말을 이해하는 것은 어렵지 않다. 하지만 우리는 그가 말하는 대로 살고 있는가? 어떤 행동으로 우리의 영적인 삶을 특징지을 것인가? 루터는 이렇게 말한다. "당신은 믿음으로만 구원을 얻었으나, 믿음만으로는 믿음이 아니다."

본론
빈부의 갈등

다른 계층 간의 알력

하나님이 교만한 자를 물리치시고 겸손한 자에게 은혜를 주신다(약 4:6).

우리의 사회는 빈부를 가르는 경향이 있다. 이 두 그룹은 일상에서 만나는 경우도 적고, 이들 모두에게 맞는 메시지를 전달하기도 어렵다.

그러나 야고보의 원래 독자들은 이 두 그룹을 모두 포함하고 있다. 한 구절에서는 당당하게 특권을 누리는 부자들에게 설교하다가, 다음 구절에서는 어려움을 겪고 있는 가난한 자들에게 관심을 가진다(야고보서 5장 1~7절 사이의 전환을 유의해 보라).

두 그룹은 서로 다른 문젯거리를 가지고 있었다. 부유한 사람들은 이기적이었다. 그들은 가난한 자에게 무관심하거나 그들을 경멸했다. 그리고 가난한 자들은 부자를 시기하고 헐뜯었다. 그들은 자신들의 가난 때문에 하나님을 원망했다.

두 마음을 품은 자는 누구인가?

야고보는 각 그룹의 독특한 문젯거리에 대해 충고했으나 그들이 공통적으로 갖는 문제에 대해서도 언급했다. 빈부 양측에 있어서 가장 중요한 갈등은 우리가 살고 있는 외부 조건에서 비롯되는 것이 아니라, 내부에서 유래하는 것이다. 우리 모두는 상충하는 강력한 힘에 의해 움직이는 내적 갈등을 경험하고 있다. 우리는 그리스도와 그가 가르치신 삶의 방향으로 움직일 것인가 아니면 반대 방향으로 움직일 것인가? 우리는 하나님을 신뢰할 것인가 아니면 거부할 것인가?

야고보는 이러한 내적 갈등을 묘사하기 위해 새로운 표현을 사용했다. 그는 그것을 "두 마음을 품은"(약 4:8) 것이라고 말했다. 빈부에 있어서 이들의 갈등은 야고보가 설명하고 있듯이 서로 다른 방식으로 드러나게 된다. 각 그룹 모두 하나님을 섬기려는 기본적인 열심에는 차이가 없으나 두 마음을 품는 것은 나뉜 신자들 사이의 주도권 싸움이 된다.

야고보는 빈부를 논하면서 예수님이 산상설교 등에서 사용하셨던 실제적인 문구들을 사용하고 있다(많은 학자들이 믿고 있듯이, 저자 야고보가 예수님의 동생이라고 한다면 이해될 수 있다). 그는 그 길을 따르라는 명령에 우리 모두가(가난한 자나 부자나) 한마음이 될 것을 요청하는 데 예수님이 가르치실 때 사용하신 신선하고 새로운 방법을 적용한다.

묵상

야고보서 2장은 사회 계층에 근거한 편애를 경고하고 있다. 오늘날 그리스도인 사이에도 그러한 편애가 존재하는가? 빈자와 부자가 생각하듯이 예수님을 따르는 방법에 어떤 차이점이 있다고 생각하는가?

베드로전서

서론
고난을 겪는 사람에게 주는 말

고난이 다가올 때 어떻게 할 것인가?

사랑하는 자들아 너희를 연단하려고 오는 불 시험을 이상한 일 당하는 것 같이 이상히 여기지 말고(벧전 4:12).

멀리서 일어나는 자욱한 먼지가 터키의 잔인한 군대의 접근을 알려 주었다. 그러나 누가 숨을 수 있단 말인가? 아르메니아의 마을은 바위로 된 평원 위에 노출되어 있었으며, 무방비 상태였다. 그리스도인들은 집 마룻바닥에서 서로 끌어안은 채 기도를 드리고, 찬송을 부르며, 공포에 떨 뿐이었다.

이러한 일들은 제1차 세계대전 동안 수차례 반복되었으며, 보통 대량 학살로 끝을 맺었다. 아르메니아의 그리스도인들에 대한 터키의 공격은 역사상 가장 최악의 종교로 인한 대량 학살의 한 예다. 무려 백만 명 이상의 사람이 죽었다. 그러나 유감스럽게도 아르메니아의 비극은 20세기의 그리스도인들에 대한 공격의 한 예에 불과하다.

금세기에 종교적 신앙을 지키기 위해 죽은 사람의 숫자는 나머지 모든 세기에 죽은 사람의 수보다 더 많다. 동아프리카에서는 마우마우에서부터 시작해 이디 아민의 공포정치 기간 동안 수천 명의 그리스도인들이 학살당했다. 러시아 연방과 중국 정부하에서도 수백만 명이 핍박을 당했다. 그리고 지금도 억압은 계속되고 있다. 오늘날에도 일부 국가에서는 그리스도인을 개종시키기 위해 투옥과 고문이 자행되고 있다. 이 사실만으로도 현대 독자에게 베드로전서는 설득력을 가질 수 있다.

박해에 어떻게 대응할 것인가?

박해를 당하는 그리스도인들에게 어떤 충고를 할 것인가? 사도 베드로는 로마와의 불길한 알력이 각각의 그리스도인 공동체에 엄청난 공포를 불러일으킬 수 있다는 사실을 문제로 다루고 있다. 광분한 네로는 제국의 모순을 교인들에게 덮어씌웠다.

박해받는 그리스도인들은 도망가야 하나? 아니면 반항해야 하나? 믿는 자로서 드러나는 신앙의 행동들을 포기해야 하나? 항복해야 하나? 목숨이 위태로웠던 베드로서신의 독자들에게는 고난에 대한 명백한 조언이 필요했다.

그리고 그들 또한 고난의 의미에 대한 설명을 원하고 있었다. 왜 하나님은 이러한 고난을 허락하시는가? 결국 모든 것이 선하게 해결될 수 있는가? 하나님이 모든 일에 간섭하시는가? 간단히 말해서, 그들은 큰 고난을 겪는 그리스도인들이 가질 수 있는 질문을 제기하고 있었다.

베드로에 의하면 그리스도인이라고 해서 고난에서 제외되는 것은 아니다. 우리는 적대적인 세계에 살고 있는 "나그네"(벧전 1:17)이며, 그리스도인들이 분투하는 곳에는 폭풍의 구름이 모이기 마련이다. 고난은 진지한 믿음 생활에서 예견될 수 있는 부분이다.

베드로 자신의 경험

고난을 주제로 한다면 베드로는 고금의 독자를 막론하고 이상적인 상담자라고 할 수 있다. 왜냐하면 그는 자신의 믿음 때문에 매질을 당하고, 투옥되었으며, 처형 직전까지 간 적이 있었다(행 12장). 또한 베드로는 예수님이 고난을 겪는 것을 직접 목격하기도 했다. 그래서 이 서신에서 그는 박해에 어떻게 대응할 것인지에 대한 예로 자신의 경우를 들고 있다.

베드로는 그의 독자들에게 "너희가 이방인 중에서 행실을 선하게 가져 너희를 악행한다고 비방하는 자들로 하여금 너희 선한 일을 보고 오시는 날에 하나님께 영광을 돌리게 하려 함이라"(벧전 2:12)고 권면하고 있다. 고난은 신자들을 단련시키고, 우리의 신앙을 점검하는 기회를 주며, 그 결과는 우리의 유익을 위해 작용한다.

더 나아가 이 책은 다음과 같은 점을 강조한다. 고난은 일시적인 것이며, 잠시 동안 견뎌야 하는 것이다(벧전 1:6; 5:10). 그리고 그리스도와 함께 고난을 받는 사람은 앞으로 고난이 없는 삶에서 그와 함께 영광을 받는다. 회의주의자들은 교회가 지상에서의 삶을 개선하려고 노력하지 않고 장래의 삶에만 중점을 둔다고 비난했다. 그들은 "하늘 저쪽의 상을 약속한다"고 교회를 비웃었다. 하지만 이러한 적대자들을 두려워하고, 하루하루 어떻게 살아갈 수 있을까를 염려하는 자들에게 베드로의 메시지는 현실적인 것이었으며, 음식물처럼 힘을 주는 것이었다.

베드로전서에 따르면, 죽음을 정복한 그리스도 안에서는, 고난이 언젠가 그친다는 우리의 소망은 환상이 아니라 "산 소망"(벧전 1:3)인 것이다.

본론

'반석'이라 불린 사나이

베드로는 예수님이 지어 주신 이름대로 살아가는 법을 뒤늦게 깨우쳤다

그러므로 하나님의 능하신 손 아래에서 겸손하라 때가 되면 너희를 높이 시리라(벧전 5:6).

사복음서에서 베드로를 지나칠 수는 없다. 그는 망나니처럼 일을 저지르고, 갑자기 엉뚱한 주장을 하며 튀어나온다. 제자들의 명단에서 항상 첫머리를 차지하는 베드로는 언제나 중앙무대로 밀어젖히며 나아온다.

그는 담대하고 누를 수 없는 정열의 화신인 것 같다. 그에게는 다듬어지지 않은 면이 너무 많았다. 그는 어떤 때에는 대담하고 용기가 있었으나, 실제로 중요한 시점에서는 비겁하기도 했다.

원숙의 징후

그러나 베드로가 이 서신을 쓸 때, 즉 그의 만년에 이르렀을 때에는 그에게 상당한 변화가 있었다. 우리는 겸손이나, 복종과 같이 그가 사용하는 단어에서 그 변화를 느낄 수 있다. 이 서신은 복음서에서 볼 수 있는 그의 성급하고 공격적인 면모를 전혀 찾아볼 수 없다. 그는 예수님이 자신에게 하신 "내 양을 먹이라"(요 21:17)는 명령에 복종하고 있었다. 우락부락한 베드로가 부드러운 목자가 된 것이다.

베드로의 면모를 완전히 파악하기 위해서는 복음서(특히 마가복음)에서 그가 등장하는 장면을 읽은 다음 즉시 이 서신을 읽어 보는 것이 도움이 된다. 성급하고 소란스러웠던 베드로가 이제 아내들에게 "온유하고 안정한 심령의 썩지 아니할 것으로 하라"(벧전 3:4)고, 또 남편들에게는 아내들을 관심과 존중으로 대할 것을 권면하고 있다. 예수님을 보호하기 위해 대제사장의 종의 귀를 잘라버렸던 사람이(요 18:10), 이제는 당국의 모든 제도에 순복하기를 권하고 있다(벧전 2:13). 베드로는 예수님이 죽음을 예고하신 일에 대해 강력하게 반발한 바 있다(막 8:32). 하지만 이제 그는 엄숙하게 그리스도의 고난을 본으로 삼을 것을 권하고 있다(벧전 2:21-24).

베드로가 "너희가 전에는 백성이 아니더니 이제는 하나님의 백성이요"(벧전 2:10)라든가 "너희가 전에는 양과 같이 길을 잃었더니 이제는 너희 영혼의 목자와 감독 되신 이에게 돌아왔느니라"(벧전 2:25)고 이야기할 때에는 그 자신의 경험을 설명하는 것이라고 이해해도 좋을 것이다. 세월이 흘러 베드로의 모래와 같은 성품은 화강암처럼 굳어졌다.

늦은 때는 없다

이제 베드로는 예수님이 오래 전에 지어 주신 "반석"(마 16:18)이라는 이름값을 하게 되었다. 우리는 그가 독자들에게 "하나님의 참된 은혜에 굳게 서라"(벧전 5:12)고 가르칠 때, 그가 지금 다른 사람에게 전하고 있는 교훈을 어려운 경험을 통해 체득했다는 것을 느낄 수 있다.

바울을 믿음의 사도라고 한다면 베드로는 희망의 사도라고 할 수 있다. 하나님은 베드로의 삶에서 충분히 드러내셨듯이 자신의 백성을 포기하는 분이 아니시다. 그래서 우리는 고난이나 죽음을 대할 때라도, 우리의 환경이 어떠하든지 간에 희망을 품을 수 있다.

전승에 의하면 베드로는 로마의 십자가에서 거꾸로 처형되었다고 한다. 그는 자신이 예수님처럼 똑바로 처형될 자격이 없다고 생각했을 것이다. 베드로는 장래의 약속을 믿으며 순교했다. "모든 은혜의 하나님 곧 그리스도 안에서 너희를 부르사 자기의 영원한 영광에 들어가게 하신 이가 잠깐 고난을 당한 너희를 친히 온전하게 하시며 굳건하게 하시며 강하게 하시며 터를 견고하게 하시리라"(벧전 5:10)고 그는 확신하며 기록했다.

묵상

만약 예수님이 당신에게 새 이름을 지어 주신다면 어떤 것이 되겠는가? 당신의 성격은 주를 영접하고 크게 변화했는가? 아니면 아직도 변화해야만 하는가?

베드로후서

내부의 위험

최악의 위험은 언제나 뚜렷하게 드러나지 않는다

사랑하는 자들아 내가 이제 이 둘째 편지를 너희에게 쓰노니 이 두 편지로 너희의 진실한 마음을 일깨워 생각나게 하여(벧후 3:1).

1세기의 사도들은 모기가 창궐하는 늪지대를 개척하는 사람과 같았다. 어디를 가건 새로운 위험이 늘 득실거렸다.

어떤 무리는 예수가 하나님이 아니라고 부인했고, 또 다른 무리는 예수가 하나님이기는 하지만 완전한 사람은 아니었다고 주장했다. 그리고 사도들이 율법주의를 비난하자 '무엇이든 괜찮다' 고 하는 방임주의자도 생겨났다. 어떤 교회의 신자들은 일손을 놓고 모여서 예수의 재림만을 기다린 반면, 재림의 신앙을 완전히 포기한 교회도 있었다.

베드로후서는 역사가 짧은 교회를 이런 신앙의 기복으로부터 진정시키기 위해 쓰였다. 베드로전서가 외부로부터의 무시무시한 위험에 주안점을 두었다면, 이 서신은 내부의 위험에 대해 경고하고 있다. 거짓 교사들은 기본적인 교리에 대해 이견을 조장하고 의문을 부각시켜서 그리스도인들을 부도덕으로 이끌었다.

경고 표시

베드로후서는 문제를 복잡하게 만드는 무리들에게 충고하면서, 그들에게 진정한 복음으로 돌아올 것을 요구한다. "내가 항상 너희에게 생각나게 하려 하노라"(벧후 1:12)고 기자는 이야기하면서, 그리스도인들이 어떻게 믿고 행동할 것인지에 대한 기본적 사실들을 점검하고 있다. 이 책은 새로운 시각을 많이 포함하고 있지는 않으나 교회를 위협하는 공통적인 덫을 알리는 거대한 경고 표지판을 세워 주고 있다.

'앎' 이라는 주요 단어가 이 서신 전체에서 반복된다. 베드로후서는 "생명과 경건에 속한 모든 것"(벧후 1:3)을 가능케 하는 적절한 앎에 관해 독자들을 환기시킨다. 기자는 "교묘히 만든 이야기"(벧후 1:16)가 아니라 구약의 예언자와 예수님의 삶을 목격한 자들의 증언에 근거해서 자신의 앎을 조심스럽게 전개한다. 그리고 그는 독자들이 흠 없이 살아감으로써 위험을 피하라고 권고한다.

거짓된 앎에 대한 대답으로 기자는 무뚝뚝하게 진실한 앎을 강조한다. 비도덕적인 삶에 대한 대답은 도덕적인 삶이다. 죽음까지도 준비하고 있으므로(벧후 1:14), 베드로후서의 기자는 진리에 대한 치열한 소망을 품을 수 있었다.

요한1서

서론
오염되어 가는 말

새로운 세대의 문제

우리가 말과 혀로만 사랑하지 말고 오직 행함과 진실함으로 하자(요일 3:18).

시간이 지나면, 말은 원래의 의미를 잃고 전혀 새로운 의미를 갖게 된다. '다시 태어나다'(거듭나다)라는 말을 예로 들어 보자. 예수님에 의해 처음 사용되었던 이 말은 60년대의 예수 운동에서 다시 부활되었다. 그리고는 곧 화장품, 중고차, 다시 부활한 축구팀을 묘사하는 광고 문구 등으로 사용되었다.

그리스도교의 역사가 아주 오래 되었기 때문에, 사람들이 그리스도교의 용어를 전혀 다른 의미로 차용하는 경우가 종종 있다. 우리 신앙의 중심인 예수님도 그 이름이 전혀 다른 의미[영어에서 지저스(Jesus)는 '어머나!' 라는 의미로 사용된다]로 사용되는 경우가 있다.

동일한 말, 다른 의미

의미가 퇴색되는 이런 경향은 전혀 새로운 것이 아니다. 1세기가 채 끝나기도 전에 말은 왜곡되어 원래의 의미를 잃었다. 사도 요한이 편지를 썼을 때 그리스도교의 역사는 50~60년가량 되었다. 그리스도교 가정에서 한 세대가 자라났을 것이며, 뚜렷한 신문화가 이미 자라나고 있었다.

일부 사람들은 '하나님을 앎', '빛 가운데 걸어감', '하나님의 나타나심'과 같은 친숙한 단어를 사용하고 있었으나, 이미 새로운 그리고 왜곡된 의미로 그것을 사용하고 있었다. 사도는 크게 분노했다. 그는 진리를 혼란시키고, 미묘하게 왜곡하는 것이야말로 노골적인 부정보다 견디기 힘든 것이라는 사실을 알고 있었다.

이 책에서 요한은 몇 개의 주요한 단어(빛, 죄, 그리스도, 사랑, 믿음 등)를 골라 그것을 '깨끗하게 하고', 원래의 의미를 회복시키고 있다. 그는 단어 뒤에 숨겨진 진리를 지적한다. 반복적으로 그는 "만일 우리가 … 하면"이라는 문장으로 시작하고 있으며, 만약 우리가 진리의 빛 가운데 살고 하나님을 안다고 한다면 어떤 행위가 뒤따라야 하는지를 알려 주고 있다.

한 발자국 더

요한은 독자들이 그리스도에 대한 믿음을 갖도록 예수님의 삶을 다룬 복음서를 썼다(요 20:31). 이제 그는 이미 그리스도인인 사람들에게 어떻게 믿음이 사람의 삶을 변화시킬 수 있는가를 주제로 이 편지를 쓰고 있다. 그는 하나님은 빛이시니 빛 가운데로 행하라고 말한다. 그리고 하나님은 영이시니 진리의 영을 예배해야 한다고 말하며, 하나님은 사랑이시니 서로 사랑함으로 본을 보이라고 말한다.

종종 요한은 그의 독자들을 "나의 자녀"(요일 2:1)라 부르고, 그들에게 "서로 사랑하라"(요일 3:11)고 권면하면서 목자로서의 부드러움을 보여 준다. 그러나 다른 곳에서는 왜 그가 '우레의 아들'이라는 별명을 가졌는지를 알려 주듯 단호한 어조로 이야기한다.

아마도 요한은 이 책을 쓸 무렵 가장 마지막까지 살아남은 사도였을 것이다. 그는 거의 1세기 말까지 살았다. 그러나 그는 오랫동안 지켜온 신앙을 붕괴시키려 하는 것에 대해서는 그것이 무엇이건 간에 맹렬하게 싸웠다.

본론
누가 영지주의자였는가?

치명적으로 유혹적이었던 위험한 사조

하나님의 영을 알지니 곧 예수 그리스도께서 육체로 오신 것을 시인하는 영마다 하나님께 속한 것이요(요일 4:2).

지중해를 가로질러 그리스도교가 퍼져갔을 때, 그것은 불가피하게 다른 종교와 접촉할 수밖에 없었다. 일부 유대인들이 처음에 그러했듯이 헬라인과 로마인은 철학적 바탕 위에서 믿음을 받아들이려고 했다.

지중해의 지적 중심임을 자처하는 이런 곳에서 예수에 대한 질문이 없을 리 없었다. 그는 누구인가? 만약 그가 하나님이라면 어떻게 죽을 수 있단 말인가? 이 의문점들을 설명하기 위해 영지주의[지식을 뜻하는 헬라어 그노시스(gnosis)에서 유래]라고 불리는 대중적인 신사조가 등장하게 되었는데, 이 사조는 특히 지적 엘리트들 사이에서 인기가 있었다.

하나님이 육체를 가지실 수 있는가?

영지주의자들은 하나님이 사람이 되었다는 그리스도교의 주장을 믿지 않았다. 그들은 사람의 육체가 근원적으로 악하다고 믿었기 때문에 흠 없으신 하나님이 육체로 오셨다는 것을 부정했다. 어떤 사람은 예수가 실제로는 사람이 아니라 단지 사람처럼 보이는 허깨비로, 하나님이 일시적으로 가현한 것이라는 주장을 폄으로써 그 문제를 해결하려 했다. 그리고 또 다른 사람들은 하나님이 침(세)례 시에 예수에게 '내려왔다가' 그가 죽은 후에는 떠났다고 주장했다.

사도 요한은 당대의 영지주의자들과 개인적으로 논쟁했으며, 그가 이 편지를 쓸 때에도 영지주의자와의 대결을 염두에 두었다. 첫째 문장은 저자가 허깨비나 영을 본 것이 아니라, 예수님을 보고 듣고 만졌다고 단도직입적으로 기록하고 있다. 그리고 서신 전편에서, 특히 4장 2~3절에서 저자는 예수님이 육체로 오신 것을 부정하는 사람들을 비난하고 있다.

멋대로 살아라

영지주의자에게는 모든 물질이 악한 것이었다. 그들에게는 단지 영만이 정결한 것이어서 더욱 고도의 영적인 차원으로만 올라가려고 했다. 이 가르침은 종종 부작용을 낳았는데, 그중 하나가 육체를 극복하려고 노력했던 사람들이 개인적인 윤리에 대해서는 등한시했다는 것이다. 그들은 자신들의 순수한 영혼은 '지상의' 죄악에 의해 더러워질 수 없다고 믿어 자신이 원하는 대로 행동했다.

고령의 요한은 영지주의의 두 가지 위험성, 즉 부도덕한 삶과 그리스도가 사람이 된 사실을 의심하는 것에 대해 꾸짖었다. 믿음이란 그들이 이룩하는 행위에 의해서 판단되는 것이다. 따라서 요한은 형제 사랑이라는 주제를 강조했으며, 그리스도인으로서의 삶의 전체적인 모형을 제시함으로써 영지주의의 잘못을 원칙적으로 논박했다.

진정한 교제는 위대한 단독자에게 신비적으로, 또는 초자연적으로 다가가는 것이 아니라 그리스도를 통한 아버지와의 관계로 나아가는 것이다. 그리고 그것은 또한 하나님의 한 식구로서 다른 사람에게 대한 책임도 수반한다.

묵상

영지주의는 육체는 악하다는 믿음과 '초 영성'의 욕망, 그리고 도덕성의 상실 경향으로 나타났다. 오늘날의 그리스도인 가운데서 나타나는 이들과 비슷한 경향에 대해 당신은 어떻게 대처하겠는가?

요한2서

달갑지 않은 손님

'환영' 표시가 부적절할 때

너희는 스스로 삼가 우리가 일한 것을 잃지 말고(요이 8절).

로마는 도로를 건설해 1세기의 수송을 그전보다 안전하고 손쉽게 이루어지도록 했다. 그러나 직업적인 숙박기관은 몇 세기가 지난 후에야 보편화되었다. 따라서 그리스도교 교사들은 제국을 여행할 때 그들의 숙식을 그 지역의 그리스도인들에게 의지해야만 했다.

오래지 않아 (영지주의자와 같은) 거짓 교사도 순회하기 시작했고, 공짜 음식과 숙박에 주로 이끌린 종교적 갈취자들도 이에 편승했다. 요한2서와 요한3서의 두 서신은 전체 성경에서 가장 짧은 책이며, '순회' 교사의 환대에 따른 문제를 다루고 있다.

재량을 보이라, 그러나 또한 사랑으로 하라

이단은 이미 다수의 지방 교회에서 생겨나고 있었다. 그래서 요한은 이 두 번째 편지에서 진정한 그리스도인들에게 방문자의 메시지나 동기를 시험하는

데 있어 재량껏 할 것을 권하고 있다. 기자는 또한 그리스도에 대한 진리를 가르치지 않는 방문자들을 접대하는 데 주의를 기울일 것을 권하고 있다.

사랑의 사도라는 별명에 어울릴 정도로, 이런 경고의 편지에서조차 요한은 "서로 사랑하라"는 자신의 주장을 반복하고 있다. 고대 사가인 제롬은 극도로 나이가 많아 연약해진 사도 요한이 회중으로 인도되어 "서로 사랑하라"는 말만을 되풀이했다고 쓴 바 있다. 왜 그가 다른 것은 이야기하지 않느냐고 질문하자 요한은 "그것은 주님의 명령이기 때문이오. 그리고 사랑을 한다면, 그것으로 충분하오"라고 대답했다고 한다.

요한3서

환대에 대한 지침

동일한 질문이 어느 시대, 어느 장소에서나 제기될 수 있다

내가 내 자녀들이 진리 안에서 행한다 함을 듣는 것보다 더 기쁜 일이 없도다(요삼 4절).

이 서신과 요한2서를 함께 검토해 보면 요한이 그리스도인의 환대에 관한 균형잡힌 시각을 보여 주려고 노력했음을 알 수 있다. 요한2서는 거짓 교사를 대접할 가능성을 경고하고 있는 반면, 요한3서는 진정한 그리스도교 교사를 따뜻하게 환대하는 가이오라는 사람을 칭찬하고 있다. 성미가 고약한 교회의 장로이자, 요한을 험담한 디오드레베는 그러한 그의 행위를 비난했다.

매우 짧은 요한의 두 서신은 이단과 교회의 분열이라는, 어느 시대, 어느 장소에서나 있음직한 두 가지 질문을 다루고 있다. 그러한 위험을 막기 위해 요한은 사랑과 구별을 강조한다. 신자들은 누구를 받아들이고 접대해야 할지, 누구에게 반대해야 할지를 알아야만 한다.

유다서

주의하라!

경고를 발함

믿음의 도를 위하여 힘써 싸우라는 편지로 너희를 권하여야 할 필요를 느꼈노니(유 3절).

만약 당신이 운전교습을 받으려고 한다면, 먼저 강의실에서 '도로 규정'에 관한 강좌를 몇 시간 들어야 할 것이다. 그러면 교사는 당신에게 고속도로에서 위험성을 경고하는 교통표지판의 모양과 색깔에 관해 교육할 것이다.

운전석에 앉기 전까지는 이런 교육이 매우 이론적인 것처럼 생각될 것이다. 그러나 현장에서 정지 신호를 무시한다면 벌점을 받는 것으로 끝나지 않는다. 자칫 생명을 잃을 수도 있다. 따라서 당신의 교사는 부드럽게 타이르기보다 "조심해요!"라고 따끔하게 경고할 것이다.

이처럼 유다서는 그의 운전교습생들에게 압박을 가하는 화물수송열차를 바라보는 교사의 심정으로 쓰였다. 종이 울리고, 차단기가 내려지고, 적색 신호가 번쩍거린다. 그는 이런 부류의 편지를 좋아서 쓴 것 같지는 않다. 그는 구원에 관한 더욱 고상한 편지를 쓰고 싶어했다(유 3절). 그러나 교회는 파멸의 위험에 처해 있었다. 그래서 유다는 격렬한 경고를 단숨에 써내려 갔다.

누가 훼방하는 자인가?

유다는 훼방하는 자들(유 4절)이 가르치려고 했던 내용에는 관심이 없다. 아마도 그는 그것을 논할 필요조차 없다고 생각했던 것 같다. 그러나 그들의 행동은 좋은 공격목표였다. 그는 그들의 위선과 분열을 조장하는 행위, 그리고 도덕적인 타락 등을 공박한다. 그는 그들을 그리스도를 부인하는 자들이라고 부르며 바른 믿음을 지키기 위해 싸우라고 신자들을 독려한다. 그는 이 사람들을 묘사하기 위해 시적인 상상력을 살려 자연으로부터 생생한 이미지들을 차용했다(유 12-13절).

짧지만 격렬한 내용을 담고 있는 유다서는 열화 같은 구약의 예언자의 메시지를 생각나게 한다. 하지만 이 책은 그의 독자들을 위해 희망의 말을 남겨 놓는다. 진실한 신자들은 하나님의 사랑 안에 거할 수 있으며, 일부 동요하는 영들은 아직도 불에서 구출될 수 있다(유 21-23절). 이단자들과 싸울 경우에도 유다는 반대자들을 처벌(여기에서는 화형)하라고 표현하지 않는다. 현대 교회에서 아직도 널리 인용하고 있는, 친근하고 즐거움이 가득한 송영으로 유다서는 끝을 맺는다.

Part 8

계시록

요한계시록

요한계시록

서론
신비로 가득 찬 책

왜 계시록은 이해하기가 어려운가?

이 예언의 말씀을 읽는 자와 듣는 자와 그 가운데 기록한 것을 지키는 자는 복이 있나니 때가 가까움이라(계 1:3).

로마 제국에는 알카트라즈 교도소에 버금가는 밧모라고 불리는 돌섬이 있었다. 식민지로 추방된 죄수들은 힘겨운 노동을 해야 하기 때문에 보통 기진해 죽기 마련이다. 그러한 유배지에서 사도 요한은 일련의 환상을 보게 되었고, 이것을 신약에서도 가장 이상한 책인 계시록으로 기록했다.

요한은 아마 예수님이 승천하신 후 60년이 지나서 이 책을 썼을 것이다. 여러 가지 의문들이 교회를 당혹하게 만들었다. 예수님은 그가 약속하신 대로 오시는 것일까? 그는 어디로 가셨는가? 무엇을 하기 위해 가셨는가? 그는 왜 즉시 오시지 않는가? 계시록은 이러한 문제를 다룬다.

은어로 쓰인 책

신약성경에서는 양식 면에서 계시록과 같은 책을 찾아볼 수 없다. 그러나 당대에는 유대의 '묵시적인' 책(악은 궁극적으로 망하고 선이 승리한다는 내용을 상징적으로 기술한 책)들이 많았음을 알 수 있다. 장래에 관해 염려하는 박해받는 그리스도인들에게 기자들은 앞으로 어떤 일이 일어날 것인지를 예언하고 있다. 그들은 자신을 보호하기 위해 종종 은어를 사용했다. 예를 들어 그들은 그들의 저작이 엉뚱한 사람의 손으로 들어갈 것을 두려워해, 로마를 비판하는 경우에 바벨론이란 단어로 대체했다.

계시록의 은어는 상당한 효과를 거두었다. 그래서 오늘날의 학자들은 그것이 정확히 의미하는 바가 무엇인지에 대해 의견이 불일치하는 경우가 많다. 어떤 사람들은 계시록의 예언 중 많은 부분이 아직도 성취되지 않았다고 생각한다. 그들은 사도 요한이 우리 시대에 다가올 사건에 대해 기술했다고 생각하는 것 같다. 베스트셀러인 핼 린지의 『대혹성 지구의 마지막 때』(*The Late Great Planet Earth*)는 계시록을 그런 방식으로 설명하고 있다.

다른 학자들은 계시록을 1세기의 상황에 근거해 설명하고 있으며, 은어로 예언된 많은 사건들이 이미 로마 제국에서 이루어졌다고 주장한다. 아직도 다른 학자들은 2,000년의 교회사에서 펴져나간 계시록이 진정한 의미를 가지고 있는지, 혹은 선악 간의 이상화된 전투를 단순히 상징하는지를 놓고 단서라도 찾으려고 노력하고 있다.

두 가지 위험성

계시록에 대한 이와 같은 상반된 이론들 때문에 독자는 양자택일에 빠지기 쉽다. 어떤 이는 이 책을 너무나 당황스러울 정도로 이상하게 생각해 그것을 전혀 읽을 필요조차 없다고 판단해 버린다. 그들은 "그 의미를 파악할 사람을 찾아볼 가능성이라도 있겠는가?"라고 질문한다.

반면 다른 사람들은 이와는 반대의 위험에 빠질 염려가 있다. 그들은 자신들이 계시록을 숙고해 각 의심스러운 부분의 비밀에 싸여 있던 설명을 발견했다고 결론짓는다. 이 그룹의 사람들은 1세기 이후 각 세대마다 예언을 서로 다르게 해석해 왔다는 것을 깨달을 필요가 있다.

왜 계시록을 읽는가?

왜 이렇게 이상한 책을 읽어야 하는가? 요한은 첫 문장에서 "예수 그리스도의 계시라"는 말로 이 책을 소개한다. 계시록은 예수 그리스도의 독특한 모습을 그려내고 있어 그것 없이는 신약성경이 완전해질 수 없다. 복음서는 지상에서의 예수님의 삶을 네 가지 다른 관점으로 표현하며, 목회 서신은 부활하신 그리스도와 그가 이룩한 것의 중요성을 강조하고 있다. 그러나 계시록은 새로운 관점에서 선한 우주적 힘의 강력한 통치자로서의 예수 그리스도를 묘사하고 있다. 요한은 이런 당당한 상태의 예수 그리스도를 보았을 때 그 발 앞에 엎드려 죽은 자같이 되었다(계 1:17).

비록 계시록이 예수의 재림과 세상의 종말을 둘러싸고 있는 신비를 전부 벗기고 있지는 않지만, 이것은 분명 이들 사건에 대해 새로운 빛을 던진다. 이것은 단순히 시간이 경과함에 따라 일어나는 사건을 말하고 있는 것이 아니다. 이것은 각 세대의 독자에게 최후의 진리를 이야기하고 있다. 계시록은 우주의 모든 악을 제압하는 그리스도의 미래의 개선을 이야기하고 있다. 마지막 희망이라는 중요한 메시지는 1세기의 원래 독자들이나, 오늘을 살아가는 우리에게도 필요하다.

본론
예수님의 놀라운 형상

가장 뛰어나신 어린 양

그 두루마리를 펴거나 보거나 하기에 합당한 자가 보이지 아니하기로 내가 크게 울었더니(계 5:4).

계시록에 기록된 예수님의 형상과 이 책을 공부하는 한 가지 방법은 전편에 걸쳐 단일한 이미지를 좇는 것이다. 첫 장에서 빛나는 외모를 가지고 등장한 이래 예수님은 왕, 아이, 말을 탄 자, 만유의 주, 신부와 신랑으로 표현되고 있다. 그러나 그 형상 가운데 요한이 두 번째 환상에서 본 것과 같이 놀랍고 이상한 것은 없다.

이 환상의 무대를 꾸미기 위해 계시록은 공상과학 영화보다 더 시각적인 장치를 사용하고 있다. 번개가 번쩍이고, 하늘이 뇌성을 발하고, 이상한 생물들이 보좌 주위에 둘러 서 있다. 네 생물은 그 당시에 통용되던 속설에 근거해 모든 생물 중에서 가장 힘센 것을 상징하고 있는 듯하다(계 4:6). 새 중에 가장 센 것은 독수리, 가축 중에 가장 센 것은 소, 야수 중에 가장 센 것은 사자, 그리고 모든 생물 중에 가장 뛰어난 것은 사람으로 표현되고 있다.

한 분만이 합당하시다

하늘에서는 다음과 같은 질문이 울려 퍼졌다. "누가 그 두루마리를 펴며 그 인을 떼기에 합당하냐"(계 5:2). 다른 말로 표현하면 역사의 다음 장을 펼칠 수 있는 분이 누구냐는 것이다. 그런데 이 질문에 아무도 대답을 하지 않자 요한은 크게 당황했다. 인상적인 네 생물조차도 이에 대해서는 자격이 없었다.

그러나 갑자기 요한은 "죽임을 당한 것 같은 어린 양"(계 5:6)을 보았다. 그 형상은 커다란 역설을 포함하고 있다. 힘 있는 천사나 장로들이나 생물들도 그 인을 떼기에 합당하지 않다. 힘없고 죽임을 당한 어린 양만이 그 인을 뗄 수 있다.

요한은 "두루마리를 가지시고 그 인봉을 떼기에 합당하시도다 일찍이 죽임을 당하사 각 족속과 방언과 백성과 나라 가운데에서 사람들을 피로 사서 하나님께 드리시고"(계 5:9)라고 찬송을 기록하는데, 이것은 나중에 헨델의 〈메시야〉에 인용되고 있다. 그리고 계시록의 여러 곳에서 참 성도들은 "어린 양의 생명

책”(계 21:27)에 기록되어 있다고 나타나 있다.

이 강력한 형상은 선악 간의 투쟁을 기록한 책인 계시록에서 자주 나타난다. 왕이신 그리스도는 또한 우리를 위해 죽으신 어린 양이시다. 커다란 실패로 여겨졌던 십자가 상의 그의 죽음은 실제로는 그와 우리를 위한 결정적인 승리를 가져왔다. 선은 파괴될 수 없다. 그것은 반드시 승리를 거둔다.

묵상

예수님이 죽임을 당한 어린 양의 형상을 갖는 것은 당신에게 무슨 의미가 있는가? 당신이 좋아하는 예수님의 '그림'이나 '형상'은 어떤 것인가?

계시록에서 사용하는 상징

왜 계시록을 해석하는 이론이 제각각인가?

황충들의 모양은 전쟁을 위하여 준비한 말들 같고 그 머리에 금 같은 관 비슷한 것을 썼으며 그 얼굴은 사람의 얼굴 같고(계 9:7).

“예수 그리스도와 관련이 없다면 이 책보다 더 혼란스럽고, 바보스러우며, 불합리함을 야기하는 책은 없을 것이다”라고 계시록 주석자인 자크 엘룰은 말하고 있다. 이 책에서 요한이 의미를 표현하기 위해 상징을 과도하게 사용하고 있기 때문에 독자들이 종종 세세한 것의 의미에 무리하게 집착하게 된다.

눈과 뿔로 덮인 생물들, 하늘을 날아가는 독수리들, 불 붙는 산이 바다에 던지우는 것과 같은, 풍부한 상상력으로 쓰인 단어를 설명하려는 본격적인 시도가 있었다. 요한이 우리를 위해 몇 개의 상징을 해석해 놓은 것도 있다. “일곱 별은 일곱 교회의 사자요, 일곱 촛대는 일곱 교회니라”(계 1:20). 또한 그는 6장에 나오는 네 명의 말 탄 자와 같은, 다른 상징의 의미를 암시하기도 했다. 그러나 많은 의문들이 해결되지 않은 채 남아 있다. 예를 들어 '주요한 환상은 계속되는 역사 시대를 서술하고 있는가?', '그렇지 않으면 다른 각도에서 동일한 사건을 예견하고 있는 것인가?' 등의 의문들은 여전히 우리를 괴롭히고 있다.

광범위한 시각

미술가들은 상징이 특이한 힘을 발휘한다는 사실을 알고 있다. 스페인의 화가 파블로 피카소가 그의 대작 〈게르니카〉를 그렸을 때, 그는 1937년 4월 28일 전쟁으로 파괴된 스페인에서 일어난 일을 표현하려고 했다. 그는 사진 기록이 아니라, 미술 작품을 남겼으며, 그 그림은 예술적으로, 상징적으로 게르니카의 비극을 전달하고 있다.

다른 어떤 방법으로도 표현하기 어려운 우주적인 사건을 요한은 이와 유사한 시적 방법으로 표현하고 있다. 만약 요한이 원했다면 하나님은 미래의 사건의 정확한 시간표를 밝혀 주셨는지도 모르겠다. 하지만 예수님은 미래에 대한 그러한 추측을 경계하셨다. 그러한 접근법을 견지하면서, 계시록은 미래를 요약하기보다는 오히려 역사의 이면에서 진행되는 우주적 중요성을 암시했다.

계시록을 처음 읽는 독자들은 각 장면을 거시적으로 보고, 전체적인 의미를 파악하도록 노력해야 할 것이다. 그 환상은 예수님의 비유와 같다. 각 환상은 중요한 주제를 가지고 있으며, 일부 세부사항은 단순히 꾸미거나, 장면에 문학적인 완전성을 부여하기 위해 도입된 것뿐이다. 아무도 요한의 환상에서 각 세부사항의 정확한 의미를 찾아낼 수는 없다. 각 상징을 급히 풀이하려는 사람은 상징의 의미와, 책이 장대하게 호소하려고 하는 바를 놓치기 쉽다.

체계를 찾아서

계시록은 각 상징 뒤에 숨어 있는 의미를 찾으려는 학자들을 언제나 유혹해 왔다. 그러나 그것을 이해하기는 쉽지 않다. 구약을 300번 넘게 인용하며, 상징적인 숫자로 이루어진 교묘한 체계를 가지고 있기 때문에 그것은 어떤 해석이라도 가능하다. 수많은 해석이 엉터리였다는 것이 역사적으로 증명되었다. 각 시대의 사람들, 특히 주후 1000년, 14세기와 19세기 경에, 그리고 2000년 말 일부 사람들은 세상의 종말이 임박했다고 주장했다.

오늘날 어떤 학자들은 계시록의 상징(말하는 조각상, 하늘로부터 내려오는 불, 전체주의적인 경제 지배, 땅과 바다의 엄청난 변화)이 20세기에 자주 나타나는 현상이라고 말한다. 중간 부분에서 예견되는 지구의 전반적인 황폐화는 두렵게도 현재의 상황과 일치한다.

그러나 재난은 단지 요한의 주된 주제, 즉 그리스도를 따르는 사람들은 결국 구원을 받는다는 사실의 배경을 마련해 주고 있을 뿐이다. 그는 "하나님께서 그들의 눈에서 모든 눈물을 씻어 주실 것임이라"(계 7:17)고 말한다. 계시록의 많은 부분이 미스터리에 싸여 있지만, 마지막 결론은 명백하다.

묵상

계시록을 읽을 때에는 세부사항을 전적으로 무시하거나, 아니면 거기에 너무 사로잡히게 될 두 가지 잠재적인 위험성이 있다. 당신은 어떤 위험성을 가질 가능성이 있는가? 왜 오늘날에도 계시록의 메시지가 필요한가?

이면을 보기

하늘의 관점에서 본 성탄

용이 해산하려는 여자 앞에서 그가 해산하면 그 아이를 삼키고자 하더니 (계 12:4).

성탄절이 되면 우리는 첫 번째 성탄의 즐거움을 다시 맛보기 위해 갑자기 돈을 물 쓰듯 한다. 마을 광장에 구유를 설치하고 2,000여 년 전 그날 베들레헴에서 일어났던 장면을 재현한다.

많은 학자들이 해석하고 있듯이 12장은 성탄의 그날을 묘사하고 있다. 하지만 그 시각은 복음서에 나타난 성탄과는 무척 다른 것이다. 계시록은 목자라든가, 유아 살해를 명한 미친 왕, 마구간 등을 이야기하지 않는다. 대신 그것은 하늘에서 사나운 싸움을 벌인 용을 그리고 있다. 그리스도가 태어났을 때 용이 공격함으로써 선한 힘에 대한 악한 세력의 대적이 끊이지 않게 되었다.

두 가지 역사

계시록 12장에 나타난 그리스도의 탄생에 대한 시각은 책 전체의 패턴을 엿보게 한다. 요한은 보이는 것과 보이지 않는 것을 섞고 있다. 두 개의 평행적인 역사가 하나는 지상에서, 하나는 천상에서 동시에 일어나며, 계시록은 그것을 함께 본다. 그것은 휘장을 젖혀 지상에서 일어나는 일의 우주적인 사건이라는 이면을 보게 한다.

이 지구의 모든 곳은 하나님이 다스리고 계시지만, 사탄은 끊임없이 이를 빼앗으려 하고 있다. 우리는 이 투쟁의 가시적이고도, 일상적인 효과를 늘 체험한다. 예를 들어 우리가 악이라고 알고 있는 것과 선이라고 알고 있는 것 사이에서 선택을 할 경우에 그것을 느낄 수 있다. 우리가 지상에서 우리의 삶을 살아갈 때에는 초자연적인 우주도 동시에 전시 상태에 있는 것이다. 계시록은 선과 악, 어린 양과 용, 예루살렘과 바벨론, 신부와 창녀 등을 예리하게 대조시키고 있다.

하나님은 역사를 주관하시는가?

예수님이 오셨을 때 그러했던 것처럼 '천상 전투'는 때로 지상에서의 실제적인 폭력 사태를 일으킬 수도 있다. 계시록은 로마 제국으로부터 극심한 박해에 직면해 있는 사람들을 위해 쓰였다. 이것은 이 지상에서 벌어지고 있는 선악 간의 전쟁은 전 우주에서 일어나는 처절한 전투를 반영한다는 점을 뚜렷하게 보여 준다. 그러나 아무리 악한 세력이 도전을 한다 해도, 하나님이 역사를 강력하게 주관하고 계신다. 여기에서 요한은 1세기에 그리스도인에게 극악했던 로마 제국에 대해 암시하며, 황제가 아니라 예수 그리스도가 역사의 흐름을 결정한다고 주장한다.

각 사건들은 역사가 의미를 지니고 있다는 뚜렷한 주제를 향해 집중된다. 역사상의 가장 강력한 전제국가라 하더라도 궁극적으로는 하나님이 그들을 쓰시려는 계획을 성취하면서 종국을 맞게 될 것이다. 본디오 빌라도와 그의 로마 군인들은 그 진리를 완전히 드러내는 데 일조했다. 그들은 예수를 십자가에 처형함으로써 그를 제거했다고 생각했지만, 역설적으로 그 사실을 통해 세계의 구원이 가능하게 되었다.

묵상

계시록이 알려 주고 있듯이 비극적으로 보이는 사건도 선한 일을 위해 크게 쓰일 수 있다. 당신은 삶에서 그런 경험을 해보았는가?

해피엔딩

마지막 말씀은 모두를 위한 최상의 소식이다

또 내가 새 하늘과 새 땅을 보니(계 21:1).

우리는 드물게 그런 기분을 느낄 수 있다. 꽃 향기로 공기가 충만해 있고 어느 곳이나 새 생명이 움트는 봄의 첫날, 예기치 못한 눈보라가 회색의 우중충한 도시를 순백으로 덮는 겨울날, 어린 동물이 동물원에서 놀고 있는 것을 볼 때에, 혹은 낭만적인 첫사랑이 갑작스럽게 싹틀 때 ….

이 세계는 오염과 전쟁, 범죄, 증오로 가득 차 있다. 그러나 남은 자인 우리 모두의 가슴 속에는 우리가 그리는 세계의 모습이 새겨져 있다. 구약의 예언자들도 창조가 새롭게 이루어질 '그날'을 꿈꾸었다. 예견된 종말의 슬픈 단조 뒤에 계시록의 후반부 몇 장에서 그런 환희가 터져 나온다. 그 완전한 세계는 반드시 실현될 것이다.

새로운 세상

그때에는 눈물이나 아픈 것이 다시 있지 아니하고, 맹수들은 서로 죽이지 않고 뛰어놀게 될 것이다. 다시 한번 만물은 하나님이 원래 바라시던 대로 새롭게 될 것이다. 하나님과 사람뿐 아니라 하나님과 만물들 사이에 평화가 깃들 것이다. 왕국은 드러날 것이다. 하나님의 성은 그 문을 도무지 닫지 않게 될 것이다.

계시록은 위대한 승리를 기록하며 끝이 난다. 여기에서는 나쁜 소식의 징조는 전혀 보이지 않고 좋은 소식, 아주 멋진 소식만이 들릴 것이다. 믿는 사람에게 계시록은 공포의 책이 아니라 희망의 책이다. 하나님이 통치하시며 만물을 새롭게 하실 것이다.

창세기에서 언급된 것처럼 성경은 하나님의 형상을 닮은 인간이 반역을 하는 슬픈 타락으로부터 시작한다. 그러나 계시록이 언급하고 있듯이 그것은 재결합, 곧 결혼으로 끝난다. 결국 해피엔딩이다.

묵상 스스로 완벽한 세계를 그린다면 어떻게 표현하겠는가?

요단 사역정신

"그러므로 너희는 가서 모든 민족을 제자로 삼아 아버지와 아들과 성령의 이름으로
침(세)례를 베풀고 내가 너희에게 분부한 모든 것을 가르쳐 지키게 하라
볼지어다 내가 세상 끝날까지 너희와 항상 함께 있으리라 하시니라"

1. **For God and Church**
   하나님의 영광과 그의 몸 된 교회의 영적 성장과 성숙을 위한 도서를 엄선하여 출판한다.
2. **Prayer-focused Ministry**
   기획 • 편집 • 제작 • 보급의 전 과정을 기도 가운데 진행한다.
3. **Path to Church Growth**
   건강한 교회를 세우는 축복의 통로로 섬긴다.
4. **Good Stewardship and Professionalism**
   선한 청지기와 프로정신으로 문서 사역에 임한다.
5. **Creating a Culture of Christianity by Developing Contents**
   각종 문화 컨텐츠를 개발함으로 기독교 문화 창달에 기여한다.